"十三五"国家重点出版物出版规划项目

 转型时代的中国财经战略论丛

民俗体育健身功效研究

付玉坤　等著

中国财经出版传媒集团

经济科学出版社
Economic Science Press

图书在版编目（CIP）数据

民俗体育健身功效研究/付玉坤等著. —北京：
经济科学出版社，2020.10
（转型时代的中国财经战略论丛）
ISBN 978 - 7 - 5218 - 1979 - 3

Ⅰ.①民…　Ⅱ.①付…　Ⅲ.①民族形式体育 -
作用 - 体育锻炼 - 研究　Ⅳ.①G852.9②G806

中国版本图书馆 CIP 数据核字（2020）第 198034 号

责任编辑：李一心
责任校对：靳玉环
责任印制：李　鹏　范　艳

民俗体育健身功效研究

付玉坤　等著

经济科学出版社出版、发行　新华书店经销
社址：北京市海淀区阜成路甲 28 号　邮编：100142
总编部电话：010 - 88191217　发行部电话：010 - 88191522
网址：www. esp. com. cn
电子邮箱：esp@ esp. com. cn
天猫网店：经济科学出版社旗舰店
网址：http：//jjkxcbs. tmall. com
北京季蜂印刷有限公司印装
710 × 1000　16 开　29 印张　460000 字
2020 年 12 月第 1 版　2020 年 12 月第 1 次印刷
ISBN 978 - 7 - 5218 - 1979 - 3　定价：98.00 元
（图书出现印装问题，本社负责调换. 电话：010 - 88191510）
（版权所有　侵权必究　打击盗版　举报热线：010 - 88191661
QQ：2242791300　营销中心电话：010 - 88191537
电子邮箱：dbts@ esp. com. cn）

总　序

　　山东财经大学《转型时代的中国财经战略论丛》（以下简称《论丛》）系列学术专著是"'十三五'国家重点出版物出版规划项目"，是山东财经大学与经济科学出版社合作推出的系列学术专著。

　　山东财经大学是一所办学历史悠久、办学规模较大、办学特色鲜明，以经济学科和管理学科为主，兼有文学、法学、理学、工学、教育学、艺术学八大学科门类，在国内外具有较高声誉和知名度的财经类大学。学校于 2011 年 7 月 4 日由原山东经济学院和原山东财政学院合并组建而成，2012 年 6 月 9 日正式揭牌。2012 年 8 月 23 日，财政部、教育部、山东省人民政府在济南签署了共同建设山东财经大学的协议。2013 年 7 月，经国务院学位委员会批准，学校获得博士学位授予权。2013 年 12 月，学校入选山东省"省部共建人才培养特色名校立项建设单位"。

　　党的十九大以来，学校科研整体水平得到较大跃升，教师从事科学研究的能动性显著增强，科研体制机制改革更加深入。近三年来，全校共获批国家级项目 103 项，教育部及其他省部级课题 311 项。学校参与了国家级协同创新平台中国财政发展 2011 协同创新中心、中国会计发展 2011 协同创新中心，承担建设各类省部级以上平台 29 个。学校高度重视服务地方经济社会发展，立足山东、面向全国，主动对接"一带一路"、新旧动能转换、乡村振兴等国家及区域重大发展战略，建立和完善科研科技创新体系，通过政产学研用的创新合作，以政府、企业和区域经济发展需求为导向，采取多种形式，充分发挥专业学科和人才优势为政府和地方经济社会建设服务，每年签订横向委托项目 100 余项。学校的发展为教师从事科学研究提供了广阔的平台，创造了良好的学术生态。

习近平总书记在全国教育大会上的重要讲话，从党和国家事业发展全局的战略高度，对新时代教育工作进行了全面、系统、深入的阐述和部署，为我们的科研工作提供了根本遵循和行动指南。习近平总书记在庆祝改革开放 40 周年大会上的重要讲话，发出了新时代改革开放再出发的宣言书和动员令，更是对高校的发展提出了新的目标要求。在此背景下，《论丛》集中反映了我校学术前沿水平、体现相关领域高水准的创新成果，《论丛》的出版能够更好地服务我校一流学科建设，展现我校"特色名校工程"建设成效和进展。同时，《论丛》的出版也有助于鼓励我校广大教师潜心治学，扎实研究，充分发挥优秀成果和优秀人才的示范引领作用，推进学科体系、学术观点、科研方法创新，推动我校科学研究事业进一步繁荣发展。

伴随着中国经济改革和发展的进程，我们期待着山东财经大学有更多更好的学术成果问世。

山东财经大学校长

2018 年 12 月 28 日

前　言

　　民俗体育是中华传统文化的重要组成部分，是中华民族充满生命力和活力的非物质文化遗产，其内容丰富多彩，表现形式风格各异，且富有生活情趣，有的项目侧重趣味性，有的体现对抗性，有的讲究技巧性，相当多的项目几乎不受场地、器材、年龄、性别、运动水平、规则的制约，练习强度也可根据需要进行相应的调整，可操作性强，便于在人民群众中开展这些活动。进行民俗体育运动不仅可以满足参与者的娱乐需求，提高参与者的健康水平，还可以发展参与者的智力和增强参与者间的凝聚力，更对于传承和弘扬中华优秀传统文化具有积极意义。

　　本书通过对民俗体育项目动作特征的梳理以及民俗体育项目的分类，进一步丰富与完善了我国的民俗体育理论体系；通过对比实验组、阳性对照组、阴性对照组①三者在体育课基本部分实时心率差异，以明确民俗体育练习的运动负荷是否适合中小学生，能否有效提升其健康水平，为丰富学校体育教学内容提供现实依据；通过对比实验组、阳性对照组、阴性对照组三者锻炼时的实时心率差异，明晰民俗体育运动对老年人健康水平的影响，为大众科学、有效地参与健身活动提供理论指导；通过对比中小学生、老年人参与三个月民俗体育项目与参与其他体育项目的实验结果，明确民俗体育项目与其他体育项目对不同人群身体形态、身体机能、身体素质所造成的影响之差异，并分析、讨论产生此结果的原因，旨在推广科学的健身锻炼方法，为民俗体育健身提供理论

---

　　①　实验组分为角力组、竞足组和技巧组，上体育课或健身时，有组织地进行民俗体育组合项目的锻炼；阳性对照组练习非民俗体育运动的项目；阴性对照组基本不参加体育活动。（下同）

依据和实验证据，为全民健身的科学发展做出积极的实践铺垫。

民俗体育是中华民族的传统文化的"活化石"，我们对"民俗体育健身功效"做专门研究，不仅出于探寻各民俗体育运动项目的效用之目的，更是努力通过科学的态度升华出中华优秀传统文化的新时代光彩，裨益当今社会。本研究历时3年，以济南市舜耕小学五年级、舜耕中学七年级的学生和随机抽取的部分济南市60~65岁的老年人为实验对象，通过采用文献资料法、专家访谈法、特尔菲法、实验法、测试法、数理统计法等方法进行研究，经过6轮实验，获取、处理上万条实验数据，得出以下结论：

（1）通过心率监测，进行民俗体育项目练习时，各个年龄段的实验对象的平均心率符合正态分布，且平均心率大多落在120~140次/分钟的适宜范围内，说明民俗体育项目适合中小学生和老年人进行练习。

（2）身体形态方面，试验后各个年龄段的实验对象均出现良好的发展趋势，部分指标产生了显著差异，如腰围、体重、体脂比等，说明进行民俗体育项目的练习会产生明显的健身效果。

（3）民俗体育实验后中小学生在身体机能方面，各个组别脉压差均值之间均没有显著性差异；基础心率、心功指数、肺活量、最大摄氧量均值之间均存在显著性差异，说明中小学生练习民俗体育项目对这些指标会产生明显的健身效果。

（4）民俗体育实验后中小学生在身体素质方面，各个组别纵横叉、坐位体前屈、转肩、立位转体均值之间均没有显著性差异，但民俗体育练习对这些指标均产生积极的影响；左右手握力、背肌力、1分钟快速仰卧起坐、立定跳远、俯卧撑、选择反应时、50米跑、十字变向跑、往返跑、反复横跨、闭目单足立、1分钟抛网球均值之间均存在显著性差异，说明中小学生练习民俗体育项目对这些指标会产生明显的健身效果。

（5）民俗体育实验后老年人在身体机能方面，各个组别TC均值之间均没有显著性差异，但运动组呈现出轻微的下降趋势；基础心率、肺活量、LDL、HDL、LDL/HDL均值之间存在显著性差异，说明老年人练习民俗体育项目对这些指标会产生明显的健身效果。

（6）老年男性女性抖空竹组、踢毽子组、扭秧歌组与阳性对照组受试者的血脂指标测试结果不存在显著性差异，说明民俗体育运动与现代时尚健身运动对老年人血脂生理干预功效相当。

（7）民俗体育运动对老年人血脂的干预不存在性别差异，经常进行民俗体育练习对改善老年男女血脂代谢均具有积极影响。

（8）民俗体育实验后老年人在身体素质方面，各个组别左右手握力、背肌力、原地纵跳、选择反应时、十字变向跑、反复横跨、坐位体前屈、转肩、立位转体、闭目单足立、1分钟抛网球均值之间均存在显著性差异，说明老年人练习民俗体育项目对这些指标会产生明显的健身效果。

本书的出版是在完成山东省科技发展计划项目"民俗体育健身功效实验研究"之后，经过加工、整理，方才付梓，是继民俗体育文化研究以及民俗体育传承研究的后续研究。在此，感谢项目研究团队丁伟、韩夫苓、崔涛、江明世、刘建武、韩秀英、刘岩等所有成员近三年来所付出的艰苦而又辛勤的努力，为了实现共同的理想在不断坚持着，正是在大家共同努力和付出的基础上，本书才能得以顺利完成。

由于本人及课题组自身能力有限以及受诸多客观因素的制约，书中难免有疏漏之处，恳请各位同仁不吝赐教，给予批评指正。

付玉坤

2020 年 5 月 1 日

目　录

第1章 导　论

1.1　研究背景

《奥林匹克宪章》规定，奥林匹克运动的基本原则是体育与文化、教育均衡发展。就发展态势而言，我国体育正处于不断积累、快速发展的阶段，但离真正意义上的体育强国还有很大的差距。尽管中国体育实现了一次又一次的历史性跨越，尽管中国在 2008 年北京奥运会金牌榜上升至第 1 位，但是，世界体坛以欧美西方文化为主宰的历史格局依然没有改变，扩大代表中华民族文化的体育元素的影响任重而道远。民俗体育是中华体育文化的重要组成部分，民俗体育文化能有效树立民族自信心，增强民族自豪感。重视我国民俗体育的保护，深入挖掘民俗体育文化内涵，是社会主义体育事业可持续发展的客观需要，更可为中国从体育大国向体育强国迈进奠定坚实基础。民俗体育既不能因保持"传统"的原生态而拒绝变化，也不能在强大的西方体育文化面前"失语"而无所作为。要走上体育强国的道路，就必须在深入调研的基础上，摒弃静态保存和单边维护的现状，要根据民俗体育的特点，营造适宜的发展环境，并不断丰富民俗体育的文化内涵，创新民俗体育的具体形式，在开发利用和发展创新中对民俗体育文化进行保护。

民俗体育起源于生产生活，与节日文化、岁时文化、信俗文化息息相关，如龙狮、秧歌、风筝、龙舟、赛马、摔跤、射箭等，生动地表述着古代先人们的生活情趣。我国丰富多彩的民俗体育历久弥新，不仅可以丰富人民群众的文化生活，还对现代人们健康水平提升具有积极意义。随着社会的发展，尤其是近代"西学东渐"，我国民俗体育文化发展的基础环境遭到破坏、认同感和影响力缺失，传承形势严峻，西方体育项目逐步挤占了民俗体育发展空间，一部分影响范围较小、流传不广的民俗体育项目，正面临着消失的危机。一方面，就现行学校体育的课程体系而言，民俗体育长期的缺位，既无相关教育内容，也无相关教育实践，这也是片面体育发展观的一种外在表现，校园体育亟须带有中华传统文化元素的内容予以丰富；另一方面，当前国际群众体育正从慢跑等比较单调的活动向着内容丰富、形式活泼的"体育节"方向发展。因此，发展具有鲜明娱乐性的民俗体育活动，极有可能成为促进我国群众体育发展的另一条有效途径，从而为全民健身活动的开展打下坚实基础。新时代，随着"一带一路"构想的提出，非物质文化遗产保护事业的发展，"文化强国""健康中国"和"体育强国"战略的推进，民俗体育迎来了前所未有的发展机遇。以"潍坊国际风筝节""那达慕大会"、妈祖民俗体育产业为代表的体系化、规模化的发展模式，正焕发着民俗体育的新生。

众所周知，民俗体育文化是我国传统文化的重要组成部分。在现在社会中发展民俗体育运动不仅对我国传统文化的继承与发展有着重大意义，更能对参与人群的身心健康产生积极的影响。目前国内的研究主要是集中在民俗体育的文化起源、发展、保护和改革方面来研究的，从理论层面充分肯定了发展民俗体育有益于我国民族传统文化的全面发展，而对于民俗体育在实践中对人体的形态、机能、素质与心理健康等是否有积极作用方面研究几乎空白。因此，课题组在前期研究工作的基础上，对民俗体育运动对中小学生和老年人的健身功效进行了研究，以期为民俗体育的传承、发展、推广提供理论依据和实践铺垫。

1.2 选题依据

民俗体育是以民间风俗或民间文化以及民间生活方式为基础，不断发展起来的一种体育形式，由人民大众创造、使用和传承，是民族传统文化的重要组成部分，具有现代竞技体育所不可替代的价值与作用，是民族和民俗文化研究的"活化石"，我们必须加以研究和保护。早在2014年的《政府工作报告》中，李克强同志就指出："文化是民族的血脉。要培育和践行社会主义核心价值观,加强公民道德和精神文明建设。继续深化文化体制改革,完善文化经济政策,增强文化整体实力和竞争力。促进基本公共文化服务标准化均等化,发展文化艺术、新闻出版、广播电影电视、档案等事业,繁荣发展哲学社会科学,倡导全民阅读。提升文化产业发展水平,培育和规范文化市场。传承和弘扬优秀传统文化,重视保护文物。"伴随着中华优秀传统文化创造性转化、创新性发展的进程,民俗体育的研究逐步成为体育文化研究领域的热点之一,诸多专家学者本着对国家和民族体育与文化事业发展的高度责任感,大力开展了民俗体育的挖掘、整理、文化探源、社会分析等方面的研究工作。山东省在这方面的工作比较薄弱,研究成果也较少。山东地区为中华民族文明的最早发祥地之一,拥有悠久的历史和丰富的民俗文化资源,对山东民俗体育文化的发现、保护与发展和对民俗体育健身功效的研究将有益于丰富我国优秀文明成果。

本书以中小学生和老年人作为民俗体育健身功效实验研究的研究对象主要依据为:

(1)民俗体育的传承与发展离不开学校这一重要阵地。学校教育的对象是学生,学生是祖国的未来,是中华传统文化的重要传承者。结合山东地方民俗文化,把民俗体育教材化与技能化地引入体育课堂,具有方法上的可行性,更具有十分重要的现实意义,这既能丰富学校体育的内容体系,提升学生的健康水平,又能从思想上培养学生传承与保护优秀传统文化的意识,对推动我国"文化强国""体育强国"战略具有十分重要的实践意义。

(2)习近平总书记曾指出:"全民健身是全体人民增强体魄、健康生活的基础和保障,人民身体健康是全面建成小康社会的重要内涵,是每一个人成长和实现幸福生活的重要基础",[1] "要倡导健康文明的生活方式,树立大卫生、大健康的观念,把以治病为中心转变为以人民健康为中心。"[2] 有序开展好老年民俗体育活动可以获得难以估量的经济效益和社会效益,实现"健康长寿,老有所为,老有所爱,安享晚年"的目标,为全民健身事业发展做出贡献。

---

[1] 习近平在全国群众体育先进单位和先进个人表彰会、全国体育系统先进集体和先进工作者表彰会时的讲话(2013年8月31日)。

[2] 习近平在全国卫生与健康大会上的讲话(2016年8月19日)。

1.3　文　献　综　述

民俗体育的研究在近几年呈现出蓬勃发展的趋势,以"民俗体育"为主题词,通过"中国知网"学术文献库中检索,共获得 2661 条记录(截止到 2020 年 9 月)。硕博记录 409 条,博士论文 15 条,硕士论文 394 条。体育类核心期刊 323 条。据不完全统计,《体育科学》记录 8 条,检索时间为 1981~2020 年,《北京体育大学学报》记录 24 条,检索时间为 1993~2020 年;《武汉体育学院学报》记录 33 条,检索时间为 2005~2020 年;《体育与科学》记录条,检索时间为 2006~2020 年;《成都体育学院学报》记录 19 条,检索时间为 2000~2020 年;《体育学刊》记录 16 条,检索时间为 2004~2020 年;《中国体育科技》记录 4 条,检索时间为 2000~2020 年;《上海体育学院学报》记 11 条;检索时间为 2007~2020 年;《体育文化导刊》记录 108 条,检索时间为 1992~2020 年;《西安体育学院学报》记录 18 条,检索时间为 1999~2020 年,《天津体育学院学报》记录 2 条,检索时间为 2000~2020 年;《广州体育学院学报》记录 15 条,检索时间为 1999~2020 年;《山东体育学院学报》记录 18 条,检索时间为 2004~2020 年,《体育学研究》记录 21 条,检索时间为 2008~2020 年,《首都体育学院学报》记录 12 条,检索时间为 2009~2020 年,《沈阳体育学院学报》记录 5 条,检索时间为 2008~2020 年。其研究方向主要集中在以下几个方面:

1. 民俗体育的内涵与外延

对于民俗体育的概念,国内学者众说纷纭,在使用的过程中也出现了"三民体育"的"概念"即民族体育、民间体育、(民族)传统体育。造成这一现象的原因有很多,主要是大家对民俗、民族、民间、传统等概念看法不同。这给民俗体育的研究以及民俗体育学科的建立带来了不小的困难。

在国内的研究中,《体育科学词典》将民俗体育界定为在民间风俗或民间文化以及民间生活方式中流传的体育形式,是顺应和满足人们多种需要而产生和发展起来的一种特殊的文化形态。

王念龙在《体育文化导刊》2005 年第 3 期的《从台湾民俗体育看

闽台传统文化渊源》中指出：台湾学者将民俗体育的定义界定为"是
一个民族所慢慢共同形成与传承延续的一种具有身心教育意义的身体运
动文化习惯"，认为民俗体育的特性是乡土性、情感性、娱乐性，甚至
具有宗教性的特征。

　　涂传飞、余万予、钞群英在《武汉体育学院学报》2005 年第 11 期
《对民俗体育特征的研究》中分几个层次将其内涵确定为，首先民俗体
育是在民俗活动中产生，依托特有的民俗节日发展，并在一定时间空间
范围内传承，与健身、娱乐、竞技、表演有关的多种活动形式集合，以
及全民性的，具有悠久历史传统、民族色彩和民俗文化气息的体育项
目；其次民俗体育是各少数民族传承下来的体育运动项目；最后是在不
同历史时期，经过民族交流传入，通过消化、吸收和创新而在民间广泛
流传的民俗体育活动，并认为民族传统体育实际上是在某一民族或某些
民族开展的特定的民俗体育，可看成民俗体育的子系统。民俗是具有普
遍模式的生活文化和文化生活。

　　邵荣、柯玲在《北京体育大学学报》2004 年第 6 期《中国民间体
育文化思索》一文指出：民间体育的本质属性既不能看它的缘起空间，
也不能看它的活动群体是官方还是平民等表层因素。民间体育根植于特
定的民俗土壤当中，总是和特定的民俗精神相连。这些竞技或娱乐活动
当初首先是一种生存手段或者谋生手段，后来演化为民俗文化活动，再
后来又从民俗文化活动中分离出去。所以真正意义上的民间体育是由特
定的经济模式、文化传统、民俗精神决定的。

　　王俊奇在《西安体育学院学报》2007 年第 2 期《关于民俗体育的
概念与研究存在的问题——兼论建立民俗体育学科的必要性》中讨论了
民俗体育在当代社会的地位、民俗体育学的概念、民俗体育与民族传统
体育的关系、民俗体育研究方法等方面，在此基础上，明晰了民俗体育
的一些模糊认识。同时提出建立民俗体育学科的设想，展望了民俗体育
的走向及其发展趋势，提出由于概念上的问题没有理清，导致了民族传
统体育和民俗体育两个概念上存在混用和模糊不清的状态。民俗体育学
的研究对象是民俗文化（民间文化），而民族传统体育却以民族或国家
的主体文化或称"大文化"（传统文化）为研究对象。所以概念不清，
对民族传统体育和民俗体育学的深化研究都是不利的。从学科和文化学
角度上说，"民族传统体育"与"民俗体育"应该区分开来。

陈红新等在《体育学刊》2008 年第 4 期《也谈民间体育、民族体育、传统体育、民俗体育概念及其关系——兼与涂传飞等同志商榷》中认为民间体育的概念具有宽广的内涵与外延，涵盖民族体育，民族体育分为传统体育与非传统性体育，民俗体育是传统体育的分支，是传统体育的重要组成部分。

柯玲、邵荣在《北京体育大学学报》2008 年第 6 期《中国民俗体育学探略》中写道：民俗体育学是民俗学和体育学科相融合的交叉学科，它的建立具有重要的学科意义和现实意义。民俗体育学将以体育学科、民俗学科相互交融的关系和民俗的历史、体育史实为客观依据，以体育学的理论为基础，以民俗体育为主要研究对象，挖掘体育的民俗精神以及文化，丰富体育和民俗学的学科内涵。

占玉珍等在《体育文化导刊》2009 年第 4 期《民俗体育与民间体育辨析》中认为民间体育在空间上比民俗体育宽泛得多，其内容庞大，包括民俗体育活动、民族传统体育（包括竞技），甚至外来体育（即那些非官方的、除统治集团机构之外在民众中开展的体育活动）；而民俗体育是民间体育和民族传统体育的重要组成部分，与民间的风俗习惯具有十分密切的关系，主要存在于民间中节日诸如节庆岁时、宗教信仰、婚丧嫁娶和禁忌仪式等活动。

王俊奇在《体育学刊》2008 年第 9 期《也论民间体育、民俗体育、民族体育、传统体育概念及其关系——兼与涂传飞、陈红新等商榷》中认为民俗体育与民间风俗习惯密切相关，主要存在于民间节庆活动、宗教活动、祭祀活动中，是一种世代传承和延续的体育文化形态，具有集体性、传承性和模式性特点。

刘旻航、付玉坤在《体育学刊》2010 年第 1 期《民俗体育认知研究》中首先研究了民俗体育认知过程中最重要的两种途径：感觉以及反省；通过对民俗体育的简单观念、复杂观念以及第 1 性质、第 2 性质的比较分析，进而研究它们的同一性和差异性、相互联系、相互共存以及实在存在，以此促进对民俗体育认知的理解，从而能够更有效地对民俗体育加以保护和传承。

由此可见，众学者对于民俗体育与其他相近概念的界定都是结合自己对体育学、民俗学与民族学等相关领域的研究所做出的，其分歧凸显在这几个概念的相互关系上，即是并列关系，还是隶属关系。如果是隶属关系，是谁隶属于谁；它们之间的关系是否是亘古不变的，还是会随着时代的发展而不断变化。民俗体育内涵及外延的争论，还在一定程度上促进了民俗体育项目的发掘与创新。

2. 民俗体育的传承与创新

体育作为一种社会现象，是最容易沟通人类思想的，它可以超越社会意识形态、文化传统、语言和宗教信仰等障碍同存于与人之间。民俗体育是中华民族的传统瑰宝，也是体育文化的重要组成部分。但是随着现代化的进程，由西方传入的诸多新兴体育项目受到人们认识并接受，逐渐发展成为主流体育项目，著名作家冯骥才曾说，很多时候老百姓过节时常常感到很失落，不知道节怎么过了，这种失落实际上是一种精神上的失落。社会在进步，人们在现代生活中更有对民俗、民间活动的保护、挖掘和整理的现实需要。近些年来，随着群众体育的蓬勃发展、新课程改革的施行、新课程标准的推行以及各级各类民族传统运动会的召开，民俗体育又被注入了新生力量。

民俗体育的传承方面：

林伯原在《北京体育学院学报》1993 年第 1 期《论中国岁时和礼仪民俗中的传统体育》一文中提及由于各地、各民族不同自然环境的明显差异和人文背景，各民族礼仪民俗中的体育逐渐转为岁时、节庆等民俗中的娱乐活动（少数民族聚居区这种变化较晚）。而历代的民族迁徙和民族融合又使各地不同类型的民俗体育相互吸收、融合和发展，自隋唐开始，龙舟竞渡、角力、蹴鞠、射箭、赛马、拔河、登高等民俗体育与活动业已成为多个民族共同的文化财富。

徐琳在《成都体育学院学报》2009 年第 5 期《论我国民俗体育的地域文化特征与发展》中从文化学视角，探讨了我国民俗体育的地域文化特征以及发展趋势。认为我国民俗体育不论活动方式还是文化内涵都具有十分强烈的地域特征；民俗体育的地域文化特征主要体现在民族性、传统性和文化性三个方面；在非物质文化遗产语境下，民俗体育应该更加注重和谐健康的发展。

郎勇春、周美芳、程其练、李伟艳在《体育学刊》2009 年第 12 期《江西民俗体育文化的现代流变——以江西永新盾牌舞为例》中认为江西民俗体育文化活动在内容和表现形式上产生了四个显著变化：参与人员的身份变异；宗族崇拜的削弱；活动指向的功利化；传播方式的立体化。江西民俗体育文化发生变化的原因：一是文化语境改变，具体体现在的意义系统、价值系统的偏离、交流系统逐渐瓦解；二是社会语境的变化，具体体现在民俗体育参与者的身份、背景复杂化、"表演"场所的政治化。

民俗体育创新方面，诸多学者也进行了多层次的研究。

段辉涛在《体育学刊》2007年第2期《民俗体育"陀螺"的创新》对民族传统体育项目陀螺进行了创新，为增加项目的趣味性和实际效用，改进场地、器材、技战术、竞赛规则等方面。

郎勇春、李刚、李伟艳在《北京体育大学学报》2008年第2期《对城镇化进程中我国民俗体育演进的思考》中通过分析我国城镇化的发展历程，考察中国民俗体育在城镇化进程中的发展和研究现状，发现中国民俗体育的开展在城镇化的影响下存在着项目、地域发展不均衡性，形式、功能发生转变等现实问题。提出在城镇化进程中，应全面发挥我国民俗体育多元功能、在内容形式上着重保持地域特色，科学传承、与时俱进并且和所依附的社会形态共同发展。

李红梅、郑国荣、方千华在《沈阳体育学院学报》2008年第6期《论民俗体育的现代化发展》中提及民俗体育现代化是现代体育发展的必然趋势。从民俗体育非物质层面上论述了其现代化的可行性、必要性、影响因素及其实现途径。认为民俗体育的主要影响因素包括知识智能、竞技性、技能技巧性、锻炼方法、组织教法、情感习惯、态度价值等；发展民俗体育的基本途径包括思想观念的更新、传统体育观念的突破、民俗体育文化自信的提高、心态开放、态度的与时俱进。

王敬浩、周爱光在《武汉体育学院学报》2008年第10期《民俗体育对身体和谐的建构——谈民俗体育的发展逻辑及其现代道路》通过考察民俗体育产生与发展的规律，以及民俗体育自身形式特点和运动主体的身体特点，发现在宗教仪式"娱神"功能的表象下，民俗体育潜藏着"娱人"的本质。民俗体育以遵守社会规范、追求精神自由为前提，以人的生存、健康、发展为根本出发点，以地理、气候、生态等自然环境为发展土壤，最大限度地张扬着参与者的个性，体验着身、心、宇宙最完美的和谐，从而获得掌握自主权力的满足感，最终构建出内在与外在的具有和谐之美的身体。从宗教走向民间，从精英走向大众，真正实现出"回归身体"这一现代身体文化的主题，必将成为民俗体育现代化发展的必经之路。

郭炎林、曹卫在《武汉体育学院学报》2011 年第 5 期《"三民体育"在全民健身中的回归与发展》一文中通过文献资料研究，分析了"三民体育"的文化内涵，认为"三民体育"是中华体育传统文化的重要组成内容，更是全民健身的重要组成部分；随着我国社会经济的发展和文化的繁荣，"三民体育"业已在全民健身活动中崭露头角，时代呼唤"三民体育"的回归。建议深入挖掘和广泛推广"三民体育"项目，积极应用于社会活动的各个方面，诸如社会文化、健身、娱乐、休闲等活动；建立"三民体育"文化实体；利用节庆岁时、不同地域民俗习惯和文化特点开展"三民体育"活动；促进"三民体育"进入学校体育教育，传承中华体育文化。

崔涛等在《体育文化导刊》2019 年第 1 期《传承传统文化视野下校园民俗体育发展路径研究》一文中运用文献资料等方法，对校园民俗体育发展路径进行研究。认为：要站在传承优秀传统文化以及发展公平而有质量的教育的高度，促进民俗体育与现代体育的契合与交融；厚实校园民俗体育思想基础；推进内涵与形式齐飞共进，提升民俗体育认同感；深化校园民俗体育资源供给改革；加强交流。打造校园民俗体育外宣品牌。

李琳琳在《体育文化导刊》2020 年第 2 期《藏族民俗体育文化的价值与传承研究》一文中运用文献资料法、实地调研法等方法，阐释藏族民俗体育文化的价值，提出传承发展对策，认为藏族民俗体育文化具有鲜明民族性，能强化民族认同；具有健身娱乐性，能促进身心健康；具有极强观赏性，可进行经济开发。但当前面临文化认同感弱、传承人断层、缺乏政策保障、产业化层次低、传播方式单一等困境，进而建议：通过宣传和教育增强文化认同感；培养专门化和大众化的传承人；加强政策保障；深入挖掘内涵提升产业开发层次；运用数字技术丰富传播方式。

民俗体育作为一个"新兴"的古老命题，正随着"强国建设"焕发青春。习近平总书记先后对如何继承和弘扬中国优秀传统文化进行了多次论述："中华文明源远流长，孕育了中华民族的宝贵精神品格，培育了中国人民的崇高价值追求。自强不息、厚德载物的思想，支撑着中华民族生生不息、薪火相传，今天依然是我们推进改革开放和社会主义现代化建设的强大精神力量"①，"培育和弘扬社会主义核心价值观必须立足于中华优秀传统文化，深入挖掘和阐发中华优秀传统文化讲仁爱、重民本、守诚信、崇正义、尚和合、求大同的时代价值，使中华优秀传统文化成为涵养社会主义核心价值观的重要源泉"②。从习近平总书记的重要讲话可以看出，立足于中华优秀传统文化而弘扬社会主义核心价值观，既是对优秀传统文化的继承，又是结合当前时代特点对优秀文化进行的现代诠释。我国正逐步走向世界舞台中央，作为弘扬中华民族传统文化重要载体的民俗体育大有可为，我们要顺应时代发展的要求，激发新动能，并注重民俗体育的创造性转化和创新性发展，"下硬功夫打造软实力""用软实力铸造硬功夫"，打造民俗体育的全新的面貌，呈现于世界舞台。

3. 民俗体育的价值研究

民俗体育是体育文化以及中国民俗文化的重要组成部分，民俗体育反映并承载着一个民族的共同文明，是民族所传承和享用的一种特殊的"符号"。勤劳的中华儿女在生产和生活中创造和发展了内容丰富、形式多样的各色民俗体育活动，张亮采在《中国风俗史》一书中就有记载，黄帝以前"阴康氏作乐舞，以救民气郁阏，筋骨瑟缩之患"。民俗体育是中华民族不可再生的非物质文化遗产，诸多学者从价值入手，对民俗体育进行了深入的研究。

（1）民俗体育的娱乐休闲价值。民俗体育在休闲娱乐，尤其是我国传统节日、观光旅游中占据着极其重要的位置。在传统节日中，如春节、端午节、重阳节等，民俗体育是庆祝活动和仪式程序的主要内容之一；中国三大国家级祭奠活动之一的妈祖祭奠中，一些民俗体育项目被纳入仪式和表演中，成为旅游者观光休闲必不可少的部分。民俗体育体现并传播着优秀的传统文化，一些民俗体育团体表演项目，如舞龙、舞狮、秧歌舞等，场面宏大、锣鼓喧天、节奏强劲、动作优美，在满足大众观赏需求的同时体现出中华民族自强不息、热爱生活的精神品质。此外，民俗体育是健身娱乐的重要资源，一些民俗体育项目如抖空竹、放风筝等，是许多人余暇时间的选择，既缓解了压力，又放松了心情，还能满足不同群体健身的需要。

---

① 习近平在2014年中共中央政治局第十三次集体学习时的讲话（2014年2月24日）。
② 习近平在会见第四届全国道德模范及提名奖获得者时的讲话（2013年9月26日）。

胡建鸿、余万予在《北京体育大学学报》2008 年第 4 期《从悦神到娱人的嬗变——奥林匹克运动与中华民俗体育演进的比较研究》中通过对奥林匹克运动的历史和中华民俗体育起源、演化和发展的研究发现现代奥林匹克运动和中华民俗体育的起源大致相同,受宗教习俗的影响十分巨大。在长达两千多年的历史演化过程中,奥林匹克运动由于摆脱了宗教习俗的直接影响而得到飞速发展,中华民俗体育只有尽快摆脱宗教习俗的束缚,才可望得到新的发展,才可具有强大的生命力和美好的发展前景。

郭琼珠在《武汉体育学院学报》2009 年第 6 期《民间信仰仪式性表演类民俗体育探析》中认为丰富的原生态民俗体育内容广泛存在于村落社会的民间信仰仪式性表演类活动,是整理、提炼、发展村落民俗体育活动的资源宝库。当前,发展村落体育的重点在于努力将民俗体育活动内容从村落民俗文化活动中提炼出来,并结合村落民俗文化活动的现实来推动村落体育的发展,而不是仅仅推动全体村民接受现代体育。民俗体育的表演性凸显出其娱乐的价值。

涂传飞在《天津体育学院学报》2011 年第 1 期《社会再生产机制:对民俗体育历史作用的人类学阐释——来自一个村落舞龙活动的民族志报告》中认为发展民俗体育能够促进农村地区和民族地区的和谐社会建设,同时也实现了民俗体育的保护、传承确立途径。民俗体育必须走综合化的发展路径,这种路径就依托于民俗文化的母体,充分保留民俗体育核心形式和核心功能,与时俱进,根据社会政治经济文化的发展需要,对民俗体育中不合时宜的内容和功能进行调整和转换。

王若光、刘旻航在《武汉体育学院学报》2011 年第 10 期《我国民俗体育功能的现代化演进》中认为民俗体育的功能与民俗的功能是相吻合的特点是由民俗所具有的"复合性"特质所决定的,民俗体育所具有的展示性、外显性等特点决定了民俗体育是整个民俗功能得以发挥的核心。随着社会政治经济文化的发展,民俗体育的诸多功能随现代社会的变奏在规范、健康、经济、娱乐、维系、信仰六个方面得到了自然演进。

(2)民俗体育的竞技价值。竞争是人类社会普遍存在的社会现象,是自然界和人类社会赖以进步的客观规律。所谓竞技性主要是指民俗体育运动中所包含的获胜心理。竞技性是民俗体育的重要内部特征。一般来说，民俗体育中普遍含有不同程度的竞技心理，许多类别的民俗体育活动都以斗奇制胜为快事。民俗体育的竞技性使参与者在相互竞争中获得心理的愉悦、意志的锻炼。

中国古代重武习射，常举行射礼。射礼有大射、宾射、燕射、乡射四种。将祭择士为大射；诸侯来朝或诸侯相朝而射为宾射；宴饮之射为燕射；卿大夫举士后所行之射为乡射。《礼记·射义》"天子以射选诸侯"。唐孔颖达疏："天子以射礼简选诸侯以下德行能否。"清朱大韶以为射礼有三：曰大射、燕射、乡射，无所谓宾射。《周礼·天官·司裘》记载"王大射，则共虎侯、熊侯、豹侯，设其鹄；诸侯则共熊侯、豹侯，卿大夫则共麋侯，皆设其鹄。"郑玄注释道："大射者，为祭祀射。王将有郊庙之事，以射择诸侯及羣臣与邦国所贡之士可以与祭者……而中多者得与於祭。"《后汉书·陈敬王羡传》中记载"钧立，多为不法，遂行天子大射礼。"李贤也注释道："天子将祭，择士而祭，谓之大射。"这也就是被当今体育史学界称为"世界上罕见的""出现在 2000 多年前的体育竞赛"——大射，目的也是从参赛者中挑选参与祭祀的人。

蹴鞠是中国一项古老的体育运动，最早载于《史记·苏秦列传》，苏秦游说齐宣王时形容临苗："临苗甚富而实，其民无不吹竽、鼓瑟、蹴鞠者"。蹴鞠又名"蹋鞠""蹴球""蹴圆""筑球""踢圆"等，"蹴"即用脚踢，"鞠"系皮制的球，"蹴鞠"就是用脚踢球，有直接对抗、间接对抗和白打三种形式。

提起龙舟，人们自然就会想起纪念屈原，其实，龙舟作为一种文化，它的出现比屈原所处的年代要早得多。据专家考证，进行龙舟竞渡的先决条件必须是在产稻米和多河港的地区，这正是我国南方地区的特色。在古代典籍有关龙舟起源的记载中，最早出现在东汉。据此可以推测，端午的习俗最初可能只在长江下游吴越民族中流行，后来吴越文化逐渐和中原文化交流融合，这种习俗才流传到长江上游和北方地区。在反映中华龙舟文化的博大精深和沅陵龙船历史渊源的《沅陵千年龙船》一书里，收编了 104 篇作家、学者对沅陵龙船的精辟论述。这些文章科学、系统地论证了沅陵传统龙舟的起源，记录了沅陵龙舟活动的参赛规模、船建等情况。沅陵龙舟起源于 5000 年前，所以比纪念屈原的说法要早 3000 多年。1984 年，国家体委决定将龙舟赛列为体育比赛项目，举办了"屈原杯"龙舟赛。龙舟赛历史悠久，传入国外后，深受各国人民的喜爱并形成了国际比赛。1983 年，我国首次派队参加龙舟大赛，一举夺得全部两项冠军。1984 年国际龙舟大赛在中国香港举行，有中国、美国、德国、日本、英国、新西兰、新加坡、泰国、马来西亚、澳洲、中国澳门、中国香港等 16 个队参赛，中国队又夺得冠军。龙舟赛在我国南方地区开展得比较普遍，已形成一年一度的"龙舟节"。龙舟已被纳入 2010 年广州亚运会运动项目之一。

王凯珍、胡娟、杨风华在《体育文化导刊》2010 年第 3 期《我国龙舟竞渡发展研究》中研究了龙舟竞渡在现实生活世界中的流变、传承、发展，通过调查湖北荆州龙舟活动，指出构建自我发展机制，传承主体的多元化、传承行为的理性化、传承心理的更新和传承体系的制度化是民俗体育项目自我发展机制的重要内容。

（3）民俗体育的健康价值。就健康而言，联合国世界卫生组织提出：健康"不仅是没有疾病，而且包括在身体、心理和社会方面的良好状态。其基础在于机体的组织、器官、系统机能稳定，并适应物质和精神环境，以及健康生活的科学规律"。就是说健康是一个复合概念，只有在机体健康、心理健康、社会适应良好和道德健康四个方面都健全才是真正健康。随着社会经济文化的快速发展，人民生活方式的变化，在一定程度上削弱了人类固有的运动技能，减少了体力劳动。民俗体育运动（如抖空竹、放风筝），练习强度、活动量可根据自身特点进行相应调整，既缓解了因生活造成的精神疲劳，也能满足不同群体锻炼身体的生理需要，具有较好的健身和娱乐功能，可以减缓现代生活给人们带来的压力。而一些民俗团体表演项目（如舞龙、舞狮、秧歌舞、龙舟等），不仅体现了中华民族自强不息精神、不屈不挠、勇往直前品的精神质，同时也可以培养人们团结协作的精神，增强团队的集体主义观念，推动社区、村镇的精神文明建设。随着国家经济社会的不断发展，人民生活水平的提高，"健康中国"战略的推进，专家学者更多地开始关注民俗体育的健康价值的研究。

涂传飞、余万予、钞群英在《武汉体育学院学报》2005 年第 11 期《对民俗体育特征的研究》中提及作为巫术的"放风筝"、与生产农耕相关的"秧歌舞""采茶舞""春臼""杵舞"都是富有文化、审美特

13

征的娱乐活动，民俗体育虽然具有这种满足人们的生存、享受和发展的基本特性，但归根到底还是会演变成为人们强身健体、情感沟通、增强凝聚力的重要活动。

黄永良、傅纪良在《北京体育大学学报》2010 年第 7 期《海岛民间民俗体育特征的研究》中对舟山海岛民俗体育进行了深入研究，东海岛民俗体育的历史传承、发展方向等方面总结了南方、北方民俗体育的运动差异，北方崇尚勇武、豪爽、奔放，南方趋于平和细腻。不同地域的特点和民间规约性对于民俗体育健身有着深刻的影响。

刘旻航在《北京体育大学学报》2013 年第 6 期《民俗体育与民族传统体育在国学教育中功能互补性研究》中通过揭示民俗体育与民族传统体育国学教育之间功能的互补性，提出两者应该在相互作用之下，充分发挥自身的教育功能，相辅相成，完成传统文化自主演化，共同在我国国学教育系统中，传承弘扬我国悠久的身体文化，从而达到身心共同发展。

尤勇在《西安体育学院学报》2013 年第 5 期《陕西地域性文化背景下民俗体育项目的特征与价值研究》中从地域文化的视角对陕西民俗体育项目进行研究，带有浓郁地域文化特征的民俗体育运动（如陕北秧歌）被注入鲜明的时代气息，获得了传承，进入了持续发展的新途径，借助《全民健身计划纲要》的东风成为人们喜闻乐见的健身方式。相对于城市而言，必须坚持"以农为本"，结合地域历史文化特征，探索和开发民众喜爱的民俗体育项目。

对于民俗体育健身功效的研究，大多停留在定性的角度，极少将其功效量化研究，特别是分层次的实验研究更是少之又少。2014 年，国务院发布《关于加快发展体育产业促进体育消费的若干意见》，要求"营造重视体育、支持体育、参与体育的社会氛围，将全民健身上升为国家战略"。将具有地域特色和民族特色的民俗体育移植于社会公共服务以及体育产业中，给予它生存、发展的土壤和空间，一方面有利于推动体育改革的步伐，可以使人民群众获取更多的体育资源，充分满足人民群众不断增长的健身娱乐的需求；另一方面还有利于进一步弘扬民族传统体育文化，促进非物质文化遗产的传承与发掘，振奋民族精神，满足社会主义精神文明建设和物质文明建设的需求。

1.4 研究目的与任务

1.4.1 研究目的

目的一：通过对民俗体育项目动作特征以及民俗体育项目分类的研究，进一步地丰富、发展、完善与补充我国的民俗体育理论体系。

目的二：通过监测实验组、阳性对照组、阴性对照组三者在体育课基本部分实时心率差异，了解这些项目的运动负荷是否适合中小学生，是否能够有效地增强学生的体质，从而推进学校体育的改革、创新。

目的三：通过监测实验组、阳性对照组、阴性对照组三者在老年人健身过程中实时心率差异，明晰各个类别的运动强度和运动负荷，为大众科学、有效地参与健身活动提供理论指导。

目的四：通过中小学生与老年人参与三个月民俗体育项目与其他项目锻炼的实验对比与分析，了解实验组、阳性对照组、阴性对照组三者在身体形态、身体机能、身体素质等方面的变化，并分析、讨论产生此结果的原因，旨在推广科学的健身方法，助力"健康中国""体育强国"建设。

1.4.2 研究任务

（1）运用运动生物力学、系统理论、运动生理学、运动训练学等相关理论，较全面和深入地研究民俗体育项目的动作特征，并根据这些特征对民俗体育项目进行科学的分类。

（2）通过监测中小学生体育课基本部分练习民俗体育组合项目和练习现代学校体育项目，以及老年人练习民俗体育项目和练习太极拳项目时的实时心率变化，明晰各个类别的运动强度和运动负荷。

（3）通过实验法分析研究中小学生和老年人练习不同种类民俗体育项目时对他们身体形态、身体机能和运动素质所产生的影响。

1.5 研究的理论意义与实践价值

1.5.1 研究的理论意义

民俗体育是中华传统文化的重要组成部分，我国劳动人民在生产和生活过程中创造和发展了形式多样、内容丰富的各种民俗体育活动。民俗体育是反映并承载着我国各个民族共同心理素质，并为该民族所传承和享用的一种特殊的传统体育文化，是中华民族充满生命力和活力的非物质文化遗产，从一定意义上讲，中华民族体育、少数民族体育都是民俗体育的一种具体表现形式。非物质文化遗产是各族人民世代相承、与群众生活密切相关的各种传统文化表现形式和文化空间。既是历史发展的见证，又是珍贵的、具有重要价值的文化资源。国家鼓励、支持民族、民间传统体育项目的发掘、整理和提高（《中华人民共和国体育法》第十五条）。党和国家历来重视文化遗产的保护，非物质文化遗产保护既为民俗体育文化的挖掘与整理带来了历史性机遇，同时也为如何根据我国民俗体育文化自身特性进行保护传承提出了新的课题。

1.5.2 研究的实践价值

1.5.2.1 民俗体育对构建和谐社会的价值

党的十七大报告中强调："中华文化是中华民族生生不息、团结奋进的不竭动力，要全面认识祖国传统文化，取其精华，去其糟粕，使之与当代社会相适应、与现代文化相协调，保持民族性，体现时代性。加强对各民族文化的挖掘、整理、保护与传承，重视文物和非物质文化遗产保护，做好文化典籍整理工作。"党的十八大以来，围绕传承和弘扬中华优秀传统文化，习近平总书记发表了一系列重要论述，特别强调"要讲清楚每个国家和民族的历史传统、文化积淀、基本国情不同，其发展道路必然有着自己的特色；讲清楚中华文化积淀着中华民族最深沉的精神追求，是中华民族生生不息、发展壮大的丰厚滋养；讲清楚中华优秀传统文化是中华民族的突出优势，是我们最深厚的文化软实力；讲清楚中国特色社会主义植根于中华文化沃土、反映中国人民意愿、适应中国和时代发展进步要求，有着深厚历史渊源和广泛现实基础""推动中华优秀传统文化创造性转化、创新性发展，不断提高人民思想觉悟、道德水平、文明素养，不断铸就中华文化新辉煌"。民俗体育深深扎根于特殊的民俗土壤中，源自各民族的生活生产实践、节日节令、宗教信仰、婚丧礼仪等活动，是一个国家或民族的基本识别标志，具有渊源的历史，是人类宝贵的文化遗产和精神财富。每种民俗体育项目，像拔河、荡秋千、抖空竹、推铁环、斗拐等都有其深刻的文化内涵与寓意，体现着人民大众的智慧。因此，积极保护民俗体育，传承民俗体育文化，可以丰富我国传统文化的内容，有助于在新时期促进和谐社会传统文化的发展与繁荣。

民俗体育还可以增强社会凝聚力。舞龙、舞狮、踩高跷、秧歌舞、龙舟竞渡等节日习俗活动，除了竞技性外，参与者还有着强烈的集体荣誉感。在比赛中，竞赛集体内部成员的相互协作往往是竞赛成败的关键。旁观者也不愿成为局外人，总是自觉或不自觉地进入竞赛中某一团队的角色，为本社群的竞赛或竞技活动加油、欢呼或沮丧。群体成员相互影响和成员之间的感情对于群体团结起重要作用。传统节日活动中人际交往密切以及社群荣誉感的增强，无疑强化了社会集体意识。节日习俗的趣味性以及节日竞赛活动的配合协作又提高了群体的内聚性。在多数地区，每到节日或大型庆典，都要举行一些民俗娱乐活动。有的仪式性活动规模宏大，气势恢宏，参加的人员众多。这些从娱乐到仪式性的体育活动给民众生活提供了精神归依，成为村落、城镇社区参与者寻求心理平衡、参与社区生活的一种表达方式，也是维系社区广大民众共同文化心理的一种黏合剂。通过这种周期性的活动，使社区居民在情感上实现着社群、族群的认同，将本社区中的不同个体凝聚成一个统一的整体。同时在表演中提高了社区居民的自信心、自尊心、凝聚力和亲和力。

1.5.2.2　民俗体育对现代教育的价值

人类在生存发展过程中，除了生产资料的生产以外，还要承担起人口繁衍的任务，即种族的延续。每个成员从小就要培养适应生态环境及社会环境的生存的能力。将生产和生活的知识、技能传授给下一代，是维持民族集体生存的必要条件。由于集体生活与生产的需要，各民族的教育活动从远古时代就已具备了它的社会性。在早期人类狩猎技术的交流与传授、劳动经验的传承与推广、生活习惯的承继和遵循等活动中，身体活动能力的培养往往是核心，它是构成早期人类教育的最为基本的组成部分。

民俗体育作为一种具有深刻的历史内涵和丰富的外在形式的文化活动，在儿童启蒙、劳动教育、道德修养和审美情趣的培养等方面都发挥着不可替代的作用。众多的民俗体育活动是"文明其精神，野蛮其体魄"的有效教育手段。不论儿童还是成人参与各项民俗体育活动的过程，就是他们获得体验、获取知识、传承和弘扬优秀传统文化、强健体魄的综合过程。"老鹰捉小鸡"等民俗体育游戏热闹有趣，愉悦身心的同时还发展了幼儿协调、灵敏的身体素质；"跳房子"等活动可以发展下肢动作的准确性和力量耐力素质；"斗拐"等活动提高了身体核心力量和腿部肌群力量；参与棋牌类活动可以强化人的思维方式，提高人分析、解决问题的逻辑思维能力；舞龙、舞狮等适合成年人参加的大型团体竞演项目则锻炼了参与者的多项身体素质及团队协作意识；舞龙、舞狮的赛前"点睛"、棋类活动的"长者先行"等程序体现着仪式感以及尊老敬老的传统美德。有研究表明：西方体育与民俗体育在思想和形式上是既对立又统一的、相互协调和矛盾的两方面。参与民俗体育活动，不仅满足了各群体的娱乐需求，还发展了参与者的身体素养和心理素质，更培植了民众参与社会生活必备的道德和审美情趣，体现出民俗体育对现代教育的价值。

1.5.2.3 民俗体育对开展我国全民健身活动的价值

民俗体育活动是一种古老的民族民间体育形式，已有数千年的历史，有些项目的起源可追溯到上古时代。民俗体育是我国民族传统文化中宝贵的文化遗产之一。丰富多彩的民俗体育，项目繁多，动作形式灵活多样，广布于中华大地，十分易于推广。其中相当多的民俗体育项目则几乎不受场地、器材的限制，有的民俗体育活动在平坦开阔的"打谷场"或"城市广场空地"即可开展，有的则在田间地头就能进行，有的适合在湖泊水上开展，有的可以在林海雪原中开展。在纷繁多样的传统体育活动中，每个项目都有浓郁的民族与地方特色，中华大地处处都是民俗体育成长的土壤。这些项目中，有的侧重趣味性，有的突出竞技性，有的彰显文化性，有的突出动作速度特点，有的讲究技巧的运用，有的体现力量的对抗，无论哪种项目都具有强身健体、调节情感、提高凝聚力，净化社会氛围的显著功效，可以作为全民健身活动的优质资源予以普及。

目前我国体育经费投入不平衡，区域间差异较大；体育活动场馆、器材设施相对匮乏，相对于广大群众的健身需要还有较大差距。这就要求我们在全民健身活动中要从实际出发，因地制宜地开展群众性体育锻炼活动，推广投入少、见效快，既经济又实惠的体育运动项目。多数民俗项目对场地要求不高，运动技术难度不大，练习强度可根据自身需要进行调整，适合普及于人民群众的日常健身活动中。许多项目只需一块平地或一片草坪，在院前房后即可开展；民俗体育活动所需活动器材简单，只需利用身边的生产、生活工具或自然资源条件即可。节庆的舞龙舞狮、赛龙舟，晨练的秧歌、空竹，春风里的风筝，民俗体育活动以其独具特色的文化特征及价值，已逐步被民众认同和接受，并超越地域和文化的限制，逐步成长为各族人民不可或缺的生活内容。

因此，在当前形势下，我们可根据各地实际情况，植根于各地域的生产生活环境，开展实施一系列的经济实用、可操作性强、易推广、民众喜闻乐见的群众性民俗体育活动。这对于满足不同的地区开展体育活动的需要、增加体育人口和全民健身计划的推进具有极大的现实意义。

1.6 研究对象与方法

1.6.1 研究对象

本书以山东省济南市舜耕小学五年级、舜耕中学七年级的学生和济南市 60~65 岁的老年人为研究对象。

1.6.2 研究方法

本书的研究方法主要有文献资料法、专家访谈法、特尔菲法等。

1.6.2.1 文献资料法

通过中国学术文献网络出版总库、山东财经大学图书馆、山东体育学院图书馆、山东省图书馆等，广泛收集并仔细整理与民俗体育、体育测量与评价及运动员选材有关的研究文章、出版书籍、音像资料等，基本掌握了目前我国民俗体育、体育测量与评价及运动员选材的研究和发展状况，并根据本书研究的需要，对民俗体育中有关健身的文献、体育测量与评价及运动员选材中有关测试指标的章节进行了详细的阅读和分析。

1.6.2.2 专家访谈法

在理论研究的基础上，针对民俗体育健身功效、民俗体育健身功效代表性指标等问题访问民俗体育专家、运动生理学专家以及运动训练学的专家等，访谈的形式采用一对一访谈。

1.6.2.3 特尔菲法

在查阅大量有关民俗体育、体育测量与评价和运动员选材等文献和专家访谈基础上，设计"民俗体育对中小学生健身功效实验研究初选指标体系""民俗体育对老年人健身功效实验研究初选指标体系"专家问卷调查表，然后深入征求 10 位经验丰富而又熟悉该专题专家的意见，专家人员组成及问卷调查表发放与回收情况见表 1-1。课题组共组织了 3 轮活动来确定民俗体育对中小学生和老年人健身功效的各项代表性指标。第 1 轮请专家对问卷调查表所列出的所有指标采用五级评分法进行赋值，经专家评分后，计算每个指标的平均数，以平均数 ≥4 作为筛选标准，对指标进行筛选；第 2 轮和第 3 轮则采用专家讨论、协商的方式对指标进行筛选。通过 3 轮活动，最终从初选指标体系中分别筛选出能够反映民俗体育对中小学生和老年人健身功效的代表性指标。

表1-1 专家人员组成及问卷调查表发放与回收情况

内容	民俗体育专家	运动生理学专家	运动训练学专家	合计
发放份数	4	3	3	10
回收份数	4	3	3	10
有效份数	4	3	3	10

经10位专家对问卷效度进行检验：累计有100%的专家对民俗体育对中小学生健身功效实验研究初选指标体系专家问卷调查表的结构比较满意或非常满意，累计有90%的专家对民俗体育对中小学生健身功效实验研究初选指标体系专家问卷调查表的内容比较满意或非常满意；累计有100%的专家对民俗体育对老年人健身功效实验研究初选指标体系专家问卷调查表的结构比较满意或非常满意，累计有80%的专家对民俗体育对老年人健身功效实验研究初选指标体系专家问卷调查表的内容比较满意或非常满意。

1.6.2.4 实验法

1. 中小学生

以山东省济南市舜耕小学五年级、舜耕中学七年级的学生为实验对象。在五年级中随机选取学生365人，其中男生200人，女生165人；七年级中随机选取学生400名，其中男女生各200名。然后分别把五年级、七年级男女生各随机分成5个样本，除了五年级女生每个样本是33人以外，其余样本人数均为40人。随后分别把这些样本命名为角力组、竞足组、技巧组、阳性对照组和阴性对照组。角力组、竞足组和技巧组上体育课时有组织地进行民俗体育组合项目的锻炼，阳性对照组练习现代学校体育项目，阴性对照组上体育课时基本不参加活动。每周锻炼3次，每次体育课五年级学生练习时间为40分钟，其中包括7分钟的准备部分和3分钟的结束部分，基本部分为半小时；七年级学生练习时间为45分钟，其中包括10分钟的准备部分和5分钟的结束部分，基本部分为半小时，实验时间为3个月。

2. 老年人

以山东省济南市60~65岁的老年人为实验对象。在山东省济南市60~65岁的老年人中随机选取300人，其中男性和女性各150人，然后分别把这些老年人各随机分成 5 个样本，每个样本各 30 人，分别命名为抖空竹组、踢毽子组、扭秧歌组、阳性对照组、阴性对照组。抖空竹组、踢毽子组、扭秧歌组分别有组织地练习抖空竹、踢毽子、扭秧歌，阳性对照组分别练习太极拳，阴性对照组基本上不参加活动。每周锻炼 3 次，每次 1 小时，其中包括 15 分钟的准备活动和 5 分钟的放松练习，基本部分为 40 分钟，实验时间为 3 个月。

1.6.2.5 测试法

以初选指标体系经专家筛选后所得到的复选指标为基础为每位实验者建立健身档案，然后对实验者进行第一轮测试。为了估价测验的可靠性，本课题组采取了"测量—再测量"的方法，即采用第一天对全部受试者进行测验，第二天再随机抽取 10 名受试者采用相同的测验手段进行测验，并计算随机抽取受试者两次测验结果的相关系数来估价测验的可靠性，结果如表 1-2、表 1-3 所示。锻炼结束后对实验者进行第二轮测试。实验刚开始时，在中小学生的体育课和老年人的健身活动中为每个样本各选择一次课，在每个样本中各随机选择 12 名受试者，上课时让这些受试者佩戴上心率遥测仪，以监控受试者练习全过程实时心率的变化。课后选择受试者基本部分的实时心率来进行分析和评价。中小学生的体育课基本部分共 30 分钟，每 2 分钟取一个心率值，共取 16 个值；老年人的基本活动时间为 40 分钟，每 2 分钟取一个心率值，共取 21 个值。所有测试均由课题组成员、中小学体育老师、体科所科研人员等严格按照测试标准进行。

表 1-2　　　　中小学生民俗体育健身功效测验可靠性估价结果

指标	五年级				七年级			
	男生		女生		男生		女生	
	可靠性系数	显著性水平	可靠性系数	显著性水平	可靠性系数	显著性水平	可靠性系数	显著性水平
身高	0.998	0.000	0.997	0.000	0.998	0.000	0.995	0.000
坐高	0.994	0.000	0.987	0.000	0.996	0.000	0.997	0.000
上臂围松紧差	0.947	0.000	0.920	0.000	0.890	0.001	0.906	0.000
胸围	0.980	0.000	0.989	0.000	0.971	0.000	0.968	0.000

指标	五年级				七年级			
	男生		女生		男生		女生	
	可靠性系数	显著性水平	可靠性系数	显著性水平	可靠性系数	显著性水平	可靠性系数	显著性水平
呼吸差	0.924	0.000	0.902	0.000	0.935	0.000	0.925	0.000
腰围	0.995	0.000	0.984	0.000	0.905	0.000	0.915	0.000
臀围	0.990	0.000	0.968	0.000	0.951	0.000	0.949	0.000
肩宽	0.954	0.000	0.963	0.000	0.983	0.000	0.981	0.000
骨盆宽	0.983	0.000	0.946	0.000	0.984	0.000	0.953	0.000
体重	0.996	0.000	0.998	0.000	0.999	0.000	0.997	0.000
体脂率	0.984	0.000	0.983	0.000	0.963	0.000	0.978	0.000
基础心率	0.940	0.000	0.965	0.000	0.920	0.000	0.910	0.000
心功指数	0.953	0.000	0.974	0.000	0.877	0.001	0.902	0.000
脉压差	0.908	0.000	0.910	0.000	0.936	0.000	0.912	0.000
肺活量	0.980	0.000	0.925	0.000	0.979	0.000	0.956	0.000
最大摄氧量	0.920	0.000	0.922	0.000	0.982	0.000	0.977	0.000
左手握力	0.977	0.000	0.968	0.000	0.981	0.000	0.955	0.000
右手握力	0.984	0.000	0.959	0.000	0.970	0.000	0.958	0.000
背肌力	0.982	0.000	0.990	0.000	0.991	0.000	0.971	0.000
仰卧起坐	0.995	0.000	0.986	0.000	0.982	0.000	0.957	0.000
立定跳远	0.918	0.000	0.937	0.000	0.960	0.000	0.916	0.000
俯卧撑	1.000	0.000	0.969	0.000	0.990	0.000	0.996	0.000
选择反应时	0.924	0.000	0.897	0.000	0.925	0.000	0.918	0.000
50米	0.965	0.000	0.971	0.000	0.987	0.000	0.959	0.000
"十字"变向跑	0.943	0.000	0.947	0.000	0.950	0.000	0.906	0.000
往返跑	0.939	0.000	0.953	0.000	0.922	0.000	0.955	0.000
反复横跨	0.967	0.000	0.929	0.000	0.931	0.000	0.979	0.000
纵叉	0.993	0.000	0.982	0.000	0.988	0.000	0.980	0.000
横叉	0.987	0.000	0.983	0.000	0.978	0.000	0.960	0.000
坐位体前屈	0.993	0.000	0.995	0.000	0.996	0.000	0.988	0.000

指标	五年级				七年级			
	男生		女生		男生		女生	
	可靠性系数	显著性水平	可靠性系数	显著性水平	可靠性系数	显著性水平	可靠性系数	显著性水平
转肩	0.989	0.000	0.991	0.000	0.985	0.000	0.993	0.000
立位转体	0.985	0.000	0.996	0.000	0.969	0.000	0.982	0.000
闭目单足立	0.940	0.000	0.947	0.000	0.901	0.001	0.929	0.000
1分钟抛网球	0.907	0.000	0.922	0.000	0.945	0.000	0.942	0.000

由表1－2可以发现：中小学生民俗体育健身功效测验可靠性估价只有五年级女生选择反应时（0.897），七年级男生上臂围松紧差（0.890）、心功指数（0.877）共三项指标其结果为可靠性可以接受，其余指标皆为可靠或非常可靠（0.95～0.99为非常可靠、0.90～0.94为可靠、0.80～0.89为可靠性可以接受、0.70～0.79为可靠性差）。

表1－3　　　老年人民俗体育健身功效测验可靠性估价结果

指标	老年男性		老年女性	
	可靠性系数	显著性水平	可靠性系数	显著性水平
身高	0.999	0.000	0.997	0.000
坐高	0.998	0.000	0.989	0.000
上臂围松紧差	0.867	0.001	0.894	0.000
胸围	0.981	0.000	0.976	0.000
呼吸差	0.897	0.000	0.930	0.000
腰围	0.912	0.000	0.921	0.000
肩宽	0.990	0.000	0.979	0.000
体重	1.000	0.000	0.994	0.000
体脂率	0.985	0.000	0.967	0.000
基础心率	0.905	0.000	0.966	0.000
肺活量	0.982	0.000	0.979	0.000
TC	0.991	0.000	0.985	0.000

指标	老年男性		老年女性	
	可靠性系数	显著性水平	可靠性系数	显著性水平
LDL	0.980	0.000	0.994	0.000
HDL	0.983	0.000	0.977	0.000
LDL／HDL	0.951	0.000	0.953	0.000
左手握力	0.996	0.000	0.993	0.000
右手握力	0.997	0.000	0.990	0.000
背肌力	0.995	0.000	0.996	0.000
原地纵跳	0.895	0.000	0.930	0.000
选择反应时	0.942	0.000	0.954	0.000
"十字"变向跑	0.945	0.000	0.958	0.000
反复横跨	0.966	0.000	0.934	0.000
坐位体前屈	0.996	0.000	0.993	0.000
转肩	0.986	0.000	0.953	0.000
立位转体	0.992	0.000	0.995	0.000
闭目单足立	0.949	0.000	0.942	0.000
1分钟抛网球	0.909	0.000	0.914	0.000

由表1-3可以发现：老年人民俗体育健身功效测验可靠性估价只有老年男性上臂围松紧差（0.867）、呼吸差（0.897）、原地纵跳（0.895），老年女性上臂围松紧差（0.894）共四项指标其结果为可靠性可以接受，其余指标皆为可靠或非常可靠。

通过以上分析可以得知，课题组所获得的测验数据是准确和可靠的。

1. 体育测验的组织实施步骤

（1）编写测验实施细则。

测试指标确定后首先组织人员编写测验实施细则。测验实施细则是测验的说明书，它是测试者和受试者要共同遵守的一种测验准则。由于本书需要测试人员采集大量测试者身体形态、身体机能、身体素质方面的实验数据，因此制定标准化、规范化的测验实施办法将是本书顺利完成的一个重要环节，它将对所测数据的可靠性、客观性产生重要的影响。因此，在编写测验实施细则时，课题组参考了大量的文献资料，力求测量方法和要求规范化，文字准确、精练，不含糊其词，模棱两可，部分测试配以图片来加以说明。

（2）体育测验的组织实施过程。

按照测验的实施过程，本课题体育测验的组织实施过程可分为三个阶段。

①正式测验之前的准备工作。

课题组经过一系列研究确定好测试指标、制定完测验实施细则后，在正式测验实施前，我们做了如下的准备工作：

第一，组建测试队伍。由于本书所需要的数据量较大，测验任务比较繁重，因此，要想顺利完成本书的测验工作，除了课题组成员以外，还需要补充一些测试人员。测试人员测量技巧的熟练程度以及对测试工作的态度，直接影响着对同一受试者测验结果的一致程度，对测量的可靠性和客观性产生较大影响。因此，在组建测试队伍时，课题组根据测验的性质、要求及工作量，筛选了一些对工作认真负责且业务较为熟练的中小学体育老师、体科所科研人员加入测试队伍。

第二，制订测验计划。根据中小学的实际情况，在不耽误上课的原则下，确定测试的时间；老年人则选择一个合适的时间统一组织测验。科学地安排测量指标之间的顺序、间隔时间等，做到既保证可以流水作业，使总的测试时间缩短，节省人力和财力，又能使上下测量指标之间在测验时不互相影响，以保证受试者的体能和精神状态，从而保证测验数据的可靠性和客观性。

第三，准备好测验场地、设备和仪器，准备好记录成绩的表格及其用具。

第四，根据测验计划和测验人员的业务熟练程度，科学地安排每位测试人员的任务和职责。然后组织测试人员认真学习测验计划、测试细则，学习并掌握测量仪器、器材的使用方法、精密度、灵敏度和校正方法，力求全面深刻地了解测验的各个方面。

第五，测验实习。以上工作准备好后，课题组从所需要测量的对象中抽取了较小的样本，然后组织测试人员进行实习。测验实习时尽量安排在与正式测量相类似的环境下进行，其目的是让测试人员熟悉测验，掌握测试技术，并且在实习时力求统一测试要求，并体会到测验的难点和关键。实习后要求测试者应能熟练地完成测验。实习时同时检查所选择测验是否适合于原定的测试对象；检查测验方法、要求、成绩记录、测验次序、组织实施以及有关测验的各个环节是否符合测量的实际情况和实施要求。根据试验情况和出现的问题，对测验做进一步的修改，使之趋于完善，以确保正式测验的成功。

②测验工作的进行。

第一，向受试者说明有关事项。当受试者对测验内容和方法较为熟悉且态度认真时，能够发挥出自己最好的能力水平。因此，在测验开始时组织者应向受试者说明测验的目的，测验的分组及测验程序，讲解示范有关测验的方法和要求等。同时做好学生的思想工作，以防学生出工不出力，影响测验的可靠性。

第二，准备活动。正式测验前，组织者应要求受试者做好充分的准备活动，一是预防在测验时出现伤害事故，二是可以使受试者保持最佳的体能状态，以便在测验时能够发挥出最好的能力水平。

第三，测验前的练习。在正式测验之前应给受试者一定的练习机会，以使受试者熟悉测验的内容、方法和要求。安排一定练习时，应规定统一的方法和次数，避免因练习的效果不同对测量结果产生影响。

第四，必要的提示。测验中可对受试者进行必要的提示。恰当地提示有利于保证测验的完成。在实际测验中，如下几种情况需要提示：一是测验的关键之处；二是易误之处；三是报告受试者完成测验的情况等。提示时，要用简练的语言，提示的程序也应一致。

③测验后的工作。

第一，放松活动。测验结束后要组织受试者进行放松，以尽快消除测验所带来的疲劳。

第二，整理测验场地、设备及仪器。

第三，检查所记录的测验成绩。若发现错漏，应列出错漏者的名单和项目并安排他们补测的时间，及时补测，以保证资料的完整和可靠。

第四，按原计划及时分析处理测量资料。

2. 实验测试指标

（1）中小学生。

身体形态：身高、坐高、上臂围松紧差、胸围、呼吸差、腰围、臀围、肩宽、骨盆宽、体重、体脂率；

身体机能：基础心率、心功指数、脉压差、肺活量、最大摄氧量；

身体素质：握力、背肌力、1分钟快速仰卧起坐、立定跳远、俯卧撑、选择反应时、50 米、"十字"变向跑、往返跑（4×10 米）、反复横跨、纵叉、横叉、坐位体前屈、转肩、立位转体、闭目单足立、1 分钟抛网球。

（2）老年人。

身体形态：身高、坐高、上臂围松紧差、胸围、呼吸差、腰围、肩宽、体重、体脂率；

身体机能：基础心率、肺活量、总胆固醇、低密度胆固醇、高密度胆固醇、低密度胆固醇/高密度胆固醇；

身体素质：握力、背肌力、原地纵跳、选择反应时、"十字"变向跑、反复横跨、坐位体前屈、转肩、立位转体、闭目单足立、1 分钟抛网球。

3. 主要测试仪器

芬兰 Polar Electro Oy 公司生产的 Polar 表；TZCS－3 型身高体重测试仪；JYJ－1000 身高坐高测试仪；软皮尺；日本 Mitutoyo 三丰卡尺；大连有限公司生产的 HBF－306 型 BIA 仪（生物电阻抗欧姆龙测试仪）；卡西欧秒表（HS－30W）；EM－988A 型电子人声节拍器；欧姆龙 HEM－6111 型腕式电子血压计；意大利 Cosmed 生产的 Pony 肺活量测试仪；高度 41 厘米台阶；国产 CWL－I 型握力计；BCS－400 电子背力计；科导 TZCS－3 型纵跳测试仪；JYJ－2000 反应时测试仪；WQ－168 型坐位体前屈测试仪。

1.6.2.6　数理统计法

所有数据用 Windows Excel 2007 或 SPSS for Windows 16.0 统计软件进行处理。采用计算随机抽取受试者两次测验结果的相关系数来估价中小学生和老年人测验的可靠性；运用单因素方差分析和多重比较处理中小学生和老年人各个样本的指标数据资料。

1.7　研究的重点与难点

1.7.1　研究的重点

（1）根据民俗体育各个项目的动作特征和健身功能，科学、合理地命名和分类所有的民俗体育项目。

（2）明确中小学生体育课基本部分练习民俗体育组合项目和练习现代学校体育项目以及老年人练习民俗体育项目和练习太极拳项目时的运动强度和运动负荷，旨在为大众科学、有效地参与健身活动提供理论指导。

（3）确立民俗体育健身功效指标体系。因为只有确立了民俗体育健身功效指标体系，才能对每位练习者练习民俗体育组合项目之后的练习效果进行比较和分析，才能科学地建立民俗体育健身功效体系，从而可以针对锻炼者的具体情况制定出科学实用的运动处方，以最大限度地改善和提高锻炼者的健康水平。

（4）民俗体育组合项目在中小学生、老年人身体形态、身体机能和身体素质方面的健身功效。

1.7.2 研究的难点

本书研究的难点主要体现在：

（1）为了科学地建立民俗体育健身功效体系，需要对每一类别的民俗体育项目建立一个样本，每个样本都必须具有一定的样本量，再加上民俗体育健身功效指标相对较多，且需要好几轮的测试，因此数据的采集具有相当的难度，尤其是数据的信度和效度问题是本书价值体现的关键性的决定因素。

（2）在建立民俗体育健身功效过程中需要用到大量的统计方法，如何用成熟且符合数理统计基本原理的统计方法对数据进行处理，使研究的结果准确的定量化，更加符合客观实际，是本书研究的一大难点。数据统计之后如何对结果进行科学分析，也是本书研究的一个关键所在。

1.8 研 究 假 设

（1）民俗体育的各个项目可能或大或小地具有不同的健身功效。
（2）根据民俗体育各个项目的动作特征和健身功能，可能所有的民俗体育项目都能进行科学的、合理的命名和分类。

（3）与现代学校体育项目相比，民俗体育项目可能更加适合中小学生，更能有效地增强学生的体质。

（4）老年人练习民俗体育项目时的运动负荷可能大于练习太极拳项目时的运动负荷，其健身效果可能会更好一些。

（5）在众多的民俗体育健身功效指标中，可能会有一些最能反映实验对象健身功效本质特征的典型指标，通过这些典型指标对实验对象进行比较和分析，可以在较为完整的意义上反映或代表民俗体育的健身功效。

1.9 研究的创新点

（1）本书首次采用以指导受试群体操练技术动作与实时检测指标同步进行的实验方法。

（2）根据民俗体育特点和参与群体的身体状况，本书首先采用《运动训练学》《运动解剖学》《运动生理学》及《体育保健学》学科中的有关原理与机制对民俗体育运动进行系统的项目分类、命名和属性划定。

（3）本书的研究对象为人的身体形态、身体机能和运动素质，同以往项目研究的区别在于实验对象为两个不同年龄段的参与群体，能够保证样本含量的多元性，更能客观反映出实验结果的有效性。

（4）本书最先将现代科学技术与先进设备仪器运用到民俗体育项目的实验测定中，直接吸纳近年来测试技术和信息科学飞速发展的成果，能够显著提高本项任务的科学水准。

1.10 研究的技术路线

本书研究的技术路线如图 1-1 所示。

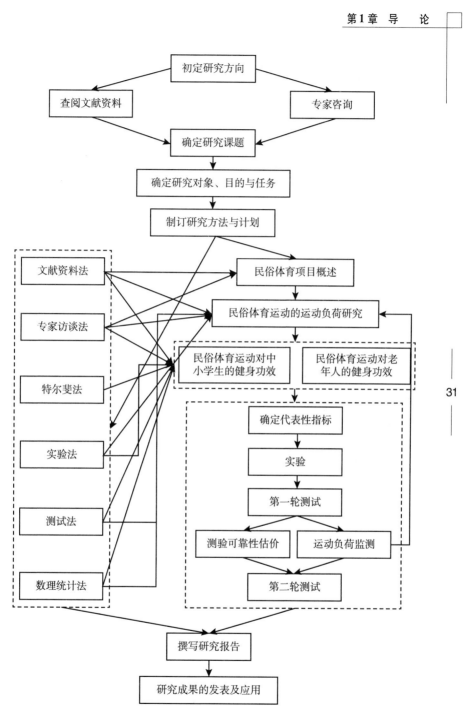

图 1-1　本书研究的技术路线

第2章 民俗体育项目概述

2.1 民俗体育的概念

关于民俗体育的定义，目前国内众说纷纭，尚未出现比较统一的观点，几乎所有学者对于民俗体育所阐述的观点均来自民俗学的逻辑研究起点，这似乎也已经成为学术界所达成的为数不多的共识。

依据当前我国国内比较有影响的学术研究成果，我们发现对于民俗体育的研究主要集中在以下几个方面。涂传飞等认为民俗体育是由一定民众创造的，为一定民众所传承和享用，并融入和依附于民众日常生活的风俗习惯（如节日、礼仪等）之中的一种集体性、模式化、生活化的体育活动，它既是一种体育文化，也是一种生活文化。张鲁雅认为民俗体育是民俗活动中的体育。余万予认为民俗体育是在民俗活动中产生，依赖民俗节日发展，并在一定时空范围流传的与健身、娱乐、竞技、表演有关的活动形式。谢军等认为民俗体育是指人民群众（民间庶民百姓）在社会生活中世代传承、相沿成习的体育生活模式，它是一个社会群体在体育语言、行为、心理上的集体习惯。《体育科学词典》将民俗体育界定为在民间风俗或民间文化以及民间生活方式中流传的体育形式，是顺应和满足人们多种需要而产生和发展起来的一种特殊文化形态。

在这些关于民俗体育的定义中，应该说都具有自己的特色和侧重点，但是同时又无法达成共识。如何把握民俗体育的本质、特色成为我们对于民俗体育定义的最难之处。按照我们对于民俗体育的分析，民俗体育的核心是"一种文化活动"，这是能够达成广泛共识的一个环节，但是民俗体育是一种什么样的文化活动呢？是一种具有"生命力"的文化活动。为什么要强调"生命力"呢？是因为民俗体育本身是一种文化表现形式，它的传承是依靠文化的传承、演进进行的，而这个过程必然要要求民俗体育是一个具有生命力的鲜活系统才可以完成它的文化传递。另外，每一种民俗体育从发生开始就是一个不断演进的过程，可能某一项民俗体育的某一种表现形式终结（消失）了，但是民俗体育的精神核心却不会消失，它一定会以某种形式依附于其他民俗体育运动之中，只有这样才能顺利地完成民族文化的传递。因此，我们强调了民俗体育的动态性，也就是民俗体育的"生命力"。既然确定了"具有生命力的文化活动"作为民俗体育的上位概念，同时我们也就不难找到它的两个下位概念，"民俗活动"和"体育运动形式"，民俗体育必须借助二者作为重要的且是唯一的表现形式，才能够称之为"民俗体育"，并且需要指出的是，这两者是一种强烈的"共生"关系，二者必须同时存在才能够赋予民俗体育真正的价值和意义。因此，我们认为民俗体育就是"一种以民俗活动和体育运动作为表现形式的具有生命力的文化活动"。

2014 年 10 月 2 日国务院印发的《关于加快发展体育产业促进体育消费的若干意见》提出，营造"重视体育、支持体育、参与体育"的社会氛围，将全民健身上升为国家战略。这对体育所应发挥的功能而言提出了更高的要求，从过去的举国体制到当今的竞技体育和全民健身并举，因此体育除了发挥竞技体育中争金夺银为国争光的延伸功能——政治功能外，还要积极发挥为公民提供增强体质、增进健康的本质功能——健身功能。这种形势下，势必要求体育目的与目标清晰化、体育过程与路径多样化、体育手段与内容多元化。这就需要开展多种形式的体育健身活动，以尽最大可能满足全民健身的需求。其中国际体育项目又称奥运体育项目或称竞技体育项目被众人视为"外来"体育文化形态，在一定历史时期为大众健身提供了较多的选择空间，新形势下为了更好地为大众健身服务，体育就需要提供更多、更适合各种群体健身的运动项目。民俗体育作为体育大家庭中的一员，被视为"本土"体育文化形态，在过去的几十年甚或更久远的时期，民俗体育很多项目可谓是家喻户晓，是日常健身娱乐，节日、岁时庆祝活动不可或缺的组成部分。新时期、新形势下，民俗体育理应顺应时代的召唤，在突出"本质功能"的基础上附加更多"延伸功能",为大众不断增长的健身休闲需要提供更加充裕的选择,以更好地完成新时代下的历史使命。

民俗体育概念的内涵与外延就应该与时俱进地进行界定。结合逻辑学中确定概念的方法——下定义,课题组对民俗体育的概念进行了尝试性界定。下定义,最基本的方法是属加种差定义法。概念是从属加种差定义中派生出来的。属加种差定义法的形式可用公式表述:被定义项 = 种差 + 邻近属概念。此类方法还应遵循定义的步骤与规则,"文化活动"是合适的邻近属概念;"民俗活动形态下的以身体运动为基本手段,以促进身心健康发展为根本目的"是合适的种差。据此,课题组将民俗体育的概念定义为:"民俗活动形态下的一种以身体运动为基本手段,以促进身心健康发展为根本目的的文化活动。"

2.2 民俗体育项目的动作特征

课题组根据研究的需要,从众多民俗体育活动中选取了以身体运动为主要表现形式的经典民俗体育项目。例如跳房子、跳皮筋、跳山羊等均是以身体的跳跃动作为主要表现的项目;拔河、顶杠、倒拉牛、推小车等都是以身体的推、顶、拉动作为主要表现形式的项目;推铁环接力、老鹰捉小鸡、丢手绢等都是以奔跑为主要运动形式的项目;抛绣球、砸沙包、抖空竹等也都是以抛、投、接等关键动作为主要特征的项目。

"体育以身体运动为基本手段,利用自然力和卫生措施等达到增强体质、增进健康的效果。体育是通过身体活动的方式进行的,它要求人体直接参加活动,这是体育最本质的特点之一。"民俗体育的身体活动方式多种多样,可动员身体多个部位参与运动。如改编式编花篮、花样跳绳等是以跳跃运动为主;翻石磙(学生练习时采用推轮胎形式)、推小车等均为上肢推、爬、支撑运动为主;(太极)推手、顶牛、顶杠都是以推、顶为主;扭棍、拉棍、拔河都是以拉、拽、扭的动作为主;抖空竹、抓石子、打瓜等均是以上肢运动为主;扭秧歌、踢毽子、开火车等均为下肢动作为主。一般来说,一个民俗体育项目包括多种身体运动形式,大多数民俗体育项目又体现出以某一种身体运动形式为主的特点。总的来看，民俗体育项目体现了走、跑、跳、投、悬垂、支撑、爬越、平衡等身体运动形式。可见，民俗体育项目具有动员身体各个部位参与运动的特征。下面以民俗体育运动中常见的走、跑、跳三类动作特征进行分析。

2.2.1　以走为主的民俗体育项目动作特征分析

走，在人类进行位移运动中是最自然的，也是生活方面不可缺少的运动。因此，在很早以前就有众多专家学者从力学、生理学、解剖学等各个方面对走进行了专门的研究。在 17 世纪，博雷利观察了步行中身体重心的移动，并指出："所谓步行，是站立的人失掉重心后维持上体平衡的运动。"进而，应用肌肉活动的基本原则对步行动作进行了分析。特别是谢林顿所主张的步行是由相反神经支配的理论，对步行运动的研究产生了很大的影响。

根据现代运动学理论界定，走即为步行，是两脚交替支撑与蹬离地面的移动方法。步行的周期，一般可以做如下划分。一个周期，一只脚从脚跟接触离开地面，到这只脚的脚跟再次接触地面为一个周期。脚离开地面期间，称之为游脚期，脚接触地面期间，称之为立脚期；两脚同时着地期间，称之为双重支撑期（也叫作重复支撑期）。在跑动过程中，不存在双重支撑期，而步行必须经过双重支撑期，这一运动特征是走与跑的关键性差异。

代表性的民俗体育项目有拜罗圈、卷席等，在操作实施期间均以走动为基本动作形式，在行进间的走动过程中进行规律性的队列队形的变换。拜罗圈项目通常为三人以上，手拉手围成一个圈，边唱歌谣边进行。当唱到歌谣中的"钻"字时，相邻两位参与者同时举起手臂，领头的一人低头带动众人从与自己相邻近的一位参与者的腋下空档处钻过，大家唱着歌谣依次反复钻来钻去。拜罗圈可以增强参与者走动的协调性、强化走的正确姿势。同时还可提高手指、手臂的力量，也提高了手臂及肩带有关肌肉韧带的柔韧性、灵活性。

2.2.2　以跑为主的民俗体育项目动作特征分析

跑动是两脚相互交替支撑、腾空、踏地运载身体前行的运动，而且跑动必须具备"动力"和"摩擦"两个条件。跑动时,足底踏上地面后承受地面对足底产生程度相同、方向相反的反作用力,并通过足底向身体传送。

根据现代运动学原理,以车轮转动所比喻的人的跑行,是通过腿部肌肉的收缩、关节的伸展,并以脚接触地面由前向后运行。然而,由于腿的动作变化而形成的跑动,既是积极的也是被动的。两只脚积极连续地迈出一定的步幅,而两腿的动作恰恰起到了如同车轮转动的前进作用。跑步是人体两脚交替支撑、腾空并伴以相应身体环节摆动使整体快速位移的过程,是体育运动中人体位移的基本动作形式,也是体育运动各项技术的基础。跑步运动技术动作的结构属于典型的周期性动作,周期性动作是由一定数量的单一动作按动作的目的组合而成的,并形成不断重复的周期性动作过程。人体在跑步过程中都是通过多次周期性重复动作,加大动作的幅度和加快动作的频率,力求在最短的时间内通过一定的距离,以达到人体快速位移的运动目的。

民俗体育项目——推铁环接力赛中的跑动动作,是在人体常规跑动——位移速度的基础上要求上体躯干微微前倾,手持铁钩推动铁环跑动的技术。老鹰捉小鸡中的跑动则与排球比赛中的侧滑步、交叉步、并步等步法极为相似,且要求上体略前倾,更好地控制重心以便快速灵活地变换身体运动方向。

2.2.3 以跳为主的民俗体育项目动作特征分析

跳跃运动是人体通过一定的动作形式,通过助跑与跳跃的基本动作组合,跳越一定的高度、跨越障碍或跳过一定水平距离的运动。跳跃运动按其动作技术的结构特点属于周期性动作与非周期性动作所组合而形成的混合性动作结构体系,它是由周期性的助跑动作(或无助跑)与非周期性的起跳动作、腾空动作、落地动作组合而成的运动。

跳跃运动中经过助跑的过程,使人体在起跳前获得一定的水平速度和形成良好起跳动作原始条件,然后通过快速有力的起跳动作改变身体运动的方向,获得最大的腾起初速度与适宜的腾起角。在腾空阶段通过合理的动作形式保持身体平衡,形成合理的腾跃、跨越动作或合理的落地缓冲姿势。在落地阶段积极的缓冲动作可防止机体受伤,同样更好地保障了准确、稳定跳跃的姿势。

　　民俗体育项目——"跳绳"的跳动是以原地纵跳或行进间跑跳结合的跳跃方式，跳跃的目的是确保绳子顺利从脚底通过；"跳房子"的跳跃多为单足跳跃、跨跳至指定位置或区域，跳跃的目的讲究跳跃落地时的准确性；"跳皮筋"项目的跳跃运动形式多样且复杂多变，有点、踩、迈、压等基本技法，跳跃的目的是确保与皮筋稳靠接触或迅速脱离。整体看，民俗体育中的跳跃运动按其动作技术的用力特点属于快速力量类的运动项目。

2.3　民俗体育的项目分类

2.3.1　目前主要的项目分类方法

　　民俗体育的项目分类方法很多，依据不同，分类各异。（1）依据民俗体育项目性质特点可以分三类：竞技比赛类（体育性明显，对抗性明显，运用计时、计分、计数等方法决定胜负，如踢毽子比赛、跳绳比赛、推铁环接力赛等）、竞赛表演类（体育性明显，对抗性明显，表演动作相对固定，观赏性强，容易推广，如扭秧歌比赛、集体抖空竹、抬花轿等）和娱乐健身类（体育性明显，参与者较为广泛，观赏性很强，动作优美，如老鹰捉小鸡、网鱼等）。（2）按价值和功能分为强身健体、竞技对抗表演（如斗拐）、节日文化（如踢毽子）和传统习俗（走百病）。（3）按民俗体育项目形态特点分为球类（类似球状的器械，如打长毛、砸沙包）、角力类（如拔河、推手）、水上类（如打水漂、各种姿势的游泳）、冰雪类（如打雪仗、滑擦）、武艺类（如举石担、举石锁）、舞龙舞狮类、棋牌类、骑射类（如骑马打仗、花样抬花轿等）。（4）按人数参与的多少可分为集体和个人项目。（5）按项目的性质与作用可以将项目分为娱乐类、竞技类和健身养生类。（6）按照民俗体育项目历史发育形态可以划分为化石型、原始型、发育期型、较成熟型和成熟型五大类，这类分类方法与事物是不断变化的原则相冲突，对于经过整理挖掘后的所有项目是否全部应该归纳到成熟型有待于研究。

2.3.2 项目分类原则

依据逻辑归类划分理论我们要对民俗项目进行分类，必须概括项目的本质和特点，需要遵循以下原则：（1）要把握各项目在发展变化之中的共性和个性，只有把握了项目的本质特征，才能从宏观到微观，深入探讨各项目发展问题。（2）与当前的社会发展相结合，体现项目本身的特点和项目在社会当中的价值。（3）使各类项目有规律可循。（4）从项目的本质出发，这是保证民俗体育项目分类准确性的首要前提。（5）分类要多层次，在同一个层次上，其划分标准必须统一。（6）划分所得各子项的外延之和，应等于母项的外延；划分的各子项必须互相排斥，也就是子项之间不得相容。

2.3.3 民俗体育分类依据的确立与项目类别划分

本着项目分类原则，考虑目前的分类缺陷和项目分类的客观因素，依照运动性质与形式特点本书将民俗体育第一层次项目划分为角力类、竞足类、技巧类、投射类、表演类、棋牌类。第二层次和第三层次按表现形态和竞技能力主导因素，又可以分为若干亚类。需要说明的是本书对民俗体育项目分类方法具有一定的普适性与可借鉴性等特点，相同项目即使是分类依据不相同，在其他视角或环境中也可能存在归属类别相似的情况。根据研究的需要，课题组为中小学生拟定了角力、竞足、技巧三类民俗体育项目的教案与练习指导大纲。同时也为老年人推荐了适合该群体的"抖空竹""踢毽子""扭秧歌"三个民俗体育项目。

2.3.3.1 角力类

角力，通常指选手在徒手的体育对抗中按照相关规则要求，以力量优势胜出的一种项目类别，起源于原始性的身体对抗，又名摔胡、角抵、相扑、布库、厄鲁特等。最初，角力是人们不惜用任何工具仅凭借自身力量去征服自然界的一项活动，从某种意义上说，这是人类最原始、最早的体育活动之一。

对传统角力项目进行整理、创新、丰富和发展，衍生出了多种形态各异、地域特色鲜明的身体对抗性的体育项目。传统的角力运动向多样化、特色化和规模化的发展，使得它从单一的身体对抗项目逐步发展到今天的一个民俗体育项目类别。例如，古典意义上的角力特指类似摔跤的徒手竞技，而现代角力类项目则是包含了掰手腕、斗拐、推手、拉钩、推车等不同形式的徒手竞技，也涵盖了借助器械进行的拔河、倒拉牛、拉棍、顶杠、翻石磙等力量对抗型体育项目。从这个意义上讲，民俗民间的角力类项目，是一个高度体系化了的项群式的称谓。

角力类项目的划分方法比较复杂，依据其划分标准的不同，项目划分的类型也有显著的差异。如根据竞技参照物的标准，可以划分为器械类角力项目和徒手类角力项目；若根据参与者的数量标准，可以划分为个体类项目和团体类项目；若按照身体站位的标准，可以划分为立式角力类项目和坐式角力类项目；若按照力量运用的类型标准，可以划分为静力型角力项目、动力型角力项目和混合型角力项目。这些划分标准，是对诸多角力项目分类整理的一个重要依据。

根据研究的需要，结合中小学生的年龄特征及身体素质状况，课题组筛选出适合受试群体练习的角力类民俗体育项目有斗拐、倒拉牛、拔河、拉棍、顶杠、翻石磙、推小车（目前只适合初中学生）、推手等。

1. 斗拐

斗拐又称"碰拐""撞拐""斗鸡"，属于徒手类角力项目。斗拐有两人相斗的，称为"对斗"；有三人相斗的，称为"三角斗"；还有多人混斗的。多以将对方攻出场外、使对方失去平衡双脚落地或倒地作为评判胜负的依据。

斗拐的基本动作要求是一腿独立，另一腿折叠盘屈胯前，双手或单手握脚，使膝盖部位向前突出，以所盘之膝攻击对方。进攻时主要采用撞击技术，防御时主要采用闪击技术。斗拐的技术动作主要有冲撞、上掀、下砸、侧击、佯攻、躲闪等，套路技法有正拐、反拐、送拐和套拐。随着现代化进程的推进，斗拐更名为脚斗士，经过技术改造与规范参赛规则，该项运动被融入了更多现代流行元素，具备了现代竞技体育的特色，使得这一中国古老的民俗体育项目重新焕发生机。从 2006 年开始，全国脚斗士推广委员会先后举办了多种类型的赛事，这些赛事的成功举办极大地提高了脚斗士运动的知名度。

2. 倒拉牛

倒拉牛是一种双人背向拔河式的角力运动，主要流行于山东聊城市。倒拉牛开展的基本形式主要是两人背对背相距一定距离站立，用力拉绳索，将对方拉退到一定距离或迫使对方越过规定界线为胜。其比赛形式主要分为三种：两人肩拉绳索赛、腰缠绳索赛和手拉绳索赛。

其中背向肩拉绳索为对抗开始前，双方背对背相距一定距离（1 米左右）站立，两人手拉绳子并把绳子放在肩上将其拉直。握绳的一侧臂屈肘、手部紧握绳索，异侧臂肘关节伸直紧拉绳子并适度用力将绳子"压"在肩上，绳子靠近颈一侧。对抗进行中，后腿用力向后下方蹬地，前脚掌用力向前"扒"地，同时双手紧握绳子，上体向前倾斜，充分利用自身体重的向前分量增加拉绳的合力。最终将对方拉退到一定距离或越过界线者获胜。另外两种形式的动作与技法与肩拉绳索基本相似。

3. 拔河

拔河起于春秋，勃兴于隋唐，历史上的"钩强"直到唐代才正式更名为"拔河"。至此，拔河成为一项民俗体育项目，并在民间广泛传播开来。拔河是人数相等的双方对拉一根绳以比较力量的对抗性体育娱乐活动。现代一般的拔河方法是在地上划两条平行的直线为河界，由人数相等的两队在河界两侧各执绳索的一端，比赛开始后，双方都用力拉绳，以将对方拉出河界为胜。而且拔河的场地要求不高，只要有宽 5 米以上、长 20 米左右的一块平坦场地就可进行比赛。作为一种角力类的民俗体育项目，拔河有着多种实施形式如二人拔河、头顶拔河、四面拔河、三角拔河、三向拔河以及气势宏大的万人拔河等，每种拔河都讲究一定的技巧和节奏。

新中国成立后，拔河活动更为普遍，特别是在节假日里，机关、工厂、学校、部队、农村都把拔河活动列入主要的比赛内容。拔河不仅可以提高力量素质，还可以培养团队协作意识及顽强拼搏的精神品质；三向、四角等方式的拔河对参与者的体力、智力都是非常好的考验和锻炼，同时也增加了项目的趣味性。

4. 拉棍

拉棍最先由羌族传统体育活动项目——扭棍子演变而来，其实施方法通常为取一根长约 1 米的结实且光滑的木棍，两名参与者各持棍的一端，比赛开始后互相用双手朝相反方向尽力扭动木棍，对抗中身体不许碰触木棍，先将木棍扭转一周者获胜。几经流传与改编，拉棍项目在各地开展中称谓及实施方法也发生了相应的变化。在山东省有的地方将拉棍称为"蹬棍"，两人各持木棍的一端（也有横拉棍的方法，即两人横向握住木棍）席地而坐即可开始比赛进行对抗。比赛中任何一方身体先离开地面即判为输。这项起源于少数民族地区的运动项目，在山东省部分地区仍可找到踪迹。在城镇或学校的健身或娱乐场所，都可作为群众娱乐的项目之一。拉棍对臂力有一定的要求，因此，经常参与拉棍运动不仅能增强臂力，还能提高身体上下肢体间的协调能力，增加手腕的绝对力量。在原有动作基础上又衍生出拉纵棍、拉横棍、扭纵棍、扭横棍等拉棍形式。按照身体姿势又可分为站立式与坐式拉棍技术。

5. 顶杠

顶杠是一项源于我国西南少数民族地区的角抵类体育活动，苗族、壮族、哈尼族和土家族都将其视为本族重要的运动项目，在山东也有比较深厚的群众基础。

顶杠比赛既是绝对力量的对抗，又是力量耐力的对抗。比赛对器械场地的要求较简易，两个人加上一个光滑匀称的竹杠或木杠就可进行。从组织形式上来看，顶杠可以分为单人比赛和团体比赛。竹杠或者木杠的长度和口径会因为组织形式的不同而存在差别，一般来说，团体的顶杠竞技中，对竹杠的口径和长度都要求高于个人顶杠比赛。顶杠方式主要有手顶、腰腹顶、前额顶和肩窝顶等。比赛时，双方进入自己的半圆圈中，按照比赛规定，双方采用手、腹部、前额或肩窝等部位同时握紧或顶紧竹杠。比赛开始后，两人同时启动，通过竹杠向对方发力。最后，首先将对方推出指定界限者获胜。顶杠对耐力和力量（特别是下肢和腹部力量）要求较高。长期参与不仅可以有效提高参与者的力量水平和身体各项机能水平，而且还可以增强身体的平衡能力。

6. 翻石磙

翻石磙又称"掀碌碡"，是山东农村青壮年比较喜爱的一项角力类活动，20 世纪 60～70 年代，多在每年的 6、7 月份即夏季农作物成熟之际举行。参与者用力翻动石磙以使石磙位移，有时会以转动石磙的滚动距离定胜负，也可以翻转石磙的数量定胜负。翻动石磙时单靠蛮力难以获得好成绩，技艺高超的参与者在充分发挥自身绝对力量优势的同时，往往还能利用好石磙翻动时产生的惯性以取得更好成绩。

传统形态的翻石磙运动精彩刺激，但同时所用器械有一定的危险性，参与者往往存在体育活动的风险。为了保护与传承这一民俗运动形式，课题组对器械进行了变更，用汽车轮胎代替石磙，这一器械的置换既可避免运动损伤，加之轮胎材质的弹性良好，使得翻转时的回弹幅度增大，这对控制节奏的能力提出了较高的要求，同时也提高了运动的趣味性。经常参与此活动可以提高绝对力量和力量耐力，以及上下肢协调用力的能力。

7. 推小车

"推小车"是劳动人民在生产活动中从推独轮车的动作衍变创造的一项趣味性浓厚的民俗体育运动项目，在山东大部分地区都比较流行。

参与者至少是两人，其中一人当"车"，一人做推车人。也可以是三人一组，其中一人当"车"，两人做推车人。人数较多时还可以进行分组比赛，以比速度或比距离判定胜负。此活动可以增强参与者腰背部及胸腹部和肩带肌群的力量，同样也能使力量耐力和身体平衡能力得到发展。考虑到推小车过程中作小车的练习者，身体须保持平直，且脚部高于肩部使得体重分力过多压在上肢，使肩带肌群须承担较大的负荷，对小学生的力量素质来说很难承受，且具有运动损伤的风险，因此推小车不适此群体练习；而初中生力量素质正处在发展的敏感期，上肢肌群力量较为发达，能够克服自身体重的负荷，因此推小车比较适合初中生练习，以加快提高上肢力量素质的发展。

8. 推手

推手是一种古老的民俗体育项目，从我国传统武术中就能寻找到推手动作的原型，从北宋张三丰创编太极拳开始，推手作为太极拳双人徒手对抗练习项目，至今已以近千年历史。后来，仡佬族人民与壮族、汉族人民在一起表演武术时最盛行展示推手，当时叫"虎步象长"。这是武术和民俗游戏相互融合的一种表现，有着深刻的文化意义。目前，推手在鲁西北地区的小学高年级阶段和初中的学生当中广泛流行。

推手具有一定对抗性，长期参与可以锻炼参与者瞬间反应能力、提高身体的灵敏、速度、力量、柔韧等素质。同时推手也是一种彼此制约、掌握平衡、刚柔相兼、别具一格的对抗运动。由于该项目运动强度适中，属绝对力量对抗性运动形式，且对抗过程中突出身体重心控制能力的比拼，使得此项目具有较高的趣味性和娱乐性，适合中小学生参与练习。

2.3.3.2　竞足类

所谓竞足，从狭义的字面来看，即足力之考较。古代体育的竞足项目，涵盖了跑与跳两个维度。跑，又称之为奔、走，包括短途冲刺和长途奔走的能力；跳的异名很多，踊、逾高、超远、跐跑、超距，其实概括起来主要分为逾高、超远两种不同性质的跳跃能力。随着历史的发展，以双脚为基点，人类还掌握了一整套体系化的下肢运动技能组合，涵盖了跑、跳、蹬、攀、踢、踏等主要由脚完成的各种基本运动元素。而胜负或做功效率取决于脚力优劣的体育活动，都可以视为广义的竞足类项目。如汉代百戏中的蹴鞠、缘竿、踢毽等民俗项目，均属于这个范畴。在竞足类项目中，古人常用"走及奔马"来描述奔跑禀赋异于常人的佼佼者，或用"身轻如燕"之类的词汇来描绘善于纵跃的能手，除奔跑和跳跃以外，历史上描写其他竞足类民俗体育的作品也非常丰富。

近现代的跑跳项目不仅得到了延伸，凭借发达的现代科技手段也得到了空前的繁荣，目前的竞足类项目达到了历史上的最高水平，跑跳不仅能够高效率地锻炼腿部肌肉的爆发力、耐力，还能增强肌肉和韧带的延展性，允许机体做出一些高难度的动作来。还能增强髋关节、膝关节、踝关节周围组织的强度，减少关节扭伤、脱臼的概率。另外，跑跳能有效地刺激青少年骨膜的生长，促进身高的增长。下肢骨骼经常承受身体跳起下落的冲压，也会产生适应性反应，骨密度会增加，骨细胞排列细密有序，这能极大地增强下肢骨骼抗压、抗打、抗冲撞的能力。因此，几乎所有有关跑、跳的项目类别都成为奥运会项目，为世界范围内的竞足项目的发展提供了广阔的平台和难得的契机。

竞足类项目的划分方法比较复杂，依据其划分标准的不同，项目划分的类型也有显著的差异。按照是否持有器械分为单一跑跳类、携器械跑跳类；按照对抗形式可分为同场对抗追逐类（网鱼、老鹰捉小鸡等）、同场协作跑跳类（编花篮、开火车等）；按照灵敏与速度协同完成动作的性质分为绝对速度主导类（主要指短时间的有效发挥体能，主要有老鼠十八洞、贴饼子、三个字等）、速度耐力型（是指那些使用体能时尽量经济省力，疲劳出现晚的项目，表现出坚强的意志力特点，主要指长距离赛跑为主要形式的项目，目的是锻炼参赛者的毅力和参与者抗疲劳的能力，如长距离推铁环、跑步式跳绳等）。

根据研究的需要，结合中小学生的年龄特征及身体素质状况，课题组筛选出适合受试群体练习的竞足类民俗体育项目有三个字、反贴饼子、卡巴迪、网鱼、滚铁环、老鹰捉小鸡、编花篮、跳绳、开火车等。

1. 三个字

三个字运动项目是 20 世纪 80 年代在众多中小学开展较普及的民俗民间体育活动，当时为了解决体育场地及器械相对匮乏的问题，由师生共同创编的集位移速度、协调性、灵敏性于一体、趣味较强的追逐类项目。经常参与此项目可发展学生灵敏与速度素质，提高参与者的快速反应与应变能力以及快速奔跑能力，培养参与者的团结协作精神。根据游戏人数多少可划定场地大小。通常在 9 平方米的平坦场地进行，条件允许的话也可在半个篮球场或半个排球场进行。

项目实施方法：先把全班分成若干个小组，每组约 10 人。开始前，一组人同时参加，先以猜拳的方式决定"抓人者"，然后同组的其他人在指定区域内自由跑动以防被"抓"，快被抓住时可任意大喊"三个字"的人名、数字、字母、短句、词组等，如"别抓我""你好啊"然后迅速原地驻步，站在原地等待其他同伴"解救"——（轻拍一下）后方可恢复自由跑动，"抓人者"直到把本小组全部成员定住或抓住一个没有来得及喊对"三个字"的即可轮换"抓人者"。

经常参与该项目可提高参与者思维敏捷、语言表达能力、快速跑动能力、体位灵活变换等各项能力素质，是非常适合中小学生的竞足类民俗体育项目。

2. 网鱼

网鱼，也叫"捕鱼"，是鲁东、鲁北地区喜闻乐见的民俗项目之一，深受儿童青少年的喜爱，它是模仿渔夫捕鱼这一生产活动而形成的，是人类劳动智慧的结晶。一般是两人或多人手拉手组成一个渔网，每捕到一条鱼则加入渔网队伍，渔网越来越大，鱼儿越来越少，直到将鱼捕完为止，然后再变换角色进行下一轮次。

网鱼是儿童模仿渔夫捕鱼这一行为演变而来的，由于山东北面是渤海湾，而山东半岛的南面是黄海，长期的渔猎文化深深地影响着一代又一代山东人。而网鱼游戏既是对渔猎文化的传承，也是劳动人民智慧的体现。

网鱼游戏作为一种跑动、躲闪类集体游戏，可以提高参与者身体的灵活性以及跑动能力，培养团结协作的精神。这一项目适合中小学生参与练习。

3. 滚铁环

滚铁环，又称"滚铁圈"或"推铁环"，是中国传统的民俗体育运动项目，其历史源远流长，铁环之戏远在汉代就为百戏之一，尤其盛行于 20 世纪六七十年代。滚铁环就是用铁钩推动铁环向前滚动，以铁钩控制其方向，可直走、拐弯，行进中发出"哗啷哗啷"的声音。滚铁环可以进行不同形式的竞赛活动。按照比赛形式可分为竞速与赛距离；按照推进轨迹路线可分为直线、曲线、圆周、不规则路线等；按照铁钩与铁环的触点部位分为推前沿与推后沿。

滚铁环技巧性强，观赏性很高，具有很高的娱乐性价值。滚铁环作为一类欢快的健身活动，可以锻炼耐力、协调能力以及关节的灵活性，增强手指、手腕力量。同时也对发展速度、力量，提高中枢神经传导的准确性，以及对增强心肺功能等都具有明显的促进作用，此运动是非常适合中小学生参与练习的民俗体育项目。

4. 老鹰捉小鸡

老鹰捉小鸡，又称"吊龙尾"或"黄鹂吃鸡"，是少年儿童十分喜爱的一项运动，在齐鲁大地上广泛流传。其中一人扮老鹰，一人扮老母鸡，其余皆为小鸡。扮作小鸡者拉住母鸡的后衣襟，其余人且依次搂住前人的腰，母鸡张开双臂保护小鸡。老鹰窜入鸡群左追右扑，寻找机会抓住队尾小鸡，若成功抓住，则互换角色。

老鹰捉小鸡是劳动人民观察和模仿动物界真实的老鹰抓家禽的行为活动演变而成的一种儿童娱乐项目。此活动是集娱乐、欣赏、健身于一体的益智与健身的民俗体育运动项目，可以提高参与者的灵敏性、协调性，增加身体的平衡及快速反应能力，并能培养勇敢、顽强、竞争和团队协作的良好品质。在原有组织形式基础上，课题组又创编出打龙尾（两支队伍的排头互相拍击对方的队尾）、龙咬尾（排头拍击自己的队尾）等形式，此项目非常适合中小学生参与练习。

5. 编花篮

编花篮，是一种盛行于齐鲁大地的民俗项目，在青少年儿童的快乐成长过程中扮演着重要的角色。一提到编花篮这个美丽的名字，就能立刻引起不少人对童年美好的回忆。游戏时四五个孩子围成一圈左腿单腿站立，同时右腿膝关节弯曲，小腿后伸，右脚搭在后一个人的右腿腿弯处，其他人依次搭接，最终组编成一种类似于花篮的形状。鲁西北、鲁东地区普遍盛行着类似于编花篮的一项民俗项目"搭戏台"，从整体上看两者的运动形式、发力特点、人员参与、项目的价值与功能等方面都非常接近，值得关注的是两个项目参与者的身体姿势有一些区别。搭戏台，又叫"搭井台"，是一项很受儿童喜爱的活动。四个人对面站成正方形，各人将同侧的一只脚依次搭接到相邻同伴的大腿处，组编成一个"井"字，另一条腿站立。"花篮"或"井台"编好后大家便可以一起边唱歌谣边做蹲起动作，或边唱歌谣边沿圆周跳动。

编花篮不仅很有趣味性，而且对提高下肢力量以及耐力素质很有益处，因此经常参与此活动能够促进青少年骨骼和肌肉的生长发育，提高参与者的协调能力，培养了参与者的团队意识和整体协作能力。

6. 跳绳

跳绳，是一项流传广泛的民俗体育活动。只需一条绳索、一块空地，便可进行练习。根据参与人数分为单人跳绳，双人跳绳，集体跳绳，根据手法又可分为单摇跳、双摇跳，绳子呈椭圆体来回摇动，随着高度和节奏的提高，能够连续跳完一定数量或稍长时间的跳绳可有效提高练习者的心肺机能。跳绳是一种以下肢肌肉活动为主的跳跃性运动，两脚跳跃，两腕旋转，肩带、腰、腹、臀部、大腿、小腿，直至脚部等各关节都参与活动，加强了肌肉力量。跳绳对正在发育成长的少年儿童的心脏来说更是一种良好的锻炼。另外，跳绳需要一定的灵巧性和协调性，所以对提高神经系统的协调性和反应有一定的帮助。跳绳还能促进人体的新陈代谢，改善消化功能。在一定的运动量下，经常做跳绳的练习也能有效消除身体多余脂肪，可有效提高健康水平。

2.3.3.3 技巧类

技巧运动是以翻腾、平衡、抛接等动作为主，并在此基础上完成一定造型的体育竞赛项目。技巧运动起源于古希腊和中国古代。在过去很长一段时期，人们将体操和杂耍等技艺合称为技巧，随着时代变迁与项目自身的流变，逐渐演变为技巧运动。技巧运动除了包含现在较为成熟的体系化与国际化的奥运体育项目外，还包括了民俗民间的与本土化的体育项目。

技巧运动包括动力性的翻腾动作、快速动作、抛接等动作和静力性的平衡动作造型动作、静止用力等动作以及属于动静间的慢用力动作。这些动作可单个做，也可以编排成动作组合进行练习。技巧运动的比赛项目有单人、双人、多人与集体的形式，技巧运动内容丰富，种类多样，难易不同。人们经常从事技巧运动的练习有助于锻炼意志、培养勇敢、顽强、机智和果敢的精神品质。多人和集体参与的练习中，要求参加者有严密的组织纪律，集体配合，协同一致，勇于克服困难，从而使团结互助的集体主义精神和朝气蓬勃不怕困难的思想风格得到发扬。从事技巧运动可有效地增强体质，促进身体的全面发展。例如技巧运动中的翻腾动作，能提高中枢神经系统、前庭分析器的机能，发展机体的灵活性、协调性，提高速度和灵敏素质，使人的判断能力、控制能力、平衡感觉得到提升。如"老鼠过桥"是一项集体配合、技能主导类兼力量型项目，参与者面对面站立并且手相互紧握搭成一个"桥"，选出一个体重较轻、动作迅速者作为"老鼠"，"老鼠"通过身体的扭动配合搭桥者之间节奏性的抛送尽快通过"桥"。多组进行比赛时，最先过完桥的"老鼠"一方获胜。又例如砸沙包项目是在场地外部站立多个进攻方持一只沙包，通过左右传抛、斜线传接等战术配合，把沙包投击场地内自由奔跑的防守方，任一防守方被击中者须退场，若沙包被任一防守者抢、抓或接到，则此人可以增加一次上场机会，或可激活本方他人上场机会。其中"团攻式砸沙包"的快攻打法最能体现技巧与战术的运用，是进攻方调整为快速进攻节奏时，争取以最快的速度、最短的时间攻击对方，造成以多打少的优势或乘对方立足未稳，便进行攻击的一种积极主动的进攻战术，快攻战术攻势锐利、攻击时间短、结束快、成功率高。

根据研究的需要，结合中小学生的年龄特征及身体素质状况，课题组筛选出适合受试群体练习的技巧类民俗体育项目有抓石子、砸沙包、跳房子、跳皮筋、侧手翻、打瓜、丢手绢、跳山羊、踢毽子等。

1. 跳房子

"跳房子"，是一项历史悠久的民俗体育项目，其形式多样、灵活有趣，深受广大青少年尤其是女孩子的喜爱。跳房子在山东各地都非常流行，不同地方称谓不同，但实施方法基本相同。在鲁西南、鲁东地区主要是六房格、九房格，在鲁中地区主要是十房格、半圆房。跳房子一般是将沙包扔进某一指定格子里，再用单脚跳进其他格子里，跳过最后两格时返回，在返回途中，要弯腰将小沙包捡起，再越过被扔的这一格，最后单脚跳出"房子"。

跳房子的运动量并不大，但是需要良好的平衡能力和下肢力量，同时也对平衡能力和灵活性有较高的要求，因此，经常进行跳房子运动，不仅能够锻炼平衡性、灵活性和协调性等身体素质，也能提高心肺功能，还能培养参与者的观察力和决断力，促进身体的正常发育和全面发展。根据跳房子的方格图案分为长方形方格、蜗牛形房子、圆形房子等。每种图案的跳跃方法基本相同，但图案不同则路线不同，对跳动时的身体重心控制要求也不尽相同。经过多种图案房子的跳动练习可有效提高练习者的重心控制能力及平衡控制能力，其中蜗牛图案的房子可有效改善大脑前庭稳定性，可延缓晕车症的出现。

2. 跳皮筋

跳皮筋，又称"跳橡皮筋""踩跳"，是我国民间广泛流传的一项适合于少年儿童的民俗活动。新中国成立后，在中小学开展得较为普遍，是少年儿童尤其是女孩子喜欢的一项活动。跳皮筋以下肢跳跃动作为主，穿插着点、迈、勾、挑、跨、碰、压、踢、绊、搅、绕、盘、踩、掏、摆、顶、转等多种基本动作，兼以手臂和身体其他部位配合，方法多种多样，姿势优美。

跳皮筋作为一项简单易行的民俗体育项目，具有很好的健身价值和娱乐身心的功能。跳皮筋是以四肢肌肉活动，特别是以下肢肌肉活动为主的全身运动。肌肉活动加速了周身的血液循环，使骨组织可以得到更多的血液和营养物质，跳也能使软骨细胞繁殖旺盛，可促进骨质不断生长，因而促进骨骼增长。另外，跳皮筋不仅能有效地增强内脏器官和血液循环系统的功能，增大肺活量，促进新陈代谢，而且能够增强腿部和腰部的灵活性，促进发展力量、柔韧、灵敏等身体素质，也是提高弹跳力和平衡能力的有效手段。跳的时间和强度可因人而异，还可按歌谣或乐曲伴奏的节拍，结合健美的舞步和体操等动作进行。因此，经常跳橡皮筋，益于身心健康。

3. 踢毽子

踢毽子又叫"攒花""踩转""毽球"，是一种民间流传较为广泛的民俗体育活动，在山东各地都十分流行。踢毽子是一项男女老少皆宜的项目，也是一种全身性的运动，运动量可因人而异。像现代足球运动一样，踢毽子规定手和手臂不能触摸毽子，只能用脚踢，用大腿、躯干接触毽子，踢毽子花样繁多，名称各异，形式上有单人表演、双人对踢、集体转踢。有比踢的次数，有比踢的花样和难度，也有比毽子不落地的时间等，现在已经发展成为较成熟的竞赛项目——毽球，其技法与竞赛规则类似于足球，步法移动及隔网对抗的场地类似于现代排球运动，其基本技法与战术的运用又与羽毛球运动十分相似。

经常参加踢毽子活动，可提高髋、膝、踝关节的灵活性；增强下肢肌肉力量和身体协调性、柔韧性；提高身体的反应能力，增强内脏器官机能，有利于身体的全面发展。

2.4　小　　结

（1）为突出民俗体育健身与娱乐功能，也为更好体现民俗体育的时代特征，课题组结合逻辑学中确定概念的方法——下定义，把民俗体育的概念界定为"民俗活动形态下的一种以身体运动为基本手段，以促进身心健康发展为根本目的的文化活动"。

（2）民俗体育项目繁多，从运动学角度来判定民俗体育项目的动作特征，较直观易懂，也较简便易行。通过梳理与甄别，发现民俗体育项目基本囊括了走、跑、跳、投、悬垂、支撑、爬越、平衡等身体运动形式。可见，民俗体育项目可动员身体各个部位参与运动。按照项群理论中运动项目的归属依据，民俗体育应属综合性运动项目，具备全身运动的特征。

（3）本着项目分类原则，依照运动性质与形式特点，本课题组把民俗体育项目划分为角力类、竞足类、技巧类、投射类、表演类、棋牌类。根据研究的需要，课题组为中小学生选定角力、竞足、技巧三类民俗体育项目进行课堂练习，为老年人推荐抖空竹、踢毽子、扭秧歌三个民俗体育项目进行锻炼。

49

第3章 民俗体育运动的运动负荷研究

　　运动负荷是指体育锻炼者在做练习时身体所承受的生理负荷，它反映着锻炼者在练习过程中身体生理机能所出现的一系列变化。运动负荷是决定锻炼者锻炼效果的关键，其负荷是否适宜，直接影响着锻炼者的锻炼效果。如若负荷过小，则不能引起锻炼者机体必要的应激反应，从而不能有效提高锻炼者的健康水平；但如果负荷过大，超出了锻炼者的最大承受能力时，则会导致锻炼者的机体出现劣变反应，从而有损锻炼者的身体健康，严重者甚至会导致运动伤害。因此，科学、合理地安排锻炼者的运动负荷，对增强锻炼者体质、防止意外伤害事故，具有十分重要的意义。

　　运动负荷包含负荷的量与强度两个方面。负荷量反映着负荷对机体刺激的量的大小，一般用次数、时间、距离、重量等指标来反映；负荷强度反映着负荷对机体刺激的深度，常常通过练习的速度、远度、高度、单位练习的负重量或练习的难度予以衡量。与负荷量相比，我们在实践中更加重视负荷的强度。目前，有多种方法可以用来检查和评定运动负荷，常用的有观察法；自我感觉法；生理、生化测定法等。与观察法、自我感觉法相比，生理、生化测定法是一种较为客观地检查、评定运动负荷的方法。生理方面常采用心率、血压、吸氧量、肺活量等指标；生化方面常采用尿蛋白、乳酸、血清酶、尿素等指标。虽然这些生理、生化指标可以比较准确、客观地反映运动负荷，但由于大部分指标的测量方法比较复杂，同时需要有一定的测量仪器和专业人员才能完成，因此，不大适合群体测量。

　　大量研究已经证实，极限强度以下运动时，心率与运动强度之间存在着高度的线性正相关关系，即在一定范围内，随着运动强度的递增，心率会越来越高。也就是说，在运动实践中通过测定运动者的实时心率，就可以揭示出运动者所承受运动负荷的强度水平；且随着现代科技的发展，心率遥测仪的诞生，我们可以在对运动者无创伤且不影响训练和比赛进程的情况下监测运动者运动中的实时心率。换句话说，心率这个生理指标不仅非常灵敏、实用、可靠，而且非常容易测定，因此比较适合于群体测量。基于以上分析，在本书中，课题组即采用心率来测定和评价体育锻炼者的运动负荷强度。

　　体育锻炼虽然需要根据个体的实际情况安排相应的运动负荷，但正常人之间的差异不是太大。大量研究已经证实，中小学生采用心率 120～140 次/分钟的运动强度进行体育锻炼能出现较好的效果。这是因为心率在 120～140 次/分钟时，每搏输出量最大，从而可以为机体的各组织器官供应更多的氧气、养料，健身效果较好；心率在 120 次/分钟以下时，心脏出现惰性，每搏输出量减少，心肺功能不能充分地发挥，从而影响健身效果；心率超过 140 次/分钟时，每搏输出量开始逐渐减少，每分输出量继续增加，当超过 180 次/分钟时，每分输出量开始减少，心电图出现异常现象，冠状动脉供血不足，因此，在心率为 140～180 次/分钟的运动强度下进行练习，锻炼者的体质也能得到有效增强，当心率超过 180 次/分钟时，长时间练习可能对机体带来意想不到的伤害。对于老年人来说，有研究者认为其有效的健身心率范围是 96～128 次/分钟，超过此运动强度的运动具有一定的风险性。

　　从文献中我们了解到，锻炼者运动负荷的安排是否合理，主要应从锻炼者的运动负荷变化过程和平均心率两个方面进行分析与评价，基于此，课题组也在这两个方面展开研究。运动负荷变化过程采用 12 名受试者基本部分实时心率平均值来进行描述。中小学生的体育课基本部分共 30 分钟，每 2 分钟取一个心率值，因此中小学生的运动负荷变化过程用 16 个实时心率平均值来描述；老年人的基本活动时间为 40 分钟，每 2 分钟取一个心率值，因此老年人的运动负荷变化过程用 21 个实时心率平均值来描述；平均心率采用点算法，即把受试者在基本部分所测得的心率加起来，然后除以测定的次数所得的值。通过对山东省济南市舜耕小学五年级、舜耕中学七年级体育课以及 60～65 岁老年人健身活动运动强度的实际测量与研究，了解中小学生体育课安排民俗体育项目和现代学校体育项目时的运动强度差异；了解老年人练习民俗体育项目和练习太极拳时的运动强度差异，旨在为中小学体育教学以及老年人健身时合理安排运动负荷提供理论依据，为在中小学以及老年人中推广民俗体育健身提供实验证据。

3.1 中小学生体育课运动负荷

3.1.1 中小学生体育课平均心率分布情况

3.1.1.1 中小学生角力组平均心率分布情况

图 3-1、图 3-2 分别是五年级男女生和七年级男女生角力组平均心率分布情况的直方图。从图中可以看出，五年级男女生和七年级男女生角力组的平均心率都服从正态分布；五年级男女生和七年级男女生角力组的平均心率大多落在 120~140 次/分钟的适宜范围内，五年级男女生皆为 9 人，七年级男生为 10 人，女生为 9 人。

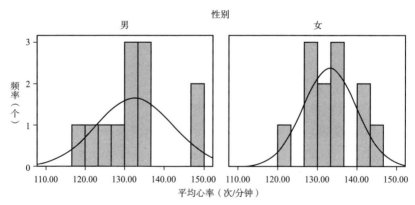

图 3-1 五年级男女生角力组平均心率分布情况直方图

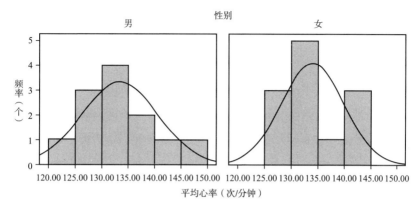

图 3 - 2　七年级男女生角力组平均心率分布情况直方图

3.1.1.2　中小学生竞足组平均心率分布情况

图 3 - 3、图 3 - 4 分别是五年级男女生和七年级男女生竞足组平均心率分布情况的直方图。从图中可以看出，五年级男女生和七年级男女生竞足组的平均心率都服从正态分布；五年级男女生和七年级男女生竞足组的平均心率大多落在 120 ~ 140 次/分钟的适宜范围内，五年级男女生皆为 10 人，七年级男生为 11 人，女生为 10 人。

53

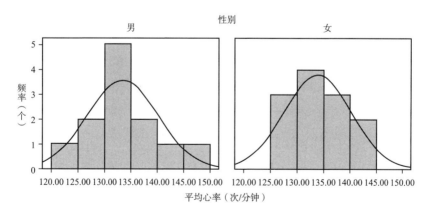

图 3 - 3　五年级男女生竞足组平均心率分布情况直方图

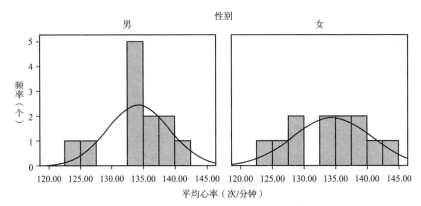

图 3 - 4   七年级男女生竞足组平均心率分布情况直方图

3.1.1.3   中小学生技巧组平均心率分布情况

图 3 - 5、图 3 - 6 分别是五年级男女生和七年级男女生技巧组平均心率分布情况的直方图。从图中可以看出，五年级男女生和七年级男女生技巧组的平均心率都服从正态分布；五年级男女生和七年级男女生技巧组的平均心率大多落在 120~140 次/分钟的适宜范围内，五年级男女生皆为 11 人，七年级男生为 12 人，女生为 11 人。

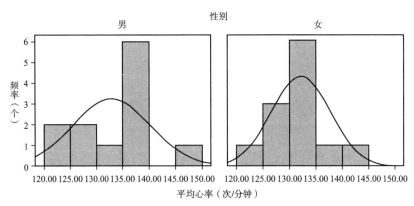

图 3 - 5   五年级男女生技巧组平均心率分布情况直方图

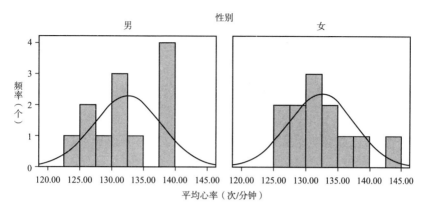

图3-6 七年级男女生技巧组平均心率分布情况直方图

3.1.1.4 中小学生阳性对照组平均心率分布情况

图3-7、图3-8分别是五年级男女生和七年级男女生阳性对照组平均心率分布情况的直方图。从图中可以看出，五年级男女生和七年级男女生阳性对照组的平均心率都服从正态分布；五年级男女生和七年级男女生阳性对照组的平均心率大多落在120~140次/分钟的适宜范围内，五年级男生为8人，女生为10人，七年级男生为12人，女生为10人。

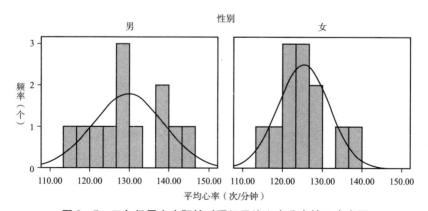

图3-7 五年级男女生阳性对照组平均心率分布情况直方图

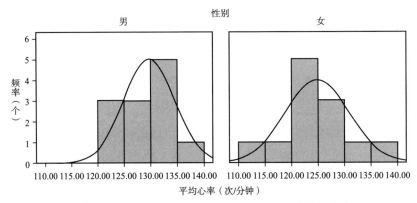

图 3-8　七年级男女生阳性对照组平均心率分布情况直方图

3.1.2　五年级男生体育课运动负荷

3.1.2.1　五年级男生上体育课时的实时心率变化

图 3-9 是五年级男生各个组别上体育课时的实时心率变化图。从图中可以看出,五年级男生各个组别学生在体育课基本部分的每个采集点的平均心率基本在 120~140 次/分钟,说明这些项目适合小学男生进行练习;与技巧组和阳性对照组相比,五年级男生角力组与竞足组基本部分每个采集点的平均心率超过 140 次/分钟的点相对较多,说明角力组与竞足组基本部分的运动负荷波动较大,技巧组与阳性对照组的波动较小。

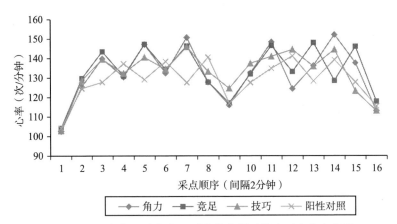

图 3-9　五年级男生各个组别上体育课时的实时心率变化图

3.1.2.2　五年级男生体育课运动负荷比较

五年级男生各个组别上体育课前的安静心率、基本部分开始心率、基本部分平均心率测验、方差齐性检验及方差分析结果如表 3 – 1 所示。

表 3 – 1　　五年级男生体育课前安静心率、基本部分开始心率、

基本部分平均心率测验、方差齐性检验及

方差分析结果（N = 12）　　　　单位：次/分钟

指标	角力 M ± SD	竞足 M ± SD	技巧 M ± SD	阳性对照 M ± SD	方差齐性检验	显著性概率
课前安静心率	79.1 ±3.3	78.3 ±4.2	78.9 ±4.3	78.7 ±4.9	0.837	0.975
基本部分开始心率	102.3 ±8.9	104.3 ±9.6	103.3 ±9.2	103.8 ±10.8	0.852	0.967
基本部分平均心率	132.5 ±9.7	133.5 ±6.7	132.8 ±7.4	129.7 ±8.9	0.622	0.689

由表 3 – 1 可以发现：

（1）五年级男生各个组别课前安静心率、基本部分开始心率、基本部分平均心率方差齐性检验显著性概率均大于 0.05，应接受方差齐性的原假设，表明各样本所属总体的方差无显著性差异。

（2）五年级男生各个组别课前安静心率的测验平均值分别为 79.1 次/分钟、78.3 次/分钟、78.9 次/分钟、78.7 次/分钟，方差分析显著性概率 P = 0.975 > 0.05，表明五年级男生课前安静心率各个组别均值之间均没有显著性差异。

（3）五年级男生各个组别基本部分开始心率的测验平均值分别为 102.3 次/分钟、104.3 次/分钟、103.3 次/分钟、103.8 次/分钟，方差分析显著性概率 P = 0.967 > 0.05，表明五年级男生基本部分开始心率各个组别均值之间均没有显著性差异。

（4）五年级男生各个组别基本部分平均心率的测验平均值分别为 132.5 次/分钟、133.5 次/分钟、132.8 次/分钟、129.7 次/分钟，方差分析显著性概率 P = 0.689 > 0.05，表明五年级男生基本部分平均心率各个组别均值之间均没有显著性差异。

3.1.3 五年级女生体育课运动负荷

3.1.3.1 五年级女生上体育课时的实时心率变化

图3-10是五年级女生各个组别上体育课时的实时心率变化图。从图中可以看出，五年级女生各个组别学生在体育课基本部分的每个采集点的平均心率基本在120~140次/分钟，说明这些项目适合小学女生进行练习；与技巧组和阳性对照组相比，五年级女生角力组与竞足组基本部分每个采集点的平均心率超过140次/分钟的点相对较多，说明角力组与竞足组基本部分的运动负荷波动较大，技巧组与阳性对照组的波动较小。

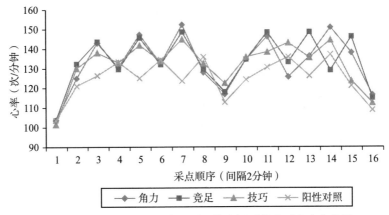

图3-10　五年级女生各个组别上体育课时的实时心率变化图

3.1.3.2 五年级女生体育课运动负荷比较

五年级女生各个组别上体育课前的安静心率、基本部分开始心率、基本部分平均心率测验、方差齐性检验及方差分析结果如表3-2所示。

由表3-2可以发现：

（1）五年级女生各个组别课前安静心率、基本部分开始心率、基本部分平均心率方差齐性检验显著性概率均大于0.05，应接受方差齐性的原假设，表明各样本所属总体的方差无显著性差异。

表 3 - 2　　　五年级女生体育课前安静心率、基本部分开始心率、

基本部分平均心率测验、方差齐性检验及

方差分析结果（N = 12）　　　　单位：次/分钟

指标	角力 M ± SD	竞足 M ± SD	技巧 M ± SD	阳性对照 M ± SD	方差齐性检验	显著性概率
课前安静心率	80.2 ± 4.4	79.6 ± 4.6	78.8 ± 3.3	80.6 ± 3.3	0.367	0.694
基本部分开始心率	103.3 ± 8.6	104.3 ± 7.4	102.4 ± 6.4	104.4 ± 7.5	0.592	0.906
基本部分平均心率	133.2 ± 6.7	133.9 ± 6.3	132.2 ± 5.5	125.3 ± 6.4	0.881	0.006

（2）五年级女生各个组别课前安静心率的测验平均值分别为 80.2 次/分钟、79.6 次/分钟、78.8 次/分钟、80.6 次/分钟，方差分析显著性概率 $P = 0.694 > 0.05$，表明五年级女生课前安静心率各个组别均值之间均没有显著性差异。

（3）五年级女生各个组别基本部分开始心率的测验平均值分别为 103.3 次/分钟、104.3 次/分钟、102.4 次/分钟、104.4 次/分钟，方差分析显著性概率 $P = 0.906 > 0.05$，表明五年级女生基本部分开始心率各个组别均值之间均没有显著性差异。

（4）五年级女生各个组别基本部分平均心率的测验平均值分别为 133.2 次/分钟、133.9 次/分钟、132.2 次/分钟、125.3 次/分钟，方差分析显著性概率 $P = 0.006 < 0.05$，表明五年级女生基本部分平均心率各个组别均值之间存在显著性差异，需要采用多重比较法对每对均值之间的差异进行比较，其比较检验结果如表 3 - 3 所示。

表 3 - 3　　　五年级女生基本部分平均心率各组均值多重比较

检验结果（Tukey HSD）

组别	竞足		技巧		阳性对照	
	均差	显著性	均差	显著性	均差	显著性
角力	- 0.7	0.993	1.0	0.979	7.9 *	0.018
竞足			1.7	0.911	8.6 **	0.009
技巧					6.9 *	0.047

注：* 表示 $P < 0.05$、** 表示 $P < 0.01$。（下同）

比较检验结果显示：角力组和阳性对照组、技巧组和阳性对照组均值间均有显著性差异（P < 0.05），竞足组和阳性对照组具有极显著性差异（P < 0.01）。

3.1.4 七年级男生体育课运动负荷

3.1.4.1 七年级男生上体育课时的实时心率变化

图 3 - 11 是七年级男生各个组别上体育课时的实时心率变化图。从图中可以看出，七年级男生各个组别学生在体育课基本部分的每个采集点的平均心率基本在 120～140 次/分钟，说明这些项目适合中学男生进行练习；与技巧组和阳性对照组相比，七年级男生角力组与竞足组基本部分每个采集点的平均心率超过 140 次/分钟的点相对较多，说明角力组与竞足组基本部分的运动负荷波动较大，技巧与阳性对照组的波动较小。

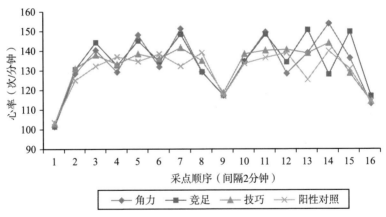

图 3 - 11　七年级男生各个组别上体育课时的实时心率变化图

3.1.4.2 七年级男生体育课运动负荷比较

七年级男生各个组别上体育课前的安静心率、基本部分开始心率、基本部分平均心率测验、方差齐性检验及方差分析结果如表 3 - 4 所示。

表 3 – 4　　　七年级男生体育课前安静心率、基本部分开始心率、

基本部分平均心率测验、方差齐性检验及

方差分析结果（N = 12）　　　　　　单位：次/分钟

指标	角力 M ± SD	竞足 M ± SD	技巧 M ± SD	阳性对照 M ± SD	方差齐性检验	显著性概率
课前安静心率	79.3 ± 4.5	77.9 ± 2.9	79.0 ± 3.9	78.7 ± 3.5	0.472	0.814
基本部分开始心率	102.2 ± 7.0	101.8 ± 4.8	102.7 ± 6.8	103.3 ± 6.1	0.613	0.942
基本部分平均心率	133.5 ± 7.2	134.2 ± 4.9	132.5 ± 5.2	129.7 ± 4.8	0.370	0.233

由表 3 – 4 可以发现：

（1）七年级男生各个组别课前安静心率、基本部分开始心率、基本部分平均心率方差齐性检验显著性概率均大于 0.05，应接受方差齐性的原假设，表明各样本所属总体的方差无显著性差异。

（2）七年级男生各个组别课前安静心率的测验平均值分别为 79.3 次/分钟、77.9 次/分钟、79.0 次/分钟、78.7 次/分钟，方差分析显著性概率 P = 0.814 > 0.05，表明七年级男生课前安静心率各个组别均值之间均没有显著性差异。

（3）七年级男生各个组别基本部分开始心率的测验平均值分别为 102.2 次/分钟、101.8 次/分钟、102.7 次/分钟、103.3 次/分钟，方差分析显著性概率 P = 0.942 > 0.05，表明七年级男生基本部分开始心率各个组别均值之间均没有显著性差异。

（4）七年级男生各个组别基本部分平均心率的测验平均值分别为 133.5 次/分钟、134.2 次/分钟、132.5 次/分钟、129.7 次/分钟，方差分析显著性概率 P = 0.233 > 0.05，表明七年级男生基本部分平均心率各个组别均值之间均没有显著性差异。

3.1.5　七年级女生体育课运动负荷

3.1.5.1　七年级女生上体育课时的实时心率变化

图 3 – 12 是七年级女生各个组别上体育课时的实时心率变化图。从图中可以看出，七年级女生各个组别学生在体育课基本部分的每个采集

点的平均心率基本在 120～140 次/分钟，说明这些项目适合中学女生进行练习；与技巧组和阳性对照组相比，七年级女生角力组与竞足组基本部分每个采集点的平均心率超过 140 次/分钟的点相对较多，说明角力组与竞足组基本部分的运动负荷波动较大，技巧组与阳性对照组的波动较小。

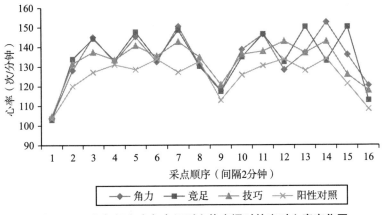

图 3 - 12　七年级女生各个组别上体育课时的实时心率变化图

3.1.5.2　七年级女生体育课运动负荷比较

七年级女生各个组别上体育课前的安静心率、基本部分开始心率、基本部分平均心率测验、方差齐性检验及方差分析结果如表 3 - 5 所示。

表 3 - 5　　七年级女生体育课前安静心率、基本部分开始心率、
基本部分平均心率测验、方差齐性检验及
方差分析结果（N = 12）　　　　　单位：次/分钟

指标	角力 M ± SD	竞足 M ± SD	技巧 M ± SD	阳性对照 M ± SD	方差齐 性检验	显著性 概率
课前安静心率	79.9 ± 3.4	79.0 ± 3.6	78.7 ± 3.1	78.3 ± 3.8	0.958	0.685
基本部分开始心率	104.6 ± 7.3	102.8 ± 6.6	104.4 ± 8.5	103.2 ± 8.1	0.621	0.925
基本部分平均心率	134.0 ± 5.8	134.5 ± 6.2	132.5 ± 5.1	124.9 ± 6.0	0.929	0.001

由表 3 - 5 可以发现:

(1) 七年级女生各个组别课前安静心率、基本部分开始心率、基本部分平均心率方差齐性检验显著性概率均大于 0.05,应接受方差齐性的原假设,表明各样本所属总体的方差无显著性差异。

(2) 七年级女生各个组别课前安静心率的测验平均值分别为 79.9 次/分钟、79.0 次/分钟、78.7 次/分钟、78.3 次/分钟,方差分析显著性概率 $P = 0.685 > 0.05$,表明七年级女生课前安静心率各个组别均值之间均没有显著性差异。

(3) 七年级女生各个组别基本部分开始心率的测验平均值分别为 104.6 次/分钟、102.8 次/分钟、104.4 次/分钟、103.2 次/分钟,方差分析显著性概率 $P = 0.925 > 0.05$,表明七年级女生基本部分开始心率各个组别均值之间均没有显著性差异。

(4) 七年级女生各个组别基本部分平均心率的测验平均值分别为 134.0 次/分钟、134.5 次/分钟、132.5 次/分钟、124.9 次/分钟,方差分析显著性概率 $P = 0.001 < 0.05$,表明七年级女生基本部分平均心率各个组别均值之间存在显著性差异,需要采用多重比较法对每对均值之间的差异进行比较,其比较检验结果如表 3 - 6 所示。

表 3 - 6　　七年级女生基本部分平均心率各组均值多重比较检验结果 (Tukey HSD)

组别	竞足		技巧		阳性对照	
	均差	显著性	均差	显著性	均差	显著性
角力	- 0.4	0.998	1.6	0.911	9.2 **	0.002
竞足			2.0	0.832	9.6 **	0.001
技巧					7.6 *	0.013

比较检验结果显示:技巧组和阳性对照组均值间具有显著性差异 ($P < 0.05$),角力组和阳性对照组、竞足组和阳性对照组均值间具有极显著性差异 ($P < 0.01$)。

3.2　老年人健身运动负荷

3.2.1　老年男性健身运动负荷

3.2.1.1　老年男性健身时的实时心率变化

图 3-13 是老年男性各个组别健身时的实时心率变化图。从图中可以看出，老年男性各个组别健身时每个采集点的平均心率除了第一次外，其余平均心率均在有效的健身心率范围内，健身时抖空竹组的最大平均心率为 120.2 次/分钟，踢毽子组的最大平均心率为 121.3 次/分钟，扭秧歌组的最大平均心率为 118.9 次/分钟，阳性对照组的最大平均心率为 116.3 次/分钟，说明以上这些项目比较适合老年男性进行练习。

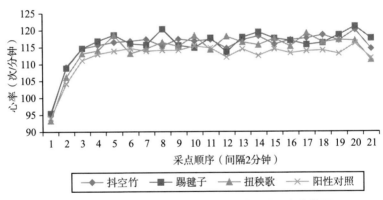

图 3-13　老年男性各个组别健身时的实时心率变化图

3.2.1.2　老年男性健身运动负荷比较

老年男性各个组别健身前的安静心率、基本部分开始心率、基本部分平均心率测验、方差齐性检验及方差分析结果如表 3-7 所示。

表 3 - 7　　　老年男性健身前安静心率、基本部分开始心率、
基本部分平均心率测验、方差齐性检验及
方差分析结果（N = 12）　　　　单位：次/分钟

指标	抖空竹 M ± SD	踢毽子 M ± SD	扭秧歌 M ± SD	阳性对照 M ± SD	方差齐性检验	显著性概率
健身前安静心率	75.8 ± 3.8	76.6 ± 3.6	74.8 ± 3.5	75.0 ± 3.4	0.915	0.584
基本部分开始心率	94.9 ± 6.9	95.4 ± 5.8	93.5 ± 5.6	94.2 ± 6.5	0.913	0.882
基本部分平均心率	115.5 ± 4.6	115.8 ± 3.8	114.4 ± 3.9	112.4 ± 4.0	0.833	0.176

由表 3 - 7 可以发现：

（1）老年男性各个组别健身前安静心率、基本部分开始心率、基本部分平均心率方差齐性检验显著性概率均大于 0.05，应接受方差齐性的原假设，表明各样本所属总体的方差无显著性差异。

（2）老年男性各个组别健身前安静心率的测验平均值分别为 75.8 次/分钟、76.6 次/分钟、74.8 次/分钟、75.0 次/分钟，方差分析显著性概率 P = 0.584 > 0.05，表明老年男性健身前安静心率各个组别均值之间均没有显著性差异。

（3）老年男性各个组别基本部分开始心率的测验平均值分别为 94.9 次/分钟、95.4 次/分钟、93.5 次/分钟、94.2 次/分钟，方差分析显著性概率 P = 0.882 > 0.05，表明老年男性基本部分开始心率各个组别均值之间均没有显著性差异。

（4）老年男性各个组别基本部分平均心率的测验平均值分别为 115.5 次/分钟、115.8 次/分钟、114.4 次/分钟、112.4 次/分钟，方差分析显著性概率 P = 0.176 > 0.05，表明老年男性基本部分平均心率各个组别均值之间均没有显著性差异。

3.2.2　老年女性健身运动负荷

3.2.2.1　老年女性健身时的实时心率变化

图 3 - 14 是老年女性各个组别健身时的实时心率变化图。从图中可以看出，老年女性各个组别健身时每个采集点的平均心率除了第一次

外，其余平均心率均在有效的健身心率范围内，健身时抖空竹组的最大平均心率为 121.2 次/分钟，踢毽子组的最大平均心率为 119.2 次/分钟，扭秧歌组的最大平均心率为 120.5 次/分钟，阳性对照组的最大平均心率为 115.2 次/分钟，说明以上这些项目比较适合老年女性进行练习。

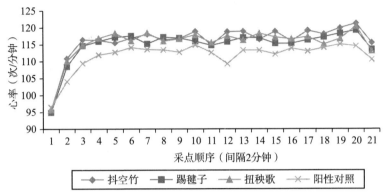

图 3 - 14　老年女性各个组别健身时的实时心率变化图

3.2.2.2　老年女性健身运动负荷比较

老年女性各个组别健身前的安静心率、基本部分开始心率、基本部分平均心率测验、方差齐性检验及方差分析结果如表 3 - 8 所示。

表 3 - 8　　老年女性健身前安静心率、基本部分开始心率、
基本部分平均心率测验、方差齐性检验及
方差分析结果（N = 12）　　　　　单位：次/分钟

指标	抖空竹 M ± SD	踢毽子 M ± SD	扭秧歌 M ± SD	阳性对照 M ± SD	方差齐性检验	显著性概率
健身前安静心率	76.7 ± 4.0	75.7 ± 4.1	76.0 ± 4.2	77.2 ± 3.2	0.891	0.788
基本部分开始心率	95.8 ± 6.4	94.8 ± 5.5	96.2 ± 6.2	96.4 ± 5.2	0.955	0.917
基本部分平均心率	116.2 ± 3.3	115.0 ± 3.9	115.6 ± 3.6	111.7 ± 4.2	0.815	0.028

由表 3 - 8 可以发现：

（1）老年女性各个组别健身前安静心率、基本部分开始心率、基本部分平均心率方差齐性检验显著性概率均大于 0.05，应接受方差齐

性的原假设，表明各样本所属总体的方差无显著性差异。

（2）老年女性各个组别健身前安静心率的测验平均值分别为 76.7 次/分钟、75.7 次/分钟、76.0 次/分钟、77.2 次/分钟，方差分析显著性概率 $P = 0.788 > 0.05$，表明老年女性健身前安静心率各个组别均值之间均没有显著性差异。

（3）老年女性各个组别基本部分开始心率的测验平均值分别为 95.8 次/分钟、94.8 次/分钟、96.2 次/分钟、96.4 次/分钟，方差分析显著性概率 $P = 0.917 > 0.05$，表明老年女性基本部分开始心率各个组别均值之间均没有显著性差异。

（4）老年女性各个组别基本部分平均心率的测验平均值分别为 116.2 次/分钟、115.0 次/分钟、115.6 次/分钟、111.7 次/分钟，方差分析显著性概率 $P = 0.028 < 0.05$，表明老年女性基本部分平均心率各个组别均值之间存在显著性差异，需要采用多重比较法对每对均值之间的差异进行比较，其比较检验结果如表 3 - 9 所示。

表 3 - 9　　　　老年女性基本部分平均心率各组均值多重比较
检验结果（Tukey HSD）

组别	踢毽子		扭秧歌		阳性对照	
	均差	显著性	均差	显著性	均差	显著性
抖空竹	1.2	0.858	0.6	0.982	4.4 *	0.030
踢毽子			- 0.6	0.975	3.2	0.171
扭秧歌					3.9	0.072

比较检验结果显示：抖空竹组和阳性对照组均值间具有显著性差异（$P < 0.05$）。

3.3　分析与讨论

3.3.1　中小学生负荷分析

从图 3 - 9、图 3 - 10、图 3 - 11、图 3 - 12 可以看出，三个实验组

中小学生在练习民俗体育项目过程中，心率在练习的大部分时间达到靶心率范围，通过调整练习时动作幅度、跑动速度、跳跃高度与远度、投掷的速度、幅度与远度及运动量与运动时间，使中小学生在课堂中的平均心率稍微大于 130 次/分钟，达到少儿最佳心搏出血量需要的心率状态，从而使少儿的心机功能得以强化与锻炼，确保了长期锻炼产生良好效应的可能性。

体育课堂的运动负荷有内部数据与外部数据两个层面。外部数据是学生练习的次数、练习时间、练习重量、练习距离、练习速度、练习密度与强度等，通常可从教师对练习的安排以及学生从事的练习数量直接观察或测量到；内部数据是学生从事身体练习时机体内部产生的变化，通常用心率、肺活量、心输出盘、血乳酸含量等指标来测量。体育课运动负荷内部数据（以心率为代表）变化过程通常分为中峰型、高峰偏前型、高峰偏后型、双峰型、齿峰型五种。外部数据和内部数据具有因果关系：前者是因，后者是果，一般情况下成正比关系，即外部数据越大，内部数据也越大。但相同的外部数据对于不同的个体，或对于同一个体所处的不同阶段，内部数据也可能不一样。

民俗体育课题组在为中小学生授课前，所准备的民俗体育教案突出外部数据（可直接观察或测量获得）的编排以便于课堂指导学生练习。针对上述各组实验结果，下面从教学教案——外部数据信息角度解释课堂上中小学生心率的变化情况（见表 3 - 10、表 3 - 11、表 3 - 12）。

表 3 - 10　　　　　　　中小学民俗体育角力组教案示例

教学内容	运动次数（组数）	时间安排（分钟）	平均心率（次/分钟）	组织形式	练习要求
1. 准备活动：慢跑、徒手操及各种行进间练习	1	约 7 分钟	100	集中练习	动作伸展
2. 基本内容		共约 30 分钟（含练习与组织时间）			
斗拐	4~5 组	每组约 60 秒，组间休息 40 秒	130	分组进行	运用各种技法，动作幅度大

教学内容	运动次数 （组数）	时间安排 （分钟）	平均心率 （次/分钟）	组织形式	练习要求
倒拉牛	5~7 组	每组约 40 秒， 组间休息 30 秒	140	分组进行	三种形式交替进行， 且尽力拉拔绳索
拉棍	5~7 组	每组约 30 秒， 组间休息 20 秒	135	分组进行	两种形式交替进行， 制胜瞬时可适当憋 气
3. 放松整理活动	1 组	约 3 分钟	100	集中练习	

表 3－11　　　　　　中小学民俗体育竞足组教案示例

教学内容	运动次数 （组数）	时间安排 （分钟）	平均心率 （次/分钟）	组织形式	练习要求
1. 准备活动：慢 跑、徒手操及小 游戏	1	约 7 分钟	100	集中练习	动作伸展
2. 基本内容		共约 30 分钟 （含练习与组 织时间）			
三个字	1	8	135	分组进行	奔跑迅速、反应灵 敏、躲闪及时（躲 闪加速跑动时速度 约 6 米/秒）
竞速型滚铁环	2~3 组	11	140	个人轮换	身体前倾、方向准 确、快速跑动、重 心稳定（跑动速度 约 5 米/秒）
传统式编花篮	3~5 组	11	140	分组进行	齐心协力、节奏欢 快、幅度达标（脚 跳离地面约 10 厘 米）
3. 放松整理活动	1 组	约 3 分钟	100	集中练习	

表 3－12　　　　　　　中小学民俗体育技巧组教案示例

教学内容	运动次数（组数）	时间安排（分钟）	平均心率（次/分钟）	组织形式	练习要求
1. 准备活动：慢跑、徒手操及小游戏	1	约7分钟	100	集中练习	动作伸展
2. 基本内容		共约 30 分钟（含练习与组织时间）			
跳房子（蜗牛型）	5～7组	10	125	分组进行	节奏感强、动作流畅、重心稳定、落地准确、脚型正确（单足跳离地面大于15厘米）
跳皮筋	3～5组	10	135	组内轮流	跳动活泼、节奏欢快、保持平衡、脚法灵敏、准确到位（皮筋架起高度在膝关节处）
踢毽子	8～10组	10	130	组内轮流	脚法不限、脚型固定、踢摆协调、控制高度（毽子踢起的高度应略高于头部）
3. 放松整理活动	1组	约3分钟	100	集中练习	

　　根据中小学体育的教学进度与安排，课题组制作了教学周历表。

　　为中小学生讲授民俗体育课的保障措施：器材充足，课题组在实验前采购了大量民俗体育课程所需的器具，能满足中小学两个实验点四个班级同时使用。为学生授课的教师（包括实习生授课）在实验前进行了系统的培训与学习，确保严格按照实习站点的原教学进度（每周三次体育课），根据课题组研究的需要进行各类民俗体育项目的授课实验。每次民俗体育课均安排两位以上课题组成员老师带领7名实习生（备课充分，业务熟练）到实验点。确保了体育课堂各种组织形式变换与队伍调动的顺利进行，缩小了安排时间及其比例，进而保障了课堂有效练习的时间及其比例。

3.3.2　老年人负荷分析

心率是了解心血管系统机能的一种简单易行的指标，在运动实践中常用心率来反映运动强度。为了观察老年人练习时的运动强度，采用 Polar 表监测民俗体育练习过程中的心率变化。一般认为老年人参加有氧健身运动的靶心率为 60% ~ 80% 最大心率，超过此运动强度的运动具有一定的风险性，达到靶心率的时间应根据个体参加规律运动的时间长短而定，一般为 20 ~ 30 分钟，其长度与运动强度成反比。从图 3 - 13、图 3 - 14 中可以看出，实验组老年人在一次抖空竹、扭秧歌、踢毽子练习过程中，心率在练习的大部分时间达到靶心率范围，通过调整练习时动作重心的高度、抖空竹抛接的高度与抖动的频率、扭秧歌动作的节奏与幅度、踢毽子的高度与节奏及运动量与运动时间，可以使心率达到 115 次/分钟左右，从而使老年人的心机功能得以强化与锻炼，确保了长期锻炼产生良好效应的可能性。

为老年人指导民俗体育练习与教学过程基本相似，也分为准备部分、基本部分、结束部分三个环节。通常建议老年人练习前的准备活动为在肋木做静力性伸展，主要是压服和压肩，适当活动腰约 8 分钟。然后指导老年人按照组别进行抖空竹、踢毽子、扭秧歌练习，练习中确保使身体微微出汗前提下（通常为常温条件下的参考依据），尽量按照本人能承受的最高重复次数完成练习，各完成 2 ~ 3 组。针对具体项目而言，抖空竹项目一次持续性练习 20 ~ 25 分钟，做到动作连贯、幅度较大、节奏感强；踢毽子项目一次持续性练习 15 ~ 20 分钟，做到重心稳定、移动迅速、步型合理、节奏清晰、踢跳交替、保障高度、踢法灵活；扭秧歌一次持续性练习 20 ~ 25 分钟，做到身体协调、扭动有力、节奏欢快、扭摆协同、重心起伏、步法准确、步型合理；最后，整理放松活动 5 ~ 6 分钟，可采用更多的静力性伸展练习，以促进有效的恢复。

3.4　小　　结

（1）中小学生各个组别体育课的平均心率均服从正态分布；中小

学生各个组别体育课的平均心率大多落在 120 ~ 140 次/分钟的适宜范围内。

（2）中小学生各个组别在体育课基本部分的每个采集点的平均心率基本在 120 ~ 140 次/分钟，说明这些项目适合中小学生进行练习；与技巧组和阳性对照组相比，角力组与竞足组基本部分每个采集点的平均心率超过 140 次/分钟的点相对较多，说明角力组与竞足组基本部分的运动负荷波动较大，技巧组与阳性对照组的波动较小。

（3）中小学生课前安静心率、基本部分开始心率角力组、竞足组、技巧组以及阳性对照组均值之间均没有显著性差异；中小学生男生基本部分平均心率各个组别均值之间均没有显著性差异；五年级女生基本部分平均心率角力组和阳性对照组、技巧组和阳性对照组均值间均有显著性差异（P < 0.05），竞足组和阳性对照组具有极显著性差异（P < 0.01）；七年级女生基本部分平均心率技巧组和阳性对照组均值间具有显著性差异（P < 0.05）；角力组和阳性对照组、竞足组和阳性对照组均值间具有极显著性差异（P < 0.01）。

（4）老年男性各个组别健身时每个采集点的平均心率除了第一次外，其余平均心率均在有效的健身心率范围内，健身时抖空竹组的最大平均心率为 120.2 次/分钟，踢毽子组的最大平均心率为 121.3 次/分钟，扭秧歌组的最大平均心率为 118.9 次/分钟，阳性对照组的最大平均心率为 116.3 次/分钟，说明以上这些项目比较适合老年男性进行练习。

（5）老年女性各个组别健身时每个采集点的平均心率除了第一次外，其余平均心率均在有效的健身心率范围内，健身时抖空竹组的最大平均心率为 121.2 次/分钟，踢毽子组的最大平均心率为 119.2 次/分钟，扭秧歌组的最大平均心率为 120.5 次/分钟，阳性对照组的最大平均心率为 115.2 次/分钟，说明以上这些项目比较适合老年女性进行练习。

（6）老年男性健身前安静心率、基本部分开始心率及基本部分平均心率各个组别均值之间均没有显著性差异；老年女性健身前安静心率、基本部分开始心率各个组别均值之间均没有显著性差异，老年女性基本部分平均心率抖空竹组和阳性对照组均值间具有显著性差异（P < 0.05）。

第4章 民俗体育运动对中小学生的健身功效

4.1 民俗体育运动对中小学生身体形态的健身功效

身体形态即人体形态，是指人体的外观性特征，主要包括体格、体型、姿势和器官的外形结构等，一般是由长度、围度、重量及其相互关系来表现的。身体形态不但可以反映个体身体生长发育的程度，而且也是评价个体发育水平的重要依据。

4.1.1 民俗体育运动对五年级男生身体形态的健身功效

4.1.1.1 实验前五年级男生身体形态测验结果

民俗体育实验进行前，五年级男生身体形态各项指标测验、方差齐性检验及方差分析结果如表4-1所示。

表4-1　实验前五年级男生身体形态测验、方差齐性检验及
方差分析结果（N=40）

指标	角力 M±SD	竞足 M±SD	技巧 M±SD	阳性对照 M±SD	阴性对照 M±SD	方差齐性检验	显著性概率
身高（厘米）	152.8±6.0	153.0±6.6	152.5±5.2	152.9±5.8	153.0±5.4	0.884	0.948

指标	角力 M±SD	竞足 M±SD	技巧 M±SD	阳性对照 M±SD	阴性对照 M±SD	方差齐 性检验	显著性 概率
坐高 (厘米)	82.0±4.0	82.2±4.3	81.9±3.7	82.5±3.6	81.8±3.7	0.796	0.940
上臂围差 (厘米)	2.4±0.5	2.4±0.5	2.4±0.5	2.4±0.5	2.4±0.5	0.942	0.960
胸围 (厘米)	76.7±4.7	77.2±4.8	77.1±4.8	76.7±4.6	77.5±4.7	0.999	0.917
呼吸差 (厘米)	5.9±0.8	6.1±0.8	6.0±0.7	6.1±0.7	6.2±0.7	0.958	0.591
腰围 (厘米)	66.0±6.6	65.9±5.4	65.7±5.1	65.4±5.1	65.5±4.9	0.263	0.989
臀围 (厘米)	82.2±4.6	82.9±4.8	82.3±3.9	83.3±4.4	83.1±4.3	0.855	0.723
肩宽 (厘米)	33.5±1.6	33.7±1.6	33.5±1.3	33.6±1.5	33.4±1.4	0.594	0.944
骨盆宽 (厘米)	25.2±1.9	25.3±2.2	25.1±2.1	25.4±2.2	25.0±2.3	0.815	0.925
体重 (公斤)	47.3±5.5	47.1±5.0	46.7±4.1	47.2±4.2	47.4±5.4	0.366	0.982
体脂率	0.183±0.02	0.178±0.02	0.175±0.01	0.180±0.02	0.181±0.02	0.283	0.640

由表4-1可以发现：

（1）实验前五年级男生身体形态各项指标方差齐性检验显著性概率均大于0.05，应接受方差齐性的原假设，表明各样本所属总体的方差无显著性差异。

（2）实验前五年级男生各个组别身高的测验平均值分别为152.8厘米、153.0厘米、152.5厘米、152.9厘米、153.0厘米，方差分析显著性概率 $P = 0.948 > 0.05$，表明在民俗体育实验进行前，五年级男生身高各个组别均值之间均没有显著性差异。

（3）实验前五年级男生各个组别坐高的测验平均值分别为82.0厘米、82.2厘米、81.9厘米、82.5厘米、81.8厘米，方差分析显著性概率 P = 0. 940 > 0. 05，表明在民俗体育实验进行前，五年级男生各个组别坐高均值之间均没有显著性差异。

（4）实验前五年级男生各个组别上臂围差的测验平均值分别为 2. 4厘米、2. 4 厘米、2. 4 厘米、2. 4 厘米，方差分析显著性概率 P = 0. 960 > 0. 05，表明在民俗体育实验进行前，五年级男生各个组别上臂围差均值之间均没有显著性差异。

（5）实验前五年级男生各个组别胸围的测验平均值分别为 76. 7厘米、77. 2 厘米、77. 1 厘米、76. 7 厘米、77. 5 厘米，方差分析显著性概率 P = 0. 917 > 0. 05，表明在民俗体育实验进行前，五年级男生胸围各个组别均值之间均没有显著性差异。

（6）实验前五年级男生各个组别呼吸差的测验平均值分别为 5. 9 厘米、6. 1 厘米、6. 0 厘米、6. 1 厘米、6. 2 厘米，方差分析显著性概率 P = 0. 591 > 0. 05，表明在民俗体育实验进行前，五年级男生各个组别呼吸差均值之间均没有显著性差异。

（7）实验前五年级男生各个组别腰围测验的平均值分别为 66. 0 厘米、65. 9 厘米、65. 7 厘米、65. 4 厘米、65. 5 厘米，方差分析显著性概率 P = 0. 989 > 0. 05，表明在民俗体育实验进行前，五年级男生腰围各个组别均值之间均没有显著性差异。

（8）实验前五年级男生各个组别臀围测验的平均值分别为 82. 2 厘米、82. 9 厘米、82. 3 厘米、83. 3 厘米、83. 1 厘米，方差分析显著性概率 P = 0. 723 > 0. 05，表明在民俗体育实验进行前，五年级男生臀围各个组别均值之间均没有显著性差异。

（9）实验前五年级男生各个组别肩宽测验的平均值分别为 33. 5 厘米、33. 7 厘米、33. 5 厘米、33. 6 厘米、33. 4 厘米，方差分析显著性概率 P = 0. 944 > 0. 05，表明在民俗体育实验进行前，五年级男生肩宽各个组别均值之间均没有显著性差异。

（10）实验前五年级男生各个组别骨盆宽测验的平均值分别为 25. 2厘米、25. 3 厘米、25. 1 厘米、25. 4 厘米、25. 0 厘米，方差分析显著性概率 P = 0. 925 > 0. 05，表明在民俗体育实验进行前，五年级男生骨盆宽各个组别均值之间均没有显著性差异。

（11）实验前五年级男生各个组别体重测验的平均值分别为 47. 3 公斤、47. 1 公斤、46. 7 公斤、47. 2 公斤、47. 4 公斤，方差分析显著性概率 P = 0.982 > 0.05，表明在民俗体育实验进行前，五年级男生体重各个组别均值之间均没有显著性差异。

（12）实验前五年级男生各个组别体脂率测验的平均值分别为 0.183、0.178、0.175、0.180、0.181，方差分析显著性概率 P = 0.640 > 0.05，表明在民俗体育实验进行前，五年级男生体脂率各个组别均值之间均没有显著性差异。

4.1.1.2 实验前五年级男生身体形态指标均值分布图

图 4 – 1 ～图 4 – 11 为实验前五年级男生身体形态各项指标均数分布图，图中各点表示各种锻炼方案对应数据的均值大小。

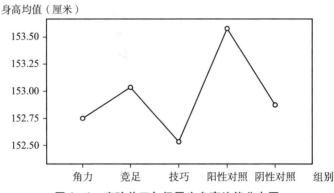

图 4 - 1　实验前五年级男生身高均值分布图

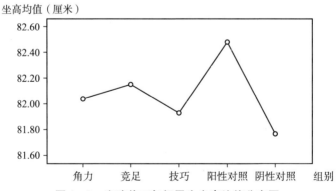

图 4 - 2　实验前五年级男生坐高均值分布图

上臂围差均值（厘米）

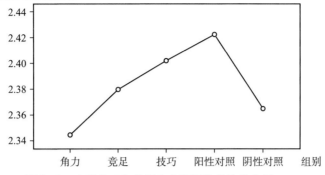

图 4 - 3　实验前五年级男生上臂围差均值分布图

胸围均值（厘米）

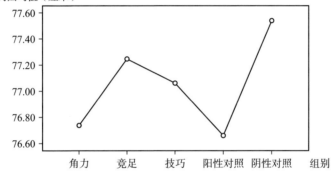

图 4 - 4　实验前五年级男生胸围均值分布图

呼吸差均值（厘米）

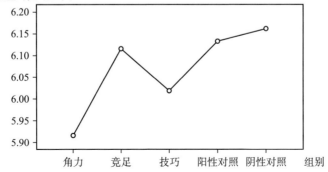

图 4 - 5　实验前五年级男生呼吸差均值分布图

腰围均值（厘米）

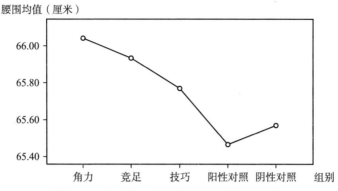

图4-6　实验前五年级男生腰围均值分布图

臂围均值（厘米）

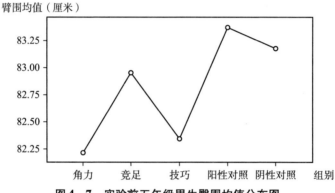

图4-7　实验前五年级男生臀围均值分布图

肩宽均值（厘米）

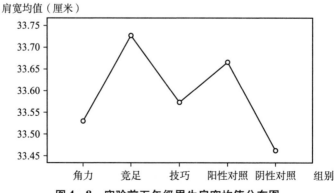

图4-8　实验前五年级男生肩宽均值分布图

骨盆宽均值（厘米）

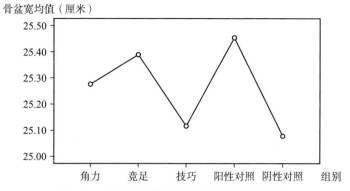

图 4 – 9　实验前五年级男生骨盆宽均值分布图

体重均值（公斤）

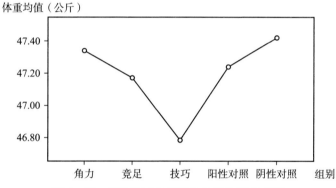

图 4 – 10　实验前五年级男生体重均值分布图

体脂率均值

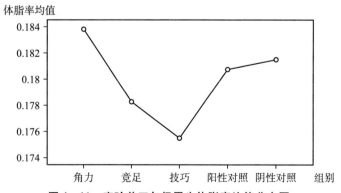

图 4 – 11　实验前五年级男生体脂率均值分布图

4.1.1.3 实验后五年级男生身体形态测验结果

民俗体育健身实验进行后，五年级男生身体形态各项指标测验、方差齐性检验及方差分析结果如表4-2所示。

表4-2 实验后五年级男生身体形态测验、方差齐性检验及方差分析结果（N=40）

指标	角力 M±SD	竞足 M±SD	技巧 M±SD	阳性对照 M±SD	阴性对照 M±SD	方差齐性检验	显著性概率
身高（厘米）	154.2±5.9	154.5±6.6	154.0±5.2	155.0±5.3	154.4±5.7	0.893	0.953
坐高（厘米）	82.8±4.0	82.9±4.3	82.7±3.6	83.3±3.6	82.4±3.6	0.783	0.907
上臂围差（厘米）	2.9±0.4	2.6±0.5	2.6±0.5	2.6±0.5	2.7±0.5	0.789	0.000
胸围（厘米）	77.6±4.7	78.0±4.7	77.9±4.7	77.4±4.6	78.9±4.8	0.998	0.635
呼吸差（厘米）	6.8±0.8	6.8±0.7	6.8±0.7	6.7±0.7	6.3±0.8	0.986	0.003
腰围（厘米）	66.3±6.5	66.2±5.4	66.0±5.1	65.9±5.1	69.8±4.8	0.268	0.006
臀围（厘米）	82.6±4.6	83.2±4.8	82.6±3.9	83.6±4.4	83.7±4.3	0.851	0.660
肩宽（厘米）	33.9±1.6	34.1±1.6	34.0±1.3	34.1±1.5	33.8±1.4	0.672	0.873
骨盆宽（厘米）	25.6±1.9	25.8±2.2	25.5±2.2	25.8±2.2	25.4±2.2	0.846	0.858
体重（公斤）	47.7±5.4	47.5±4.9	47.1±4.0	47.8±4.2	50.9±5.4	0.345	0.003
体脂率	0.182±0.02	0.177±0.02	0.174±0.01	0.182±0.02	0.199±0.02	0.297	0.000

由表4-2可以发现：

（1）实验后五年级男生身体形态各项指标方差齐性检验显著性概率均大于0.05，应接受方差齐性的原假设，表明各样本所属总体的方差无显著性差异。

（2）实验后五年级男生各个组别身高的测验平均值分别为 152.2 厘米、154.5 厘米、154.0 厘米、155.0 厘米、154.4 厘米，方差分析显著性概率 $P = 0.953 > 0.05$，表明在民俗体育健身实验进行后，五年级男生身高各个组别均值之间均没有显著性差异。

（3）实验后五年级男生各个组别坐高的测验平均值分别为 82.8 厘米、82.9 厘米、82.7 厘米、83.3 厘米、82.4 厘米，方差分析显著性概率 $P = 0.907 > 0.05$，表明在民俗体育健身实验进行后，五年级男生各个组别坐高均值之间均没有显著性差异。

（4）实验后五年级男生各个组别上臂围差的测验平均值分别为 2.9 厘米、2.6 厘米、2.6 厘米、2.6 厘米、3.7 厘米，方差分析显著性概率 $P = 0.000 < 0.01$，表明在民俗体育健身实验进行后，五年级男生各个组别上臂围差均值之间存在显著性差异，需要采用多重比较法对每对均值之间的差异进行比较，以进一步分析哪一对均值之间有显著性差异，哪一对均值之间无显著性差异。均值多重比较检验结果如表 4-3 所示。

表 4-3　　　　实验后五年级男生各组上臂围差均值多重比较
检验结果（Tukey HSD）

组别	竞足		技巧		阳性对照		阴性对照	
	均差	显著性	均差	显著性	均差	显著性	均差	显著性
角力	0.32*	0.022	0.33*	0.016	0.30*	0.035	0.46**	0.000
竞足			0.01	1.000	−0.18	1.000	0.14	0.670
技巧					−0.28	0.999	0.13	0.728
阳性对照							0.16	0.562

比较结果显示：角力组和竞足组、角力组和技巧组、角力组和阳性对照组、角力组和阴性对照组均值间均有显著性差异。其中角力组和阴性对照组具有极显著性差异（$P < 0.01$）。

（5）实验后五年级男生各个组别胸围的测验平均值分别为 76.6 厘米、78.0 厘米、77.9 厘米、77.4 厘米、78.9 厘米，方差分析显著性概率 $P = 0.635 > 0.05$，表明在民俗体育健身实验进行后，五年级男生胸围各个组别均值之间均没有显著性差异。

（6）实验后五年级男生各个组别呼吸差的测验平均值分别为 6.8 厘

米、6.8 厘米、6.8 厘米、6.7 厘米、6.3 厘米，方差分析显著性概率 $P = 0.003 < 0.01$，表明在民俗体育健身实验进行后，五年级男生各个组别呼吸差均值之间存在显著性差异，需要采用多重比较法对每对均值之间的差异进行比较，以进一步分析哪一对均值之间有显著性差异，哪一对均值之间无显著性差异。均值多重比较检验结果如表 4 - 4 所示。

表 4 - 4 　　　　实验后五年级男生各组呼吸差均值多重比较
检验结果（Tukey HSD）

组别	竞足		技巧		阳性对照		阴性对照	
	均差	显著性	均差	显著性	均差	显著性	均差	显著性
角力	- 0.03	1.000	0.04	1.000	0.08	0.989	0.54 *	0.011
竞足			0.63	0.996	0.11	0.966	0.57 **	0.006
技巧					0.05	0.999	0.51 *	0.021
阳性对照							0.46 *	0.046

比较结果显示角力组和阴性对照组、技巧组合阴性对照组、阳性对照组和阴性对照组有显著性差异（$P < 0.05$）。其中竞足组和阴性对照组具有极显著性差异（$P < 0.01$）。

（7）实验后五年级男生各个组别腰围测验的平均值分别为 66.3 厘米、66.2 厘米、66.0 厘米、65.9 厘米、69.8 厘米，方差分析显著性概率 $P = 0.006 < 0.01$，表明在民俗体育健身实验进行后，五年级男生腰围各个组别均值之间存在极显著性差异，需要采用多重比较法对每对均值之间的差异进行比较，以进一步分析哪一对均值之间有显著性差异，哪一对均值之间无显著性差异。均值多重比较检验结果如表 4 - 5 所示。

表 4 - 5 　　　　实验后五年级男生腰围各组均值多重比较
检验结果（Tukey HSD）

组别	竞足		技巧		阳性对照		阴性对照	
	均差	显著性	均差	显著性	均差	显著性	均差	显著性
角力	0.17	1.000	0.34	0.999	0.47	0.995	- 3.46 *	0.039
竞足			0.16	1.000	0.30	0.999	- 3.64 *	0.026

组别	竞足		技巧		阳性对照		阴性对照	
	均差	显著性	均差	显著性	均差	显著性	均差	显著性
技巧					0.13	1.000	−3.81*	0.017
阳性对照							−3.94*	0.012

比较检验结果显示：角力组与阴性对照组、竞足组与阴性对照组、技巧组与阴性对照组、阳性对照组与阴性对照组均值间均有显著性差异（P<0.05）。

（8）实验后五年级男生各个组别臀围的测验平均值分别为82.6厘米、83.2厘米、82.6厘米、83.6厘米、83.7厘米，方差分析显著性概率P=0.660>0.05，表明在民俗体育健身实验进行后，五年级男生臀围各个组别均值之间均没有显著性差异。

（9）实验后五年级男生各个组别肩宽的测验平均值分别为33.9厘米、34.1厘米、34.0厘米、34.1厘米、33.8厘米，方差分析显著性概率P=0.873>0.05，表明在民俗体育健身实验进行后，五年级男生肩宽各个组别均值之间均没有显著性差异。

（10）实验后五年级男生各个组别骨盆宽的测验平均值分别为25.6厘米、25.8厘米、25.2厘米、25.8厘米、25.4厘米，方差分析显著性概率P=0.858>0.05，表明在民俗体育健身实验进行后，五年级男生骨盆宽各个组别均值之间均没有显著性差异。

（11）实验后五年级男生各个组别体重测验的平均值分别为47.7公斤、47.5公斤、47.1公斤、47.8公斤、50.9公斤，方差分析显著性概率P=0.003<0.01，表明在民俗体育健身实验进行后，五年级男生体重各个组别均值之间存在显著性差异，需要采用多重比较法对每对均值之间的差异进行比较，其比较检验结果如表4-6所示。

比较检验结果显示：角力组与阴性对照组、竞足组与阴性对照组、技巧组与阴性对照组、阳性对照组与阴性对照组均值间均有显著性差异（P<0.05），其中技巧组与阴性对照组间具有极显著性差异（P<0.01）。

表 4 – 6 实验后五年级男生体重各组均值多重比较
检验结果（Tukey HSD）

组别	竞足		技巧		阳性对照		阴性对照	
	均差	显著性	均差	显著性	均差	显著性	均差	显著性
角力	0.19	1.000	0.59	0.983	– 0.10	1.000	– 3.26 *	0.025
竞足			0.39	0.996	– 0.30	0.999	– 3.45 *	0.014
技巧					– 0.69	0.968	– 3.85 **	0.004
阳性对照							– 3.15 *	0.032

（12）实验后五年级男生各个组别体脂率的测验平均值分别为 0.182、0.177、0.174、0.182、0.199，方差分析显著性概率 P = 0.000 < 0.01，表明在民俗体育健身实验进行后，五年级男生体脂率各个组别均值之间存在极显著性差异，需要采用多重比较法对每对均值之间的差异进行比较，其比较检验结果如表 4 – 7 所示。

表 4 – 7 实验后五年级男生体脂率各组均值多重比较
检验结果（Tukey HSD）

组别	竞足		技巧		阳性对照		阴性对照	
	均差	显著性	均差	显著性	均差	显著性	均差	显著性
角力	0.005	0.890	0.008	0.598	– 0.0003	1.000	– 0.017 *	0.012
竞足			0.003	0.984	– 0.0050	0.871	– 0.022 **	0.000
技巧					– 0.0078	0.567	– 0.024 **	0.000
阳性对照							– 0.016 *	0.014

比较检验结果显示：角力组与阴性对照组、竞足组与阴性对照组、技巧组与阴性对照组、阳性对照组与阴性对照组均值间均有显著性差异（P < 0.05），其中竞足组和技巧组与阴性对照组间具有极显著性差异（P < 0.01）。

4.1.1.4 实验后五年级男生身体形态指标均值分布图

图 4 – 12 至图 4 – 22 为实验后五年级男生身体形态各项指标均数分

布图，图中各点表示各种锻炼方案对应数据的均值大小。

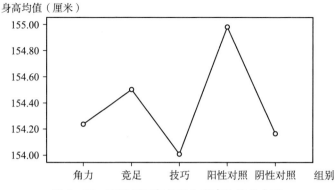

图 4－12　实验后五年级男生身高均值分布图

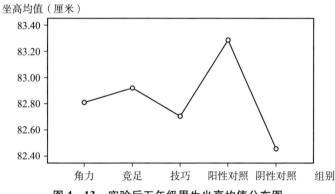

图 4－13　实验后五年级男生坐高均值分布图

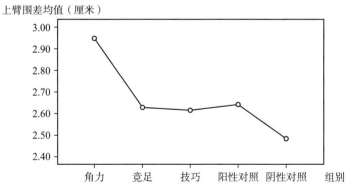

图 4－14　实验后五年级男生上臂围差均值分布图

胸围均值（厘米）

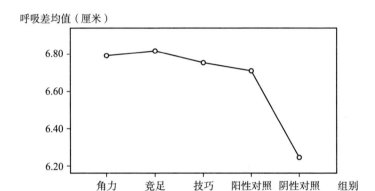

图 4 – 15　实验后五年级男生胸围均值分布图

呼吸差均值（厘米）

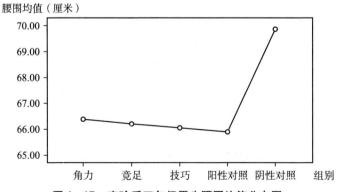

图 4 – 16　实验后五年级男生呼吸差均值分布图

腰围均值（厘米）

图 4 – 17　实验后五年级男生腰围均值分布图

臂围均值（厘米）

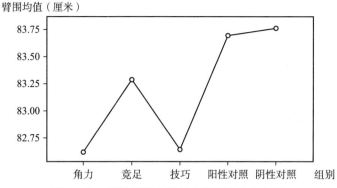

图4-18 实验后五年级男生臂围均值分布图

肩宽均值（厘米）

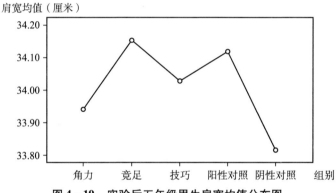

图4-19 实验后五年级男生肩宽均值分布图

骨盆宽均值（厘米）

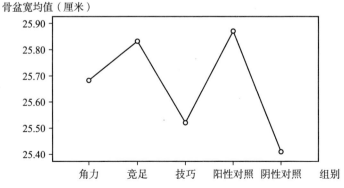

图4-20 实验后五年级男生骨盆宽均值分布图

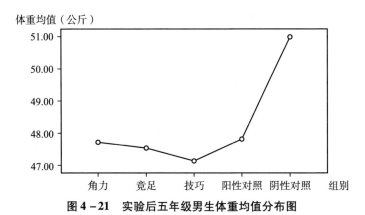

图 4-21　实验后五年级男生体重均值分布图

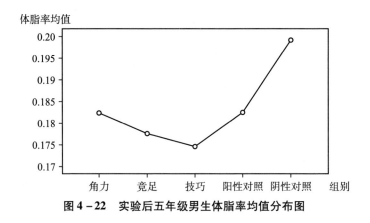

图 4-22　实验后五年级男生体脂率均值分布图

4.1.2　民俗体育运动对五年级女生身体形态的健身功效

4.1.2.1　实验前五年级女生身体形态测验结果

民俗体育实验进行前，五年级女生身体形态各项指标测验、方差齐性检验及方差分析结果如表 4-8 所示。

由表 4-8 可以发现：

（1）实验前五年级女生身体形态各项指标方差齐性检验显著性概率均大于 0.05，应接受方差齐性的原假设，表明各样本所属总体的方差无显著性差异。

表4－8　　　实验前五年级女生身体形态测验、方差齐性检验及
方差分析结果（N＝33）

指标	角力 M±SD	竞足 M±SD	技巧 M±SD	阳性对照 M±SD	阴性对照 M±SD	方差齐性检验	显著性概率
身高 （厘米）	152.3±4.9	152.7±4.6	152.2±5.6	152.4±5.6	152.3±5.1	0.904	0.984
坐高 （厘米）	82.0±3.1	82.2±3.2	82.0±3.7	82.0±4.0	82.2±3.6	0.548	0.996
上臂围差 （厘米）	1.9±0.33	1.8±0.3	1.8±0.3	1.8±0.3	1.8±0.3	0.901	0.882
胸围 （厘米）	72.9±5.7	73.2±5.1	72.6±4.7	72.4±4.8	72.7±4.8	0.774	0.982
呼吸差 （厘米）	5.5±0.7	5.6±0.6	5.5±0.6	5.4±0.6	5.5±0.6	0.992	0.889
腰围 （厘米）	61.7±4.5	61.8±5.1	61.0±4.9	61.4±4.4	61.2±4.8	0.942	0.950
臀围 （厘米）	82.4±4.3	82.9±3.8	83.0±3.9	83.2±4.2	83.3±4.1	0.991	0.923
肩宽 （厘米）	32.5±1.9	32.6±2.0	32.8±2.2	32.6±1.9	32.8±1.6	0.436	0.972
骨盆宽 （厘米）	26.6±1.1	26.9±1.2	26.5±1.2	26.8±1.2	26.6±1.2	0.989	0.786
体重 （公斤）	41.2±3.7	41.9±3.8	41.6±4.2	41.0±4.2	41.7±4.4	0.891	0.905
体脂率	0.203±0.02	0.208±0.02	0.209±0.02	0.205±0.02	0.206±0.02	0.898	0.807

（2）实验前五年级女生各个组别身高的测验平均值分别为152.3厘米、152.7厘米、152.2厘米、152.4厘米、152.3厘米，方差分析显著性概率 P＝0.984＞0.05，表明在民俗体育实验进行前，五年级女生身高各个组别均值之间均没有显著性差异。

（3）实验前五年级女生各个组别坐高的测验平均值分别为82.0厘米、82.2厘米、82.0厘米、82.0厘米、82.2厘米，方差分析显著性概率 P＝0.996＞0.05，表明在民俗体育实验进行前，五年级女生各个组

别坐高均值之间均没有显著性差异。

（4）实验前五年级女生各个组别上臂围差的测验平均值分别为 1.9 厘米、1.8 厘米、1.8 厘米、1.8 厘米、1.8 厘米，方差分析显著性概率 $P = 0.882 > 0.05$，表明在民俗体育实验进行前，五年级女生各个组别上臂围差均值之间均没有显著性差异。

（5）实验前五年级女生各个组别胸围的测验平均值分别为 72.9 厘米、73.2 厘米、72.6 厘米、72.4 厘米、72.7 厘米，方差分析显著性概率 $P = 0.982 > 0.05$，表明在民俗体育实验进行前，五年级女生胸围各个组别均值之间均没有显著性差异。

（6）实验前五年级女生各个组别呼吸差的测验平均值分别为 5.5 厘米、5.6 厘米、5.5 厘米、5.4 厘米、5.5 厘米，方差分析显著性概率 $P = 0.889 > 0.05$，表明在民俗体育实验进行前，五年级女生各个组别呼吸差均值之间均没有显著性差异。

（7）实验前五年级女生各个组别腰围测验的平均值分别为 61.7 厘米、61.8 厘米、61.0 厘米、61.4 厘米、61.2 厘米，方差分析显著性概率 $P = 0.950 > 0.05$，表明在民俗体育实验进行前，五年级女生腰围各个组别均值之间均没有显著性差异。

（8）实验前五年级女生各个组别臀围测验的平均值分别为 82.4 厘米、82.9 厘米、83.0 厘米、83.2 厘米、83.3 厘米，方差分析显著性概率 $P = 0.923 > 0.05$，表明在民俗体育实验进行前，五年级女生臀围各个组别均值之间均没有显著性差异。

（9）实验前五年级女生各个组别肩宽测验的平均值分别为 32.5 厘米、32.6 厘米、32.8 厘米、32.6 厘米、32.8 厘米，方差分析显著性概率 $P = 0.972 > 0.05$，表明在民俗体育实验进行前，五年级女生肩宽各个组别均值之间均没有显著性差异。

（10）实验前五年级女生各个组别骨盆宽测验的平均值分别为 26.6 厘米、26.9 厘米、26.5 厘米、26.8 厘米、26.6 厘米，方差分析显著性概率 $P = 0.786 > 0.05$，表明在民俗体育实验进行前，五年级女生骨盆宽各个组别均值之间均没有显著性差异。

（11）实验前五年级女生各个组别体重测验的平均值分别为 41.2 公斤、41.9 公斤、41.6 公斤、41.0 公斤、41.7 公斤，方差分析显著性概率 $P = 0.905 > 0.05$，表明在民俗体育实验进行前，五年级女生体重各个组别均值之间均没有显著性差异。

（12）实验前五年级女生各个组别体脂率测验的平均值分别为 0.203、0.208、0.209、0.205、0.206，方差分析显著性概率 P = 0.807 > 0.05，表明在民俗体育实验进行前，五年级女生体脂率各个组别均值之间均没有显著性差异。

4.1.2.2　实验前五年级女生身体形态指标均值分布图

图 4 - 23 ~ 图 4 - 33 为实验前五年级女生身体形态各项指标均数分布图，图中各点表示各种锻炼方案对应数据的均值大小。

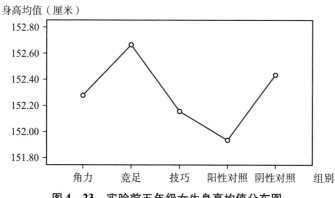

图 4 - 23　实验前五年级女生身高均值分布图

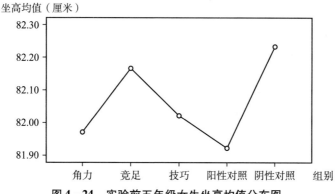

图 4 - 24　实验前五年级女生坐高均值分布图

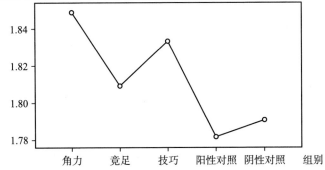

图 4 – 25　实验前五年级女生上臂围差均值分布图

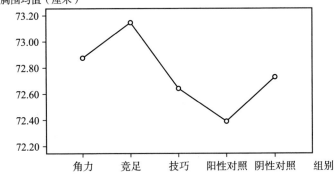

图 4 – 26　实验前五年级女生胸围均值分布图

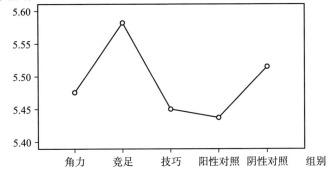

图 4 – 27　实验前五年级女生呼吸差均值分布图

腰围均值（厘米）

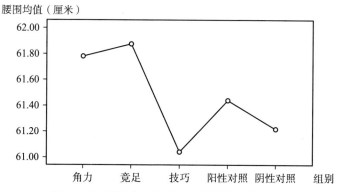

图 4 - 28　实验前五年级女生腰围均值分布图

臀围均值（厘米）

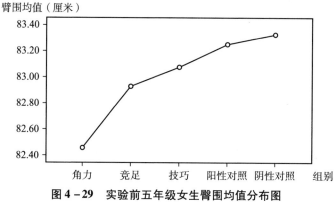

图 4 - 29　实验前五年级女生臀围均值分布图

肩宽均值（厘米）

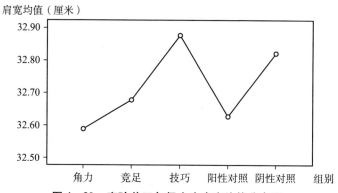

图 4 - 30　实验前五年级女生肩宽均值分布图

93

骨盆宽均值（厘米）

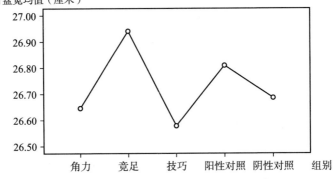

图 4 - 31　实验前五年级女生骨盆宽均值分布图

体重均值（公斤）

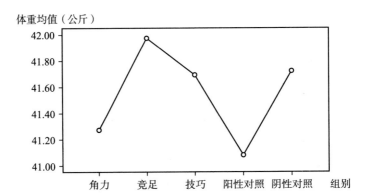

图 4 - 32　实验前五年级女生体重均值分布图

体脂率均值

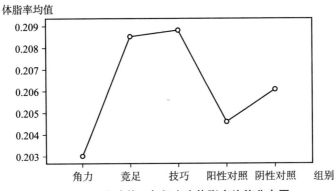

图 4 - 33　实验前五年级女生体脂率均值分布图

4.1.2.3 实验后五年级女生身体形态测验结果

民俗体育健身实验进行后，五年级女生身体形态各项指标测验、方差齐性检验及方差分析结果如表4-9所示。

表4-9 实验后五年级女生身体形态测验、方差齐性检验及方差分析结果（N=33）

指标	角力 M±SD	竞足 M±SD	技巧 M±SD	阳性对照 M±SD	阴性对照 M±SD	方差齐性检验	显著性概率
身高（厘米）	153.8±4.9	154.3±4.6	153.6±5.6	153.4±5.0	153.7±5.5	0.933	0.974
坐高（厘米）	82.8±3.0	83.0±3.2	82.8±3.7	82.6±4.0	82.8±3.6	0.579	0.997
上臂围差（厘米）	2.3±0.3	2.0±0.3	2.0±0.3	2.0±0.3	1.9±0.3	0.314	0.000
胸围（厘米）	74.3±5.7	74.5±5.1	74.0±5.1	73.5±4.7	74.4±4.7	0.769	0.936
呼吸差（厘米）	6.2±0.7	6.2±0.6	6.1±0.6	6.0±0.7	5.6±0.7	0.955	0.000
腰围（厘米）	62.0±4.5	62.1±5.1	61.2±4.9	61.7±4.4	65.5±4.8	0.932	0.003
臀围（厘米）	82.9±4.3	83.4±3.8	83.5±3.9	83.6±4.2	84.1±4.2	0.981	0.845
肩宽（厘米）	33.0±1.9	33.0±2.0	33.2±2.2	32.9±1.9	33.1±1.7	0.447	0.977
骨盆宽（厘米）	27.0±1.1	27.3±1.2	26.9±1.2	27.2±1.2	27.0±1.2	0.993	0.714
体重（公斤）	41.6±3.6	42.2±3.7	42.0±4.1	41.6±4.1	45.2±4.4	0.827	0.002
体脂率	0.201±0.02	0.207±0.02	0.209±0.02	0.205±0.02	0.224±0.02	0.907	0.000

由表4-9可以发现：

（1）实验后五年级女生身体形态各项指标方差齐性检验显著性概

95

率均大于 0.05，应接受方差齐性的原假设，表明各样本所属总体的方差无显著性差异。

（2）实验后五年级女生各个组别身高的测验平均值分别为 153.8 厘米、154.3 厘米、153.6 厘米、153.4 厘米、153.7 厘米，方差分析显著性概率 P = 0.974 > 0.05，表明在民俗体育健身实验进行后，五年级女生身高各个组别均值之间均没有显著性差异。

（3）实验后五年级女生各个组别坐高的测验平均值分别为 82.8 厘米、83.0 厘米、82.8 厘米、82.6 厘米、82.8 厘米，方差分析显著性概率 P = 0.997 > 0.05，表明在民俗体育健身实验进行后，五年级女生各个组别坐高均值之间均没有显著性差异。

（4）实验后五年级女生各个组别上臂围差的测验平均值分别为 2.3 厘米、2.0 厘米、2.0 厘米、2.0 厘米、1.9 厘米，方差分析显著性概率 P = 0.000 < 0.01，表明在民俗体育健身实验进行后，五年级女生各个组别上臂围差均值之间存在显著性差异，需要采用多重比较法对每对均值之间的差异进行比较，以进一步分析哪一对均值之间有显著性差异，哪一对均值之间无显著性差异。均值多重比较检验结果如表 4-10 所示。

表 4-10　　　实验后五年级女生各组上臂围差均值多重比较检验结果（Tukey HSD）

组别	竞足		技巧		阳性对照		阴性对照	
	均差	显著性	均差	显著性	均差	显著性	均差	显著性
角力	0.31 **	0.001	0.29 **	0.001	0.37 **	0.000	0.44 **	0.000
竞足			-0.02	1.000	0.06	0.925	0.13	0.378
技巧					0.08	0.845	0.15	0.269
阳性对照							0.07	0.864

比较检验结果显示：角力组和竞足组、角力组和技巧组、角力组和阳性对照组、角力组和阴性对照组均值间均有极显著性差异（P < 0.01）。

（5）实验后五年级女生各个组别胸围的测验平均值分别为 74.3 厘米、74.5 厘米、74.0 厘米、73.5 厘米、74.4 厘米，方差分析显著性概率 P = 0.936 > 0.05，表明在民俗体育健身实验进行后，五年级女生各个组别胸围均值之间均没有显著性差异。

（6）实验后五年级女生各个组别呼吸差的测验平均值分别为 6.2 厘米、6.2 厘米、6.1 厘米、6.0 厘米、5.6 厘米，方差分析显著性概率 P = 0.000 < 0.05，表明在民俗体育健身实验进行后，五年级女生各个组别均呼吸差值之间存在显著性差异，需要采用多重比较法对每对均值之间的差异进行比较，其比较检验结果如表 4 – 11 所示。

表 4 – 11　　　　实验后五年级女生各组均值呼吸差多重比较
检验结果（Tukey HSD）

组别	竞足		技巧		阳性对照		阴性对照	
	均差	显著性	均差	显著性	均差	显著性	均差	显著性
角力	0.04	0.999	0.12	0.937	0.18	0.772	0.64 **	0.001
竞足			0.08	0.987	0.14	0.899	0.60 **	0.002
技巧					0.06	0.995	0.52 **	0.002
阳性对照							– 0.46 *	0.030

比较检验结果显示：阳性对照组和阴性对照组有显著性差异，角力组和阴性对照组、竞足组和阴性对照组、技巧组和阴性对照组均值间均有极显著性差异（P < 0.01）。

（7）实验后五年级女生各个组别腰围的测验平均值分别为 62.0 厘米、62.1 厘米、61.2 厘米、61.7 厘米、65.5 厘米，方差分析显著性概率 P = 0.003 < 0.01，表明在民俗体育健身实验进行后，五年级女生腰围各个组别均值之间存在显著性差异。采用多重比较法对五年级女生腰围每对均值之间的差异进行比较检验的结果如表 4 – 12 所示。

表 4 – 12　　　　实验后五年级女生腰围各组均值多重比较
检验结果（Tukey HSD）

组别	竞足		技巧		阳性对照		阴性对照	
	均差	显著性	均差	显著性	均差	显著性	均差	显著性
角力	– 0.08	1.000	0.79	0.962	0.28	0.999	– 3.48 *	0.030
竞足			0.88	0.945	0.36	0.998	– 3.40 *	0.036

组别	竟足		技巧		阳性对照		阴性对照	
	均差	显著性	均差	显著性	均差	显著性	均差	显著性
技巧					-0.51	0.993	-4.28**	0.004
阳性对照							-3.77*	0.014

比较检验结果显示：角力组与阴性对照组、竟足组与阴性对照组、技巧组与阴性对照组、阳性对照组与阴性对照组均值间均有显著性差异（P<0.05），其中，技巧组与阴性对照组间有极显著性差异（P<0.01）。

（8）实验后五年级女生各个组别臀围的测验平均值分别为82.9厘米、83.4厘米、83.5厘米、83.6厘米、84.1厘米，方差分析显著性概率P=0.845>0.05，表明在民俗体育健身实验进行后，五年级女生臀围各个组别均值之间均没有显著性差异。

（9）实验后五年级女生各个组别肩宽的测验平均值分别为33.0厘米、33.0厘米、33.2厘米、32.9厘米、33.1厘米，方差分析显著性概率P=0.977>0.05，表明在民俗体育健身实验进行后，五年级女生肩宽各个组别均值之间均没有显著性差异。

（10）实验后五年级女生各个组别骨盆宽的测验平均值分别为27.0厘米、27.3厘米、26.9厘米、27.2厘米、27.0厘米，方差分析显著性概率P=0.714>0.05，表明在民俗体育健身实验进行后，五年级女生骨盆宽各个组别均值之间均没有显著性差异。

（11）实验后五年级女生各个组别体重的测验平均值分别为41.6公斤、42.2公斤、42.0公斤、41.6公斤、45.2公斤，方差分析显著性概率P=0.002<0.05，表明在民俗体育健身实验进行后，五年级女生体重各个组别均值之间存在显著性差异，需要采用多重比较法对每对均值之间的差异进行比较，其比较检验结果如表4-13所示。

比较检验结果显示：角力组与阴性对照组、竟足组与阴性对照组、技巧组与阴性对照组、阳性对照组与阴性对照组均值间均有显著性差异，其中角力组和阳性对照组与阴性对照组间具有极显著性差异（P<0.01）。

表 4 – 13　　　　　实验后五年级女生体重各组均值多重比较
检验结果（Tukey HSD）

组别	竞足		技巧		阳性对照		阴性对照	
	均差	显著性	均差	显著性	均差	显著性	均差	显著性
角力	−0.64	0.967	−0.44	0.992	−0.03	1.000	−3.54**	0.004
竞足			0.20	1.000	0.60	0.973	−2.90*	0.031
技巧					0.40	0.994	−3.10*	0.017
阳性对照							−3.51**	0.005

（12）实验后五年级女生各个组别体脂率的测验平均值分别为 0.201、
0.207、0.209、0.205、0.224，方差分析显著性概率 $P = 0.000 < 0.01$，
表明在民俗体育健身实验进行后，五年级女生体脂率各个组别均值之间
存在显著性差异，需要采用多重比较法对每对均值之间的差异进行比
较，其比较检验结果如表 4 – 14 所示。

表 4 – 14　　　　　实验后五年级女生体脂率各组均值多重比较
检验结果（Tukey HSD）

组别	竞足		技巧		阳性对照		阴性对照	
	均差	显著性	均差	显著性	均差	显著性	均差	显著性
角力	−0.006	0.839	−0.008	0.567	−0.004	0.958	−0.023**	0.000
竞足			−0.002	0.991	0.002	0.997	−0.017*	0.011
技巧					0.004	0.929	−0.014*	0.042
阳性对照							−0.019**	0.004

比较检验结果显示：角力组与阴性对照组、竞足组与阴性对照组、
技巧组与阴性对照组、阳性对照组与阴性对照组均值间均有显著性差异
（$P < 0.05$），其中角力组和阳性对照组与阴性对照组间具有极显著性差
异（$P < 0.01$）。

4.1.2.4　实验后五年级女生身体形态指标均值分布图

图 4 – 34 ～图 4 – 44 为实验后五年级女生身体形态各项指标均数分

99

布图，图中各点表示各种锻炼方案对应数据的均值大小。

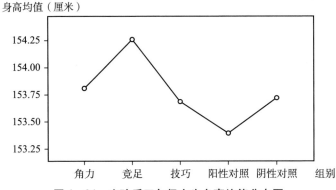

图 4－34　实验后五年级女生身高均值分布图

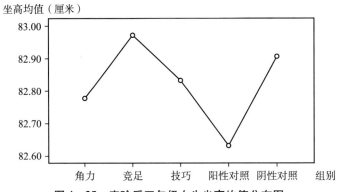

图 4－35　实验后五年级女生坐高均值分布图

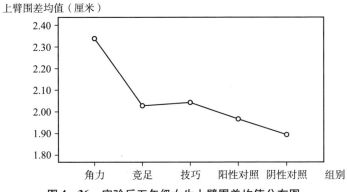

图 4－36　实验后五年级女生上臂围差均值分布图

胸围均值（厘米）

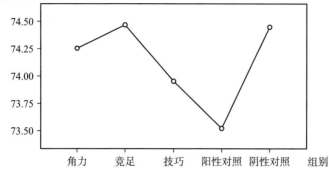

图 4 - 37　实验后五年级女生胸围均值分布图

呼吸差均值（厘米）

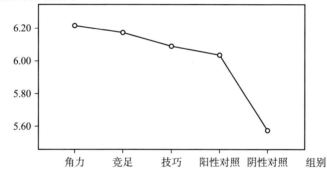

图 4 - 38　实验后五年级女生呼吸差均值分布图

腰围均值（厘米）

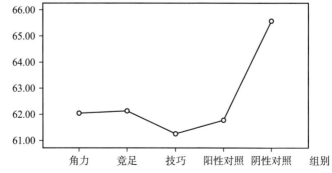

图 4 - 39　实验后五年级女生腰围均值分布图

臀围均值（厘米）

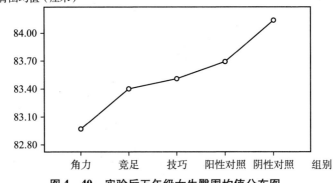

图 4 – 40　实验后五年级女生臀围均值分布图

肩宽均值（厘米）

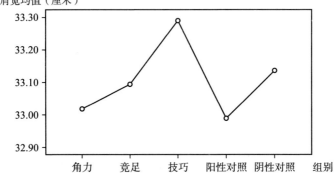

图 4 – 41　实验后五年级女生肩宽均值分布图

骨盆宽均值（厘米）

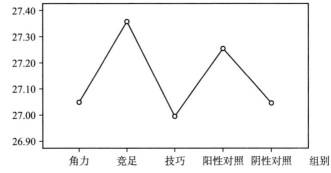

图 4 – 42　实验后五年级女生骨盆宽均值分布图

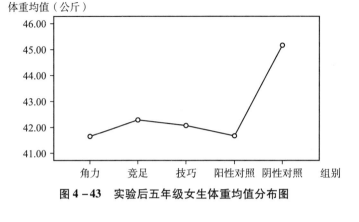

图 4 - 43　实验后五年级女生体重均值分布图

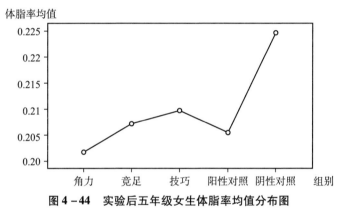

图 4 - 44　实验后五年级女生体脂率均值分布图

4.1.3　民俗体育运动对七年级男生身体形态的健身功效

4.1.3.1　实验前七年级男生身体形态测验结果

民俗体育实验进行前，七年级男生身体形态各项指标测验、方差齐性检验及方差分析结果如表 4 - 15 所示。

由表 4 - 15 可以发现：

（1）实验前七年级男生身体形态各项指标方差齐性检验显著性概率均大于 0.05，应接受方差齐性的原假设，表明各样本所属总体的方差无显著性差异。

表 4 - 15　　　实验前七年级男生身体形态测验、方差齐性检验及
方差分析结果（N = 40）

指标	角力 M ± SD	竞足 M ± SD	技巧 M ± SD	阳性对照 M ± SD	阴性对照 M ± SD	方差齐性检验	显著性概率
身高 （厘米）	169.3 ± 3.7	169.5 ± 3.7	168.8 ± 4.3	169.2 ± 3.9	169.2 ± 3.8	0.844	0.957
坐高 （厘米）	90.8 ± 3.5	90.9 ± 3.4	90.6 ± 3.9	90.7 ± 3.0	90.9 ± 3.3	0.838	0.997
上臂围差 （厘米）	2.8 ± 0.5	2.8 ± 0.5	2.8 ± 0.5	2.9 ± 0.6	2.9 ± 0.4	0.456	0.886
胸围 （厘米）	85.3 ± 2.6	85.6 ± 2.9	85.2 ± 3.0	85.5 ± 2.5	85.6 ± 2.6	0.520	0.974
呼吸差 （厘米）	6.5 ± 0.5	6.5 ± 0.6	6.5 ± 0.6	6.5 ± 0.6	6.5 ± 0.4	0.404	0.968
腰围 （厘米）	73.4 ± 1.6	72.9 ± 1.4	72.6 ± 1.4	72.7 ± 1.4	73.3 ± 2.0	0.369	0.102
臀围 （厘米）	91.1 ± 2.1	91.2 ± 2.1	91.4 ± 2.3	91.1 ± 1.9	91.8 ± 2.2	0.810	0.531
肩宽 （厘米）	37.5 ± 1.8	37.8 ± 1.9	38.0 ± 1.7	37.8 ± 1.6	37.9 ± 1.6	0.843	0.777
骨盆宽 （厘米）	28.6 ± 1.7	28.4 ± 1.2	28.7 ± 1.8	28.4 ± 1.5	28.5 ± 1.3	0.288	0.901
体重 （公斤）	59.0 ± 3.2	59.2 ± 3.1	59.2 ± 3.4	59.4 ± 3.1	59.3 ± 3.2	0.996	0.994
体脂率	0.166 ± 0.02	0.168 ± 0.02	0.165 ± 0.02	0.169 ± 0.02	0.172 ± 0.03	0.466	0.576

（2）实验前七年级男生各个组别身高的测验平均值分别为 169.3 厘米、169.5 厘米、168.8 厘米、169.2 厘米、169.2 厘米，方差分析显著性概率 P = 0.957 > 0.05，表明在民俗体育实验进行前，七年级男生身高各个组别均值之间均没有显著性差异。

（3）实验前七年级男生各个组别坐高的测验平均值分别为 90.8 厘米、90.9 厘米、90.6 厘米、90.7 厘米、90.9 厘米，方差分析显著性概率 P = 0.997 > 0.05，表明在民俗体育实验进行前，七年级男生各个组

别坐高均值之间均没有显著性差异。

（4）实验前七年级男生各个组别上臂围差的测验平均值分别为 2.8
厘米、2.8 厘米、2.8 厘米、2.9 厘米、2.9 厘米，方差分析显著性概率
P = 0.886 > 0.05，表明在民俗体育实验进行前，七年级男生各个组别上
臂围差均值之间均没有显著性差异。

（5）实验前七年级男生各个组别胸围的测验平均值分别为 85.3 厘
米、85.6 厘米、85.2 厘米、85.5 厘米、85.6 厘米，方差分析显著性概
率 P = 0.974 > 0.05，表明在民俗体育实验进行前，七年级男生各个组
别胸围均值之间均没有显著性差异。

（6）实验前七年级男生各个组别呼吸差的测验平均值分别为 6.5 厘
米、6.5 厘米、6.5 厘米、6.5 厘米、6.5 厘米，方差分析显著性概率 P =
0.968 > 0.05，表明在民俗体育实验进行前，七年级男生各个组别呼吸
差均值之间均没有显著性差异。

（7）实验前七年级男生各个组别腰围测验的平均值分别为 73.4 厘
米、72.9 厘米、72.6 厘米、72.7 厘米、73.3 厘米，方差分析显著性概
率 P = 0.102 > 0.05，表明在民俗体育实验进行前，七年级男生腰围各
个组别均值之间均没有显著性差异。

（8）实验前七年级男生各个组别臀围测验的平均值分别为 91.1 厘
米、91.2 厘米、91.4 厘米、91.1 厘米、91.8 厘米，方差分析显著性概
率 P = 0.531 > 0.05，表明在民俗体育实验进行前，七年级男生臀围各
个组别均值之间均没有显著性差异。

（9）实验前七年级男生各个组别肩宽测验的平均值分别为 37.5 厘
米、37.8 厘米、38.0 厘米、37.8 厘米、37.9 厘米，方差分析显著性概
率 P = 0.777 > 0.05，表明在民俗体育实验进行前，七年级男生肩宽各
个组别均值之间均没有显著性差异。

（10）实验前七年级男生各个组别骨盆宽测验的平均值分别为 28.6
厘米、28.4 厘米、28.7 厘米、28.4 厘米、28.5 厘米，方差分析显著性
概率 P = 0.901 > 0.05，表明在民俗体育实验进行前，七年级男生骨盆
宽各个组别均值之间均没有显著性差异。

（11）实验前七年级男生各个组别体重测验的平均值分别为 59.0 公
斤、59.2 公斤、59.2 公斤、59.4 公斤、59.3 公斤，方差分析显著性概
率 P = 0.994 > 0.05，表明在民俗体育实验进行前，七年级男生体重各

个组别均值之间均没有显著性差异。

（12）实验前七年级男生各个组别体脂率测验的平均值分别为 0.166、0.168、0.165、0.169、0.172，方差分析显著性概率 $P = 0.576 > 0.05$，表明在民俗体育实验进行前，七年级男生体脂率各个组别均值之间均没有显著性差异。

4.1.3.2 实验前七年级男生身体形态指标均值分布图

图 4 – 45 ~ 图 4 – 55 为实验前七年级男生身体形态各项指标均数分布图，图中各点表示各种锻炼方案对应数据的均值大小。

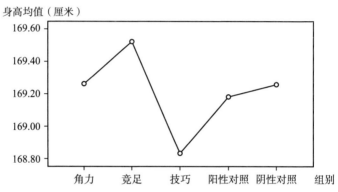

图 4 – 45　实验前七年级男生身高均值分布图

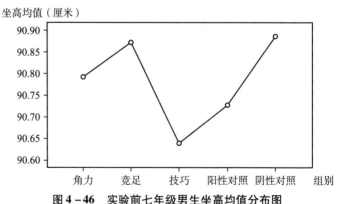

图 4 – 46　实验前七年级男生坐高均值分布图

上臂围差均值（厘米）

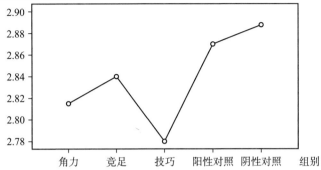

图4-47 实验前七年级男生上臂围差均值分布图

胸围均值（厘米）

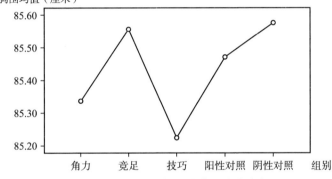

图4-48 实验前七年级男生胸围均值分布图

呼吸差均值（厘米）

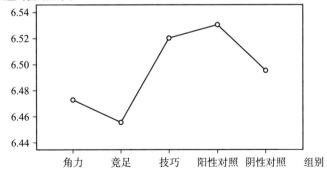

图4-49 实验前七年级男生呼吸差均值分布图

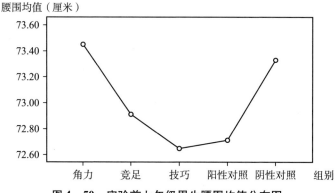

图 4 – 50　实验前七年级男生腰围均值分布图

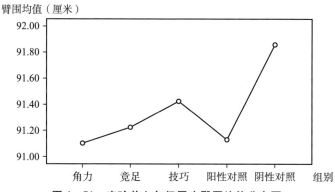

图 4 – 51　实验前七年级男生臀围均值分布图

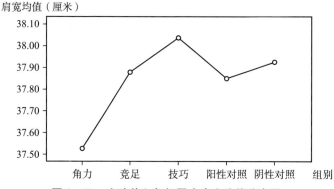

图 4 – 52　实验前七年级男生肩宽均值分布图

骨盆宽均值（厘米）

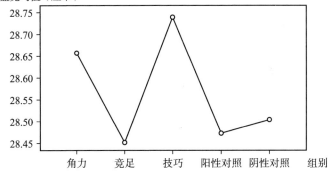

图 4 - 53　实验前七年级男生骨盆宽均值分布图

体重均值（公斤）

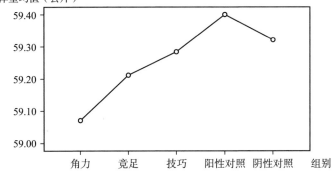

图 4 - 54　实验前七年级男生体重均值分布图

体脂率均值

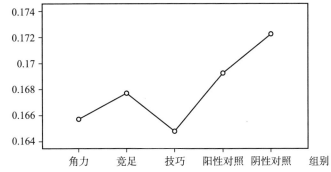

图 4 - 55　实验前七年级男生体脂率均值分布图

4.1.3.3 实验后七年级男生身体形态测验结果

民俗体育健身实验进行后，七年级男生身体形态各项指标测验、方差齐性检验及方差分析结果如表 4 – 16 所示。

表 4 – 16　实验后七年级男生身体形态测验、方差齐性检验及
方差分析结果（N = 40）

指标	角力 M ± SD	竞足 M ± SD	技巧 M ± SD	阳性对照 M ± SD	阴性对照 M ± SD	方差齐性检验	显著性概率
身高 （厘米）	170.7 ± 3.5	170.9 ± 3.5	170.2 ± 4.2	170.5 ± 3.8	170.5 ± 3.6	0.777	0.937
坐高 （厘米）	91.6 ± 3.4	91.5 ± 3.3	91.3 ± 3.9	91.4 ± 3.0	91.5 ± 3.3	0.830	0.997
上臂围差 （厘米）	3.3 ± 0.3	3.0 ± 0.4	3.0 ± 0.4	3.0 ± 0.5	2.9 ± 0.3	0.121	0.001
胸围 （厘米）	86.1 ± 2.5	86.2 ± 2.8	85.9 ± 2.8	86.0 ± 2.4	85.9 ± 2.7	0.748	0.952
呼吸差 （厘米）	6.9 ± 0.5	6.8 ± .05	6.9 ± 0.5	6.9 ± 0.5	6.5 ± 0.4	0.493	0.002
腰围 （厘米）	73.4 ± 1.7	72.7 ± 1.4	72.5 ± 1.5	72.9 ± 1.4	74.4 ± 1.9	0.495	0.000
臀围 （厘米）	91.3 ± 2.0	91.5 ± 2.1	91.7 ± 2.3	91.4 ± 1.9	92.3 ± 2.2	0.872	0.261
肩宽 （厘米）	37.5 ± 1.8	38.2 ± 1.8	38.4 ± 1.6	38.2 ± 1.6	38.1 ± 1.6	0.862	0.756
骨盆宽 （厘米）	28.9 ± 1.7	28.7 ± 1.2	29.0 ± 1.8	28.7 ± 1.5	28.6 ± 1.3	0.243	0.838
体重 （公斤）	59.4 ± 3.2	59.5 ± 2.9	59.7 ± 3.2	59.8 ± 3.0	61.4 ± 3.0	0.983	0.024
体脂率	0.165 ± 0.02	0.166 ± 0.02	0.163 ± 0.02	0.169 ± 0.02	0.184 ± 0.02	0.846	0.000

由表 4 – 16 可以发现：

（1）实验后七年级男生身体形态各项指标方差齐性检验显著性概

率均大于 0.05，应接受方差齐性的原假设，表明各样本所属总体的方差无显著性差异。

（2）实验后七年级男生各个组别身高的测验平均值分别为 170.7 厘米、170.9 厘米、170.2 厘米、170.5 厘米、170.5 厘米，方差分析显著性概率 P = 0.937 > 0.05，表明在民俗体育健身实验进行后，七年级男生各个组别身高均值之间均没有显著性差异。

（3）实验后七年级男生各个组别坐高的测验平均值分别为 91.6 厘米、91.5 厘米、91.3 厘米、91.4 厘米、91.5 厘米，方差分析显著性概率 P = 0.997 > 0.05，表明在民俗体育健身实验进行后，七年级男生各个组别坐高均值之间均没有显著性差异。

（4）实验后七年级男生各个组别上臂围差的测验平均值分别为 3.3 厘米、3.0 厘米、3.0 厘米、3.0 厘米、2.9 厘米，方差分析显著性概率 P = 0.000 < 0.01，表明在民俗体育健身实验进行后，七年级男生各个组别上臂围差均值之间存在显著性差异，需要采用多重比较法对每对均值之间的差异进行比较，以进一步分析哪一对均值之间有显著性差异，哪一对均值之间无显著性差异。均值多重比较检验结果如表 4 - 17 所示。

表 4 - 17　　　　实验后七年级男生各组上臂围差均值多重比较
检验结果（Tukey HSD）

组别	竞足		技巧		阳性对照		阴性对照	
	均差	显著性	均差	显著性	均差	显著性	均差	显著性
角力	0.26*	0.030	0.29*	0.010	0.27*	0.020	0.35**	0.001
竞足			0.03	0.996	0.01	1.000	0.09	0.848
技巧					-0.02	0.999	0.06	0.967
阳性对照							0.08	0.906

比较结果显示：角力组和竞足组、角力组和技巧组、角力组和阳性对照组均值间均有显著性差异。其中角力组和阴性对照组具有极显著性差异（P < 0.01）。

（5）实验后七年级男生各个组别胸围的测验平均值分别为 86.1 厘米、86.2 厘米、85.9 厘米、86.0 厘米、85.9 厘米，方差分析显著性概率 P = 0.952 > 0.05，表明在民俗体育健身实验进行后，七年级男生各个组别胸围均值之间均没有显著性差异。

（6）实验后七年级男生各个组别呼吸差的测验平均值分别为 6.9 厘米、6.8 厘米、6.9 厘米、6.9 厘米、6.5 厘米，方差分析显著性概率 P = 0.002 < 0.01，表明在民俗体育健身实验进行后，七年级男生各个组别呼吸差均值之间存在显著性差异，需要采用多重比较法对每对均值之间的差异进行比较，以进一步分析哪一对均值之间有显著性差异，哪一对均值之间无显著性差异。均值多重比较检验结果如表 4 - 18 所示。

表 4 - 18　　　　实验后七年级男生各组呼吸差均值多重比较

检验结果（Tukey HSD）

组别	竞足		技巧		阳性对照		阴性对照	
	均差	显著性	均差	显著性	均差	显著性	均差	显著性
角力	0.04	0.997	− 0.07	0.970	0.00	1.000	0.33 *	0.018
竞足			− 0.11	0.864	− 0.04	0.966	0.30 *	0.050
技巧					0.06	0.974	0.40 *	0.002
阳性对照							0.34 *	0.017

比较结果显示角力组和阴性对照组、竞足组和阴性对照组、技巧组和阴性对照组、阳性对照组和阴性对照组有显著性差异（P < 0.05）。

（7）实验后七年级男生各个组别腰围测验的平均值分别为 73.2 厘米、72.7 厘米、72.5 厘米、72.9 厘米、74.4 厘米，方差分析显著性概率 P = 0.000 < 0.01，表明在民俗体育健身实验进行后，七年级男生腰围各个组别均值之间存在极显著性差异。采用多重比较法对七年级男生腰围每对均值之间的差异进行比较检验的结果如表 4 - 19 所示。

表 4 - 19　　　　实验后七年级男生腰围各组均值多重比较

检验结果（Tukey HSD）

组别	竞足		技巧		阳性对照		阴性对照	
	均差	显著性	均差	显著性	均差	显著性	均差	显著性
角力	0.48	0.673	0.65	0.382	0.29	0.928	− 1.24 **	0.007
竞足			0.16	0.991	− 0.19	0.985	− 1.73 **	0.000

组别	竞足		技巧		阳性对照		阴性对照	
	均差	显著性	均差	显著性	均差	显著性	均差	显著性
技巧					-0.35	0.864	-1.89**	0.000
阳性对照							-1.54**	0.000

比较检验结果显示：角力组与阴性对照组、竞足组与阴性对照组、技巧组与阴性对照组、阳性对照组与阴性对照组均值间均有极显著性差异（P<0.01）。

（8）实验后七年级男生各个组别臀围的测验平均值分别为91.3厘米、91.5厘米、91.7厘米、91.4厘米、92.3厘米，方差分析显著性概率P=0.261>0.05，表明在民俗体育健身实验进行后，七年级男生臀围各个组别均值之间均没有显著性差异。

（9）实验后七年级男生各个组别肩宽的测验平均值分别为37.9厘米、38.2厘米、38.4厘米、38.2厘米、38.1厘米，方差分析显著性概率P=0.756>0.05，表明在民俗体育健身实验进行后，七年级男生肩宽各个组别均值之间均没有显著性差异。

（10）实验后七年级男生各个组别骨盆宽的测验平均值分别为28.9厘米、28.7厘米、29.0厘米、28.7厘米、28.6厘米，方差分析显著性概率P=0.838>0.05，表明在民俗体育健身实验进行后，七年级男生骨盆宽各个组别均值之间均没有显著性差异。

（11）实验后七年级男生各个组别体重测验的平均值分别为59.4公斤、59.5公斤、59.7公斤、59.8公斤、61.4公斤，方差分析显著性概率P=0.024<0.05，表明在民俗体育健身实验进行后，七年级男生体重各个组别均值之间存在显著性差异。需要采用多重比较法对每对均值之间的差异进行比较，其比较检验结果如表4-20所示。

表4-20　　　　实验后七年级男生体重各组均值多重比较
检验结果（Tukey HSD）

组别	竞足		技巧		阳性对照		阴性对照	
	均差	显著性	均差	显著性	均差	显著性	均差	显著性
角力	-0.09	1.000	-0.25	0.996	-0.41	0.976	-2.03*	0.032

续表

组别	竞足		技巧		阳性对照		阴性对照	
	均差	显著性	均差	显著性	均差	显著性	均差	显著性
竞足			− 0.15	0.999	− 0.31	0.991	− 1.93 *	0.047
技巧					− 0.16	0.999	− 1.78	0.083
阳性对照							− 1.62	0.142

比较检验结果显示：角力组和竞足组与阴性对照组均值间有显著性差异。

（12）实验后七年级男生各个组别体脂率的测验平均值分别为 0.165、0.166、0.163、0.169、0.184，方差分析显著性概率 $P = 0.000 < 0.01$，表明在民俗体育健身实验进行后，七年级男生体脂率各个组别均值之间存在极显著性差异，需要采用多重比较法对每对均值之间的差异进行比较，其比较检验结果如表 4 – 21 所示。

表 4 – 21　　　实验后七年级男生体脂率各组均值多重比较检验结果（Tukey HSD）

组别	竞足		技巧		阳性对照		阴性对照	
	均差	显著性	均差	显著性	均差	显著性	均差	显著性
角力	− 0.001	1.000	0.002	0.993	− 0.004	0.918	− 0.019 **	0.001
竞足			0.003	0.978	− 0.003	0.960	− 0.018 **	0.002
技巧					− 0.006	0.717	− 0.021 **	0.000
阳性对照							− 0.015 *	0.019

比较检验结果显示：角力组与阴性对照组、竞足组与阴性对照组、技巧组与阴性对照组、阳性对照组与阴性对照组均值间均有显著性差异（$P < 0.05$），其中，角力组、竞足组和技巧组与阴性对照组间有极显著性差异（$P < 0.01$）。

4.1.3.4　实验后七年级男生身体机能指标均值分布图

图 4 – 56 ~ 图 4 – 66 为实验后七年级男生身体形态各项指标均数分

布图，图中各点表示各种锻炼方案对应数据的均值大小。

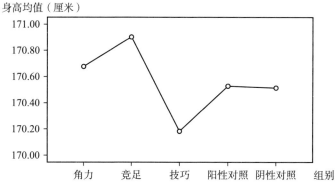

图 4 - 56　实验后七年级男生身高均值分布图

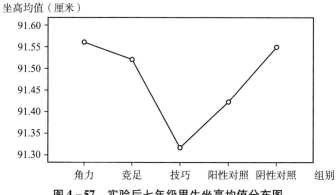

图 4 - 57　实验后七年级男生坐高均值分布图

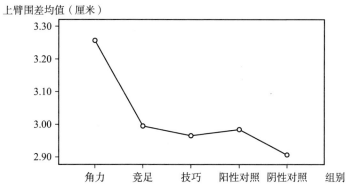

图 4 - 58　实验后七年级男生上臂围差均值分布图

胸围均值（厘米）

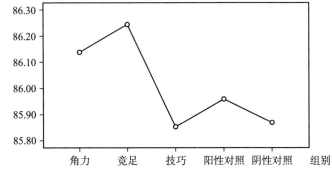

图 4 – 59　实验后七年级男生胸围均值分布图

呼吸差均值（厘米）

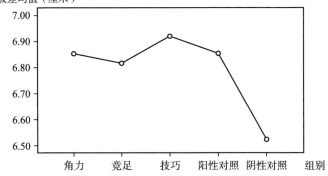

图 4 – 60　实验后七年级男生呼吸差均值分布图

腰围均值（厘米）

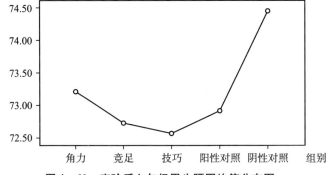

图 4 – 61　实验后七年级男生腰围均值分布图

臀围均值（厘米）

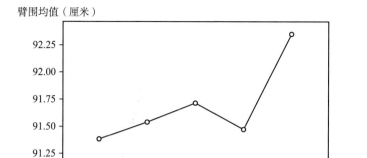

图 4 - 62　实验后七年级男生臀围均值分布图

肩宽均值（厘米）

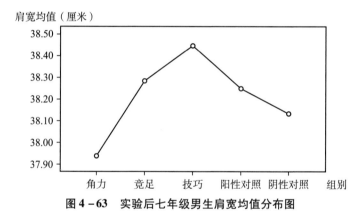

图 4 - 63　实验后七年级男生肩宽均值分布图

骨盆宽均值（厘米）

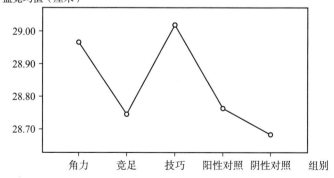

图 4 - 64　实验后七年级男生骨盆宽均值分布图

117

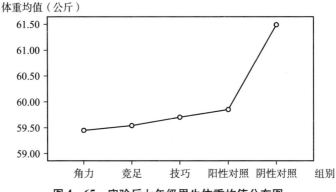

图 4 - 65　实验后七年级男生体重均值分布图

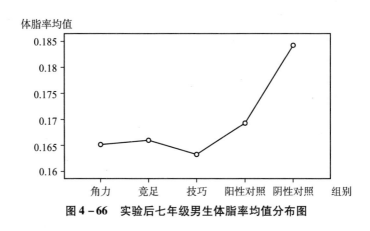

图 4 - 66　实验后七年级男生体脂率均值分布图

4.1.4　民俗体育运动对七年级女生身体形态的健身功效

4.1.4.1　实验前七年级女生身体形态测验结果

民俗体育实验进行前，七年级女生身体形态各项指标测验、方差齐性检验及方差分析结果如表 4 - 22 所示。

由表 4 - 22 可以发现：

（1）实验前七年级女生身体形态各项指标方差齐性检验显著性概率均大于 0.05，应接受方差齐性的原假设，表明各样本所属总体的方差无显著性差异。

表4-22　　实验前七年级女生身体形态测验、方差齐性检验及
方差分析结果（N=40）

指标	角力 M±SD	竞足 M±SD	技巧 M±SD	阳性对照 M±SD	阴性对照 M±SD	方差齐 性检验	显著性 概率
身高 （厘米）	161.0±3.0	161.2±3.4	160.9±3.8	161.3±3.2	161.1±3.3	0.744	0.990
坐高 （厘米）	86.9±2.7	86.8±3.1	87.0±3.4	87.0±2.9	86.8±3.0	0.802	0.997
上臂围差 （厘米）	2.2±0.4	2.2±0.5	2.2±0.4	2.2±0.5	2.2±0.4	0.504	0.939
胸围 （厘米）	81.8±2.5	82.3±2.8	82.0±2.9	82.0±2.4	82.1±2.6	0.714	0.941
呼吸差 （厘米）	5.9±0.5	5.9±0.4	5.9±0.4	6.0±0.4	5.9±0.3	0.134	0.760
腰围 （厘米）	65.3±1.9	64.7±1.6	64.7±1.6	64.8±1.6	65.3±1.9	0.696	0.259
臀围 （厘米）	88.1±2.0	87.9±1.5	88.1±1.9	88.0±1.9	88.3±2.0	0.953	0.904
肩宽 （厘米）	35.5±1.2	35.6±1.4	35.7±1.8	35.4±1.2	35.4±1.4	0.234	0.831
骨盆宽 （厘米）	29.1±1.2	29.2±1.2	29.0±1.5	29.1±1.4	29.3±1.5	0.537	0.945
体重 （公斤）	53.8±2.7	53.6±2.8	54.1±2.8	54.5±3.1	54.2±2.5	0.967	0.690
体脂率	0.229±0.02	0.222±0.02	0.228±0.02	0.232±0.02	0.234±0.02	0.427	0.106

（2）实验前七年级女生各个组别身高的测验平均值分别为161.0厘米、161.2厘米、160.9厘米、161.3厘米、161.1厘米，方差分析显著性概率 P=0.744>0.05，表明在民俗体育实验进行前，七年级女生各个组别身高均值之间均没有显著性差异。

（3）实验前七年级女生各个组别坐高的测验平均值分别为86.9厘米、86.8厘米、87.0厘米、87.0厘米、86.8厘米，方差分析显著性概率 P=0.997>0.05，表明在民俗体育实验进行前，七年级女生各个组

别坐高均值之间均没有显著性差异。

（4）实验前七年级女生各个组别上臂围差的测验平均值分别为2.2厘米、2.2厘米、2.2厘米、2.2厘米、2.2厘米，方差分析显著性概率P＝0.939＞0.05，表明在民俗体育实验进行前，七年级女生各个组别上臂围差均值之间均没有显著性差异。

（5）实验前七年级女生各个组别胸围的测验平均值分别为81.8厘米、82.3厘米、82.0厘米、82.0厘米、82.1厘米，方差分析显著性概率P＝0.941＞0.05，表明在民俗体育实验进行前，七年级女生各个组别胸围均值之间均没有显著性差异。

（6）实验前七年级女生各个组别呼吸差的测验平均值分别为5.9厘米、5.9厘米、5.9厘米、6.0厘米、5.9厘米，方差分析显著性概率P＝0.760＞0.05，表明在民俗体育实验进行前，七年级女生各个组别呼吸差均值之间均没有显著性差异。

（7）实验前七年级女生各个组别腰围测验的平均值分别为65.3厘米、64.7厘米、64.7厘米、64.8厘米、65.3厘米，方差分析显著性概率P＝0.259＞0.05，表明在民俗体育实验进行前，七年级女生腰围各个组别均值之间均没有显著性差异。

（8）实验前七年级女生各个组别臀围测验的平均值分别为88.1厘米、87.9厘米、88.1厘米、88.0厘米、88.3厘米，方差分析显著性概率P＝0.904＞0.05，表明在民俗体育实验进行前，七年级女生臀围各个组别均值之间均没有显著性差异。

（9）实验前七年级女生各个组别肩宽测验的平均值分别为35.5厘米、35.6厘米、35.7厘米、35.4厘米、35.4厘米，方差分析显著性概率P＝0.831＞0.05，表明在民俗体育实验进行前，七年级女生肩宽各个组别均值之间均没有显著性差异。

（10）实验前七年级女生各个组别骨盆宽测验的平均值分别为29.1厘米、29.2厘米、29.0厘米、29.1厘米、29.3厘米，方差分析显著性概率P＝0.945＞0.05，表明在民俗体育实验进行前，七年级女生骨盆宽各个组别均值之间均没有显著性差异。

（11）实验前七年级女生各个组别体重测验的平均值分别为53.8公斤、53.6公斤、54.1公斤、54.5公斤、54.2公斤，方差分析显著性概率P＝0.690＞0.05，表明在民俗体育实验进行前，七年级女生体重各个组别均值之间均没有显著性差异。

（12）实验前七年级女生各个组别体脂率测验的平均值分别为 0.229、0.222、0.228、0.232、0.234，方差分析显著性概率 P = 0.106 > 0.05，表明在民俗体育实验进行前，七年级女生体脂率各个组别均值之间均没有显著性差异。

4.1.4.2　实验前七年级女生身体形态指标均值分布图

图 4 – 67 ~ 图 4 – 77 为实验前七年级女生身体形态各项指标均数分布图，图中各点表示各种锻炼方案对应数据的均值大小。

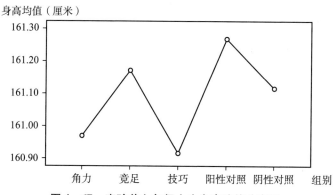

图 4 – 67　实验前七年级女生身高均值分布图

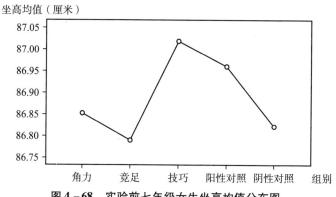

图 4 – 68　实验前七年级女生坐高均值分布图

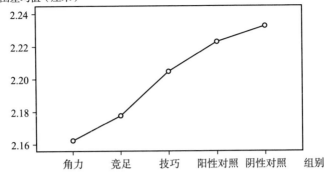

图 4 - 69　实验前七年级女生上臂围差均值分布图

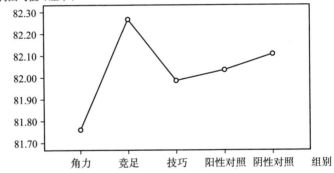

图 4 - 70　实验前七年级女生胸围均值分布图

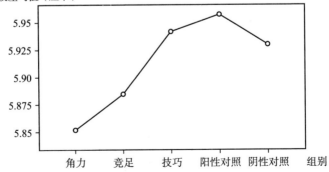

图 4 - 71　实验前七年级女生呼吸差均值分布图

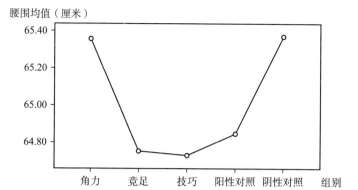

图 4 - 72　实验前七年级女生腰围均值分布图

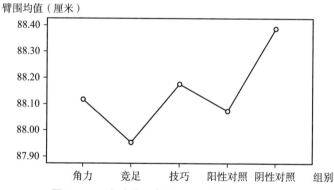

图 4 - 73　实验前七年级女生臀围均值分布图

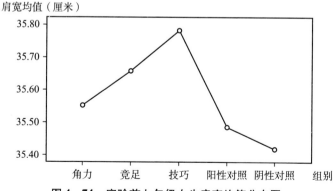

图 4 - 74　实验前七年级女生肩宽均值分布图

123

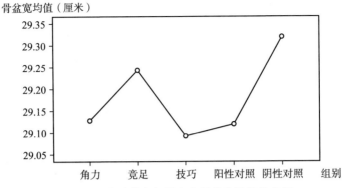

图4-75　实验前七年级女生骨盆宽均值分布图

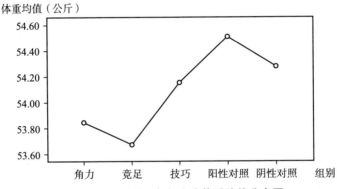

图4-76　实验前七年级女生体重均值分布图

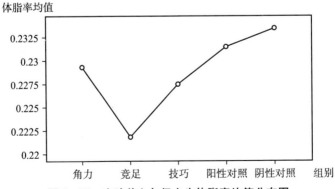

图4-77　实验前七年级女生体脂率均值分布图

4. 1. 4. 3　实验后七年级女生身体形态测验结果

民俗体育健身实验进行后，七年级女生身体形态各项指标测验、方差齐性检验及方差分析结果如表 4 – 23 所示。

表 4 – 23　　实验后七年级女生身体形态测验、方差齐性检验及
方差分析结果（N = 40）

指标	角力 M ± SD	竞足 M ± SD	技巧 M ± SD	阳性对照 M ± SD	阴性对照 M ± SD	方差齐性检验	显著性概率
身高（厘米）	162.3 ± 3.0	162.6 ± 3.4	162.3 ± 3.7	162.5 ± 3.1	162.3 ± 3.2	0.749	0.996
坐高（厘米）	87.6 ± 2.7	87.5 ± 3.1	87.7 ± 3.4	87.7 ± 2.9	87.5 ± 3.0	0.790	0.996
上臂围差（厘米）	2.6 ± 0.5	2.3 ± 0.5	2.3 ± 0.5	2.2 ± 0.4	2.1 ± 0.4	0.645	0.000
胸围（厘米）	82.3 ± 2.5	82.9 ± 2.7	82.6 ± 2.9	82.6 ± 2.4	82.8 ± 2.6	0.682	0.888
呼吸差（厘米）	6.5 ± 0.5	6.4 ± 0.5	6.5 ± 0.4	6.4 ± 0.4	6.1 ± 0.4	0.541	0.000
腰围（厘米）	65.2 ± 1.8	64.8 ± 1.5	64.6 ± 1.6	64.8 ± 1.7	66.5 ± 1.9	0.694	0.000
臀围（厘米）	88.3 ± 2.0	88.1 ± 1.9	88.4 ± 1.9	88.4 ± 1.9	88.9 ± 2.0	0.960	0.474
肩宽（厘米）	35.8 ± 1.2	35.9 ± 1.4	36.0 ± 1.8	35.8 ± 1.2	35.6 ± 1.4	0.239	0.713
骨盆宽（厘米）	29.4 ± 1.2	29.6 ± 1.2	29.4 ± 1.5	29.4 ± 1.5	29.5 ± 1.5	0.531	0.986
体重（公斤）	54.2 ± 2.7	54.4 ± 2.8	54.5 ± 2.7	54.8 ± 3.0	56.6 ± 2.5	0.966	0.000
体脂率	0.228 ± 0.02	0.221 ± 0.02	0.226 ± 0.02	0.230 ± 0.02	0.242 ± 0.02	0.320	0.000

由表 4 – 23 可以发现：

（1）实验后七年级女生身体形态各项指标方差齐性检验显著性概

率均大于 0.05, 应接受方差齐性的原假设, 表明各样本所属总体的方差无显著性差异。

（2）实验后七年级女生各个组别身高的测验平均值分别为 162.3 厘米、162.6 厘米、162.3 厘米、162.5 厘米、162.3 厘米, 方差分析显著性概率 P = 0.996 > 0.05, 表明在民俗体育健身实验进行后, 七年级女生各个组别身高均值之间均没有显著性差异。

（3）实验后七年级女生各个组别坐高的测验平均值分别为 87.6 厘米、87.5 厘米、87.7 厘米、87.7 厘米、87.5 厘米, 方差分析显著性概率 P = 0.996 > 0.05, 表明在民俗体育健身实验进行后, 七年级女生各个组别坐高均值之间均没有显著性差异。

（4）实验后七年级女生各个组别上臂围差的测验平均值分别为 2.6 厘米、2.3 厘米、2.3 厘米、2.2 厘米、2.1 厘米, 方差分析显著性概率 P = 0.000 < 0.01, 表明在民俗体育健身实验进行后, 七年级女生各个组别上臂围差均值之间存在显著性差异, 需要采用多重比较法对每对均值之间的差异进行比较, 以进一步分析哪一对均值之间有显著性差异, 哪一对均值之间无显著性差异。均值多重比较检验结果如表 4 - 24 所示。

表 4 - 24　　　　实验后七年级女生各组上臂围差均值多重比较
检验结果（Tukey HSD）

组别	竞足		技巧		阳性对照		阴性对照	
	均差	显著性	均差	显著性	均差	显著性	均差	显著性
角力	0.33 *	0.014	0.30 *	0.035	0.43 **	0.000	0.47 **	0.000
竞足			- 0.03	0.998	0.10	0.858	0.14	0.671
技巧					0.14	0.687	0.17	0.469
阳性对照							0.04	0.997

比较结果显示: 角力组和竞足组、角力组和技巧组、角力组和阳性对照组、角力组和阴性对照组均值间均有显著性差异。其中角力组和阳性对照组、角力组和阴性对照组具有极显著性差异（P < 0.01）。

（5）实验后七年级女生各个组别胸围的测验平均值分别为 82.3 厘米、82.9 厘米、82.6 厘米、82.6 厘米、82.8 厘米, 方差分析显著性概率 P = 0.888 > 0.05, 表明在民俗体育健身实验进行后, 七年级女生各个组别胸围均值之间均没有显著性差异。

（6）实验后七年级女生各个组别呼吸差的测验平均值分别为6.5厘米、6.4厘米、6.5厘米、6.4厘米、6.1厘米，方差分析显著性概率 P = 0.000 < 0.01，表明在民俗体育健身实验进行后，七年级女生各个组别呼吸差均值之间存在显著性差异，需要采用多重比较法对每对均值之间的差异进行比较，以进一步分析哪一对均值之间有显著性差异，哪一对均值之间无显著性差异。均值多重比较检验结果如表4-25所示。

表4-25　　实验后七年级女生各组别呼吸差均值多重比较
检验结果（Tukey HSD）

组别	竞足		技巧		阳性对照		阴性对照	
	均差	显著性	均差	显著性	均差	显著性	均差	显著性
角力	0.07	0.943	0.01	1.000	0.05	0.990	0.39**	0.001
竞足			-0.07	0.961	-0.03	0.999	0.32**	0.009
技巧					0.04	0.995	0.39**	0.001
阳性对照							0.35**	0.003

比较结果显示角力组和阴性对照组、竞足组和阴性对照组、技巧组和阴性对照组、阳性对照组和阴性对照组有极显著性差异（P<0.01）。

（7）实验后七年级女生各个组别腰围的测验平均值分别为65.2厘米、64.8厘米、64.6厘米、64.8厘米、66.5厘米，方差分析显著性概率 P = 0.000 < 0.01，表明在民俗体育健身实验进行后，七年级女生腰围各个组别均值之间存在显著性差异。采用多重比较法对七年级女生腰围每对均值之间的差异进行比较检验的结果如表4-26所示。

表4-26　　实验后七年级女生腰围各组均值多重比较
检验结果（Tukey HSD）

组别	竞足		技巧		阳性对照		阴性对照	
	均差	显著性	均差	显著性	均差	显著性	均差	显著性
角力	0.43	0.806	0.57	0.578	0.38	0.867	-1.30**	0.009
竞足			0.14	0.996	-0.05	1.000	-1.73**	0.000

组别	竞足		技巧		阳性对照		阴性对照	
	均差	显著性	均差	显著性	均差	显著性	均差	显著性
技巧					−0.19	0.987	−1.88**	0.000
阳性对照							−1.68**	0.000

比较检验结果显示：角力组与阴性对照组、竞足组与阴性对照组、技巧组与阴性对照组、阳性对照组与阴性对照组均值间均有极显著性差异（$P < 0.01$）。

（8）实验后七年级女生各个组别臀围的测验平均值分别为88.3厘米、88.1厘米、88.4厘米、88.4厘米、88.9厘米，方差分析显著性概率 $P = 0.474 > 0.05$，表明在民俗体育健身实验进行后，七年级女生臀围各个组别均值之间均没有显著性差异。

（9）实验后七年级女生各个组别肩宽的测验平均值分别为35.8厘米、35.9厘米、36.0厘米、35.8厘米、35.6厘米，方差分析显著性概率 $P = 0.713 > 0.05$，表明在民俗体育健身实验进行后，七年级女生肩宽各个组别均值之间均没有显著性差异。

（10）实验后七年级女生各个组别骨盆宽的测验平均值分别为29.4厘米、29.6厘米、29.4厘米、29.4厘米、29.5厘米，方差分析显著性概率 $P = 0.986 > 0.05$，表明在民俗体育健身实验进行后，七年级女生骨盆宽各个组别均值之间均没有显著性差异。

（11）实验后七年级女生各个组别体重的测验平均值分别为54.2公斤、54.0公斤、54.5公斤、54.8公斤、56.6公斤，方差分析显著性概率 $P = 0.000 < 0.01$，表明在民俗体育健身实验进行后，七年级女生体重各个组别均值之间存在极显著性差异，需要采用多重比较法对每对均值之间的差异进行比较，其比较检验结果如表4-27所示。

表4-27　　　实验后七年级女生体重各组均值多重比较
检验结果（Tukey HSD）

组别	竞足		技巧		阳性对照		阴性对照	
	均差	显著性	均差	显著性	均差	显著性	均差	显著性
角力	0.25	0.994	−0.26	0.993	−0.56	0.895	−2.33**	0.002

组别	竞足		技巧		阳性对照		阴性对照	
	均差	显著性	均差	显著性	均差	显著性	均差	显著性
竞足			-0.52	0.921	-0.82	0.686	-2.58 **	0.001
技巧					-0.30	0.989	-2.06 *	0.011
阳性对照							-1.76 *	0.043

比较检验结果显示：角力组与阴性对照组、竞足组与阴性对照组、技巧组与阴性对照组、阳性对照组与阴性对照组均值间均有显著性差异，其中角力组和竞足组与阴性对照组间具有极显著性差异（P < 0.01）。

（12）实验后七年级女生各个组别体脂率的测验平均值分别为 0.228、0.221、0.226、0.230、0.242，方差分析显著性概率 P = 0.000 < 0.01，表明在民俗体育健身实验进行后，七年级女生体脂率各个组别均值之间存在显著性差异，需要采用多重比较法对每对均值之间的差异进行比较，其比较检验结果如表 4 - 28 所示。

表 4 - 28　　　实验后七年级女生体脂率各组均值多重比较
检验结果（Tukey HSD）

组别	竞足		技巧		阳性对照		阴性对照	
	均差	显著性	均差	显著性	均差	显著性	均差	显著性
角力	0.007	0.525	0.002	0.999	-0.002	0.987	-0.015 *	0.010
竞足			-0.006	0.703	-0.009	0.241	-0.021 **	0.000
技巧					-0.004	0.936	-0.016 **	0.004
阳性对照							-0.012 *	0.046

比较检验结果显示：角力组与阴性对照组、竞足组与阴性对照组、技巧组与阴性对照组、阳性对照组与阴性对照组均值间均有显著性差异（P < 0.05），其中竞足组和技巧对照组与阴性对照组间具有极显著性差异（P < 0.01）。

4.1.4.4　实验后七年级女生身体形态指标均值分布图

图 4 - 78 ~ 图 4 - 88 为实验后七年级女生身体形态各项指标均数分

129

布图，图中各点表示各种锻炼方案对应数据的均值大小。

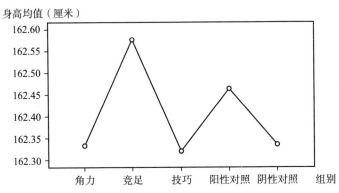

图4-78　实验后七年级女生身高均值分布图

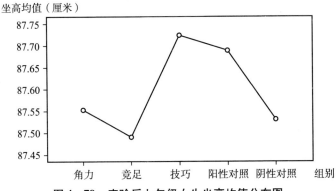

图4-79　实验后七年级女生坐高均值分布图

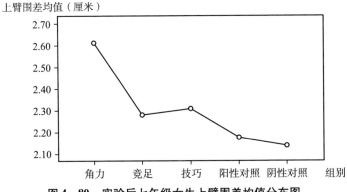

图4-80　实验后七年级女生上臂围差均值分布图

胸围均值（厘米）

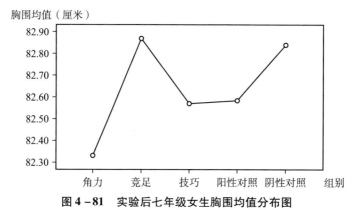

图 4－81　实验后七年级女生胸围均值分布图

呼吸差均值（厘米）

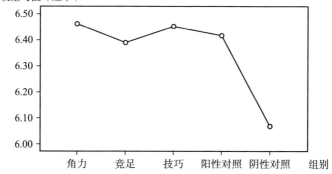

图 4－82　实验后七年级女生呼吸差均值分布图

腰围均值（厘米）

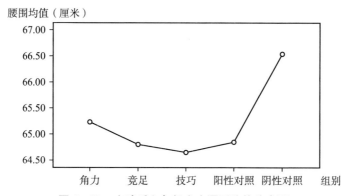

图 4－83　实验后七年级女生腰围均值分布图

131

臀围均值（厘米）

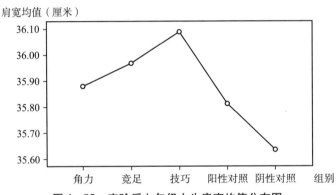

图 4 - 84　实验后七年级女生臀围均值分布图

肩宽均值（厘米）

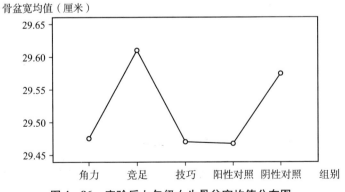

图 4 - 85　实验后七年级女生肩宽均值分布图

骨盆宽均值（厘米）

图 4 - 86　实验后七年级女生骨盆宽均值分布图

体重均值（公斤）

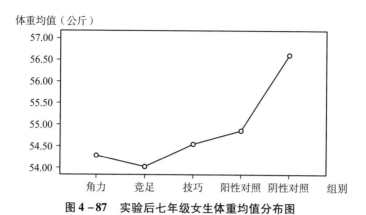

图4-87 实验后七年级女生体重均值分布图

体脂率均值

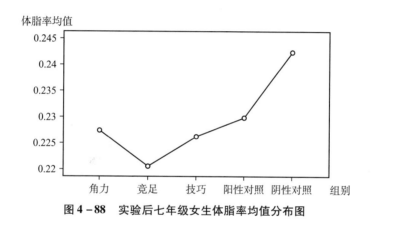

图4-88 实验后七年级女生体脂率均值分布图

4.1.5 分析与讨论

4.1.5.1 民俗体育运动对中小学生身高的影响分析

身高是人体形态的重要指标之一，受到遗传因素和后天因素的双重影响。在后天因素中体育运动对身高的影响是毋庸置疑的。从民俗体育运动的项目设置中我们可以发现，每个项目都需要身体的各个部位参加运动，需要上下肢协调配合，从而达到运动健身的目的，这和其他的体育运动形式的作用是一致的，但民俗体育运动的项目更加富有趣味性，更容易引起中小学生的参与兴趣。根据人体生长发育的特点，在10岁以后人体进入生长发育的第二高峰，身材增高，进入青春快速增长期。

在这一阶段，中小学生生长发育程度的好坏，对成年后体格健壮与否和体形是否匀称具有极其重要的影响。从生物学的角度来看，在从事民俗体育运动的过程中所进行的各种身体练习，都是外界环境对人机体所附加的刺激，这种刺激使人机体产生生物学适应。在适应过程中，人的机体会产生直接反应和代偿性反应，例如，在练习过程中和练习结束后人体心率和呼吸频率加快，血压升高，人机体内物质代谢过程加快，血液的化学成分发生变化，等等。体育锻炼使人机体产生适应性反应，使其对锻炼负荷产生适应。这种适应的结果是使人机体各器官系统的功能和形态得到一定改善和提高，例如全身血液循环加快，肌肉和骨骼系统的营养得到改善，从而促进骨骼的生长。在本书的研究中，由于时间较短，角力组、竞足组、技巧组、阳性对照组和阴性对照组在身高方面没有出现显著性的差异，但从研究结果来看身高有一定的增长趋势，可以相信经过长期参加民俗体育运动的锻炼，对于提高中小学生的身高是有积极作用的（见图4-89）。

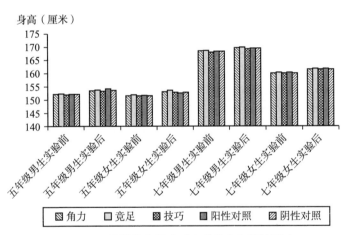

图4-89 民俗体育运动对中小学生身高的影响

4.1.5.2 民俗体育运动对中小学生坐高的影响分析

坐高是反映人身体形态结构与生长发育水平的指标之一，是指人体取正位坐姿时头和躯干的长度。坐高的测量方法是：坐在高度适当的板凳上，头部和背部紧靠身后的垂直板面，眼睛平视，两耳处于水平面，小腿与大腿成直角，测量头部最高点到板凳水平面的垂直距离。坐高主要反映人体脊柱生长发育状况以及躯干和下肢的比例关系。脊柱是人体躯干的主要承重部分，是人体的中轴，具有支持躯干、保护内脏、保护脊髓和进行运动的功能。在民俗体育运动的技巧中的"拿大顶""蝎子爬"等项目中人体脊柱始终处于屈直、伸展、旋转等全面、整体运动之中，使全身上下协调一致，使躯干部位的肌肉与韧带在运动过程中得到锻炼与发展，逐渐达到强身健体的作用，提高自身的柔韧性和保护能力。在本书研究的过程中学生的各个年级男女坐高坐高指数实验前后虽然有增加迹象，但由于实验持续时间较短没有表现出显著性差异（见图4–90）。

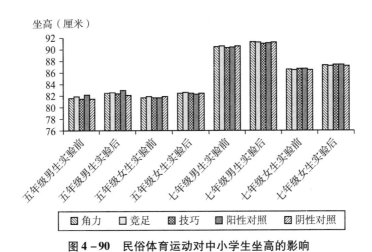

图 4–90　民俗体育运动对中小学生坐高的影响

4.1.5.3　民俗体育运动对中小学生上臂围差的影响分析

上臂围差的测量方法是：先测量上臂肱二头肌紧张时最高点的围度，再测量肱二头肌放松时的围度，二者之差称为臂围差，上臂肌肉越发达，收缩与放松时围度差就越大。上臂围差主要是反映人体的上肢发育程度和上肢力量大小的主要指标之一。在民俗体育运动试验中，小学组和中学组在体育课中所参加的项目有拔河、倒拉牛、拉棍等十几个项目。这些项目主要是通过学生的上肢用力或上肢配合用力来完成。以拔河为例：现在一般的拔河方法是，在地上画两条平行的直线为河界，由人数相等的两队在河界两侧各执绳索的一端，比赛开始后，双方都用力拉绳，以将对方拉出河界为胜。而且拔河的场地要求不高，只要有宽 5

米以上，长 20 米左右的一块平坦土地，就可进行比赛。在比赛过程中，身体的绝对重量虽然重要，但是参赛选手的上肢和下肢爆发力和力量耐力也有着极其重要的作用。经过试验后，五年级男生角力组和竞足组、角力组和技巧组、角力组和阳性对照组、角力组和阴性对照组均值间均有显著性差异。其中角力组和阴性对照组具有极显著性差异；五年级女生角力组和竞足组、角力组和技巧组、角力组和阳性对照组、角力组和阴性对照组均值间均有极显著性差异；七年级男生角力组和竞足组、角力组和技巧组、角力组和阳性对照组均值间均有显著性差异。其中角力组和阴性对照组具有极显著性差异；七年级女生角力组和竞足组、角力组和技巧组、角力组和阳性对照组、角力组和阴性对照组均值间均有显著性差异。其中角力组和阳性对照组、角力组和阴性对照组具有极显著性差异。从以上结果中可以看出，民俗体育运动中角力项目可以有效地发展中小学生的上肢力量（见图 4 - 91）。

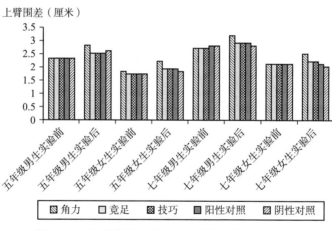

图 4 - 91　民俗体育运动对中小学生上臂围差的影响

4.1.5.4　民俗体育运动对中小学生胸围的影响分析

胸围的大小反映着人体胸腔的维度和躯干上部肌肉的发育程度，对于胸腔内人体器官的发育和功能有着重要的意义。胸围的大小随着生长发育的水平不断增长、提高，是评价人体体质与健康状况的重要依据之一。中小学阶段是人体发育的高峰期，在胸腔的心脏和肺进一步发育和完善自身的功能。胸围的大小与肺活量大小及胸廓肌肉群发育程度有着必然直接的关系，民俗体育角力项目中的"拔河""倒拉牛"等项目要求学生在用力时适当地进行憋气，长期进行这些项目的锻炼可以有效地发展学生的肺活量和躯干肌肉。在本课题的研究中，由于实验阶段持续时间较短，角力组、竞足组、技巧组、阳性对照组和阴性对照组在胸围方面没有出现显著性的差异，但从研究结果来看胸围有一定的增长趋势，可以相信经过长期参加民俗体育运动的锻炼，对于提高中小学生的胸围是有积极作用的（见图 4-92）。

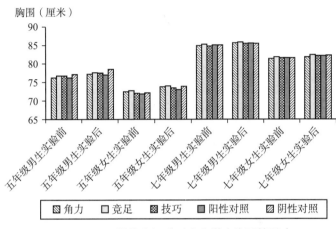

图 4-92　民俗体育运动对中小学生胸围的影响

4.1.5.5　民俗体育运动对中小学生呼吸差的影响分析

最大吸气和最大呼气时胸围之差成为呼吸差。呼吸差在一定程度上反映呼吸器官的发育状况、呼吸肌肌力、胸廓活动范围以及肺组织的弹性。运动时身体表现为呼吸加深加快，肺通气量增加。潮气量可从安静时的 500 毫升上升到 2000 毫升以上，呼吸频率也随着运动强度而增加、可由 12～18 次/分钟增加到 40～60 次/分钟。结合潮气量与呼吸频率的变化，运动时可从安静时的每分钟 6～8 升增加到 80～150 升，较安静时可增大 10～12 倍。在民俗体育实验的过程中，合理的呼吸，有利于保持人体内环境的基本恒定，有利于提高锻炼效果和充分发挥人体的机能能力。例如在"拿大顶"项目中，利用腹式呼吸，可有效地固定肩关节肌肉，从而不会影响动作的稳定性，可以进行较长时间倒立练习，这样既有利于锻炼上肢肌肉，又有利于发展中小学生一定的憋气能力。

在本书试验中五年级男生角力组和阴性对照组、技巧组合阴性对照组、阳性对照组和阴性对照组有显著性差异。其中竞足组和阴性对照组具有极显著性差异；五年级女生阳性对照组和阴性对照组有显著性差异，角力组和阴性对照组、竞足组和阴性对照组、技巧组和阴性对照组均值间均有极显著性差异；七年级男生角力组和阴性对照组、竞足组和阴性对照组、技巧组和阴性对照组、阳性对照组和阴性对照组有显著性差异；七年级女生角力组和阴性对照组、竞足组和阴性对照组、技巧组和阴性对照组、阳性对照组和阴性对照组有极显著性差异（见图4-93）。

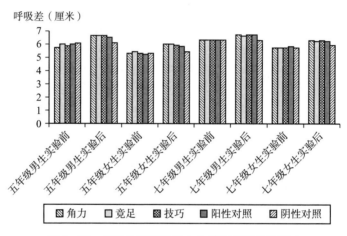

图4-93 民俗体育运动对中小学生呼吸差的影响

4.1.5.6 民俗体育运动对中小学生腰围的影响分析

腰围是腰部周围的长度，是反映脂肪总量和脂肪分布的综合指标。腰围是身体健康的晴雨表，人们很关注体重，其实更应该关注腰围。

通过本实验的研究结果发现，中小学生的腰围实验前后均有极显著性差异。通过多重比较分析，五年级男生其他各组与阴性对照组间均具有显著性差异。五年级女生角力、竞足、阳性对照与阴性对照组有显著性差异，技巧组与阴性对照组有极显著性差异。七年级男生和女生各组与阴性对照组均有极显著性差异。从图4-94可以看出，经过一段时间的民俗体育运动之后，中小学生在实验后腰围都有一定程度的增长，而阴性对照组增长的幅度最大。民俗体育运动可以促进体内脂肪的消耗，从而有效降低体脂率，尤其是堆积在腰臀部位的脂肪量会有所减少。例如角力类的斗拐、拔河；竞足类的滚铁环、踢毽子；技巧类的跳皮筋、网鱼等项目，由于这些民俗体育项目具有极强的趣味性，所以中小学生都非常喜欢参与，适宜的运动负荷和运动量可以促使体内脂肪供能，从而大量消耗体脂率。本实验中小学生在经过一段时间的民俗体育运动之后，五年级学生腰围略有增长，五年级男生角力组、竞足组、技巧组和阳性对照组实验后较实验前分别增长 0.3 厘米、0.3 厘米、0.3 厘米、0.5 厘米，而五年级女生则分别增长 0.3 厘米、0.3 厘米、0.2 厘米、0.3 厘米，考虑到五年级学生为 11～12 岁，他们正处于身体发育最快的年龄阶段，原因可能是正常的生长发育造成的，我们也发现五年级学生阴性对照组男、女生实验后较实验前都增长了 4.3 厘米，与其他组别有极显著性差异，原因是阴性对照组不参加体育活动，营养过剩，体重增长过快，导致腰围增加明显。本实验中七年级学生除阴性对照组之外的组别实验后的腰围略有减少或者增长幅度很小，而阴性对照组男、女生分别增长 1.1 厘米、1.2 厘米，与其他组别有极显著性差异。从实验结果可以看出，民俗体育运动可以使中小学生的腰围向着更合理的方向发展，使中小学生的形体向更匀称的方向发展。和其他组别相比，没有参加民俗体育运动和其他形式运动的阴性对照组腰围的增长幅度大，体重增长过快，体脂率高，易形成肥胖。

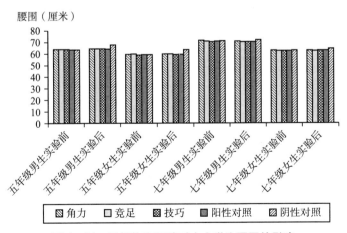

图 4－94　民俗体育运动对中小学生腰围的影响

4.1.5.7 民俗体育运动对中小学生臀围的影响分析

臀围是指臀部向后最突出部位的水平围长，它反映了髋部骨骼和肌肉的发育情况。测量时，两腿并拢直立，两臂自然下垂，皮尺水平放在前面的耻骨联合和背后臀大肌最凸处。为了确保准确性，测量"臀围"时，一是要在横切面上，二是要在锻炼前进行。同时要注意每次测量的时间和部位相同，测量时不要把皮尺拉得太紧或太松，力求仔细、准确。

本实验我们可以发现，实验组中小学生经过一段时间的民俗体育运动参与后与阴性对照组均没有显著性差异，如图 4-95 所示。我们可以看出实验后中小学生臀围有一定的增长，五年级学生实验后较实验前有 0.3~0.5 厘米的增长，七年级学生实验后较实验前有 0.2~0.4 厘米的增长，均没有显著性差异。原因可能是中小学生正常的生长发育造成的，且本次实验相对周期较短。我们相信，经过长时间的民俗体育运动对中小学生的臀围会有积极的影响，会使他们的腰臀比向着更加标准的区间发展，可以更加完美地塑造他们的形体。

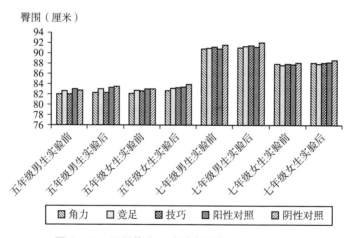

图 4-95　民俗体育运动对中小学生臀围的影响

4.1.5.8 民俗体育运动对中小学生肩宽的影响分析

肩宽是指左、右肩峰点之间的直线距离，它反映了人体的横向发育水平。受试者两腿分开与肩同宽，自然站立，两肩放松。测试人员站在受试者背面，先用两食指沿肩胛骨向外摸到肩峰外侧缘中点即肩峰点，再用测径器测量两肩峰点间的距离读数。

如图 4 – 96 所示，在本实验中各组间没有出现显著性差异。主要原因是，肩宽作为反映人体横向发育水平的重要指标受遗传和后天锻炼因素影响，人体的横向发育本身就比较缓慢，而且我们实验的周期相对于横向发育周期又较短，所以出现了以上情况。但是我们仍然能从实验后均值看出同学们在实验后肩宽有了 0.4 厘米左右的增长，这种情况与中小学生自身的正常生长发育有一定的关系。虽然如此，相信经过长时间的民俗体育锻炼，会对学生们的身体横向的发育产生积极的作用。

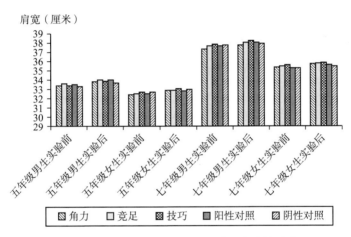

图 4 – 96　民俗体育运动对中小学生肩宽的影响

4.1.5.9　民俗体育运动对中小学生骨盆宽的影响分析

如图 4 – 97 所示，民俗体育实验前后中小学生骨盆宽没有显著性差异。正如上面所分析的肩宽和臀围一样，由于此实验相对周期较短，不论是骨盆宽还是臀围生长周期较长，随着年龄的增长它们增长也相对较缓慢，所以本实验中骨盆宽和臀围都没有出现显著性差异实属正常。但是我们也应该看到，考虑中小学生的正常生长发育之外，通过民俗体育运动的参与，中小学生们的骨盆宽也有些许增长。就像其他的运动形式一样，体育运动包括民俗体育都应该对中小学生的身体形态的生长发育具有一定的促进作用,相信只要是坚持运动,中小学生的身体会向着更加匀称、完美的方向发展。

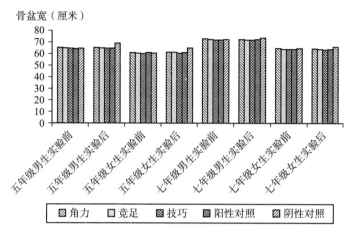

骨盆宽(厘米)

图4－97　民俗体育运动对中小学生骨盆宽的影响

142

4.1.5.10　民俗体育运动对中小学生体重的影响分析

体重为裸体或穿着已知重量的工作衣称量得到的身体重量。体重增长除与骨的增长关系密切以外,还与肌肉,脂肪等的增长有关系。体重增长趋势:在青春期,肌肉的发育比较突出。当身高迅速增长时,肌肉以增加长度为主而明显增长;身高生长缓慢下来时,肌肉以增粗肌纤维为主而明显增长,于是体重随之增加。如图4－98所示,实验前后中小学生体重具有极显著性差异。通过多重比较分析发现五年级男生技巧组与阴性对照组间有极显著差异,五年级女生角力组和阳性对照组与阴性对照组间有极显著差异,七年级女生角力组和竞足组与阴性对照组间有极显著性差异。实验后体重增长的原因有中小学生正常的身体发育,民俗体育运动消耗了学生体内的脂肪,肌肉以增长长度为主,有效地控制了同学们体重的增长。从图中我们可以看出,阴性对照组体重的增长幅度更为明显,因为他们不参加任何形式的运动,导致体内脂肪含量增加,肌肉以增粗肌纤维为主。通过实验前后对比发现,五年级男、女生和七年级男、女生阴性对照组实验后体重分别增长了3.5公斤、4.5公斤、2.1公斤和2.4公斤,这说明没有参加任何体育活动的阴性对照组体重出现了大幅度的增长，由于长时间不运动，导致体内脂肪堆积，体重增加。而阳性对照组体重也分别增加了0.6公斤、0.6公斤、0.4公斤和0.3公斤，与角力、竞足、技巧组相比较也相对较多。由于参加民俗体育运动的实验相对来说比较固定，所以可以相对稳定的对中小学生身体形态产生影响，而阳性对照组参加其他的运动项目，没有一个合理健身的安排，所以对体重的影响相对较小。而参加民俗体育运动的实验组，在实验后均值增长一般在0.4公斤，增长幅度较小，很好地控制了处在身体发育高速发展阶段的中小学生的体重的增长，是同学们形体向更匀称的方向发展，凸显了民俗体育运动对中小学生身体形态的健身功效。

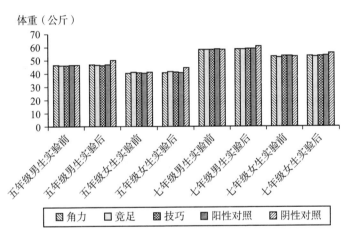

图4-98　民俗体育运动对中小学生体重的影响

4.1.5.11　民俗体育运动对中小学生体脂率的影响

体脂率是指人体内脂肪重量在人体总体重中所占的比例，又称体脂百分数，它反映人体内脂肪含量的多少。正常成年人的体脂率分别是男性15%～18%和女性25%～28%。体脂率应保持在正常范围。若体脂率过高，体重超过正常值的20%以上就可视为肥胖。肥胖则表明运动不足、营养过剩或有某种内分泌系统的疾病，而且常会并发高血压、高脂血症、动脉硬化、冠心病、糖尿病、胆囊炎等病症；若体脂率过低，低于体脂含量的安全下限，即男性5%，女性13%～15%，则可能引起功能失调。

如图4-99所示，民俗体育实验后中小学生体脂率有显著性差异。其中五年级男生竞足组和技巧组与阴性对照间有极显著性差异，五年级女生角力组和阳性对照组与阴性对照组间有极显著性差异，七年级男生角力组、竞足组和技巧组与阴性对照组间均有极显著性差异，七年级女生竞足组和技巧组与阴性对照组间有极显著性差异。这说明一段时间的民俗体育运动参与起到了效果，阴性对照组学生的体脂率不降反升。运动之后，体内消耗了大量的脂肪，使体内的脂肪百分比相应减少，从而导致体脂率的下降。阴性对照组的同学们没有参加运动，所以脂肪堆积就会增多，从而导致体重增长过快。从这里我们可以看出适宜的运动负荷和运动量可以有效降低体脂率，控制体内脂肪总量。民俗体育运动大多是非常有趣的有氧运动，比如跳绳、踢毽子、跳房子、斗拐、拔河等等，通过一段时间的锻炼，可以大量消耗体内的脂肪，使同学们在快乐体育运动中塑造完美的身材。

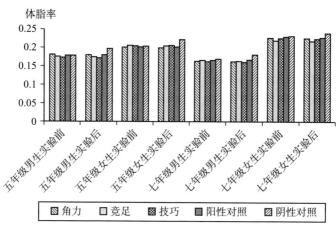

图4-99　民俗体育运动对中小学生体脂率的影响

4.2　民俗体育运动对中小学生身体机能的健身功效

身体机能是指机体各器官系统的功能，是其体能的生物功能性基础。经过十位各方面专家的评分、讨论、协商，课题组从初选身体机能指标体系中最终筛选出五项指标作为反映民俗体育对中小学生健身功效的代表性指标，分别为基础心率、心功指数、脉压差、肺活量、最大摄氧量。

4.2.1　民俗体育运动对五年级男生身体机能的健身功效

4.2.1.1　实验前五年级男生身体机能测验结果

民俗体育实验进行前，五年级男生身体机能各项指标测验、方差齐性检验及方差分析结果如表 4 - 29 所示。

表 4 - 29　　实验前五年级男生身体机能测验、方差齐性检验及
方差分析结果（N = 40）

指标	角力 M ± SD	竞足 M ± SD	技巧 M ± SD	阳性对照 M ± SD	阴性对照 M ± SD	方差齐性检验	显著性概率
基础心率 （次/分钟）	68.8 ± 4.1	68.7 ± 4.2	69.2 ± 4.3	69.0 ± 4.5	69.3 ± 5.0	0.737	0.962
心功指数	10.6 ± 1.1	10.6 ± 1.2	10.7 ± 1.1	10.6 ± 1.3	10.7 ± 1.3	0.749	0.989
脉压差 （毫米汞柱）	40.9 ± 4.4	40.7 ± 3.7	40.8 ± 4.3	41.3 ± 4.3	41.5 ± 4.0	0.868	0.868
肺活量 （毫升）	2008 ± 349	1999 ± 317	2024 ± 304	2036 ± 356	2031 ± 276	0.403	0.984
最大摄氧量	45.1 ± 3.7	45.7 ± 3.4	45.6 ± 4.2	45.7 ± 4.6	45.4 ± 3.8	0.194	0.966

由表 4 - 29 可以发现：

（1）实验前五年级男生身体机能各项指标方差齐性检验显著性概率均大于 0.05，应接受方差齐性的原假设，表明各样本所属总体的方差无显著性差异。

（2）实验前五年级男生各个组别基础心率的测验平均值分别为68.8 次/分钟、68.7 次/分钟、69.2 次/分钟、69.0 次/分钟、69.3 次/分钟，方差分析显著性概率 P = 0.962 > 0.05，表明在民俗体育实验进行前，

五年级男生基础心率各个组别均值之间均没有显著性差异。

（3）实验前五年级男生各个组别心功指数的测验平均值分别为 10.6、10.6、10.7、10.6、10.7，方差分析显著性概率 P = 0.989 > 0.05，表明在民俗体育实验进行前，五年级男生心功指数各个组别均值之间均没有显著性差异。

（4）实验前五年级男生各个组别脉压差的测验平均值分别为 40.9 毫米汞柱、40.7 毫米汞柱、40.8 毫米汞柱、41.3 毫米汞柱、41.5 毫米汞柱，方差分析显著性概率 P = 0.868 > 0.05，表明在民俗体育实验进行前，五年级男生脉压差各个组别均值之间均没有显著性差异。

（5）实验前五年级男生各个组别肺活量的测验平均值分别为 2008 毫升、1999 毫升、2024 毫升、2036 毫升、2031 毫升，方差分析显著性概率 P = 0.984 > 0.05，表明在民俗体育实验进行前，五年级男生肺活量各个组别均值之间均没有显著性差异。

（6）实验前五年级男生各个组别最大摄氧量的测验平均值分别为 45.1、45.7、45.6、45.7、45.4，方差分析显著性概率 P = 0.966 > 0.05，表明在民俗体育实验进行前，五年级男生最大摄氧量各个组别均值之间均没有显著性差异。

4.2.1.2 实验前五年级男生身体机能指标均值分布图

图 4 - 100 ~ 图 4 - 104 为实验前五年级男生身体机能各项指标均数分布图，图中各点表示各种锻炼方案对应数据的均值大小。

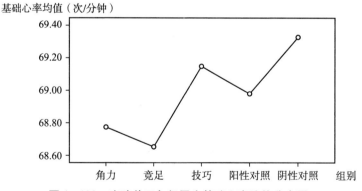

图 4 - 100　实验前五年级男生基础心率均值分布图

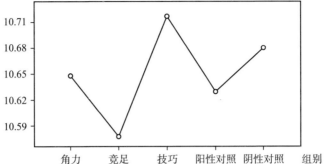

图 4 - 101　实验前五年级男生心功指数均值分布图

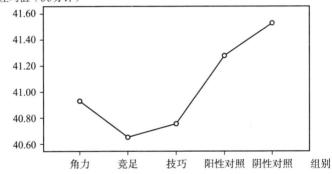

图 4 - 102　实验前五年级男生脉压差均值分布图

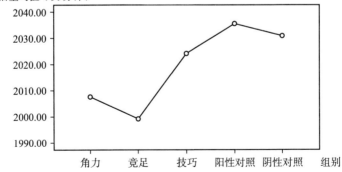

图 4 - 103　实验前五年级男生肺活量均值分布图

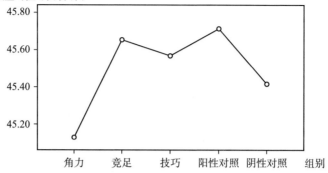

图 4 - 104　实验前五年级男生最大摄氧量均值分布图

4.2.1.3　实验后五年级男生身体机能测验结果

民俗体育健身实验进行后，五年级男生身体机能各项指标测验、方差齐性检验及方差分析结果如表 4 - 30 所示。

表 4 - 30　　实验后五年级男生身体机能测验、方差齐性检验及
方差分析结果（N = 40）

指标	角力 M ± SD	竞足 M ± SD	技巧 M ± SD	阳性对照 M ± SD	阴性对照 M ± SD	方差齐 性检验	显著性 概率
基础心率 （次/分钟）	67.5 ±4.0	67.2 ±4.0	67.7 ±4.0	67.8 ±4.3	70.5 ±4.0	0.977	0.003
心功指数	10.0 ±1.1	9.9 ±1.2	10.0 ±1.1	10.1 ±1.2	10.8 ±1.3	0.714	0.002
脉压差 （毫米汞柱）	40.8 ±3.6	40.3 ±3.1	40.6 ±3.9	41.5 ±4.5	41.4 ±3.6	0.161	0.609
肺活量 （毫升）	2300 ±334	2282 ±309	2292 ±290	2272 ±351	2069 ±268	0.407	0.004
最大摄氧量	46.9 ±3.5	47.4 ±3.3	47.2 ±4.1	47.0 ±4.5	44.2 ±3.6	0.236	0.001

由表 4 - 30 可以发现：

（1）实验后五年级男生身体机能各项指标方差齐性检验显著性概率均大于 0.05，应接受方差齐性的原假设，表明各样本所属总体的方差无显著性差异。

（2）实验后五年级男生各个组别基础心率的测验平均值分别为67.5 次/分钟、67.2 次/分钟、67.7 次/分钟、67.8 次/分钟、70.5 次/分钟，方差分析显著性概率 $P = 0.003 < 0.01$，表明在民俗体育健身实验进行后，五年级男生基础心率各个组别均值之间存在显著性差异，需要采用多重比较法对每对均值之间的差异进行比较，以进一步分析哪一对均值之间有显著性差异，哪一对均值之间无显著性差异。均值多重比较检验结果如表 4 – 31 所示。

表 4 – 31　　　　实验后五年级男生基础心率各组均值多重比较
检验结果（Tukey HSD）

组别	竞足		技巧		阳性对照		阴性对照	
	均差	显著性	均差	显著性	均差	显著性	均差	显著性
角力	0.30	0.997	− 0.25	0.999	− 0.35	0.995	− 2.98 *	0.011
竞足			− 0.55	0.974	− 0.65	0.953	− 3.28 **	0.004
技巧					− 0.10	1.000	− 2.73 *	0.025
阳性对照							− 2.63 *	0.035

比较检验结果显示：角力组和阴性对照组、竞足组和阴性对照组、技巧组和阴性对照组、阳性对照组和阴性对照组均值间均有显著性差异，其中竞足组和阴性对照组具有极显著性差异（$P < 0.01$）。

（3）实验后五年级男生各个组别心功指数的测验平均值分别为10.0、9.9、10.0、10.1、10.8，方差分析显著性概率 $P = 0.002 < 0.05$，表明在民俗体育健身实验进行后，五年级男生心功指数各个组别均值之间存在显著性差异，需要采用多重比较法对每对均值之间的差异进行比较，其比较检验结果如表 4 – 32 所示。

表 4 – 32　　　　实验后五年级男生心功指数各组均值多重比较
检验结果（Tukey HSD）

组别	竞足		技巧		阳性对照		阴性对照	
	均差	显著性	均差	显著性	均差	显著性	均差	显著性
角力	0.05	1.000	− 0.08	0.998	− 0.12	0.990	− 0.89 **	0.008
竞足			− 0.13	0.987	− 0.17	0.966	− 0.94 **	0.004

续表

组别	竞足		技巧		阳性对照		阴性对照	
	均差	显著性	均差	显著性	均差	显著性	均差	显著性
技巧					-0.04	1.000	-0.81*	0.021
阳性对照							-0.77*	0.033

比较检验结果显示：角力组和阴性对照组、竞足组和阴性对照组、技巧组和阴性对照组、阳性对照组和阴性对照组均值间均有显著性差异，其中角力组和阴性对照组、竞足组和阴性对照组具有极显著性差异（P < 0.01）。

（4）实验后五年级男生各个组别脉压差的测验平均值分别为40.8毫米汞柱、40.3毫米汞柱、40.6毫米汞柱、41.5毫米汞柱、41.4毫米汞柱，方差分析显著性概率 P = 0.609 > 0.05，表明在民俗体育健身实验进行后，五年级男生脉压差各个组别均值之间均没有显著性差异。

（5）实验后五年级男生各个组别肺活量的测验平均值分别为2300毫升、2282毫升、2292毫升、2272毫升、2069毫升，方差分析显著性概率 P = 0.004 < 0.05，表明在民俗体育健身实验进行后，五年级男生肺活量各个组别均值之间存在显著性差异，需要采用多重比较法对每对均值之间的差异进行比较，其比较检验结果如表4-33所示。

表4-33　　　　实验后五年级男生肺活量各组均值多重比较检验结果（Tukey HSD）

组别	竞足		技巧		阳性对照		阴性对照	
	均差	显著性	均差	显著性	均差	显著性	均差	显著性
角力	18	0.999	8	1.000	28	0.994	232**	0.009
竞足			-10	1.000	10	1.000	213*	0.021
技巧					20	0.998	224*	0.013
阳性对照							203*	0.032

比较检验结果显示：角力组和阴性对照组、竞足组和阴性对照组、技巧组和阴性对照组、阳性对照组和阴性对照组均值间均有显著性差异，其中角力组和阴性对照组具有极显著性差异（P < 0.01）。

（6）实验后五年级男生各个组别最大摄氧量的测验平均值分别为 46.9、47.4、47.2、47.0、44.2，方差分析显著性概率 P＝0.001＜0.05，表明在民俗体育健身实验后，五年级男生最大摄氧量各个组别均值之间存在显著性差异，需要采用多重比较法对每对均值之间的差异进行比较，其比较检验结果如表 4–34 所示。

表 4–34　　　　实验后五年级男生最大摄氧量各组均值
多重比较检验结果（Tukey HSD）

组别	竞足		技巧		阳性对照		阴性对照	
	均差	显著性	均差	显著性	均差	显著性	均差	显著性
角力	−0.45	0.985	−0.30	0.997	−0.08	1.000	2.73*	0.014
竞足			0.15	1.000	0.37	0.992	3.17**	0.002
技巧					0.23	0.999	3.03**	0.004
阳性对照							2.80*	0.011

比较检验结果显示：角力组和阴性对照组、竞足组和阴性对照组、技巧组和阴性对照组、阳性对照组和阴性对照组均值间均有显著性差异，其中竞足组和阴性对照组、技巧组和阴性对照组具有极显著性差异（P＜0.01）。

4.2.1.4　实验后五年级男生身体机能指标均值分布图

图 4–105~图 4–109 为实验后五年级男生身体机能各项指标均数分布图，图中各点表示各种锻炼方案对应数据的均值大小。

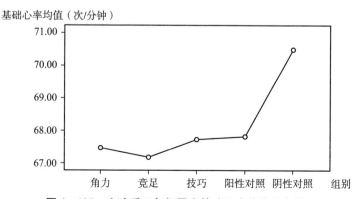

图 4–105　实验后五年级男生基础心率均值分布图

151

心功指数均值（次/分钟）

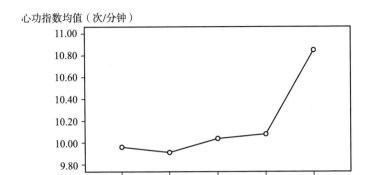

图 4 - 106　实验后五年级男生心功指数均值分布图

脉压差均值（次/分钟）

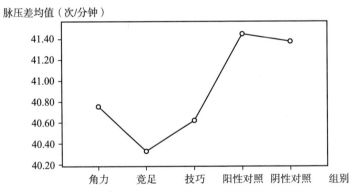

图 4 - 107　实验后五年级男生脉压差均值分布图

肺活量均值（次/分钟）

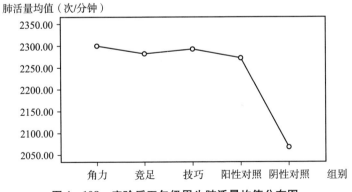

图 4 - 108　实验后五年级男生肺活量均值分布图

最大摄氧量均值（次/分钟）

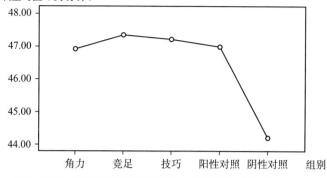

图 4 - 109　实验后五年级男生最大摄氧量均值分布图

4.2.2　民俗体育运动对五年级女生身体机能的健身功效

4.2.2.1　实验前五年级女生身体机能测验结果

民俗体育实验进行前，五年级女生身体机能各项指标测验、方差齐性检验及方差分析结果如表 4 - 35 所示。

153

表 4 - 35　　实验前五年级女生身体机能测验、方差齐性检验及
方差分析结果（N = 33）

指标	角力 M ± SD	竞足 M ± SD	技巧 M ± SD	阳性对照 M ± SD	阴性对照 M ± SD	方差齐 性检验	显著性 概率
基础心率 （次/分钟）	69.6 ± 5.2	69.5 ± 4.1	69.8 ± 4.4	69.8 ± 4.1	69.7 ± 4.5	0.547	0.999
心功指数	11.3 ± 1.4	11.3 ± 1.3	11.3 ± 1.2	11.3 ± 1.0	11.3 ± 0.9	0.140	0.999
脉压差 （毫米汞柱）	40.0 ± 3.0	40.5 ± 4.6	40.3 ± 3.1	40.5 ± 3.2	40.8 ± 2.9	0.619	0.893
肺活量 （毫升）	1853 ± 242	1875 ± 207	1883 ± 211	1898 ± 219	1891 ± 215	0.866	0.938
最大摄氧量	41.3 ± 3.4	41.1 ± 3.3	41.3 ± 3.1	41.3 ± 2.7	41.2 ± 2.8	0.816	0.999

由表 4 – 35 可以发现：

（1）实验前五年级女生身体机能各项指标方差齐性检验显著性概率均大于 0.05，应接受方差齐性的原假设，表明各样本所属总体的方差无显著性差异。

（2）实验前五年级女生各个组别基础心率的测验平均值分别为 69.6 次/分钟、69.5 次/分钟、69.8 次/分钟、69.8 次/分钟、69.7 次/分钟，方差分析显著性概率 P = 0.999 > 0.05，表明在民俗体育实验进行前，五年级女生基础心率各个组别均值之间均没有显著性差异。

（3）实验前五年级女生各个组别心功指数的测验平均值分别为 11.3、11.3、11.3、11.3、11.3，方差分析显著性概率 P = 0.999 > 0.05，表明在民俗体育实验进行前，五年级女生心功指数各个组别均值之间均没有显著性差异。

（4）实验前五年级女生各个组别脉压差的测验平均值分别为 40.0 毫米汞柱、40.5 毫米汞柱、40.3 毫米汞柱、40.5 毫米汞柱、40.8 毫米汞柱，方差分析显著性概率 P = 0.893 > 0.05，表明在民俗体育实验进行前，五年级女生脉压差各个组别均值之间均没有显著性差异。

（5）实验前五年级女生各个组别肺活量的测验平均值分别为 1853 毫升、1875 毫升、1883 毫升、1898 毫升、1891 毫升，方差分析显著性概率 P = 0.938 > 0.05，表明在民俗体育实验进行前，五年级女生肺活量各个组别均值之间均没有显著性差异。

（6）实验前五年级女生各个组别最大摄氧量的测验平均值分别为 41.3、41.1、41.3、41.3、41.2，方差分析显著性概率 P = 0.999 > 0.05，表明在民俗体育实验进行前，五年级女生最大摄氧量各个组别均值之间均没有显著性差异。

4.2.2.2 实验前五年级女生身体机能指标均值分布图

图 4 – 110 ～图 4 – 114 为实验前五年级女生身体机能各项指标均数分布图，图中各点表示各种锻炼方案对应数据的均值大小。

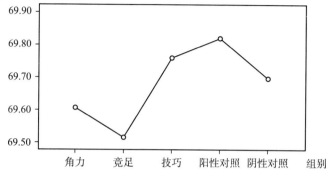

图 4 − 110　实验前五年级女生基础心率均值分布图

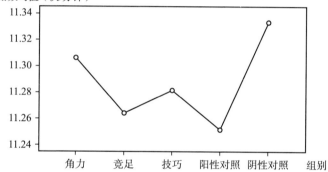

图 4 − 111　实验前五年级女生心功指数均值分布图

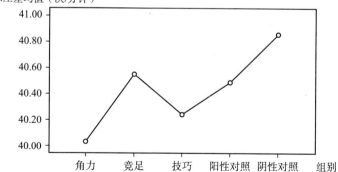

图 4 − 112　实验前五年级女生脉压差均值分布图

肺活量均值（次/分钟）

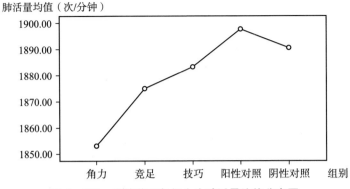

图 4 - 113　实验前五年级女生肺活量均值分布图

最大摄氧量均值（次/分钟）

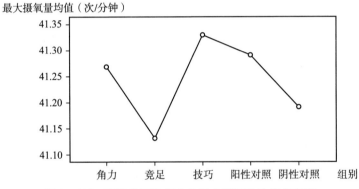

图 4 - 114　实验前五年级女生最大摄氧量均值分布图

4.2.2.3　实验后五年级女生身体机能测验结果

民俗体育健身实验进行后，五年级女生身体机能各项指标测验、方差齐性检验及方差分析结果如表 4 - 36 所示。

表 4 - 36　实验后五年级女生身体机能测验、方差齐性检验及方差分析结果（N = 33）

指标	角力 M ± SD	竞足 M ± SD	技巧 M ± SD	阳性对照 M ± SD	阴性对照 M ± SD	方差齐性检验	显著性概率
基础心率（次/分钟）	68.0 ± 4.8	67.9 ± 3.8	68.1 ± 4.3	68.2 ± 3.9	71.1 ± 3.6	0.400	0.007

续表

指标	角力 M ± SD	竞足 M ± SD	技巧 M ± SD	阳性对照 M ± SD	阴性对照 M ± SD	方差齐 性检验	显著性 概率
心功指数	10.6 ± 1.3	10.6 ± 1.2	10.6 ± 1.1	10.7 ± 0.9	11.5 ± 0.9	0.209	0.002
脉压差 （毫米汞柱）	40.1 ± 2.8	40.4 ± 3.5	40.5 ± 2.7	40.5 ± 2.8	41.0 ± 2.5	0.613	0.796
肺活量 （毫升）	2134 ± 243	2152 ± 200	2136 ± 211	2125 ± 212	1924 ± 219	0.820	0.000
最大摄氧量	43.1 ± 3.3	42.9 ± 3.1	43.1 ± 2.9	42.6 ± 2.6	40.0 ± 2.6	0.770	0.000

由表 4 - 36 可以发现：

（1）实验后五年级女生身体机能各项指标方差齐性检验显著性概率均大于 0.05，应接受方差齐性的原假设，表明各样本所属总体的方差无显著性差异。

（2）实验后五年级女生各个组别基础心率的测验平均值分别为 68.0 次/分钟、67.9 次/分钟、68.1 次/分钟、68.2 次/分钟、71.1 次/分钟，方差分析显著性概率 $P = 0.007 < 0.01$，表明在民俗体育健身实验进行后，五年级女生基础心率各个组别均值之间存在显著性差异。采用多重比较法对五年级女生基础心率每对均值之间的差异进行比较检验的结果如表 4 - 37 所示。

表 4 - 37　　　实验后五年级女生基础心率各组均值多重比较
检验结果（Tukey HSD）

组别	竞足		技巧		阳性对照		阴性对照	
	均差	显著性	均差	显著性	均差	显著性	均差	显著性
角力	0.12	1.000	- 0.06	1.000	- 0.15	1.000	- 3.06 *	0.023
竞足			- 0.18	1.000	- 0.27	0.999	- 3.18 *	0.016
技巧					- 0.09	1.000	- 3.00 *	0.027
阳性对照							- 2.91 *	0.035

比较检验结果显示：角力组和阴性对照组、竞足组和阴性对照组、技巧组和阴性对照组、阳性对照组和阴性对照组均值间均有显著性

差异。

（3）实验后五年级女生各个组别心功指数的测验平均值分别为
10.6、10.6、10.6、10.7、11.5，方差分析显著性概率 P = 0.002 <
0.05，表明在民俗体育健身实验进行后，五年级女生心功指数各个组别
均值之间存在显著性差异，需要采用多重比较法对每对均值之间的差异
进行比较，其比较检验结果如表 4 – 38 所示。

表 4 – 38　　　　实验后五年级女生心功指数各组均值多重比较
检验结果（Tukey HSD）

组别	竞足		技巧		阳性对照		阴性对照	
	均差	显著性	均差	显著性	均差	显著性	均差	显著性
角力	0.02	1.000	– 0.02	1.000	– 0.07	0.999	– 0.94 **	0.007
竞足			– 0.04	1.000	– 0.09	0.997	– 0.97 **	0.005
技巧					– 0.05	1.000	– 0.92 **	0.009
阳性对照							– 0.87 *	0.016

比较检验结果显示：角力组和阴性对照组、竞足组和阴性对照组、
技巧组和阴性对照组、阳性对照组和阴性对照组均值间均有显著性差
异，其中角力组和阴性对照组、竞足组和阴性对照组、技巧组和阴性对
照组具有极显著性差异（P < 0.01）。

（4）实验后五年级女生各个组别脉压差的测验平均值分别为
40.1 毫米汞柱、40.4 毫米汞柱、40.5 毫米汞柱、40.5 毫米汞柱、
41.0 毫米汞柱，方差分析显著性概率 P = 0.796 > 0.05，表明在民俗
体育健身实验进行后，五年级女生脉压差各个组别均值之间均没有显
著性差异。

（5）实验后五年级女生各个组别肺活量的测验平均值分别为 2134
毫升、2152 毫升、2136 毫升、2125 毫升、1924 毫升，方差分析显著性
概率 P = 0.000 < 0.05，表明在民俗体育健身实验进行后，五年级女生
肺活量各个组别均值之间存在显著性差异，需要采用多重比较法对每对
均值之间的差异进行比较，其比较检验结果如表 4 – 39 所示。

表 4 - 39　　　实验后五年级女生肺活量各组均值多重比较
检验结果（Tukey HSD）

组别	竞足		技巧		阳性对照		阴性对照	
	均差	显著性	均差	显著性	均差	显著性	均差	显著性
角力	-17	0.998	-2	1.000	9	1.000	211**	0.001
竞足			15	0.999	26	0.988	228**	0.000
技巧					11	1.000	212**	0.001
阳性对照							201**	0.002

比较检验结果显示：角力组和阴性对照组、竞足组和阴性对照组、技巧组和阴性对照组、阳性对照组和阴性对照组均值间均有极显著性差异（P < 0.01）。

（6）实验后五年级女生各个组别最大摄氧量的测验平均值分别为43.1、42.9、43.1、42.6、40.0，方差分析显著性概率 P = 0.000 < 0.05，表明在民俗体育健身实验后，五年级女生最大摄氧量各个组均值之间存在显著性差异，需要采用多重比较法对每对均值之间的差异进行比较，其比较检验结果如表 4 - 40 所示。

表 4 - 40　　　实验后五年级女生最大摄氧量各组均值多重比较
检验结果（Tukey HSD）

组别	竞足		技巧		阳性对照		阴性对照	
	均差	显著性	均差	显著性	均差	显著性	均差	显著性
角力	0.17	0.999	-0.04	1.000	0.50	0.959	3.05**	0.000
竞足			-0.21	0.999	0.33	0.991	2.88**	0.001
技巧					0.54	0.947	3.09**	0.000
阳性对照							2.55**	0.005

比较检验结果显示：角力组和阴性对照组、竞足组和阴性对照组、技巧组和阴性对照组、阳性对照组和阴性对照组均值间均具有极显著性差异（P < 0.01）。

4.2.2.4　实验后五年级女生身体机能指标均值分布图

图 4 - 115 ~ 图 4 - 119 为实验后五年级女生身体机能各项指标均数

分布图，图中各点表示各种锻炼方案对应数据的均值大小。

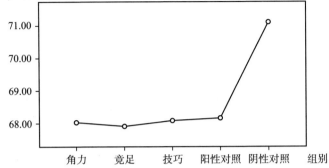

图 4-115　实验后五年级女生基础心率均值分布图

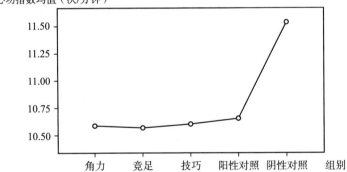

图 4-116　实验后五年级女生心功指数均值分布图

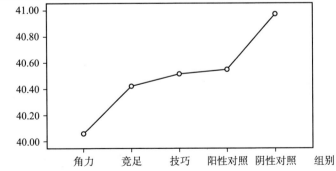

图 4-117　实验后五年级女生脉压差均值分布图

肺活量均值（次/分钟）

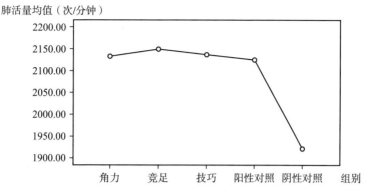

图 4 - 118　实验后五年级女生肺活量均值分布图

最大摄氧量均值（次/分钟）

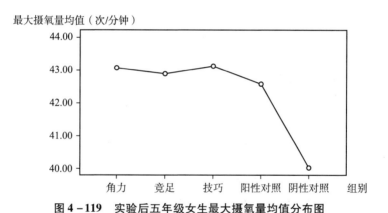

图 4 - 119　实验后五年级女生最大摄氧量均值分布图

4.2.3　民俗体育运动对七年级男生身体机能的健身功效

4.2.3.1　实验前七年级男生身体机能测验结果

民俗体育实验进行前，七年级男生身体机能各项指标测验、方差齐性检验及方差分析结果如表 4 -41 所示。

由表 4 -41 可以发现：

（1）实验前七年级男生身体机能各项指标方差齐性检验显著性概率均大于 0.05，应接受方差齐性的原假设，表明各样本所属总体的方差无显著性差异。

表 4 – 41   实验前七年级男生身体机能测验、方差齐性检验及
方差分析结果 （N = 40）

指标	角力 M ± SD	竞足 M ± SD	技巧 M ± SD	阳性对照 M ± SD	阴性对照 M ± SD	方差齐 性检验	显著性 概率
基础心率 （次/分钟）	68.0 ± 3.6	67.8 ± 3.1	68.3 ± 2.7	68.6 ± 3.1	68.0 ± 3.5	0.363	0.819
心功指数	9.9 ± 1.0	9.8 ± 0.9	10.0 ± 0.9	9.9 ± 0.8	9.8 ± 0.9	0.803	0.901
脉压差 （毫米汞柱）	41.2 ± 3.9	41.4 ± 3.3	40.9 ± 4.3	41.7 ± 4.2	41.9 ± 3.6	0.268	0.814
肺活量 （毫升）	3091 ± 367	3138 ± 344	3124 ± 368	3081 ± 350	3108 ± 324	0.777	0.950
最大摄氧量	48.2 ± 5.1	47.8 ± 5.2	48.4 ± 4.9	48.1 ± 4.9	47.9 ± 4.9	0.954	0.989

（2）实验前七年级男生各个组别基础心率的测验平均值分别为 68.0 次/分钟、67.8 次/分钟、68.3 次/分钟、68.6 次/分钟、68.0 次/分钟，方差分析显著性概率 $P = 0.819 > 0.05$，表明在民俗体育实验进行前，七年级男生基础心率各个组别均值之间均没有显著性差异。

（3）实验前七年级男生各个组别心功指数的测验平均值分别为 9.9、9.8、10.0、9.9、9.8，方差分析显著性概率 $P = 0.901 > 0.05$，表明在民俗体育实验进行前，七年级男生心功指数各个组别均值之间均没有显著性差异。

（4）实验前七年级男生各个组别脉压差的测验平均值分别为 41.2 毫米汞柱、41.4 毫米汞柱、40.9 毫米汞柱、41.7 毫米汞柱、41.9 毫米汞柱，方差分析显著性概率 $P = 0.814 > 0.05$，表明在民俗体育实验进行前，七年级男生脉压差各个组别均值之间均没有显著性差异。

（5）实验前七年级男生各个组别肺活量的测验平均值分别为 3091 毫升、3138 毫升、3124 毫升、3081 毫升、3108 毫升，方差分析显著性概率 $P = 0.950 > 0.05$，表明在民俗体育实验进行前，七年级男生肺活量各个组别均值之间均没有显著性差异。

（6）实验前七年级男生各个组别最大摄氧量的测验平均值分别为 48.2、47.8、48.4、48.1、47.9，方差分析显著性概率 P = 0.989 > 0.05，表明在民俗体育实验进行前，七年级男生最大摄氧量各个组别均值之间均没有显著性差异。

4.2.3.2　实验前七年级男生身体机能指标均值分布图

图 4 - 120 ~ 图 4 - 124 为实验前七年级男生身体机能各项指标均数分布图，图中各点表示各种锻炼方案对应数据的均值大小。

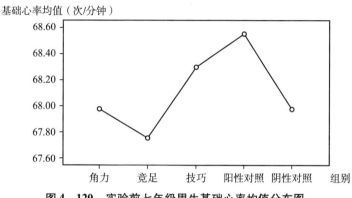

图 4 - 120　实验前七年级男生基础心率均值分布图

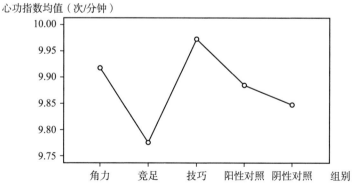

图 4 - 121　实验前七年级男生心功指数均值分布图

脉压差均值（次/分钟）

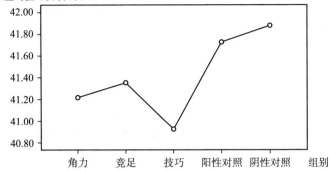

图 4 - 122　实验前七年级男生脉压差均值分布图

肺活量均值（次/分钟）

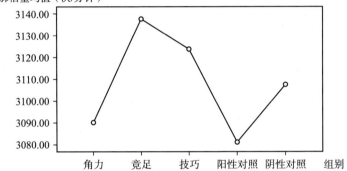

图 4 - 123　实验前七年级男生肺活量均值分布图

最大摄氧量均值（次/分钟）

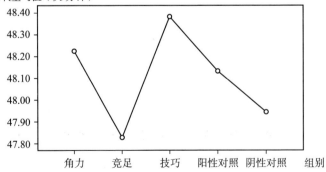

图 4 - 124　实验前七年级男生最大摄氧量均值分布图

4.2.3.3　实验后七年级男生身体机能测验结果

民俗体育健身实验进行后，七年级男生身体机能各项指标测验、方差齐性检验及方差分析结果如表 4 – 42 所示。

表 4 – 42　　实验后七年级男生身体机能测验、方差齐性检验及
方差分析结果（N = 40）

指标	角力 M ± SD	竞足 M ± SD	技巧 M ± SD	阳性对照 M ± SD	阴性对照 M ± SD	方差齐性检验	显著性概率
基础心率（次/分钟）	66.7 ± 3.5	66.5 ± 3.1	67.1 ± 2.6	67.2 ± 2.9	69.2 ± 3.0	0.447	0.001
心功指数	9.4 ± 1.0	9.3 ± 0.8	9.4 ± 0.9	9.5 ± 0.7	10.0 ± 0.8	0.710	0.003
脉压差（毫米汞柱）	41.6 ± 4.0	41.3 ± 3.4	41.1 ± 3.8	41.3 ± 3.6	41.8 ± 3.2	0.400	0.911
肺活量（毫升）	3358 ± 352	3382 ± 331	3367 ± 343	3342 ± 327	3125 ± 304	0.829	0.003
最大摄氧量	50.5 ± 4.78	49.8 ± 5.0	50.4 ± 4.5	49.6 ± 4.3	46.7 ± 4.5	0.846	0.001

由表 4 – 42 可以发现：

（1）实验后七年级男生身体机能各项指标方差齐性检验显著性概率均大于 0.05，应接受方差齐性的原假设，表明各样本所属总体的方差无显著性差异。

（2）实验后七年级男生各个组别基础心率的测验平均值分别为 66.7 次/分钟、66.5 次/分钟、67.1 次/分钟、67.2 次/分钟、69.2 次/分钟，方差分析显著性概率 P = 0.001 < 0.01，表明在民俗体育健身实验进行后，七年级男生基础心率各个组别均值之间存在显著性差异，需要采用多重比较法对每对均值之间的差异进行比较，其比较检验结果如表 4 – 43 所示。

比较检验结果显示：角力组和阴性对照组、竞足组和阴性对照组均值间具有极显著性差异（P < 0.01），技巧组和阴性对照组、阳性对照组和阴性对照组均值间具有显著性差异（P < 0.05）。

表 4 – 43　　　　实验后七年级男生基础心率各组均值多重比较
检验结果（**Tukey HSD**）

组别	竞足		技巧		阳性对照		阴性对照	
	均差	显著性	均差	显著性	均差	显著性	均差	显著性
角力	0.15	0.999	– 0.45	0.964	– 0.55	0.927	– 2.48 **	0.003
竞足			– 0.60	0.902	– 0.70	0.840	– 2.63 **	0.001
技巧					– 0.10	1.000	– 2.02 *	0.026
阳性对照							– 1.93 *	0.040

（3）实验后七年级男生各个组别心功指数的测验平均值分别为
9.4、9.3、9.4、9.5、10.0，方差分析显著性概率 P = 0.003 < 0.05，表
明在民俗体育健身实验进行后，七年级男生心功指数各个组别均值之间
存在显著性差异，需要采用多重比较法对每对均值之间的差异进行比
较，其比较检验结果如表 4 – 44 所示。

166　　表 4 – 44　　　　实验后七年级男生心功指数各组均值多重比较
检验结果（**Tukey HSD**）

组别	竞足		技巧		阳性对照		阴性对照	
	均差	显著性	均差	显著性	均差	显著性	均差	显著性
角力	0.05	0.999	– 0.07	0.997	– 0.16	0.914	– 0.62 *	0.011
竞足			– 0.12	0.971	– 0.21	0.790	– 0.67 **	0.004
技巧					– 0.10	0.987	– 0.55 *	0.031
阳性对照							– 0.46	0.114

比较检验结果显示：角力组和阴性对照组、技巧组和阴性对照组均
值间均具有显著性差异（P < 0.05），竞足组和阴性对照组均值间具有
极显著性差异（P < 0.01）。

（4）实验后七年级男生各个组别脉压差的测验平均值分别为 41.6
毫米汞柱、41.3 毫米汞柱、41.1 毫米汞柱、41.3 毫米汞柱、41.8 毫米
汞柱，方差分析显著性概率 P = 0.911 > 0.05，表明在民俗体育健身实
验进行后，七年级男生脉压差各个组别均值之间均没有显著性差异。

（5）实验后七年级男生各个组别肺活量的测验平均值分别为 3358 毫升、3382 毫升、3367 毫升、3342 毫升、3125 毫升，方差分析显著性概率 P = 0.003 < 0.05，表明在民俗体育健身实验进行后，七年级男生肺活量各个组别均值之间存在显著性差异，需要采用多重比较法对每对均值之间的差异进行比较，其比较检验结果如表 4 – 45 所示。

表 4 – 45　　　　实验后七年级男生肺活量各组均值多重比较
检验结果（Tukey HSD）

组别	竞足		技巧		阳性对照		阴性对照	
	均差	显著性	均差	显著性	均差	显著性	均差	显著性
角力	−24	0.998	−9	1.000	16	0.999	233 *	0.017
竞足			15	1.000	40	0.982	257 **	0.006
技巧					25	0.997	242 *	0.011
阳性对照							217 *	0.032

比较检验结果显示：角力组和阴性对照组、技巧组和阴性对照组、阳性对照组和阴性对照组均值间均具有显著性差异（P < 0.05），竞足组和阴性对照组均值间具有极显著性差异（P < 0.01）。

（6）实验后七年级男生各个组别最大摄氧量的测验平均值分别为 50.5、49.8、50.4、49.6、46.7，方差分析显著性概率 P = 0.001 < 0.05，表明在民俗体育健身实验后，七年级男生最大摄氧量各个组别均值之间存在显著性差异，需要采用多重比较法对每对均值之间的差异进行比较，其比较检验结果如表 4 – 46 所示。

表 4 – 46　　　　实验后七年级男生最大摄氧量各组均值多重比较
检验结果（Tukey HSD）

组别	竞足		技巧		阳性对照		阴性对照	
	均差	显著性	均差	显著性	均差	显著性	均差	显著性
角力	0.62	0.974	0.09	1.000	0.83	0.930	3.82 **	0.003
竞足			−0.53	0.986	0.21	1.000	3.20 *	0.019
技巧					0.74	0.953	3.73 **	0.004
阳性对照							2.99 *	0.034

　　比较检验结果显示：竞足组和阴性对照组、阳性对照组和阴性对照组均值间均具有显著性差异（P < 0.05），角力组和阴性对照组、技巧组和阴性对照组均值间均具有极显著性差异（P < 0.01）。

4.2.3.4　实验后七年级男生身体机能指标均值分布图

　　图 4 - 125 ~ 图 4 - 129 为实验后七年级男生身体机能各项指标均数分布图，图中各点表示各种锻炼方案对应数据的均值大小。

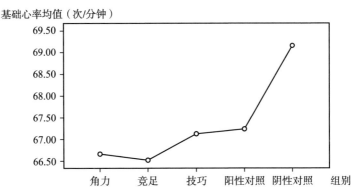

图 4 - 125　实验后七年级男生基础心率均值分布图

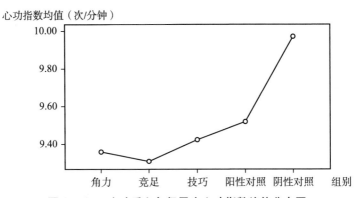

图 4 - 126　实验后七年级男生心功指数均值分布图

脉压差均值（次/分钟）

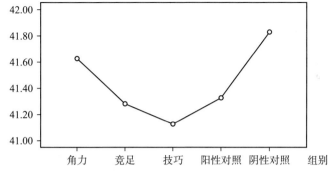

图 4 - 127 实验后七年级男生脉压差均值分布图

肺活量均值（次/分钟）

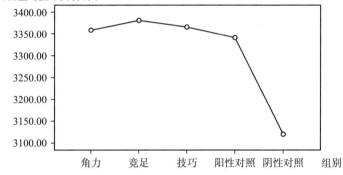

图 4 - 128 实验后七年级男生肺活量均值分布图

最大摄氧量均值（次/分钟）

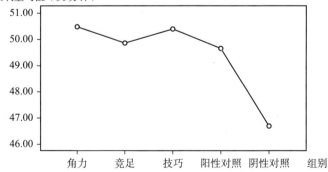

图 4 - 129 实验后七年级男生最大摄氧量均值分布图

4.2.4　民俗体育运动对七年级女生身体机能的健身功效

4.2.4.1　实验前七年级女生身体机能测验结果

民俗体育实验进行前，七年级女生身体机能各项指标测验、方差齐性检验及方差分析结果如表 4 – 47 所示。

表 4 – 47　实验前七年级女生身体机能测验、方差齐性检验及方差分析结果（N = 40）

指标	角力 M ± SD	竞足 M ± SD	技巧 M ± SD	阳性对照 M ± SD	阴性对照 M ± SD	方差齐性检验	显著性概率
基础心率（次/分钟）	68.8 ±3.4	69.0 ±3.0	69.2 ±2.5	69.3 ±3.0	69.0 ±3.4	0.417	0.958
心功指数	11.0 ±1.0	11.0 ±0.9	11.1 ±0.8	11.1 ±0.8	11.1 ±0.8	0.810	0.965
脉压差（毫米汞柱）	40.3 ±3.3	40.0 ±2.8	40.6 ±3.3	40.6 ±3.3	40.2 ±2.5	0.189	0.869
肺活量（毫升）	2559 ±238	2590 ±161	2581 ±210	2594 ±196	2602 ±200	0.336	0.899
最大摄氧量	43.9 ±4.3	43.7 ±4.1	44.1 ±4.1	44.0 ±4.4	44.2 ±4.1	0.994	0.983

由表 4 – 47 可以发现：

（1）实验前七年级女生身体机能各项指标方差齐性检验显著性概率均大于 0.05，应接受方差齐性的原假设，表明各样本所属总体的方差无显著性差异。

（2）实验前七年级女生各个组别基础心率的测验平均值分别为 68.8 次/分钟、69.0 次/分钟、69.2 次/分钟、69.3 次/分钟、69.0 次/分钟，方差分析显著性概率 P = 0.958 > 0.05，表明在民俗体育实验进行前，七年级女生基础心率各个组别均值之间均没有显著性差异。

（3）实验前七年级女生各个组别心功指数的测验平均值分别为 11.0、11.0、11.1、11.1、11.1，方差分析显著性概率 P = 0.965 >

0.05，表明在民俗体育实验进行前，七年级女生心功指数各个组别均值之间均没有显著性差异。

（4）实验前七年级女生各个组别脉压差的测验平均值分别为40.3 毫米汞柱、40.0 毫米汞柱、40.6 毫米汞柱、40.6 毫米汞柱、40.2 毫米汞柱，方差分析显著性概率 $P = 0.869 > 0.05$，表明在民俗体育实验进行前，七年级女生脉压差各个组别均值之间均没有显著性差异。

（5）实验前七年级女生各个组别肺活量的测验平均值分别为 2559 毫升、2590 毫升、2581 毫升、2594 毫升、2602 毫升，方差分析显著性概率 $P = 0.899 > 0.05$，表明在民俗体育实验进行前，七年级女生肺活量各个组别均值之间均没有显著性差异。

（6）实验前七年级女生各个组别最大摄氧量的测验平均值分别为43.9、43.7、44.1、44.0、44.2，方差分析显著性概率 $P = 0.983 > 0.05$，表明在民俗体育实验进行前，七年级女生最大摄氧量各个组别均值之间均没有显著性差异。

4.2.4.2　实验前七年级女生身体机能指标均值分布图

图 4 – 130 ~ 图 4 – 134 为实验前七年级女生身体机能各项指标均数分布图，图中各点表示各种锻炼方案对应数据的均值大小。

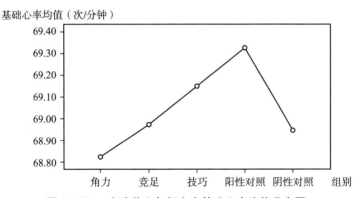

基础心率均值（次/分钟）

图 4 – 130　实验前七年级女生基础心率均值分布图

心功指数均值（次/分钟）

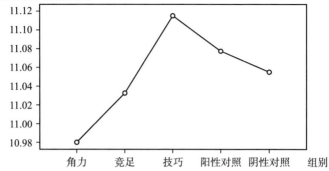

图 4 – 131　实验前七年级女生心功指数均值分布图

脉压差均值（次/分钟）

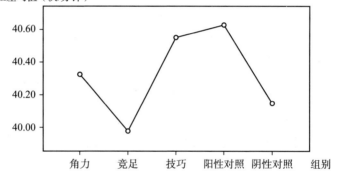

图 4 – 132　实验前七年级女生脉压差均值分布图

肺活量均值（次/分钟）

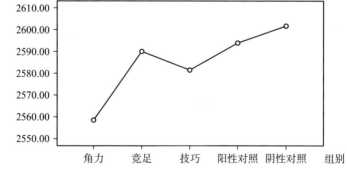

图 4 – 133　实验前七年级女生肺活量均值分布图

最大摄氧量均值（次/分钟）

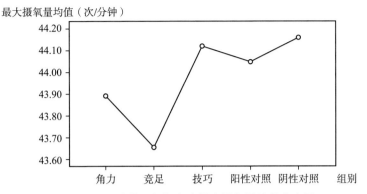

图 4 - 134　实验前七年级女生最大摄氧量均值分布图

4.2.4.3　实验后七年级女生身体机能测验结果

民俗体育健身实验进行后，七年级女生身体机能各项指标测验、方差齐性检验及方差分析结果如表 4 - 48 所示。

表 4 - 48　　实验后七年级女生身体机能测验、方差齐性检验及方差分析结果（N = 40）

指标	角力 M ± SD	竞足 M ± SD	技巧 M ± SD	阳性对照 M ± SD	阴性对照 M ± SD	方差齐性检验	显著性概率
基础心率 （次/分钟）	67.5 ± 3.3	67.6 ± 3.0	67.7 ± 2.6	68.0 ± 3.1	69.9 ± 3.3	0.645	0.002
心功指数	10.4 ± 1.0	10.4 ± 0.8	10.5 ± 0.8	10.5 ± 0.7	11.1 ± 0.8	0.767	0.001
脉压差 （毫米汞柱）	40.3 ± 3.1	40.1 ± 2.7	40.8 ± 3.2	40.9 ± 3.2	40.5 ± 2.6	0.287	0.691
肺活量 （毫升）	2829 ± 233	2818 ± 164	2806 ± 212	2795 ± 193	2658 ± 189	0.416	0.001
最大摄氧量	46.2 ± 4.2	46.0 ± 4.0	46.1 ± 4.1	45.7 ± 4.3	43.0 ± 3.9	0.996	0.002

由表 4 - 48 可以发现：

（1）实验后七年级女生身体机能各项指标方差齐性检验显著性概率均大于 0.05，应接受方差齐性的原假设，表明各样本所属总体的方差无显著性差异。

（2）实验后七年级女生各个组别基础心率的测验平均值分别为
67.5 次/分钟、67.6 次/分钟、67.7 次/分钟、68.0 次/分钟、69.9 次/
分钟，方差分析显著性概率 P = 0.002 < 0.01，表明在民俗体育健身实
验进行后，七年级女生基础心率各个组别均值之间存在显著性差异，需
要采用多重比较法对每对均值之间的差异进行比较，其比较检验结果如
表 4 - 49 所示。

表 4 - 49　　　　实验后七年级女生基础心率各组均值多重比较
检验结果（Tukey HSD）

组别	竞足		技巧		阳性对照		阴性对照	
	均差	显著性	均差	显著性	均差	显著性	均差	显著性
角力	- 0.03	1.000	- 0.20	0.998	- 0.43	0.972	- 2.38 **	0.006
竞足			- 0.18	0.999	- 0.40	0.977	- 2.35 **	0.007
技巧					- 0.23	0.997	- 2.18 *	0.015
阳性对照							- 1.95 *	0.039

比较检验结果显示：角力组和阴性对照组、竞足组和阴性对照组均
值间具有极显著性差异（P < 0.01），技巧组和阴性对照组、阳性对照
组和阴性对照组均值间具有显著性差异（P < 0.05）。

（3）实验后七年级女生各个组别心功指数的测验平均值分别为
10.4、10.4、10.5、10.5、11.1，方差分析显著性概率 P = 0.001 <
0.05，表明在民俗体育健身实验进行后，七年级女生心功指数各个组别
均值之间存在显著性差异，需要采用多重比较法对每对均值之间的差异
进行比较，其比较检验结果如表 4 - 50 所示。

表 4 - 50　　　　实验后七年级女生心功指数各组均值多重比较
检验结果（Tukey HSD）

组别	竞足		技巧		阳性对照		阴性对照	
	均差	显著性	均差	显著性	均差	显著性	均差	显著性
角力	- 0.06	0.998	- 0.13	0.962	- 0.19	0.851	- 0.72 **	0.001
竞足			- 0.07	0.996	- 0.13	0.953	- 0.67 **	0.004

续表

组别	竞足		技巧		阳性对照		阴性对照	
	均差	显著性	均差	显著性	均差	显著性	均差	显著性
技巧					-0.06	0.997	-0.60*	0.014
阳性对照							-0.53*	0.037

比较检验结果显示：角力组和阴性对照组、竞足组和阴性对照组均值间均具有极显著性差异（P < 0.01），技巧组和阴性对照组、阳性对照组和阴性对照组均值间均具有显著性差异（P < 0.05）。

（4）实验后七年级女生各个组别脉压差的测验平均值分别为 40.3 毫米汞柱、40.1 毫米汞柱、40.8 毫米汞柱、40.9 毫米汞柱、40.5 毫米汞柱，方差分析显著性概率 P = 0.691 > 0.05，表明在民俗体育健身实验进行后，七年级女生脉压差各个组别均值之间均没有显著性差异。

（5）实验后七年级女生各个组别肺活量的测验平均值分别为 2829 毫升、2818 毫升、2806 毫升、2795 毫升、2658 毫升，方差分析显著性概率 P = 0.001 < 0.05，表明在民俗体育健身实验进行后，七年级女生肺活量各个组别均值之间存在显著性差异，需要采用多重比较法对每对均值之间的差异进行比较，其比较检验结果如表 4 - 51 所示。

表 4 - 51　　　实验后七年级女生肺活量各组均值多重比较
检验结果（Tukey HSD）

组别	竞足		技巧		阳性对照		阴性对照	
	均差	显著性	均差	显著性	均差	显著性	均差	显著性
角力	11	0.999	23	0.987	34	0.942	171**	0.002
竞足			12	0.999	23	0.985	161**	0.004
技巧					11	0.999	149**	0.009
阳性对照							137*	0.020

比较检验结果显示：角力组和阴性对照组、竞足组和阴性对照组、技巧组和阴性对照组均值间均具有极显著性差异（P < 0.01），阳性对照组和阴性对照组均值间具有显著性差异（P < 0.05）。

（6）实验后七年级女生各个组别最大摄氧量的测验平均值分别为
46.2、46.0、46.1、45.7、43.0，方差分析显著性概率 P = 0.002 <
0.05，表明在民俗体育健身实验后，七年级女生最大摄氧量各个组别均
值之间存在显著性差异，需要采用多重比较法对每对均值之间的差异进
行比较，其比较检验结果如表 4 - 52 所示。

表 4 - 52　　　　实验后七年级女生最大摄氧量各组均值多重比较
检验结果（Tukey HSD）

组别	竞足		技巧		阳性对照		阴性对照	
	均差	显著性	均差	显著性	均差	显著性	均差	显著性
角力	0.24	0.999	0.13	1.000	0.45	0.988	3.23 **	0.005
竞足			-0.11	1.000	0.21	0.999	2.99 *	0.012
技巧					0.32	0.997	3.10 **	0.008
阳性对照							2.78 *	0.023

比较检验结果显示：竞足组和阴性对照组、阳性对照组和阴性对照
组均值间均具有显著性差异（P < 0.05），角力组和阴性对照组、技巧
组和阴性对照组均值间均具有极显著性差异（P < 0.01）。

4.2.4.4　实验后七年级女生身体机能指标均值分布图

图 4 - 135 ~ 图 4 - 139 为实验后七年级女生身体机能各项指标均数
分布图，图中各点表示各种锻炼方案对应数据的均值大小。

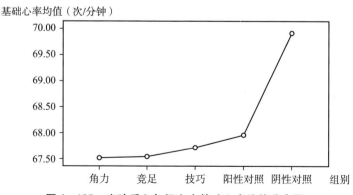

图 4 - 135　实验后七年级女生基础心率均值分布图

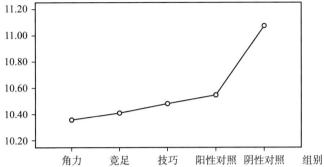

图 4 - 136　实验后七年级女生心功指数均值分布图

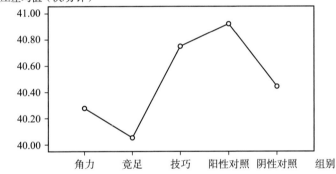

图 4 - 137　实验后七年级女生脉压差均值分布图

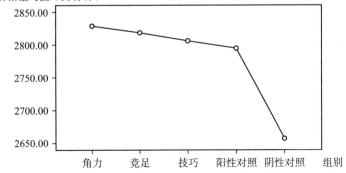

图 4 - 138　实验后七年级女生肺活量均值分布图

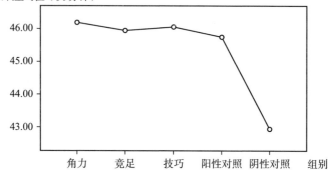

图 4 - 139　实验后七年级女生最大摄氧量均值分布图

4.2.5　分析和讨论

4.2.5.1　民俗体育运动对中小学生基础心率的影响分析

基础心率是清晨起床前处于空腹、安静、清醒状态下测得的卧位心率，基础心率一般较为稳定。基础心率通常会随着训练年限的延长和训练水平的提高而减慢，基础心率突然加快往往提示有过度疲劳或疾病的存在。测试基础心率能够更好地了解心血管系统的机能状态，还可以作为评估锻炼效果的指标。从实验结果看（见图 4 - 140），五年级男生、五年级女生、七年级男生三个测试群中的竞足组在实验后所测试的基础心率较明显地低于同群其他实验组，而七年级的女生角力组实验后的基础心率测试结果低于同群的其他实验组。

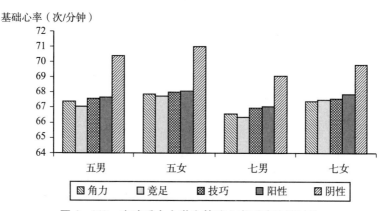

图 4 - 140　实验后中小学生基础心率测试结果对比

　　两个年级的学生正处在少儿期，该时期的心脏发育不够完全，心肌发育不十分发达，而新陈代谢相对成人又比较旺盛，同时交感神经对心脏调节占优势，因而主要靠加快心率来增加心输出量以适应需要，因此该时期的心率较成年人快。随着年龄的增长心率逐渐减慢，20 岁左右趋于稳定。三个测试群（五男、五女、七男）竞足组的基础心率明显偏低，可能是受试群体均处在生长发育期，与长期进行中等运动强度的有氧民俗体育运动有关，经常有规律地进行此类耐力性体育运动会使心脏产生适应性肥大，主要表现为全心扩大，同时心脏也会呈现出左心室壁厚度的轻度增加，生理学称之为离心性心脏肥大，这样可使心肌收缩力量增强，搏出量增加，在此条件下又会反射性地引起心交感神经活动减弱，使心率减慢；七年级女生竞足组的基础心率明显偏低于同群其他组，可能是处在生长发育期的女中学生，长期进行较大运动强度的力量对抗类（课堂通常安排绝对力量型与相对力量型的活动内容）民俗体育运动有关，长期进行此类力量性体育运动同样可使心脏产生适应性肥大，主要表现为左心室壁厚度的增加，然而左右心室腔的扩大不明显，生理学称之为向心性心脏肥大。

　　能够引起这一生理效应的民俗体育项目较多，可以借鉴运动员训练常采用的训练方法——循环训练法，将角力类项目分为多个站点，在课堂上安排学生进行多组依次轮换进行体验与练习。如上课时将全班（约 55 人）分为五大组，（每组指派两名负责人），第一大组进行两两对抗的"斗拐"运动；第二大组进行多种形式的拔河（徒手式、三角式、四向式等）；第三大组进行短距离的直线"推小车"接力赛；第四大组进行原地低重心的太极推手对抗练习；第五大组原地进行多种形式的"倒拉牛"对抗练习；每大组练习时间持续约 3 分钟，然后按照指定顺序依次轮换站点进行循环练习。同样竞足类民俗体育项目也是按照此模式分成了多个站点进行分组教学与练习。通常此类项目的运动强度适中，持续时间较长，属耐力性运动项目。例如按照循环训练法将全班分为五大组，分别进行追逐式"网鱼"、长距离"滚铁环"、改编版"老鹰捉小鸡"、平移式"编花篮"、跑进式"跳绳"，约进行 5 分钟后，各站点间依次进行轮换。

4.2.5.2　民俗体育运动对中小学生心功指数的影响分析

　　心功指数是测定运动员心脏功能的常用指标，指标测试依据是以相对定量的负荷，测心率变化和恢复情况，定量工作时的心率及其恢复与心脏功能情况有一定的内在关系，一般情况下心脏功能强者工作时心率比弱者低，恢复时间也比弱者短。较成熟的心功指数测验方法是让受试者在 30 秒内按照节拍进行 30 次蹲起试验，这种测试最早由瑞典体育联合会推荐并被体育界广泛认同，是一种简易评价心血管机能的定量负荷试验方法，主要通过观察定量负荷后心率的反应和心率恢复速度的关系，以此来评定心血管系统机能状况。安静时心率越低，蹲起试验后心率恢复越快则心功指数越低，表明心血管系统机能越好。

从图 4 - 141 可发现，两个年级的四个受试群体中每个实验组的心功指数均明显比阴性对照组小，且均比阳性对照组略小，各组间呈显著性差异（P < 0.01），具有统计学意义；同时还呈现出七年级男女学生比五年级男女学生整体偏低的情形，这与高年级学生的心脏功能逐步改善与增强有关，因此心功指数会随年龄的增加呈现下降趋势，这也是心力储备提高的表现。另外，同年龄段、同性别学生在完成同样运动负荷时，动用心输出量潜力越多，心跳频率（脉搏频率）越快，指数越低，心脏功能水平也越高；反之，越低。结合此机制，实验结果显示各实验组心脏机能的改善（心功指数较低），这很有可能与实验各组系统锻炼民俗体育活动有密切关系。

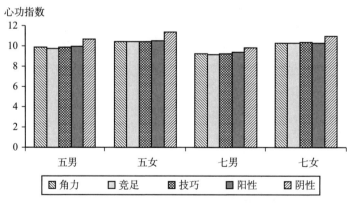

图 4 - 141　实验后中小学生心功指数测试结果对比

注：五男指五年级男生，五女指五年级女生，七男指七年级男生，七女指七年级女生。下同。

可通俗地认为，随着心脏泵血做功效率的提高，心脏像汽车发动机一样以经济高效的供能方式输出动力，可以游刃有余地完成额定的工作，做功完毕后心率快速下降并恢复至安静状态，这一快速的恢复过程可以节省耗氧量，呈现出心脏做功节省化的现象。实验各组学生出现心脏功能改善明显，能产生这种结果的民俗运动项目较多，通常是有氧代谢为主的民俗体育活动，例如竞足类项目——集体跳绳，由两人摇摆绳索，其他多人依次助跑进入跳绳区域，时而双足跳，时而单足跳，时而转身跳，时而下蹲跳等，然后迅速跑离跳跃区。这样反复多次练习，运动强度适中偏高（根据课堂运动强度安排与监督，属中等强度的有氧运动），参与者的心率曲线呈现局部波浪式、整体较平稳的态势，通常每堂课为学生安排此类活动的累积时间约 25 分钟。又例如技巧类项目——砸沙包，攻方两人（或两队人），相距一定距离站立，并相互投掷沙包，守方多人在中间指定区域快速奔跑、躲闪或试图截取沙包，按照规则参与者间进行攻守轮换（上场或离场）。这样攻守双方之间循环进行投掷、奔跑、躲闪及抢断等大幅度的肢体动作（根据课堂运动强度安排与监督，属较高强度的有氧运动），参与者的心率曲线也呈现出局部波浪式、整体较平稳的态势，通常每堂课为学生安排此类活动的累积时间约 20 分钟。

4.2.5.3　民俗体育运动对中小学生脉压差的影响分析

脉压差又称脉压，是收缩压和舒张压的差值，可粗略反映大动脉的弹性程度，正常范围在 30~40 毫米汞柱。儿童少年群体的心脏收缩力弱，血管壁弹性好，血管口径相对较成人大，外周阻力较小，因此儿童的血压较成人低。青春发育初始期，心脏发育速度开始增快，血管发育处于落后状态，同时由于性腺、甲状腺等分泌旺盛，血压明显升高，一些人甚至出现暂时偏高的现象，称为"青春期高血压"。一般多见于身体发育良好，身高增长迅速的青少年，表现为收缩压较高，但一般不超过 150 毫米汞柱，并有起伏，而舒张压在正常范围。据统计，青春期高血压始发年龄为 11~12 岁，随年龄增长而升高；高峰年龄为 13~14 岁，以后逐渐减少，18 岁左右接近成人水平。

影响青春期学生血压的主要因素为性别、年龄、身高、体重、胸围等，其中体重对血压的影响尤其重要，然而长期体育运动对身高、体重等身体形态指标有较大影响。血压是由心输出量和外周血管阻力两个基本

181

因素决定的。长期坚持运动锻炼血压下降的机制有以下几方面：（1）调节植物神经功能，降低交感神经兴奋性，提高迷走神经兴奋性，缓解小动脉痉挛，从而有助于降压。（2）降低血容量：运动训练可以提高尿钠排泄，相对降低血容量，从而降低过高的血压。（3）调整内分泌：运动训练时血浆前列腺素 E 和心钠素水平提高，促使钠从肾脏排泄，抑制去甲肾上腺在神经末梢的释放，从而参与血压的调节。训练造成血压下降之后，心钠素的含量则随之下降。运动时血浆胰岛素水平降低，有助于减少肾脏对钠的吸收，从而减少血容量，帮助调整血压。（4）血管运动中枢适应性改变：运动中一过性血压升高可作用于大脑皮层和皮质下中枢，重新调定机体的血压调控水平，使运动后的血液能够平衡在较低水平。

从测试数据来看，两个年级四个测试群实验前后的脉压测试结果没有明显变化，起伏微小，起伏最大的出现在五年级男生竞足组和七年级角力组与阳性组，变化幅度为 0.4 毫米汞柱（如图 4 – 142 所示），前后数据变化不显著（P > 0.05），不具有统计学意义。这说明了，青春高血压初始期（11 ~ 12 岁）的五年级学生与青春高血压高峰期（11 ~ 12 岁）的七年级学生的血压无明显变化，这很可能与长期进行民俗体育运动有很密切关系。从适量负荷参与体育运动角度看，少儿期对进行强度较大且持续时间较短的民俗体育运动（三类游戏性质的民俗体育）会有一定程度的适应，有助于短时间内隐性青春期高血压的快速恢复，因此身处青春高血压敏感期的学生均未出现较明显的高血压症状很可能是积极参与三个月民俗体育运动所干预的结果。

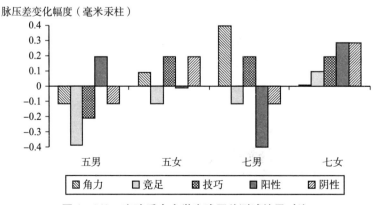

图 4 – 142　实验后中小学生脉压差测试结果对比

4.2.5.4　民俗体育运动对中小学生肺活量的影响分析

肺活量是指用尽力吸一口气后，再做最大用力呼气所能呼出的气体量。肺活量为一次呼吸时的最大通气量，是反映肺通气功能水平的指标。肺活量的大小与呼吸肌的力量、胸廓的大小以及肺的弹性等因素有关。

五年级与七年级学生正处在少儿期，他们的胸廓狭小、呼吸肌力较弱且呼吸表浅，新陈代谢旺盛，因而呼吸频率快，肺活量、肺通气量较成人小。随年龄增大呼吸深度增大，呼吸频率逐渐减少而肺活量逐渐增大。由于呼吸肌较弱、调节功能不完善，在运动时主要靠加快呼吸频率来增加肺通气量，而呼吸深度增加很少。由于儿童少年氧运输系统的功能不如成人，在进行剧烈运动时，他们的最大通气量和最大摄氧量较低，有氧氧化能力和无氧分解能力都比成人低。因此，他们对强度较大而持续时间较长的运动适应能力较低，容易疲劳。基于此特征，课题组在为五年级与七年级授课期间，每个民俗体育运动项目的练习时间均未超出 3 分钟，尤其是运动强度略大的项目，时间控制在 1 分钟内或不超过 30 秒钟。例如各种形式的拔河竞赛活动，由于是角力对抗类项目，是动员全身大肌肉群参与的绝对力量比拼，且发力通常为肌肉的等长收缩方式，此种状态下常常伴有短时间的或瞬间的憋气，一定意义上对肌肉力量的充分发挥有积极作用，也对少儿的呼吸肌或辅助呼吸肌均产生一定的刺激，经常练习此类活动，可提高呼吸肌的力量，相应可提高练习者的肺活量。另外经常参加耐力性的民俗体育项目可提高肺呼吸肌的有氧耐力工作能力，尤其是在周期性运动状态下，周期且固定的肢体运动动作，伴随均匀的呼吸节奏而又略大的呼吸深度（必要时，需鼻口同时呼吸换气），例如，跳绳跑运动项目——单人跳绳的一种形式，通常是安排学生在慢跑过程中进行跳绳的一项运动形式，此运动是相对固定的周期运动——慢跑中进行的双脚交替跨跳，练习时注重呼吸的节奏与深度，通常在课堂安排每人 300 米×2 次的练习内容。实验后两个年级四个测试群的三个实验组与阳性之间肺活量测试结果无显著性差异（P >0.05）；然而实验后，三个实验组和阳性对照组的肺活量测试结果均明显大于各群阴性组，实验前后肺活量提高幅度明显，（P < 0.01）具有统计学意义（见图 4 - 143），这可能与课堂上民俗体育运动的内容方式

关系密切。说明进行三类民俗体育运动对少儿的呼吸系统具有一定的促进作用。

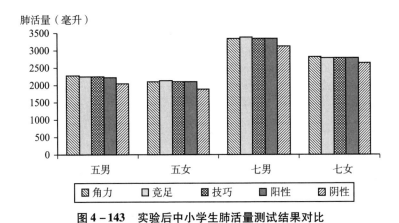

图 4 – 143　实验后中小学生肺活量测试结果对比

4.2.5.5　民俗体育运动对中小学生最大摄氧量的影响分析

184

最大摄氧量是指人体在进行有大量肌肉群参加的长时间剧烈运动中，当心肺功能和肌肉利用氧的能力达到本人极限水平时，单位时间内（通常以每分钟为计算单位）所能摄取的氧量。它反映了机体吸入氧、运输氧和利用氧的能力，是评定人体有氧工作能力的重要指标之一。能综合反映呼吸和循环机能水平，在体育运动中被广泛运用。最大摄氧量越高，有氧代谢能力越强。决定最大摄氧量的生理机制有：①最大心输出量；②血液的载氧能力；③肺的扩散能力；④骨骼肌特征。前三个被称为"中枢"机制，第四个因素被称为"外周"机制。

最大摄氧量的遗传度很高，达到 69% ~ 93.6%，并依年龄、性别和训练等因素的不同而有所差异。男性增长最快的时期在 11 ~ 13 岁，以后稳定上升，18 岁趋于稳定。女性在 11 ~ 12 岁增长最快，以后逐年增长，16 岁后逐渐稳定。另外，后天训练对其影响的弹性较大。有学者指出，在训练引起最大摄氧量增加过程中，训练初期的增加主要依赖于心输出量的增大；训练后期的增加则主要依赖于肌组织利用氧的能力的增大。但由于受遗传因家限制，最大摄氧量的提高幅度受到一定制约。有氧运动可以通过增加最大摄氧量水平而提高心肺机能，但有氧运动研究的结果根据运动性质（如强度、持续时间或频率）的不同而存在差异。通过有氧运动增加的最大摄氧量，一般来说是 5% ～ 30%，与运动刺激水平密切相关。实验后结果显示（如图 4 - 144 所示），两个年级男女生运动组之间最大摄氧量测试结果无显著性差异（P > 0.05），不具有统计学意义，但从趋势上来看，参与民俗体育锻炼男女生最大摄氧量的增加量要稍大于阳性对照组的增加量；两个年级男女生民俗体育实验组、阳性对照组与阴性对照组之间最大摄氧量测试结果具有显著性（P > 0.05）或极显著性差异（P < 0.01）。引起实验组前后测试结果明显变化的原因很可能与学生们在民俗体育课堂上练习的运动项目关系紧密。例如，课堂上安排站点式的循环练习内容，一站为：一分钟斗拐——通常两人一小组进行对抗练习，要求单足站立不得随意双腿站立；下一站为：一分钟踢毽子——通常是个人进行，若失误应立即连续腾踢，毽子踢起的高度应明显高于自身头部；再下一站为：推铁环接力——通常为在跑道上直线推进铁环接力赛。以上三站运动内容分别为三个实验组代表性的运动项目，运动强度偏大，接近有氧与无氧运动的临界点（前面第 3 章的运动负荷数据已表明了课堂上学生实时心率变化及运动强度状况），此种运动状态下的运动会对机体的循环与呼吸系统产生较稳定的持续性刺激，因而为两个年级的学生开设 3 个月的民俗体育课程很可能是提高他们最大摄氧量的关键因素之一。

185

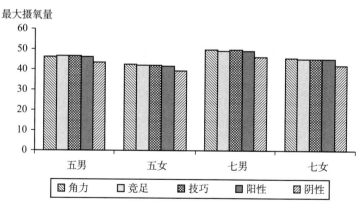

图 4 - 144　实验后中小学生最大摄氧量测试结果对比

4.3 民俗体育运动对中小学生运动素质的健身功效

身体素质通常是指人体的基本活动，是人体各器官系统的机能在肌肉工作中的反应；是以身体形态、机能发育为基础，并与遗传、社会环境、营养、训练等因素关系密切，互相影响，互相制约；在一定程度上可以看作人体形态结构和机能的综合表现。中小学生的身体素质正处于快速增长最为关键的时期。身体素质的提高不仅促进中小学生的生长发育水平，而且身体素质整体发展水平的提高，对人的体质强弱影响和作用更大。相反，身体素质的发展受到影响，不仅影响儿童青少年的生长发育和体质健康状况，还可能成为永久性缺陷或功能障碍。

体育锻炼是中小学生良好生活习惯的重要内容之一。据相关资料显示，体育锻炼对增强体质的作用主要有改善和提高神经系统、循环系统、呼吸系统的功能，增强人体运动系统的活动能力和机体对外界环境的适应能力。体育锻炼对于正在生长发育期的中小学生，可以全面各器官、系统的功能，改善大脑的控制和指挥能力，促进生长发育，使身体更加健康、健壮。同时体育锻炼又能对中小学生紧张的学习生活进行调节，有助于消除疲劳，改善注意力和记忆力，提高学习效率。因此积极参加体育锻炼，养成良好的生活习惯对提高中小学生身体素质具有重要意义。

经常参加民俗体育运动可以锻炼中小学生负重、柔韧、灵敏、耐力、爆发力等几乎身体运动所需要的各种能力。由于这个年龄段儿童身体生理指标还不能满足较高水平竞技体育的需求，同时他们又不愿意长时间接受较枯燥的身体素质练习，参加民俗体育，给生活带来了很多色彩和快乐，对于这个年龄段的儿童是非常合适的，也会留下很美好的回忆。

4.3.1 民俗体育运动对五年级男生身体素质的健身功效

4.3.1.1 实验前五年级男生身体素质测验结果

民俗体育实验进行前，五年级男生身体素质各项指标测验、方差齐性检验及方差分析结果如表4–53所示。

表4–53 实验前五年级男生身体素质测验、方差齐性检验及
方差分析结果（N＝40）

指标	角力 M±SD	竞足 M±SD	技巧 M±SD	阳性对照 M±SD	阴性对照 M±SD	方差齐 性检验	显著性 概率
左手握力 （公斤）	20.5±2.8	20.9±2.8	21.0±3.3	21.2±3.2	21.1±2.9	0.373	0.849
右手握力 （公斤）	21.8±2.6	21.7±2.7	22.1±3.1	22.3±3.0	21.9±2.9	0.654	0.878
背肌力 （公斤）	58.1±5.1	57.4±4.8	57.7±4.5	58.1±4.2	58.1±4.3	0.833	0.939
仰卧起坐 （次/分钟）	29.1±3.2	29.3±3.0	28.8±3.9	29.4±4.0	29.6±4.4	0.331	0.895
立定跳远 （厘米）	167.9±6.7	167.5±6.5	167.1±5.3	167.6±7.1	170.0±7.7	0.354	0.970
俯卧撑 （次）	9.6±4.0	9.2±3.8	9.2±4.0	9.8±5.0	10.0±3.9	0.142	0.897
选择反应时 （秒）	0.54±0.02	0.54±0.02	0.54±0.02	0.54±0.02	0.54±0.02	0.532	0.758
50米（秒）	9.3±0.3	9.3±0.3	9.4±0.3	9.3±0.3	9.3±0.4	0.718	0.563
十字变向跑 （秒）	16.6±1.0	16.5±1.0	16.4±0.8	16.5±0.9	16.5±0.8	0.745	0.905
4×10米往 返跑（秒）	14.0±0.6	13.9±0.7	14.0±0.6	13.9±0.5	13.8±0.6	0.702	0.818
反复横跨 （次）	35.9±3.1	35.7±2.6	35.7±3.4	35.3±3.3	35.8±3.4	0.402	0.922
纵叉 （厘米）	16.9±5.5	16.6±4.7	17.2±5.4	16.9±4.7	17.2±5.1	0.906	0.984
横叉 （厘米）	22.2±4.5	21.9±4.6	22.1±5.8	22.3±4.2	22.6±5.0	0.875	0.979
坐位体前屈 （厘米）	6.0±4.1	5.8±4.8	5.8±5.4	5.7±4.4	5.7±4.8	0.934	0.999
转肩 （厘米）	64.2±7.0	63.9±7.4	64.6±7.9	64.1±7.4	64.9±7.9	0.814	0.975

续表

指标	角力 M ± SD	竞足 M ± SD	技巧 M ± SD	阳性对照 M ± SD	阴性对照 M ± SD	方差齐性检验	显著性概率
立位转体（度）	140 ± 11	140 ± 10	141 ± 12	141 ± 12	141 ± 12	0.155	0.993
闭目单足立（秒）	32.3 ± 7.4	31.6 ± 7.4	32.0 ± 6.7	32.7 ± 8.1	32.5 ± 8.5	0.699	0.966
一分钟抛网球（次）	139 ± 11	137 ± 11	139 ± 11	138 ± 13	138 ± 12	0.439	0.970

由表 4 – 53 可以发现：

（1）实验前五年级男生身体素质各项指标方差齐性检验显著性概率均大于 0.05，应接受方差齐性的原假设，表明各样本所属总体的方差无显著性差异。

（2）实验前五年级男生各个组别左手握力的测验平均值分别为 20.5 公斤、20.9 公斤、21.0 公斤、21.2 公斤、21.1 公斤，方差分析显著性概率 P = 0.849 > 0.05，表明在民俗体育实验进行前，五年级男生左手握力各个组别均值之间均没有显著性差异。

（3）实验前五年级男生各个组别右手握力的测验平均值分别为 21.8 公斤、21.7 公斤、22.1 公斤、22.3 公斤、21.9 公斤，方差分析显著性概率 P = 0.878 > 0.05，表明在民俗体育实验进行前，五年级男生右手握力各个组别均值之间均没有显著性差异。

（4）实验前五年级男生各个组别背肌力的测验平均值分别为 58.1 公斤、57.4 公斤、57.7 公斤、58.1 公斤、58.1 公斤，方差分析显著性概率 P = 0.939 > 0.05，表明在民俗体育实验进行前，五年级男生背肌力各个组别均值之间均没有显著性差异。

（5）实验前五年级男生各个组别仰卧起坐的测验平均值分别为 29.1 次/分钟、29.3 次/分钟、28.8 次/分钟、29.4 次/分钟、29.6 次/分钟，方差分析显著性概率 P = 0.895 > 0.05，表明在民俗体育实验进行前，五年级男生脉压差各个组别均值之间均没有显著性差异。

（6）实验前五年级男生各个组别立定跳远的测验平均值分别为 167.9 厘米、167.5 厘米、167.1 厘米、167.6 厘米、170.0 厘米，方差分析显著性概率 P = 0.970 > 0.05，表明在民俗体育实验进行前，五年级男生立定跳远各个组别均值之间均没有显著性差异。

（7）实验前五年级男生各个组别俯卧撑的测验平均值分别为 9.6 次、9.2 次、9.2 次、9.8 次、10.0 次，方差分析显著性概率 $P = 0.897 > 0.05$，表明在民俗体育实验进行前，五年级男生俯卧撑各个组别均值之间均没有显著性差异。

（8）实验前五年级男生各个组别选择反应时的测验平均值都为 0.54 秒，方差分析显著性概率 $P = 0.758 > 0.05$，表明在民俗体育实验进行前，五年级男生选择反应时各个组别均值之间均没有显著性差异。

（9）实验前五年级男生各个组别 50 米跑的测验平均值分别为 9.3 秒、9.3 秒、9.4 秒、9.3 秒、9.3 秒，方差分析显著性概率 $P = 0.563 > 0.05$，表明在民俗体育实验进行前，五年级男生 50 米跑各个组别均值之间均没有显著性差异。

（10）实验前五年级男生各个组别十字变向跑的测验平均值分别为 16.6 秒、16.5 秒、16.4 秒、16.5 秒、16.5 秒，方差分析显著性概率 $P = 0.905 > 0.05$，表明在民俗体育实验进行前，五年级男生十字变向跑各个组别均值之间均没有显著性差异。

（11）实验前五年级男生各个组别往返跑的测验平均值分别为 14.0 秒、13.9 秒、14.0 秒、13.9 秒、13.8 秒，方差分析显著性概率 $P = 0.818 > 0.05$，表明在民俗体育实验进行前，五年级男生 4×10 米往返跑各个组别均值之间均没有显著性差异。

（12）实验前五年级男生各个组别反复横跨的测验平均值分别为 35.9 次、35.7 次、35.7 次、35.3 次、35.8 次，方差分析显著性概率 $P = 0.922 > 0.05$，表明在民俗体育实验进行前，五年级男生反复横跨各个组别均值之间均没有显著性差异。

（13）实验前五年级男生各个组别纵叉的测验平均值分别为 16.9 厘米、16.6 厘米、17.2 厘米、16.9 厘米、17.2 厘米，方差分析显著性概率 $P = 0.984 > 0.05$，表明在民俗体育实验进行前，五年级男生纵叉各个组别均值之间均没有显著性差异。

（14）实验前五年级男生各个组别横叉的测验平均值分别为 22.2 厘米、21.9 厘米、22.1 厘米、22.3 厘米、22.6 厘米，方差分析显著性概率 $P = 0.979 > 0.05$，表明在民俗体育实验进行前，五年级男生横叉各个组别均值之间均没有显著性差异。

（15）实验前五年级男生各个组别坐位体前屈的测验平均值分别为

6.0 厘米、5.8 厘米、5.8 厘米、5.7 厘米、5.7 厘米、5.8 厘米，方差分析显著性概率 P = 0.999 > 0.05，表明在民俗体育实验进行前，五年级男生坐位体前屈各个组别均值之间均没有显著性差异。

（16）实验前五年级男生各个组别转肩的测验平均值分别为 64.2 厘米、63.9 厘米、64.2 厘米、64.0 厘米、64.9 厘米，方差分析显著性概率 P = 0.975 > 0.05，表明在民俗体育实验进行前，五年级男生"转肩"测试各个组别均值之间均没有显著性差异。

（17）实验前五年级男生各个组别立位转体的测验平均值分别为 140 度、140 度、141 度、141 度、141 度，方差分析显著性概率 P = 0.993 > 0.05，表明在民俗体育实验进行前，五年级男生"立位转体"各个组别均值之间均没有显著性差异。

（18）实验前五年级男生各个组别闭目单足立的测验平均值分别为 32.3 秒、31.6 秒、32.0 秒、32.7 秒、32.5 秒，方差分析显著性概率 P = 0.966 > 0.05，表明在民俗体育实验进行前，五年级男生"闭目单足立"各个组别均值之间均没有显著性差异。

（19）实验前五年级男生各个组别一分钟抛网球的测验平均值分别为 139 次、137 次、139 次、138 次、138 次方差分析显著性概率 P = 0.970 > 0.05，表明在民俗体育实验进行前，五年级男生一分钟抛网球各个组别均值之间均没有显著性差异。

4.3.1.2　实验前五年级男生身体素质指标均值分布图

图 4 - 145 ~ 图 4 - 162 为实验前五年级男生身体素质各项指标均数分布图，图中各点表示各种锻炼方案对应数据的均值大小。

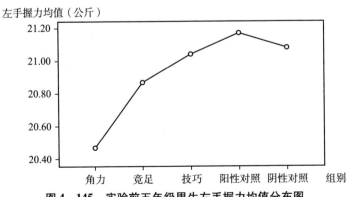

图 4 - 145　实验前五年级男生左手握力均值分布图

右手握力均值（公斤）

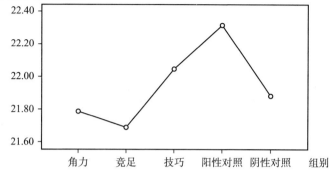

图 4 – 146　实验前五年级男生右手握力均值分布图

背肌力均值（公斤）

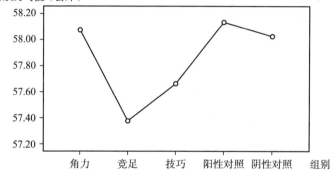

图 4 – 147　实验前五年级男生背肌力均值分布图

仰卧起坐均值（次/分钟）

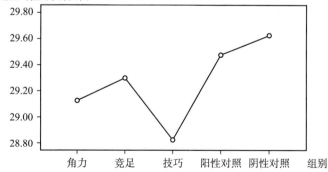

图 4 – 148　实验前五年级男生仰卧起坐均值分布图

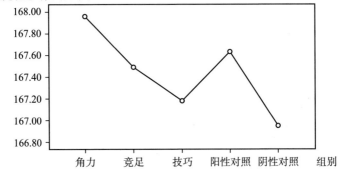

图 4 – 149　实验前五年级男生立定跳远均值分布图

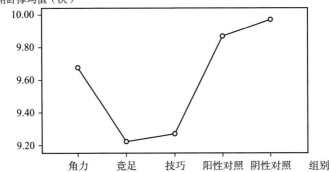

图 4 – 150　实验前五年级男生俯卧撑均值分布图

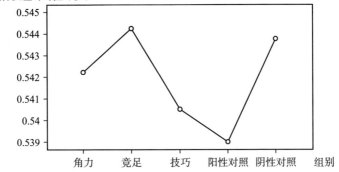

图 4 – 151　实验前五年级男生选择反应时均值分布图

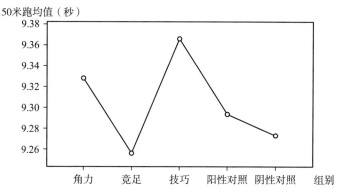

图 4－152　实验前五年级男生 50 米跑均值分布图

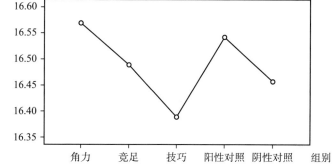

图 4－153　实验前五年级男生十字变向跑均值分布图

193

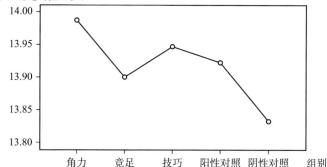

图 4－154　实验前五年级男生 4×10 米往返跑均值分布图

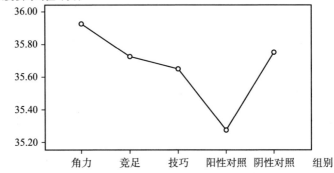

反复横跨均值（次）

图 4 – 155　实验前五年级男生反复横跨均值分布图

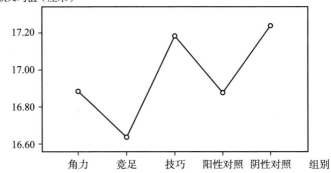

纵叉均值（厘米）

图 4 – 156　实验前五年级男生纵叉均值分布图

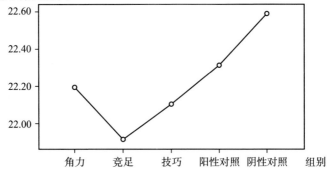

横叉均值（厘米）

图 4 – 157　实验前五年级男生横叉均值分布图

坐位体前屈均值（厘米）

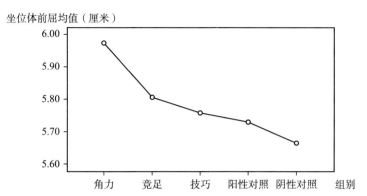

图 4 – 158 实验前五年级男生坐位体前屈均值分布图

转肩均值（厘米）

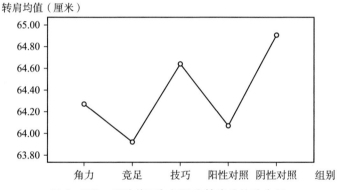

图 4 – 159 实验前五年级男生转肩均值分布图

立位转体均值（度）

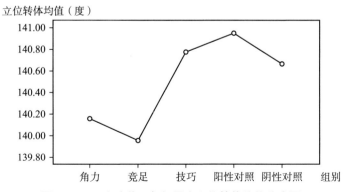

·图 4 – 160 实验前五年级男生立位转体均值分布图

闭目单足立均值（秒）

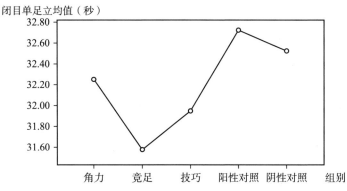

图 4 - 161　实验前五年级男生闭目单足立均值分布图

一分钟抛网球均值（次）

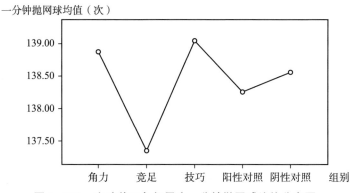

图 4 - 162　实验前五年级男生一分钟抛网球均值分布图

4.3.1.3　实验后五年级男生身体素质测验结果

民俗体育健身实验进行后，五年级男生身体素质各项指标测验、方差齐性检验及方差分析结果如表 4 - 54 所示。

表 4 - 54　　实验后五年级男生身体素质测验、方差齐性检验及
方差分析结果（N = 40）

指标	角力 M ± SD	竞足 M ± SD	技巧 M ± SD	阳性对照 M ± SD	阴性对照 M ± SD	方差齐性检验	显著性概率
左手握力（公斤）	24.9 ± 2.7	22.6 ± 2.7	22.9 ± 3.3	22.6 ± 3.1	21.8 ± 2.8	0.293	0.000

续表

指标	角力 M ± SD	竞足 M ± SD	技巧 M ± SD	阳性对照 M ± SD	阴性对照 M ± SD	方差齐 性检验	显著性 概率
右手握力 （公斤）	26.0 ± 2.5	23.5 ± 2.7	23.9 ± 3.0	23.6 ± 3.0	22.6 ± 2.8	0.644	0.000
背肌力 （公斤）	64.0 ± 5.0	60.6 ± 4.7	60.8 ± 4.5	61.0 ± 4.2	60.3 ± 4.3	0.871	0.002
仰卧起坐 （次/分钟）	33.1 ± 3.2	30.2 ± 3.0	30.0 ± 3.7	30.4 ± 3.8	28.7 ± 4.3	0.355	0.000
立定跳远 （厘米）	181.9 ± 6.3	180.2 ± 6.1	178.9 ± 5.0	176.3 ± 6.8	170.2 ± 7.3	0.374	0.000
俯卧撑 （次）	13.9 ± 2.8	11.2 ± 2.7	11.1 ± 3.0	10.9 ± 3.9	9.4 ± 3.3	0.182	0.000
选择反应时 （秒）	0.53 ± 0.02	0.52 ± 0.02	0.51 ± 0.02	0.53 ± 0.02	0.54 ± 0.02	0.487	0.000
50 米跑 （秒）	9.0 ± 0.3	8.8 ± 0.3	9.1 ± 0.3	9.1 ± 0.3	9.2 ± 0.4	0.705	0.000
十字变向跑 （秒）	16.1 ± 1.0	15.5 ± 0.9	15.5 ± 0.8	16.2 ± 0.8	16.3 ± 0.8	0.695	0.000
4 × 10 米往 返跑（秒）	13.7 ± 0.6	13.2 ± 0.7	13.3 ± 0.5	13.7 ± 0.5	13.7 ± 0.6	0.706	0.000
反复横跨 （次）	37.9 ± 2.9	39.9 ± 2.5	40.5 ± 3.1	36.3 ± 3.0	35.5 ± 3.1	0.532	0.000
纵叉 （厘米）	16.2 ± 5.5	16.0 ± 4.8	16.3 ± 5.3	16.6 ± 4.7	17.9 ± 5.1	0.893	0.463
横叉 （厘米）	21.6 ± 4.4	21.3 ± 4.6	21.2 ± 5.7	22.0 ± 4.2	23.3 ± 4.9	0.903	0.301
坐位体前屈 （厘米）	6.3 ± 5.4	6.2 ± 4.8	6.3 ± 5.4	6.0 ± 4.4	5.4 ± 4.8	0.934	0.927
转肩 （厘米）	65.9 ± 7.0	65.3 ± 7.4	65.4 ± 7.8	65.5 ± 7.3	65.5 ± 7.9	0.809	0.665
立位转体 （度）	138 ± 11	138 ± 9	139 ± 9	138 ± 12	137 ± 11	0.135	0.916

指标	角力 M ± SD	竞足 M ± SD	技巧 M ± SD	阳性对照 M ± SD	阴性对照 M ± SD	方差齐 性检验	显著性 概率
闭目单足立 （秒）	39.3 ± 7.1	39.1 ± 7.0	44.4 ± 6.3	39.0 ± 7.7	34.1 ± 7.7	0.776	0.000
一分钟抛网 球（次）	146 ± 11	144 ± 10	156 ± 10	143 ± 12	142 ± 12	0.362	0.000

由表 4-54 可以发现：

（1）实验后五年级男生身体素质各项指标方差齐性检验显著性概率均大于 0.05，应接受方差齐性的原假设，表明各样本所属总体的方差无显著性差异。

（2）实验后五年级男生各个组别左手握力的测验平均值分别为 24.9 公斤、22.6 公斤、22.9 公斤、22.6 公斤、21.8 公斤，方差分析显著性概率 P = 0.000 < 0.01，表明在民俗体育健身实验进行后，五年级男生左手握力各个组别均值之间存在显著性差异，需要采用多重比较法对每对均值之间的差异进行比较，以进一步分析哪一对均值之间有显著性差异，哪一对均值之间无显著性差异。均值多重比较检验结果如表 4-55 所示。

表 4-55　　　实验后五年级男生左手握力各组均值多重比较
检验结果（Tukey HSD）

组别	竞足		技巧		阳性对照		阴性对照	
	均差	显著性	均差	显著性	均差	显著性	均差	显著性
角力	2.22 **	0.008	1.91 *	0.033	2.26 **	0.006	3.00 **	0.000
竞足			0.31	0.990	0.04	1.000	0.78	0.757
技巧					0.35	0.983	1.09	0.459
阳性对照							0.74	0.792

比较检验结果显示：角力组和技巧组均值间具有显著性差异（P < 0.05），角力组和竞足组、角力组和阳性对照组、角力组和阴性对照组均值间均具有极显著性差异（P < 0.01）。

（3）实验后五年级男生各个组别右手握力的测验平均值分别为 26.0 公斤、23.5 公斤、23.9 公斤、23.6 公斤、22.6 公斤，方差分析显著性概率 P = 0.000 < 0.01，表明在民俗体育健身实验进行后，五年级男生右手握力各个组别均值之间差异具显著性，需要采用多重比较法对每对均值之间的差异进行比较，其比较检验结果如表 4 - 56 所示。

表 4 - 56　　　　实验后五年级男生右手握力各组均值多重比较
检验结果（Tukey HSD）

组别	竞足		技巧		阳性对照		阴性对照	
	均差	显著性	均差	显著性	均差	显著性	均差	显著性
角力	2.58 **	0.001	2.11 **	0.009	2.39 **	0.002	3.47 **	0.000
竞足			− 0.46	0.948	− 0.19	0.998	0.89	0.624
技巧					0.27	0.992	1.36	0.207
阳性对照							1.08	0.433

比较检验结果显示：角力组和竞足组、角力组和技巧组、角力组和阳性对照组、角力组和阴性对照组均值间均具有极显著性差异（P < 0.01）。

（4）实验后五年级男生各个组别背肌力的测验平均值分别为 64.0 公斤、60.6 公斤、60.8 公斤、61.0 公斤、60.3 公斤，方差分析显著性概率 P = 0.002 < 0.01，表明在民俗体育健身实验进行后，五年级男生背肌力各个组别均值之间差异具显著性。需要采用多重比较法对每对均值之间的差异进行比较，其比较检验结果如表 4 - 57 所示。

表 4 - 57　　　　实验后五年级男生背肌力各组均值多重比较
检验结果（Tukey HSD）

组别	竞足		技巧		阳性对照		阴性对照	
	均差	显著性	均差	显著性	均差	显著性	均差	显著性
角力	3.42 **	0.008	3.17 *	0.018	3.06 *	0.025	3.68 **	0.003
竞足			− 0.25	0.999	− 0.36	0.997	0.26	0.999

续表

组别	竞足		技巧		阳性对照		阴性对照	
	均差	显著性	均差	显著性	均差	显著性	均差	显著性
技巧					−0.11	1.000	0.51	0.987
阳性对照							0.62	0.973

比较检验结果显示：角力组和技巧组、角力组和阳性对照组均值间均具有显著性差异（$P < 0.05$），角力组和竞足组、角力组和阴性对照组均值间均具有极显著性差异（$P < 0.01$）。

（5）实验后五年级男生各个组别一分钟快速仰卧起坐的测验平均值分别为 33.1 次/分钟、30.2 次/分钟、30.0 次/分钟、30.4 次/分钟、28.7 次/分钟，方差分析显著性概率 $P = 0.000 < 0.01$，表明在民俗体育健身实验进行后，五年级男生一分钟仰卧起坐各个组别均值之间存在显著性差异，需要采用多重比较法对每对均值之间的差异进行比较，其比较检验结果如表 4 −58 所示。

200

表 4 −58   实验后五年级男生一分钟快速仰卧起坐各组均值
多重比较检验结果（Tukey HSD）

组别	竞足		技巧		阳性对照		阴性对照	
	均差	显著性	均差	显著性	均差	显著性	均差	显著性
角力	2.80**	0.006	3.17**	0.001	2.62*	0.013	4.40**	0.000
竞足			0.37	0.991	−0.17	1.000	1.60	0.288
技巧					−0.55	0.962	1.22	0.562
阳性对照							1.77	0.192

比较检验结果显示：角力组和阳性对照组均值间具有显著性差异（$P < 0.05$），角力组和竞足组、角力组和技巧组、角力组和阴性对照组均值间均具有极显著性差异（$P < 0.01$）。

（6）实验后五年级男生各个组别立定跳远的测验平均值分别为 181.9 厘米、180.2 厘米、178.9 厘米、176.3 厘米、170.2 厘米，方差分析显著性概率 $P = 0.000 < 0.01$，表明在民俗体育健身实验后，五年

级男生立定跳远各个组别均值之间存在显著性差异，需要采用多重比较法对每对均值之间的差异进行比较，其比较检验结果如表4–59所示。

表4–59　　　实验后五年级男生立定跳远各组均值多重比较
检验结果（Tukey HSD）

组别	竞足		技巧		阳性对照		阴性对照	
	均差	显著性	均差	显著性	均差	显著性	均差	显著性
角力	1.70	0.753	3.02	0.212	5.67 **	0.001	11.7 **	0.000
竞足			1.32	0.884	3.97 *	0.044	10.0 **	0.000
技巧					2.65	0.339	8.67 **	0.000
阳性对照							6.02 **	0.000

比较检验结果显示：角力组和阳性对照组、角力组和阴性对照组、竞足组和阴性对照组、技巧组和阴性对照组、阳性对照组和阴性对照组均值间均具有极显著性差异（P<0.01），竞足组和阳性对照组均值间具有显著性差异（P<0.05）。

（7）实验后五年级男生各个组别俯卧撑的测验平均值分别为13.9次、11.2次、11.1次、10.9次、9.4次，方差分析显著性概率 P = 0.000<0.01，表明在民俗体育健身实验后，五年级男生俯卧撑各个组别均值之间存在显著性差异，需要采用多重比较法对每对均值之间的差异进行比较，其比较检验结果如表4–60所示。

表4–60　　　实验后五年级男生俯卧撑各组均值多重比较
检验结果（Tukey HSD）

组别	竞足		技巧		阳性对照		阴性对照	
	均差	显著性	均差	显著性	均差	显著性	均差	显著性
角力	2.8 **	0.001	2.8 **	0.001	3.1 **	0.000	4.6 **	0.000
竞足			0.1	1.000	0.3	0.991	1.8	0.087
技巧					0.3	0.995	1.8	0.103
阳性对照							1.5	0.233

比较检验结果显示：角力组和竞足组、角力组和技巧组、角力组和阳性对照组、角力组和阴性对照组均值间均具有极显著性差异（P < 0.01）。

（8）实验后五年级男生各个组别选择反应时的测验平均值分别为 0.53 秒、0.52 秒、0.51 秒、0.53 秒、0.54 秒，方差分析显著性概率 P = 0.000 < 0.01，表明在民俗体育健身实验进行后，五年级男生选择反应时各个组别均值之间存在显著性差异，需要采用多重比较法对每对均值之间的差异进行比较，其比较检验结果见表 4-61。

表 4-61 实验后五年级男生选择反应时各组均值多重比较检验结果（Tukey HSD）

组别	竞足		技巧		阳性对照		阴性对照	
	均差	显著性	均差	显著性	均差	显著性	均差	显著性
角力	0.008	0.360	0.020 **	0.000	-0.003	0.979	-0.011	0.120
竞足			0.012 *	0.044	-0.011	0.120	-0.019 **	0.000
技巧					-0.023 **	0.000	-0.031 **	0.000
阳性对照							-0.008	0.360

比较检验结果表明：角力组和技巧组、技巧组和阳性对照组、竞足组和阴性对照组、技巧组和阴性对照组均值间具有极显著性差异（P < 0.01），竞足组和技巧组均值间具有显著性差异（P < 0.05）。

（9）实验后五年级男生各个组 50 米跑的测验平均值分别为 9.0 秒、8.8 秒、9.1 秒、9.1 秒、9.2 秒，方差分析显著性概率 P = 0.000 < 0.01，表明在民俗体育健身实验进行后，五年级男生 50 米跑各个组别均值之间存在显著性差异，需要采用多重比较法对每对均值之间的差异进行比较，其比较检验结果见表 4-62。

表 4-62 实验后五年级男生 50 米跑各组均值多重比较检验结果（Tukey HSD）

组别	竞足		技巧		阳性对照		阴性对照	
	均差	显著性	均差	显著性	均差	显著性	均差	显著性
角力	0.25 **	0.004	-0.03	0.991	-0.05	0.955	-0.14	0.262

组别	竞足		技巧		阳性对照		阴性对照	
	均差	显著性	均差	显著性	均差	显著性	均差	显著性
竞足			- 0.29 **	0.001	- 0.30 **	0.000	- 0.40 **	0.000
技巧					- 0.02	0.999	- 0.11	0.527
阳性对照							- 0.09	0.686

比较检验结果表明：角力组和竞足组、竞足组与技巧组、竞足组和阳性对照组、竞足组和阴性对照组均值间具有极显著性差异（P < 0.01）。

（10）实验后五年级男生各个组十字变向跑的测验平均值分别为 16.1 秒、15.5 秒、15.5 秒、16.2 秒、16.3 秒，方差分析显著性概率 P = 0.000 < 0.01，表明在民俗体育健身实验进行后，五年级男生十字变向跑各个组别均值之间存在显著性差异，需要采用多重比较法对每对均值之间的差异进行比较，其比较检验结果见表 4 - 63。

表 4 - 63   实验后五年级男生十字变向跑各组均值多重比较检验结果（Tukey HSD）

组别	竞足		技巧		阳性对照		阴性对照	
	均差	显著性	均差	显著性	均差	显著性	均差	显著性
角力	0.56 *	0.033	0.64 *	0.011	- 0.08	0.994	- 0.20	0.840
竞足			0.08	0.995	- 0.64 **	0.009	- 0.76 **	0.001
技巧					- 0.72 **	0.003	- 0.84 **	0.000
阳性对照							- 0.12	0.972

比较检验结果表明：角力组和竞足组、角力与技巧组均值间具有显著性差异（P < 0.05），竞足组和阳性对照组、技巧组和阳性对照组、竞足组和阴性对照组、技巧组和阴性对照组均值间具有极显著性差异（P < 0.01）。

（11）实验后五年级男生各个组往返跑的测验平均值分别为 13.7 秒、13.2 秒、13.3 秒、13.7 秒、13.7 秒，方差分析显著性概率 P =

0.000 < 0.01，表明在民俗体育健身实验进行后，五年级男生往返跑各个组别均值之间存在显著性差异，需要采用多重比较法对每对均值之间的差异进行比较，其比较检验结果见表4-64。

表4-64　　　实验后五年级男生往返跑各组均值多重比较
检验结果（Tukey HSD）

组别	竞足		技巧		阳性对照		阴性对照	
	均差	显著性	均差	显著性	均差	显著性	均差	显著性
角力	0.43 **	0.008	0.37 *	0.034	- 0.06	0.991	- 0.08	0.977
竞足			- 0.06	0.990	- 0.49 **	0.002	- 0.51 **	0.001
技巧					- 0.43 **	0.009	- 0.45 **	0.006
阳性对照							- 0.02	1.000

比较检验结果表明：角力与技巧组均值间具有显著性差异（P < 0.05），角力组和竞足组、竞足组和阳性对照组、竞足组和阴性对照组、技巧组和阳性对照组、技巧组和阴性对照组均值间具有极显著性差异（P < 0.01）。

（12）实验后五年级男生各个组反复横跨的测验平均值分别为37.9次、39.9次、40.5次、36.3次、35.5次，方差分析显著性概率 P = 0.000 < 0.01，表明在民俗体育健身实验进行后，五年级男生反复横跨各个组别均值之间存在显著性差异，需要采用多重比较法对每对均值之间的差异进行比较，其比较检验结果见表4-65。

表4-65　　　实验后五年级男生反复横跨各组均值多重比较
检验结果（Tukey HSD）

组别	竞足		技巧		阳性对照		阴性对照	
	均差	显著性	均差	显著性	均差	显著性	均差	显著性
角力	- 2.05 *	0.018	- 2.60 **	0.001	1.60	0.112	2.35 **	0.004
竞足			- 0.55	0.919	3.65 **	0.000	4.40 **	0.000
技巧					4.20 **	0.000	4.95 **	0.000
阳性对照							0.75	0.786

　　比较检验结果表明：角力与竞足组均值间具有显著性差异（P <
0.05），角力组和技巧组、角力组和阴性组、竞足组和阳性对照组、竞
足组和阴性对照组、技巧组和阳性对照组、技巧组和阴性对照组均值间
具有极显著性差异（P < 0.01）。

　　（13）实验后五年级男生各个组纵叉的测验平均值分别为 16.2 厘
米、16.0 厘米、16.3 厘米、16.6 厘米、17.9 厘米，方差分析显著性概
率 P = 0.463 > 0.05，表明在民俗体育健身实验进行后，五年级男生纵
叉各个组别均值之间无显著性差异。

　　（14）实验后五年级男生各个组横叉的测验平均值分别为 21.6 厘
米、21.3 厘米、21.2 厘米、22.0 厘米、23.3 厘米，方差分析显著性概
率 P = 0.301 > 0.05，表明在民俗体育健身实验进行后，五年级男生横
叉各个组别均值之间无显著性差异。

　　（15）实验后五年级男生各个组别坐位体前屈的测验平均值分别为
6.3 厘米、6.2 厘米、6.3 厘米、6.0 厘米、5.4 厘米，方差分析显著性
概率 P = 0.927 > 0.05，表明在民俗体育健身实验进行后，五年级男生
坐位体前屈各个组别均值之间均没有显著性差异。

　　（16）实验后五年级男生各个组转肩的测验平均值分别为 65.9 厘
米、65.3 厘米、65.4 厘米、65.5 厘米、65.5 厘米，方差分析显著性概
率 P = 0.665 > 0.05，表明在民俗体育健身实验进行后，五年级男生转
肩各个组别均值之间均没有显著性差异。

　　（17）实验后五年级男生各个组别立位转体的测验平均值分别为
138 度、138 度、139 度、138 度、137 度，方差分析显著性概率 P =
0.916 > 0.05，表明在民俗体育健身实验进行后，五年级男生立位转体
各个组别均值之间均没有显著性差异。

　　（18）实验后五年级男生各个组别闭目单足立测验平均值分别为
39.3 秒、39.1 秒、44.4 秒、39.0 秒、34.1 秒，方差分析显著性概率
P = 0.000 < 0.01，表明在民俗体育健身实验进行后，五年级男生闭目
单足立各个组别均值之间存在显著性差异，需要采用多重比较法对每
对均值之间的差异进行比较，其均值多重比较检验结果如表 4 - 66
所示。

表 4 - 66　　　实验后五年级男生闭目单足立各组均值多重比较
检验结果（Tukey HSD）

组别	竞足		技巧		阳性对照		阴性对照	
	均差	显著性	均差	显著性	均差	显著性	均差	显著性
角力	0.20	1.000	-5.05 *	0.017	0.30	1.000	5.15 *	0.014
竞足			-5.25 *	0.012	0.10	1.000	4.95 *	0.021
技巧					5.35 *	0.010	10.20 **	0.000
阳性对照							4.85 *	0.025

比较检验结果显示：角力组和技巧组、角力组和阴性对照组、竞足组和技巧组、竞足组和阴性对照组、技巧组和阳性对照组、技巧组和阴性对照组、阳性对照组和阴性对照组均值间均有显著性差异（P < 0.05），其中技巧组和阴性对照组具有极显著性差异（P < 0.01）。

（19）实验后五年级男生各个组别一分钟抛网球的测验平均值分别为 146 次、144 次、156 次、143 次、142 次，方差分析显著性概率 P = 0.000 < 0.01，表明在民俗体育健身实验进行后，五年级男生一分钟抛网球各个组别均值之间存在显著性差异，需要采用多重比较法对每对均值之间的差异进行比较，其比较检验结果如表 4 - 67 所示。

表 4 - 67　　　实验后五年级男生一分钟抛网球各组均值
多重比较检验结果（Tukey HSD）

组别	竞足		技巧		阳性对照		阴性对照	
	均差	显著性	均差	显著性	均差	显著性	均差	显著性
角力	1.50	0.975	-10.00 **	0.001	2.60	0.835	4.10 *	0.471
竞足			-11.50 **	0.000	1.10	0.992	2.60	0.835
技巧					12.60 **	0.000	14.10 **	0.000
阳性对照							1.50	0.975

比较检验结果显示：角力组和技巧组、角力组和阴性对照组、竞足组和技巧组、技巧组和阳性对照组、技巧组和阴性对照组均值间均

有显著性差异（P＜0.05），其中角力组和技巧组、竞足组和技巧组、技巧组和阳性对照组以及技巧组和阴性对照组具有极显著性差异（P＜0.01）。

4.3.1.4　实验后五年级男生身体素质指标均值分布图

图 4－163～图 4－180 为实验后五年级男生身体素质各项指标均数分布图，图中各点表示各种锻炼方案对应数据的均值大小。

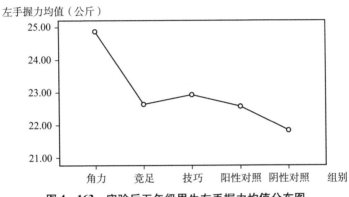

图 4－163　实验后五年级男生左手握力均值分布图

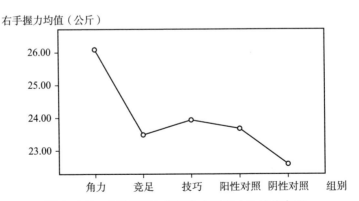

图 4－164　实验后五年级男生右手握力均值分布图

背肌力均值（公斤）

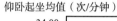

图 4 - 165　实验后五年级男生背肌力均值分布图

仰卧起坐均值（次/分钟）

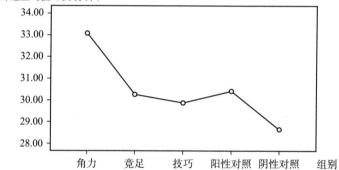

图 4 - 166　实验后五年级男生仰卧起坐均值分布图

立定跳远均值（厘米）

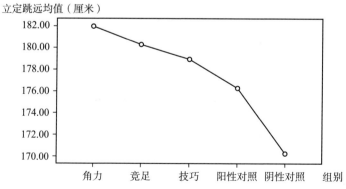

图 4 - 167　实验后五年级男生立定跳远均值分布图

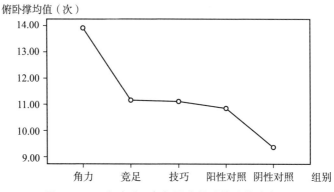

图4-168 实验后五年级男生俯卧撑均值分布图

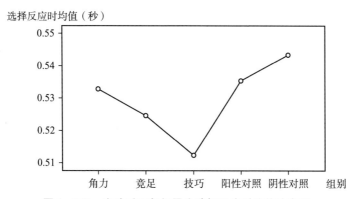

图4-169 实验后五年级男生选择反应时均值分布图

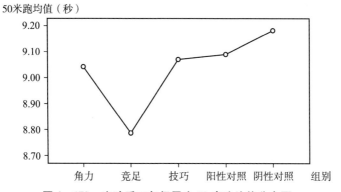

图4-170 实验后五年级男生50米跑均值分布图

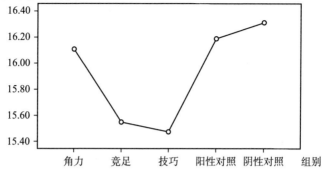

图 4 – 171　实验后五年级男生十字变向跑均值分布图

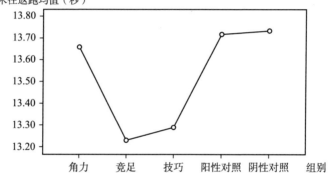

图 4 – 172　实验后五年级男生 4 × 10 米往返跑均值分布图

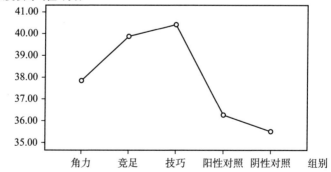

图 4 – 173　实验后五年级男生反复横跨均值分布图

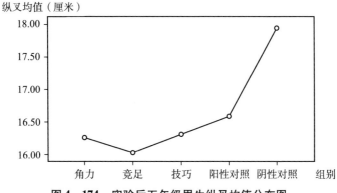

图 4 - 174　实验后五年级男生纵叉均值分布图

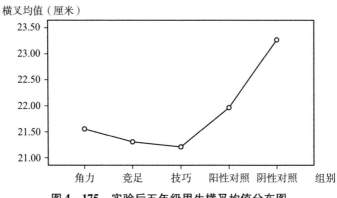

图 4 - 175　实验后五年级男生横叉均值分布图

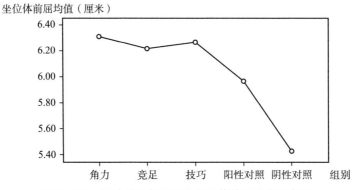

图 4 - 176　实验后五年级男生坐位体前屈均值分布图

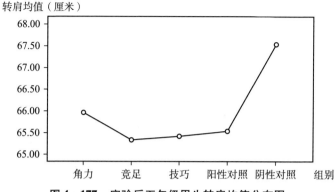

图 4-177 实验后五年级男生转肩均值分布图

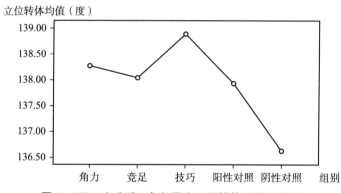

图 4-178 实验后五年级男生立位转体均值分布图

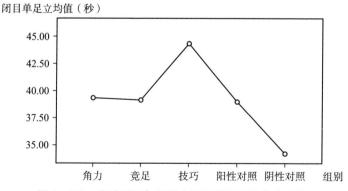

图 4-179 实验后五年级男生闭目单足立均值分布图

一分钟抛网球均值（次）

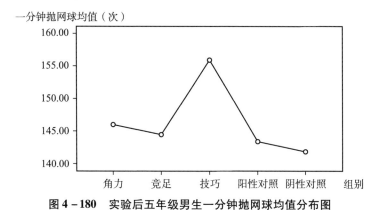

图4-180 实验后五年级男生一分钟抛网球均值分布图

4.3.2 民俗体育运动对五年级女生身体素质的健身功效

4.3.2.1 实验前五年级女生身体素质测验结果

民俗体育实验进行前，五年级女生身体素质各项指标测验、方差齐性检验及方差分析结果如表4-68所示。

表4-68 实验前五年级女生身体素质测验、方差齐性检验及方差分析结果（N=33）

指标	角力 M ± SD	竞足 M ± SD	技巧 M ± SD	阳性对照 M ± SD	阴性对照 M ± SD	方差齐性检验	显著性概率
左手握力 （公斤）	18.0 ±2.4	17.9 ±2.1	18.0 ±2.1	18.1 ±2.1	18.2 ±2.4	0.864	0.984
右手握力 （公斤）	19.0 ±2.5	18.8 ±2.1	19.1 ±2.2	19.2 ±2.1	19.0 ±2.3	0.982	0.970
背肌力 （公斤）	50.9 ±4.1	51.2 ±3.7	51.0 ±3.5	51.3 ±3.7	51.3 ±3.5	0.838	0.988
仰卧起坐 （次/分钟）	28.0 ±4.1	27.9 ±4.1	28.3 ±4.0	28.4 ±3.8	28.5 ±4.5	0.951	0.968
立定跳远 （厘米）	155.6 ±7.5	156.1 ±8.7	156.4 ±7.7	156.0 ±8.3	156.0 ±9.3	0.630	0.997

指标	角力 M ± SD	竞足 M ± SD	技巧 M ± SD	阳性对照 M ± SD	阴性对照 M ± SD	方差齐 性检验	显著性 概率
俯卧撑 （次）	8.0 ±3.0	8.2 ±3.4	7.8 ±3.2	8.0 ±3.2	8.1 ±3.1	0.923	0.990
选择反应时 （秒）	0.54 ±0.03	0.54 ±0.03	0.54 ±0.03	0.54 ±0.03	0.54 ±0.03	0.810	0.925
50 米跑 （秒）	9.5 ±0.3	9.5 ±0.3	9.5 ±0.3	9.5 ±0.3	9.5 ±0.3	0.984	0.877
十字变向跑 （秒）	17.1 ±0.8	17.2 ±0.8	17.1 ±0.8	17.1 ±0.7	17.1 ±0.8	0.974	0.988
4×10 米往 返跑（秒）	15.9 ±0.8	16.1 ±0.7	16.0 ±0.8	16.0 ±0.8	16.0 ±0.7	0.975	0.917
反复横跨 （次）	33.8 ±3.2	33.8 ±3.9	33.9 ±3.8	34.1 ±3.9	33.8 ±4.1	0.479	0.998
纵叉 （厘米）	15.3 ±6.5	15.5 ±5.5	14.8 ±5.0	14.7 ±4.7	15.7 ±4.8	0.456	0.920
横叉 （厘米）	19.8 ±6.6	20.1 ±4.9	19.5 ±4.3	19.8 ±4.9	21.0 ±4.3	0.200	0.798
坐位体前屈 （厘米）	9.2 ±6.8	9.3 ±5.8	9.7 ±5.9	9.7 ±6.1	9.1 ±6.9	0.843	0.992
转肩 （厘米）	61.8 ±10.0	61.2 ±8.7	65.4 ±9.4	65.5 ±10.7	65.5 ±10.5	0.652	0.980
立位转体 （度）	145 ±11	145 ±13	146 ±11	145 ±11	145 ±12	0.497	0.995
闭目单足立 （秒）	33.8 ±9.8	34.1 ±8.6	34.5 ±8.6	34.0 ±9.1	33.5 ±8.7	0.809	0.994
一分钟抛网 球（次）	144 ±15	144 ±14	145 ±14	145 ±16	144 ±14	0.946	0.994

由表 4 - 68 可以发现：

（1）实验前五年级女生身体素质各项指标方差齐性检验显著性概率均大于 0.05，应接受方差齐性的原假设，表明各样本所属总体的方差无显著性差异。

（2）实验前五年级女生各个组别左手握力的测验平均值分别为 18.0 公斤、17.9 公斤、18.0 公斤、18.1 公斤、18.2 公斤，方差分析显著性概率 P＝0.984＞0.05，表明在民俗体育实验进行前，五年级女生左手握力各个组别均值之间均没有显著性差异。

（3）实验前五年级女生各个组别右手握力的测验平均值分别为 19.0 公斤、18.8 公斤、19.1 公斤、19.2 公斤、19.0 公斤，方差分析显著性概率 P＝0.970＞0.05，表明在民俗体育实验进行前，五年级女生右手握力各个组别均值之间均没有显著性差异。

（4）实验前五年级女生各个组别背肌力的测验平均值分别为 50.9 公斤、51.2 公斤、51.0 公斤、51.3 公斤、51.3 公斤，方差分析显著性概率 P＝0.988＞0.05，表明在民俗体育实验进行前，五年级女生背肌力各个组别均值之间均没有显著性差异。

（5）实验前五年级女生各个组别仰卧起坐的测验平均值分别为 28.0 次/分钟、27.9 次/分钟、28.3 次/分钟、28.4 次/分钟、28.5 次/分钟，方差分析显著性概率 P＝0.968＞0.05，表明在民俗体育实验进行前，五年级女生脉压差各个组别均值之间均没有显著性差异。

（6）实验前五年级女生各个组别立定跳远的测验平均值分别为 155.6 厘米、156.1 厘米、156.4 厘米、156.0 厘米、156.0 厘米，方差分析显著性概率 P＝0.997＞0.05，表明在民俗体育实验进行前，五年级女生立定跳远各个组别均值之间均没有显著性差异。

（7）实验前五年级女生各个组别俯卧撑的测验平均值分别为 8.0 次、8.2 次、7.8 次、8.0 次、8.1 次，方差分析显著性概率 P＝0.990＞0.05，表明在民俗体育实验进行前，五年级女生俯卧撑各个组别均值之间均没有显著性差异。

（8）实验前五年级女生各个组别选择反应时的测验平均值都为 0.54 秒，方差分析显著性概率 P＝0.925＞0.05，表明在民俗体育实验进行前，五年级女生选择反应各个组别均值之间均没有显著性差异。

（9）实验前五年级女生各个组别 50 米跑的测验平均值分别为 9.5 秒、9.5 秒、9.5 秒、9.5 秒、9.5 秒，方差分析显著性概率 P＝0.877＞0.05，表明在民俗体育实验进行前，五年级女生 50 米跑各个组别均值之间均没有显著性差异。

（10）实验前五年级女生各个组别十字变向跑的测验平均值分别为17.1 秒、17.2 秒、17.1 秒、17.1 秒、17.1 秒，方差分析显著性概率 P = 0.988 > 0.05，表明在民俗体育实验进行前，五年级女生十字变向跑各个组别均值之间均没有显著性差异。

（11）实验前五年级女生各个组别往返跑的测验平均值分别为15.9 秒、16.1 秒、16.0 秒、16.0 秒、16.0 秒，方差分析显著性概率 P = 0.917 > 0.05，表明在民俗体育实验进行前，五年级女生往返跑各个组别均值之间均没有显著性差异。

（12）实验前五年级女生各个组别反复横跨的测验平均值分别为33.8 次、33.8 次、33.9 次、34.1 次、33.8 次，方差分析显著性概率 P = 0.998 > 0.05，表明在民俗体育实验进行前，五年级女生反复横跨各个组别均值之间均没有显著性差异。

（13）实验前五年级女生各个组别纵叉的测验平均值分别为15.3 厘米、15.5 厘米、14.8 厘米、14.7 厘米、15.7 厘米，方差分析显著性概率 P = 0.920 > 0.05，表明在民俗体育实验进行前，五年级女生纵叉各个组别均值之间均没有显著性差异。

（14）实验前五年级女生各个组别横叉的测验平均值分别为19.8 厘米、20.1 厘米、19.5 厘米、19.8 厘米、21.0 厘米，方差分析显著性概率 P = 0.789 > 0.05，表明在民俗体育实验进行前，五年级女生横叉各个组别均值之间均没有显著性差异。

（15）实验前五年级女生各个组别坐位体前屈的测验平均值分别为9.2 厘米、9.3 厘米、9.7 厘米、9.7 厘米、9.1 厘米，方差分析显著性概率 P = 0.992 > 0.05，表明在民俗体育实验进行前，五年级女生坐位体前屈各个组别均值之间均没有显著性差异。

（16）实验前五年级女生各个组别转肩的测验平均值分别为61.8 厘米、61.2 厘米、65.4 厘米、65.5 厘米、65.5 厘米，方差分析显著性概率 P = 0.980 > 0.05，表明在民俗体育实验进行前，五年级女生转肩测试各个组别均值之间均没有显著性差异。

（17）实验前五年级女生各个组别立位转体的测验平均值分别为145 度、145 度、146 度、145 度、145 度，方差分析显著性概率 P = 0.995 > 0.05，表明在民俗体育实验进行前，五年级女生立位转体各个组别均值之间均没有显著性差异。

（18）实验前五年级女生各个组别闭目单足立的测验平均值分别为33.8秒、34.1秒、34.5秒、34.0秒、33.5秒，方差分析显著性概率 P = 0.994 > 0.05，表明在民俗体育实验进行前，五年级女生闭目单足立各个组别均值之间均没有显著性差异。

（19）实验前五年级女生各个组别一分钟抛网球的测验平均值分别为144次、144次、145次、145次、144次，方差分析显著性概率 P = 0.994 > 0.05，表明在民俗体育实验进行前，五年级女生一分钟抛网球各个组别均值之间均没有显著性差异。

4.3.2.2　实验前五年级女生身体素质指标均值分布图

图 4 – 181 ~ 图 4 – 198 为实验前五年级女生身体素质各项指标均数分布图，图中各点表示各种锻炼方案对应数据的均值大小。

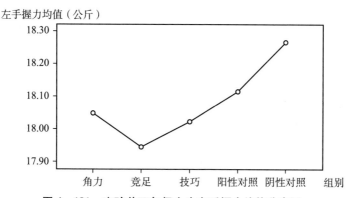

图 4 – 181　实验前五年级女生左手握力均值分布图

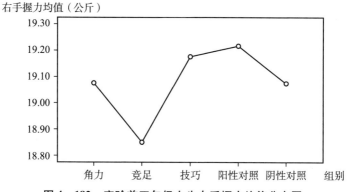

图 4 – 182　实验前五年级女生右手握力均值分布图

背肌力均值（公斤）

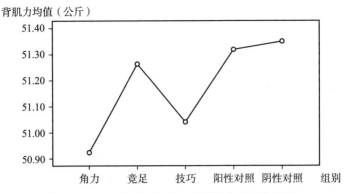

图 4 – 183　实验前五年级女生背肌力均值分布图

仰卧起坐均值（次/分钟）

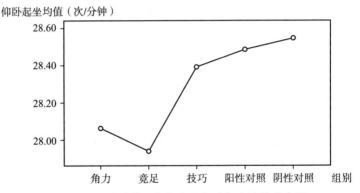

图 4 – 184　实验前五年级女生仰卧起坐均值分布图

立定跳远均值（厘米）

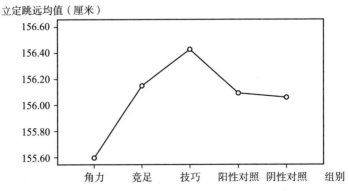

图 4 – 185　实验前五年级女生立定跳远均值分布图

俯卧撑均值（次）

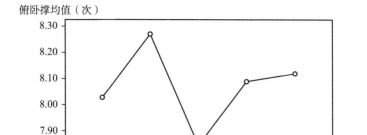

图 4 - 186　实验前五年级女生俯卧撑均值分布图

选择反应时均值（秒）

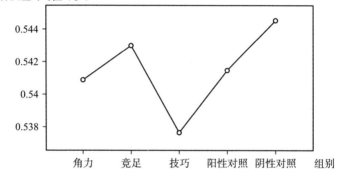

图 4 - 187　实验前五年级女生选择反应时均值分布图

50米跑均值（秒）

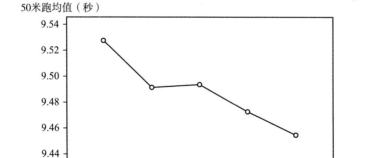

图 4 - 188　实验前五年级女生 50 米跑均值分布图

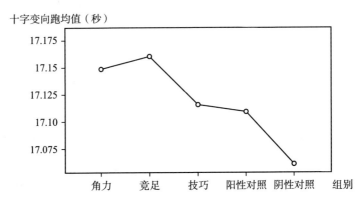

图 4 – 189　实验前五年级女生十字变向跑均值分布图

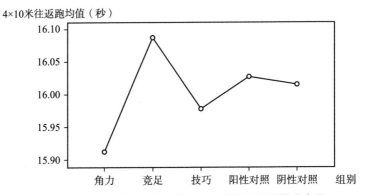

图 4 – 190　实验前五年级女生 4 × 10 米往返跑均值分布图

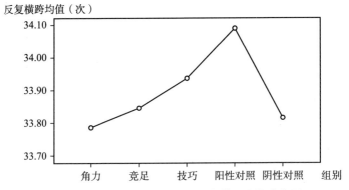

图 4 – 191　实验前五年级女生反复横跨均值分布图

纵叉均值（厘米）

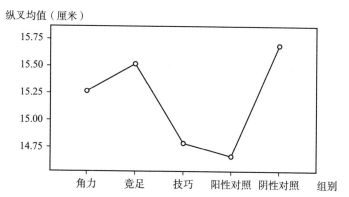

图 4－192　实验前五年级女生纵叉均值分布图

横叉均值（厘米）

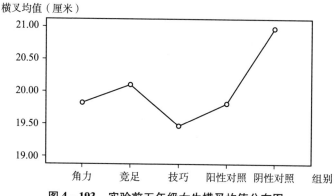

图 4－193　实验前五年级女生横叉均值分布图

坐位体前屈均值（厘米）

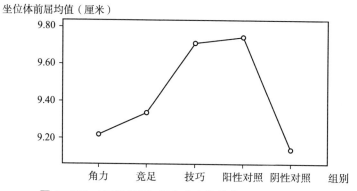

图 4－194　实验前五年级女生坐位体前屈均值分布图

转肩均值（厘米）

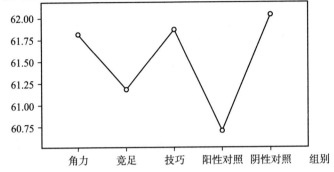

图 4 - 195　实验前五年级女生转肩均值分布图

立位转体均值（度）

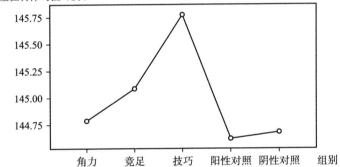

图 4 - 196　实验前五年级女生立位转体均值分布图

222

闭目单足立均值（秒）

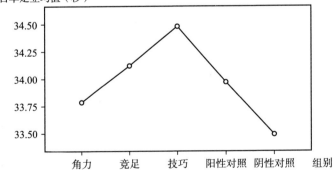

图 4 - 197　实验前五年级女生闭目单足立均值分布图

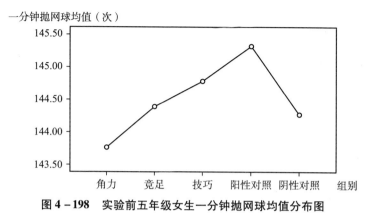

一分钟抛网球均值（次）

图 4 – 198　实验前五年级女生一分钟抛网球均值分布图

4.3.2.3　实验后五年级女生身体素质测验结果

民俗体育健身实验进行后，五年级女生身体素质各项指标测验、方差齐性检验及方差分析结果如表 4 – 69 所示。

表 4 – 69　　实验后五年级女生身体素质测验、方差齐性检验及
方差分析结果（N = 33）

指标	角力 M ± SD	竞足 M ± SD	技巧 M ± SD	阳性对照 M ± SD	阴性对照 M ± SD	方差齐 性检验	显著性 概率
左手握力 （公斤）	21.4 ±2.4	19.4 ±2.1	19.7 ±2.1	19.4 ±2.1	18.8 ±2.4	0.934	0.000
右手握力 （公斤）	22.4 ±2.4	20.3 ±2.1	20.7 ±2.2	20.5 ±2.1	19.5 ±2.3	0.969	0.000
背肌力 （公斤）	56.6 ±4.0	54.0 ±3.7	53.7 ±3.5	53.7 ±3.77	53.1 ±3.4	0.886	0.002
仰卧起坐 （次/分钟）	32.2 ±4.0	28.9 ±4.1	29.2 ±3.8	29.3 ±3.6	27.6 ±4.3	0.904	0.000
立定跳远 （厘米）	169.4 ±7.3	168.8 ±8.3	168.0 ±7.5	165.0 ±7.6	159.4 ±8.9	0.640	0.000
俯卧撑 （次）	12.3 ±2.9	10.1 ±3.2	9.8 ±3.2	9.2 ±3.2	7.5 ±2.8	0.892	0.000

指标	角力 M ± SD	竞足 M ± SD	技巧 M ± SD	阳性对照 M ± SD	阴性对照 M ± SD	方差齐 性检验	显著性 概率
选择反应时 （秒）	0.53 ± 0.02	0.52 ± 0.03	0.51 ± 0.03	0.53 ± 0.03	0.54 ± 0.03	0.716	0.002
50米跑 （秒）	9.2 ± 0.3	9.0 ± 0.3	9.2 ± 0.3	9.3 ± 0.3	9.4 ± 0.3	0.888	0.000
十字变向跑 （秒）	16.7 ± 0.8	16.1 ± 0.7	16.1 ± 0.7	16.7 ± 0.7	16.8 ± 0.8	0.934	0.000
4×10米往 返跑（秒）	15.6 ± 0.7	15.1 ± 0.7	15.1 ± 0.8	15.8 ± 0.7	15.9 ± 0.7	0.967	0.000
反复横跨 （次）	35.7 ± 3.3	38.2 ± 3.6	38.4 ± 3.6	35.2 ± 3.8	33.6 ± 3.7	0.802	0.000
纵叉 （厘米）	14.6 ± 6.4	14.7 ± 5.5	13.6 ± 4.8	14.3 ± 4.6	16.3 ± 4.7	0.409	0.320
横叉 （厘米）	19.1 ± 6.4	19.2 ± 4.8	18.3 ± 4.1	19.4 ± 4.8	21.6 ± 4.3	0.211	0.092
坐位体前屈 （厘米）	9.7 ± 6.8	9.8 ± 5.8	10.3 ± 5.9	10.0 ± 6.1	8.9 ± 6.9	0.846	0.899
转肩 （厘米）	63.3 ± 9.9	62.5 ± 8.5	62.7 ± 9.2	62.5 ± 10.5	64.6 ± 10.5	0.932	0.897
立位转体 （度）	142 ± 11	142 ± 13	144 ± 10	141 ± 12	140 ± 12	0.509	0.716
闭目单足立 （秒）	42.9 ± 9.7	43.1 ± 8.4	49.6 ± 8.4	42.4 ± 8.7	36.0 ± 8.3	0.781	0.000
一分钟抛网 球（次）	150 ± 14	151 ± 14	161 ± 14	151 ± 15	147 ± 14	0.929	0.002

由表4-69可以发现：

（1）实验后五年级女生身体素质各项指标方差齐性检验显著性概率均大于0.05，应接受方差齐性的原假设，表明各样本所属总体的方差无显著性差异。

（2）实验后五年级女生各个组别左手握力的测验平均值分别为

21.4 公斤、19.4 公斤、19.7 公斤、19.4 公斤、18.8 公斤，方差分析显著性概率 P = 0.000 < 0.01，表明在民俗体育健身实验进行后，五年级女生左手握力各个组别均值之间存在显著性差异，需要采用多重比较法对每对均值之间的差异进行比较，以进一步分析哪一对均值之间有显著性差异，哪一对均值之间无显著性差异。均值多重比较检验结果如表 4 – 70 所示。

表 4 – 70　　实验后五年级女生左手握力各组均值多重比较
检验结果（Tukey HSD）

组别	竞足		技巧		阳性对照		阴性对照	
	均差	显著性	均差	显著性	均差	显著性	均差	显著性
角力	1.94 **	0.005	1.73 *	0.017	1.96 **	0.004	2.62 **	0.000
竞足			− 0.20	0.996	0.02	1.000	0.68	0.733
技巧					0.22	0.994	0.88	0.492
阳性对照							0.66	0.752

比较检验结果显示：角力组和技巧组均值间具有显著性差异（P < 0.05），角力组和竞足组、角力组和阳性对照组、角力组和阴性对照组均值间均具有极显著性差异（P < 0.01）。

（3）实验后五年级女生各个组别右手握力的测验平均值分别为 22.4 公斤、20.3 公斤、20.7 公斤、20.5 公斤、19.5 公斤，方差分析显著性概率 P = 0.002 < 0.01，表明在民俗体育健身实验进行后，五年级女生右手握力各个组别均值之间差异具显著性，需要采用多重比较法对每对均值之间的差异进行比较，其比较检验结果如表 4 – 71 所示。

表 4 – 71　　实验后五年级女生右手握力各组均值多重比较
检验结果（Tukey HSD）

组别	竞足		技巧		阳性对照		阴性对照	
	均差	显著性	均差	显著性	均差	显著性	均差	显著性
角力	2.07 **	0.003	1.67 *	0.026	1.90 **	0.007	2.84 **	0.000
竞足			− 0.40	0.953	− 0.16	0.998	0.77	0.637

组别	竞足		技巧		阳性对照		阴性对照	
	均差	显著性	均差	显著性	均差	显著性	均差	显著性
技巧					-0.23	0.994	1.17	0.225
阳性对照							0.94	0.443

比较检验结果显示：角力组和技巧组均值间具有显著性差异（P<0.05），角力组和竞足组、角力组和阳性对照组、角力组和阴性对照组均值间均具有极显著性差异（P<0.01）。

（4）实验后五年级女生各个组别背肌力的测验平均值分别为56.6公斤、54.0公斤、53.7公斤、53.7公斤、53.1公斤，方差分析显著性概率 P=0.002<0.01，表明在民俗体育健身实验进行后，五年级女生背肌力各个组别均值之间差异具显著性。需要采用多重比较法对每对均值之间的差异进行比较，其比较检验结果如表4-72所示。

226

表4-72　　　实验后五年级女生背肌力各组均值多重比较检验结果（Tukey HSD）

组别	竞足		技巧		阳性对照		阴性对照	
	均差	显著性	均差	显著性	均差	显著性	均差	显著性
角力	2.53*	0.049	2.85*	0.018	2.87*	0.017	3.45**	0.002
竞足			0.32	0.997	0.34	0.996	0.92	0.850
技巧					-0.02	1.000	0.60	0.965
阳性对照							-0.57	0.970

比较检验结果显示：角力组和竞足组、角力组和技巧组、角力组和阳性对照组均值间均具有显著性差异（P<0.05），角力组和阴性对照组均值间具有极显著性差异（P<0.01）。

（5）实验后五年级女生各个组别一分钟快速仰卧起坐的测验平均值分别为32.2次/分钟、28.9次/分钟、29.2次/分钟、29.3次/分钟、27.6次/分钟，方差分析显著性概率 P=0.000<0.01，表明在民俗体育健身实验进行后，五年级女生一分钟仰卧起坐各个组别均值之间存在显

著性差异，需要采用多重比较法对每对均值之间的差异进行比较，其比较检验结果如表 4 - 73 所示。

表 4 - 73　　实验后五年级女生仰卧起坐各组均值多重比较
检验结果（Tukey HSD）

组别	竞足		技巧		阳性对照		阴性对照	
	均差	显著性	均差	显著性	均差	显著性	均差	显著性
角力	3.27 *	0.010	2.96 *	0.025	2.93 *	0.027	4.60 **	0.000
竞足			− 0.30	0.998	− 0.33	0.997	1.33	0.660
技巧					0.03	1.000	1.63	0.463
阳性对照							− 1.66	0.444

比较检验结果显示：角力组和竞足组、角力组和技巧组、角力组和阳性对照组均值间均具有显著性差异（P < 0.05），角力组和阴性对照组均值间具有极显著性差异（P < 0.01）。

（6）实验后五年级女生各个组别立定跳远的测验平均值分别为169.4 厘米、168.8 厘米、168.1 厘米、165.1 厘米、159.5 厘米，方差分析显著性概率 P = 0.000 < 0.01，表明在民俗体育健身实验后，五年级女生立定跳远各个组别均值之间存在显著性差异，需要采用多重比较法对每对均值之间的差异进行比较，其比较检验结果如表 4 - 74 所示。

表 4 - 74　　实验后五年级女生立定跳远各组均值多重比较
检验结果（Tukey HSD）

组别	竞足		技巧		阳性对照		阴性对照	
	均差	显著性	均差	显著性	均差	显著性	均差	显著性
角力	0.54	0.999	1.33	0.960	4.36	0.176	9.93 **	0.000
竞足			0.78	0.994	3.81	0.297	9.39 **	0.000
技巧					3.03	0.534	8.60 **	0.000
阳性对照							5.58 *	0.040

比较检验结果显示：角力组和阴性对照组、竞足组和阴性对照组、

227

技巧组和阴性对照组均值间均具有极显著性差异（P<0.01），阳性对照组和阴性对照组均值间具有显著性差异（P<0.05）。

（7）实验后五年级女生各个组别俯卧撑的测验平均值分别为 12.3次、10.1 次、9.8 次、9.2 次、7.5 次，方差分析显著性概率 P = 0.000 < 0.01，表明在民俗体育健身实验后，五年级女生俯卧撑各个组别均值之间存在显著性差异，需要采用多重比较法对每对均值之间的差异进行比较，其比较检验结果如表 4 - 75 所示。

表 4 - 75　　　实验后五年级女生俯卧撑各组均值多重比较
检验结果（Tukey HSD）

组别	竞足		技巧		阳性对照		阴性对照	
	均差	显著性	均差	显著性	均差	显著性	均差	显著性
角力	2.2*	0.031	2.4*	0.014	3.1**	0.001	4.8**	0.000
竞足			0.2	0.999	0.8	0.794	2.5**	0.008
技巧					0.6	0.917	2.3*	0.020
阳性对照							1.7	0.168

比较检验结果显示：角力组和竞足组、角力组和技巧组、技巧组和阴性对照组均值间均具有显著性差异（P<0.05），角力组和阳性对照组、角力组和阴性对照、竞足组和阴性对照组均值间均具有极显著性差异（P<0.01）。

（8）实验后五年级女生各个组别选择反应时的测验平均值分别为 0.53 秒、0.52 秒、0.51 秒、0.53 秒、0.54 秒，方差分析显著性概率 P = 0.002 <0.01，表明在民俗体育健身实验进行后，五年级女生选择反应时各个组别均值之间存在显著性差异，需要采用多重比较法对每对均值之间的差异进行比较，其比较检验结果如表 4 - 76 所示。

表 4 - 76　　　实验后五年级女生选择反应时各组均值多重比较
检验结果（Tukey HSD）

组别	竞足		技巧		阳性对照		阴性对照	
	均差	显著性	均差	显著性	均差	显著性	均差	显著性
角力	0.005	0.943	0.019	0.096	-0.001	0.999	-0.012	0.508

组别	竞足		技巧		阳性对照		阴性对照	
	均差	显著性	均差	显著性	均差	显著性	均差	显著性
竞足			0.013	0.409	−0.007**	0.007	−0.017	0.138
技巧					−0.020	0.053	−0.031**	0.001
阳性对照							−0.010	0.661

比较检验结果表明：竞足组和阳性对照组、技巧组和阴性对照组均值间具有极显著性差异（P＜0.01）。

（9）实验后五年级女生各个组50米跑的测验平均值分别为9.2秒、9.0秒、9.2秒、9.3秒、9.4秒，方差分析显著性概率 P＝0.000＜0.01，表明在民俗体育健身实验进行后，五年级女生50米跑各个组别均值之间存在显著性差异，需要采用多重比较法对每对均值之间的差异进行比较，其比较检验结果如表4－77所示。

表4－77　　　实验后五年级女生50米跑各组均值多重比较
检验结果（Tukey HSD）

组别	竞足		技巧		阳性对照		阴性对照	
	均差	显著性	均差	显著性	均差	显著性	均差	显著性
角力	0.24**	0.006	0.03	0.992	−0.04	0.979	−0.11	0.484
竞足			−0.21*	0.023	−0.28**	0.001	−0.35**	0.000
技巧					−0.07	0.850	−0.14	0.241
阳性对照							−0.07	0.830

比较检验结果表明：角力组和竞足组、竞足组和阳性对照组、竞足和阴性对照组均值间具有极显著性差异（P＜0.01），竞足组和技巧组均值间具有显著性差异（P＜0.05）。

（10）实验后五年级女生各个组十字变向跑的测验平均值分别为16.7秒、16.1秒、16.1秒、16.7秒、16.8秒，方差分析显著性概率 P＝0.000＜0.01，表明在民俗体育健身实验进行后，五年级女生十字变向跑各个组别均值之间存在显著性差异，需要采用多重比较法对每对均值之间的差异进行比较，其比较检验结果如表4-78所示。

表4-78　　　实验后五年级女生十字变向跑各组均值多重比较
检验结果（Tukey HSD）

组别	竞足		技巧		阳性对照		阴性对照	
	均差	显著性	均差	显著性	均差	显著性	均差	显著性
角力	0.54 *	0.035	0.58 *	0.021	-0.02	1.000	-0.17	0.888
竞足			0.03	1.000	-0.57 *	0.024	-0.72 **	0.002
技巧					-0.60 *	0.014	-0.75 **	0.001
阳性对照							-0.15	0.933

　　比较检验结果表明：角力组和竞足组、角力与技巧组、竞足组和阳性对照组、技巧组和阳性对照组具有显著性差异（P<0.05），竞足组和阴性对照组、技巧组和阴性对照组具有极显著性差异（P<0.01）。

　　（11）实验后五年级女生各个组4×10米往返跑的测验平均值分别为15.6秒、15.1秒、15.1秒、15.8秒、15.9秒，方差分析显著性概率P=0.000<0.01，表明在民俗体育健身实验进行后，五年级女生4×10米往返跑各个组别均值之间存在显著性差异，需要采用多重比较法对每对均值之间的差异进行比较，其比较检验结果如表4-79所示。

表4-79　　　实验后五年级女生4×10米往返跑各组均值
多重比较检验结果（Tukey HSD）

组别	竞足		技巧		阳性对照		阴性对照	
	均差	显著性	均差	显著性	均差	显著性	均差	显著性
角力	0.51 *	0.041	0.58 *	0.012	-0.18	0.855	-0.26	0.602
竞足			0.08	0.993	-0.68 **	0.002	-0.76 **	0.000
技巧					-0.76 **	0.000	-0.84 **	0.000
阳性对照							-0.08	0.992

　　比较检验结果表明：角力组与竞足组、角力组和技巧组均值间具有显著性差异（P<0.05），竞足组和阳性对照组、技巧组和阳性对照组、

竞足组和阴性对照组、技巧组和阴性对照组具有极显著性差异（P <
0.01）。

（12）实验后五年级女生各个组反复横跨的测验平均值分别为35.7
次、38.2 次、38.4 次、35.2 次、33.6 次，方差分析显著性概率 P =
0.000 < 0.01，表明在民俗体育健身实验进行后，五年级女生反复横跨
各个组别均值之间存在显著性差异，需要采用多重比较法对每对均值之
间的差异进行比较，其比较检验结果如表 4 - 80 所示。

表 4 - 80　　　　实验后五年级女生反复横跨各组均值多重比较
检验结果（Tukey HSD）

组别	竞足		技巧		阳性对照		阴性对照	
	均差	显著性	均差	显著性	均差	显著性	均差	显著性
角力	- 2.52 *	0.040	- 2.70 *	0.022	0.48	0.982	2.09	0.130
竞足			- 0.18	1.000	3.00 **	0.008	4.61 **	0.000
技巧					3.18 **	0.004	4.79 **	0.000
阳性对照							1.61	0.367

比较检验结果表明：角力与竞足组、角力组和技巧组均值间具有显
著性差异（P < 0.05），竞足组和阳性对照组、竞足组和阴性对照组、
技巧组和阳性对照组、技巧组和阴性对照组均值间具有极显著性差异
（P < 0.01）。

（13）实验后五年级女生各个组纵叉的测验平均值分别为14.6 厘
米、14.7 厘米、13.6 厘米、14.3 厘米、16.3 厘米，方差分析显著性概
率 P = 0.320 > 0.05，表明在民俗体育健身实验进行后，五年级女生纵
叉各个组别均值之间无显著性差异。

（14）实验后五年级女生各个组横叉的测验平均值分别为19.1 厘
米、19.2 厘米、18.3 厘米、19.4 厘米、21.6 厘米，方差分析显著性概
率 P = 0.092 > 0.05，表明在民俗体育健身实验进行后，五年级女生横
叉各个组别均值之间无显著性差异。

（15）实验后五年级女生各个组别坐位体前屈的测验平均值分别为
9.7 厘米、9.8 厘米、10.3 厘米、10.0 厘米、8.9 厘米，方差分析显著
性概率 P = 0.899 > 0.05，表明在民俗体育健身实验进行后，五年级女

生坐位体前屈各个组别均值之间均没有显著性差异。

（16）实验后五年级女生各个组转肩的测验平均值分别为63.3厘米、62.5厘米、62.7厘米、62.5厘米、64.6厘米，方差分析显著性概率 $P = 0.897 > 0.05$，表明在民俗体育健身实验进行后，五年级女生转肩各个组别均值之间均没有显著性差异。

（17）实验后五年级女生各个组别立位转体的测验平均值分别为142度、142度、144度、141度、140度，方差分析显著性概率 $P = 0.716 > 0.05$，表明在民俗体育健身实验进行后，五年级女生立位转体各个组别均值之间均没有显著性差异。

（18）实验后五年级女生各个组别闭目单足立测验平均值分别为42.9秒、43.1秒、48.6秒、42.4秒、36.0秒，方差分析显著性概率 $P = 0.000 < 0.01$，表明在民俗体育健身实验进行后，五年级女生闭目单足立各个组别均值之间存在显著性差异，需要采用多重比较法对每对均值之间的差异进行比较，其均值多重比较检验结果如表4-81所示。

表4-81　　　　　实验后五年级女生闭目单足立各组均值
多重比较检验结果（Tukey HSD）

组别	竞足		技巧		阳性对照		阴性对照	
	均差	显著性	均差	显著性	均差	显著性	均差	显著性
角力	-0.21	1.000	-6.75*	0.017	0.48	0.999	6.84*	0.015
竞足			-6.75*	0.023	0.70	0.998	7.06*	0.011
技巧					7.24**	0.008	13.60**	0.000
阳性对照							6.36*	0.029

比较检验结果显示：角力组和技巧组、角力组和阴性对照组、竞足组和技巧组、竞足组和阴性对照组、技巧组和阳性对照组、技巧组和阴性对照组、阳性对照组和阴性对照组均值间均有显著性差异（ $P < 0.05$ ），其中技巧组和阳对照组、技巧组和阴性对照组具有极显著性差异（ $P < 0.01$ ）。

（19）实验后五年级女生各个组别一分钟抛网球的测验平均值分别为150次、151次、161次、151次、147次，方差分析显著性概率 $P =$

0.002 < 0.01，表明在民俗体育健身实验进行后，五年级女生一分钟抛网球各个组别均值之间存在显著性差异，需要采用多重比较法对每对均值之间的差异进行比较，其比较检验结果如表 4 − 82 所示。

表 4 − 82　　　　　实验后五年级女生一分钟抛网球各组均值
多重比较检验结果（Tukey HSD）

组别	竞足		技巧		阳性对照		阴性对照	
	均差	显著性	均差	显著性	均差	显著性	均差	显著性
角力	− 0.52	1.000	− 10.33 *	0.028	0.39	1.000	3.64	0.834
竞足			− 9.82 *	0.042	0.12	1.000	4.15	0.755
技巧					10.33 *	0.028	13.97 *	0.001
阳性对照							4.03	0.775

比较检验结果显示：角力组和技巧组、竞足组和技巧组、技巧组和阳性对照组、技巧组和阴性对照组均值间均有显著性差异（P < 0.05）。

4.3.2.4　实验后五年级女生身体素质指标均值分布图

图 4 − 199 ~ 图 4 − 216 为实验后五年级女生身体素质各项指标均数分布图，图中各点表示各种锻炼方案对应数据的均值大小。

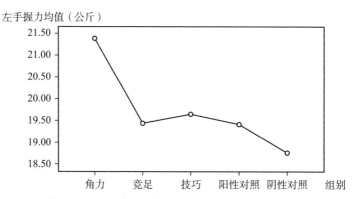

图 4 − 199　实验后五年级女生左手握力均值分布图

右手握力均值（公斤）

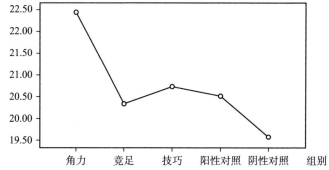

图 4 – 200　实验后五年级女生右手握力均值分布图

背肌力均值（公斤）

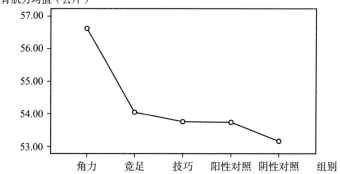

图 4 – 201　实验后五年级女生背肌力均值分布图

仰卧起坐均值（次/分钟）

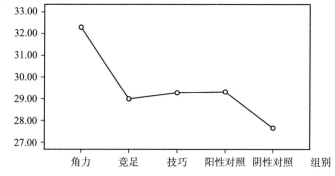

图 4 – 202　实验后五年级女生仰卧起坐均值分布图

立定跳远均值（厘米）

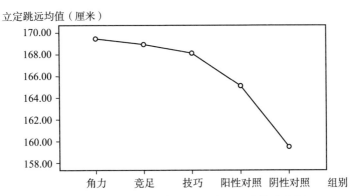

图 4 - 203　实验后五年级女生立定跳远均值分布图

俯卧撑均值（次）

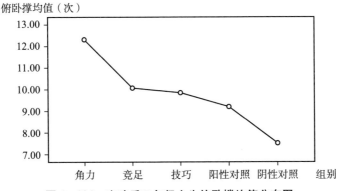

图 4 - 204　实验后五年级女生俯卧撑均值分布图

选择反应时均值（秒）

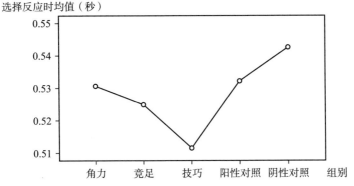

图 4 - 205　实验后五年级女生选择反应时均值分布图

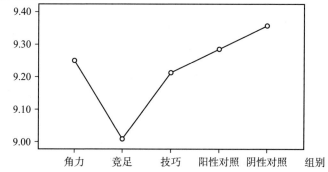

图 4 - 206　实验后五年级女生 50 米跑均值分布图

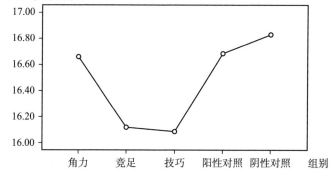

图 4 - 207　实验后五年级女生十字变向跑均值分布图

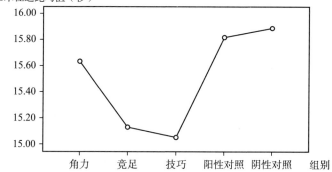

图 4 - 208　实验后五年级女生 4 × 10 米往返跑均值分布图

反复横跨均值（次）

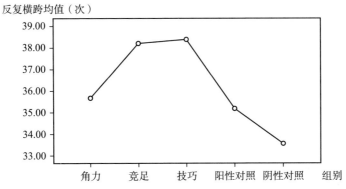

图4－209　实验后五年级女生反复横跨均值分布图

纵叉均值（厘米）

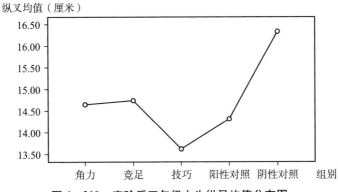

图4－210　实验后五年级女生纵叉均值分布图

横叉均值（厘米）

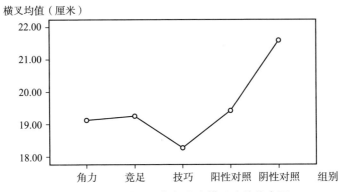

图4－211　实验后五年级女生横叉均值分布图

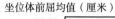

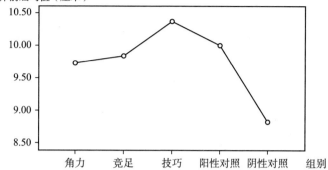

图 4 – 212   实验后五年级女生坐位体前屈均值分布图

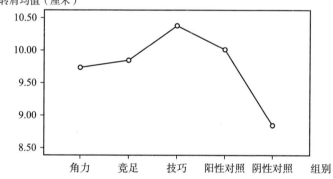

图 4 – 213   实验后五年级女生转肩均值分布图

238

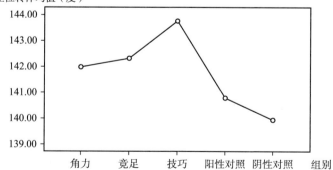

图 4 – 214   实验后五年级女生立位转体均值分布图

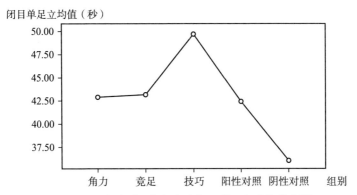

图 4 - 215　实验后五年级女生闭目单足立均值分布图

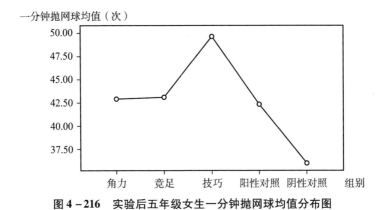

图 4 - 216　实验后五年级女生一分钟抛网球均值分布图

4.3.3　民俗体育运动对七年级男生身体素质的健身功效

4.3.3.1　实验前七年级男生身体素质测验结果

民俗体育实验进行前，七年级男生身体素质各项指标测验、方差齐性检验及方差分析结果如表 4 - 83 所示。

由表 4 - 83 可以发现：

（1）实验前七年级男生身体素质各项指标方差齐性检验显著性概率均大于 0.05，应接受方差齐性的原假设，表明各样本所属总体的方差无显著性差异。

表 4 - 83　　实验前七年级男生身体素质测验、方差齐性检验及

方差分析结果（N = 40）

指标	角力 M ± SD	竞足 M ± SD	技巧 M ± SD	阳性对照 M ± SD	阴性对照 M ± SD	方差齐性检验	显著性概率
左手握力 （公斤）	29.5 ± 2.5	29.5 ± 3.0	29.6 ± 3.0	29.5 ± 3.5	29.2 ± 2.7	0.636	0.990
右手握力 （公斤）	30.3 ± 2.5	30.6 ± 2.7	30.7 ± 2.6	30.6 ± 3.0	31.0 ± 2.4	0.765	0.876
背肌力 （公斤）	77.3 ± 4.2	77.4 ± 4.0	78.0 ± 4.2	77.5 ± 4.1	77.8 ± 3.3	0.879	0.939
仰卧起坐 （次/分钟）	33.3 ± 3.6	33.2 ± 4.1	32.6 ± 4.0	33.5 ± 3.5	33.0 ± 3.1	0.559	0.853
立定跳远 （厘米）	190.7 ± 13.3	191.4 ± 12.0	191.8 ± 13.9	190.8 ± 11.0	191.8 ± 15.0	0.437	0.993
俯卧撑 （次）	11.2 ± 3.1	11.0 ± 4.1	11.4 ± 3.9	12.0 ± 3.6	11.5 ± 3.8	0.342	0.798
选择反应时 （秒）	0.51 ± 0.05	0.50 ± 0.05	0.50 ± 0.05	0.51 ± 0.05	0.51 ± 0.05	0.945	0.992
50米跑 （秒）	8.6 ± 0.5	8.7 ± 0.5	8.7 ± 0.6	8.7 ± 0.5	8.7 ± 0.5	0.845	0.976
十字变向跑 （秒）	15.8 ± 0.7	15.9 ± 0.7	15.8 ± 0.7	16.0 ± 0.7	15.9 ± 0.6	0.926	0.649
4 × 10米往返跑（秒）	13.3 ± 0.9	13.4 ± 0.8	13.4 ± 0.7	13.4 ± 0.7	13.4 ± 0.6	0.541	0.978
反复横跨 （次）	36.4 ± 4.2	36.1 ± 4.0	35.7 ± 3.7	36.2 ± 3.4	36.3 ± 3.6	0.777	0.946
纵叉 （厘米）	19.2 ± 7.5	18.9 ± 7.8	19.5 ± 5.8	19.5 ± 5.6	19.4 ± 6.4	0.651	0.994
横叉 （厘米）	24.8 ± 7.4	24.4 ± 7.8	24.6 ± 5.7	25.1 ± 5.2	24.6 ± 6.3	0.490	0.991
坐位体前屈 （厘米）	5.4 ± 7.2	5.4 ± 7.0	5.3 ± 5.5	5.5 ± 5.4	5.3 ± 5.0	0.157	1.000
转肩 （厘米）	90.9 ± 8.6	90.3 ± 9.0	91.1 ± 9.5	91.7 ± 9.5	90.3 ± 8.6	0.903	0.973

指标	角力 M ± SD	竞足 M ± SD	技巧 M ± SD	阳性对照 M ± SD	阴性对照 M ± SD	方差齐 性检验	显著性 概率
立位转体 （度）	138 ± 8	138 ± 8	137 ± 8	137 ± 8	138 ± 8	1.000	0.949
闭目单足立 （秒）	35.2 ± 7.6	36.4 ± 7.6	36.2 ± 7.1	36.5 ± 8.2	35.9 ± 8.5	0.741	0.952
一分钟抛网 球（次）	145 ± 15	146 ± 17	146 ± 17	144 ± 18	147 ± 15	0.703	0.984

（2）实验前七年级男生各个组别左手握力的测验平均值分别为29.5公斤、29.5公斤、29.6公斤、29.5公斤、29.2公斤，方差分析显著性概率 P = 0.990 > 0.05，表明在民俗体育实验进行前，七年级男生左手握力各个组别均值之间均没有显著性差异。

（3）实验前七年级男生各个组别右手握力的测验平均值分别为30.3公斤、30.6公斤、30.7公斤、30.6公斤、31.0公斤，方差分析显著性概率 P = 0.876 > 0.05，表明在民俗体育实验进行前，七年级男生右手握力各个组别均值之间均没有显著性差异。

（4）实验前七年级男生各个组别背肌力的测验平均值分别为77.3公斤、77.4公斤、78.0公斤、77.5公斤、77.8公斤，方差分析显著性概率 P = 0.939 > 0.05，表明在民俗体育实验进行前，七年级男生背肌力各个组别均值之间均没有显著性差异。

（5）实验前七年级男生各个组别仰卧起坐的测验平均值分别为33.3次/分钟、33.2次/分钟、32.6次/分钟、33.5次/分钟、33.0次/分钟，方差分析显著性概率 P = 0.853 > 0.05，表明在民俗体育实验进行前，七年级男生脉压差各个组别均值之间均没有显著性差异。

（6）实验前七年级男生各个组别立定跳远的测验平均值分别为190.7厘米、191.4厘米、191.8厘米、190.8厘米、191.8厘米，方差分析显著性概率 P = 0.993 > 0.05，表明在民俗体育实验进行前，七年级男生立定跳远各个组别均值之间均没有显著性差异。

（7）实验前七年级男生各个组别俯卧撑的测验平均值分别为11.2次、11.0次、11.4次、12.0次、11.5次，方差分析显著性概率 P =

0.798 > 0.05，表明在民俗体育实验进行前，七年级男生俯卧撑各个组别均值之间均没有显著性差异。

（8）实验前七年级男生各个组别选择反应时的测验平均值分别为 0.51 秒、0.50 秒、0.50 秒、0.51 秒、0.51 秒，方差分析显著性概率 P = 0.992 > 0.05，表明在民俗体育实验进行前，七年级男生选择反应时各个组别均值之间均没有显著性差异。

（9）实验前七年级男生各个组别 50 米跑的测验平均值分别为 8.6 秒、8.7 秒、8.7 秒、8.7 秒、8.7 秒，方差分析显著性概率 P = 0.976 > 0.05，表明在民俗体育实验进行前，七年级男生 50 米跑各个组别均值之间均没有显著性差异。

（10）实验前七年级男生各个组别十字变向跑的测验平均值分别为 15.8 秒、15.9 秒、15.8 秒、16.0 秒、15.9 秒，方差分析显著性概率 P = 0.649 > 0.05，表明在民俗体育实验进行前，七年级男生十字变向跑各个组别均值之间均没有显著性差异。

（11）实验前七年级男生各个组别 4 × 10 米往返跑的测验平均值分别为 13.3 秒、13.4 秒、13.4 秒、13.4 秒、13.4 秒，方差分析显著性概率 P = 0.978 > 0.05，表明在民俗体育实验进行前，七年级男生 4 × 10 米往返跑各个组别均值之间均没有显著性差异。

（12）实验前七年级男生各个组别反复横跨的测验平均值分别为 36.4 次、36.1 次、35.7 次、36.2 次、36.3 次，方差分析显著性概率 P = 0.946 > 0.05，表明在民俗体育实验进行前，七年级男生反复横跨各个组别均值之间均没有显著性差异。

（13）实验前七年级男生各个组别纵叉的测验平均值分别为 19.2 厘米、18.9 厘米、19.5 厘米、19.5 厘米、19.4 厘米，方差分析显著性概率 P = 0.994 > 0.05，表明在民俗体育实验进行前，七年级男生纵叉各个组别均值之间均没有显著性差异。

（14）实验前七年级男生各个组别横叉的测验平均值分别为 24.8 厘米、24.4 厘米、24.6 厘米、25.1 厘米、24.6 厘米，方差分析显著性概率 P = 0.991 > 0.05，表明在民俗体育实验进行前，七年级男生横叉各个组别均值之间均没有显著性差异。

（15）实验前七年级男生各个组别坐位体前屈的测验平均值分别为 5.4 厘米、5.4 厘米、5.3 厘米、5.5 厘米、5.4 厘米，方差分析显著性概率 P = 1.000 > 0.05，表明在民俗体育实验进行前，七年级男生坐位体前屈各个组别均值之间均没有显著性差异。

（16）实验前七年级男生各个组别转肩的测验平均值分别为 90.9 厘米、90.3 厘米、91.1 厘米、91.7 厘米、90.3 厘米，方差分析显著性概率 P = 0.973 > 0.05，表明在民俗体育实验进行前，七年级男生转肩测试各个组别均值之间均没有显著性差异。

（17）实验前七年级男生各个组别立位转体的测验平均值分别为 138 度、138 度、137 度、137 度、138 度，方差分析显著性概率 P = 0.949 > 0.05，表明在民俗体育实验进行前，七年级男生立位转体各个组别均值之间均没有显著性差异。

（18）实验前七年级男生各个组别闭目单足立的测验平均值分别为 35.2 秒、36.4 秒、36.2 秒、36.5 秒、35.9 秒，方差分析显著性概率 P = 0.952 > 0.05，表明在民俗体育实验进行前，七年级男生闭目单足立各个组别均值之间均没有显著性差异。

（19）实验前七年级男生各个组别一分钟抛网球的测验平均值分别为 145 次、146 次、146 次、144 次、147 次，方差分析显著性概率 P = 0.984 > 0.05，表明在民俗体育实验进行前，七年级男生一分钟抛网球各个组别均值之间均没有显著性差异。

4.3.3.2 实验前七年级男生身体素质指标均值分布图

图 4 - 217 ~ 图 4 - 234 为实验前七年级男生身体素质各项指标均数分布图，图中各点表示各种锻炼方案对应数据的均值大小。

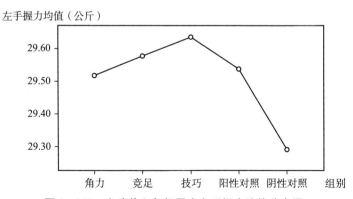

图 4 - 217 实验前七年级男生左手握力均值分布图

右手握力均值（公斤）

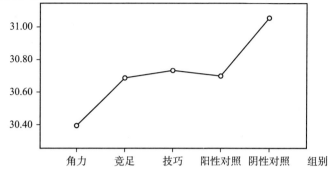

图 4 - 218　实验前七年级男生右手握力均值分布图

背肌力均值（公斤）

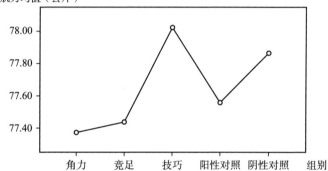

图 4 - 219　实验前七年级男生背肌力均值分布图

仰卧起坐均值（次/分钟）

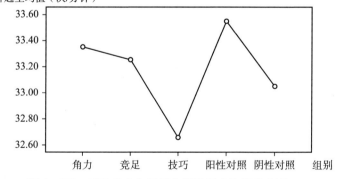

图 4 - 220　实验前七年级男生仰卧起坐均值分布图

立定跳远均值（厘米）

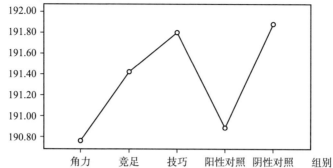

图 4 - 221　实验前七年级男生立定跳远均值分布图

俯卧撑均值（次）

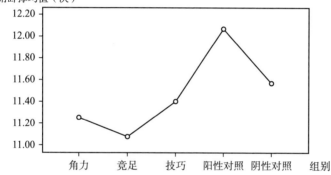

图 4 - 222　实验前七年级男生俯卧撑均值分布图

245

选择反应时均值（秒）

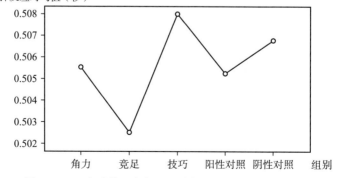

图 4 - 223　实验前七年级男生选择反应时均值分布图

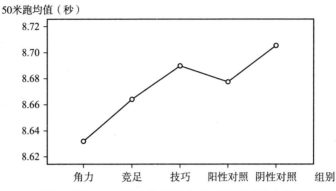

图 4 – 224　实验前七年级男生 50 米跑均值分布图

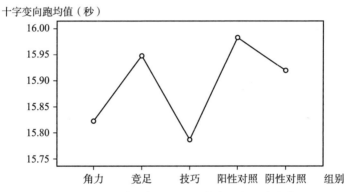

图 4 – 225　实验前七年级男生十字变向跑均值分布图

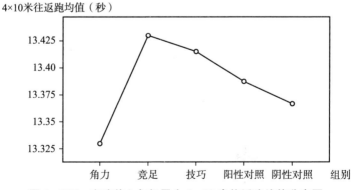

图 4 – 226　实验前七年级男生 4 × 10 米往返跑均值分布图

反复横跨均值（次）

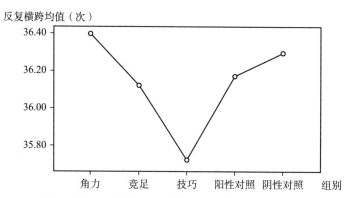

图 4 - 227　实验前七年级男生反复横跨均值分布图

纵叉均值（厘米）

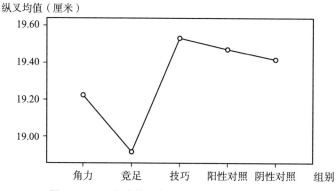

图 4 - 228　实验前七年级男生纵叉均值分布图

横叉均值（厘米）

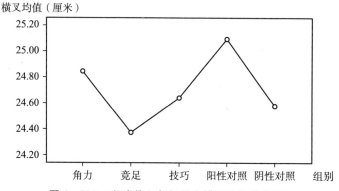

图 4 - 229　实验前七年级男生横叉均值分布图

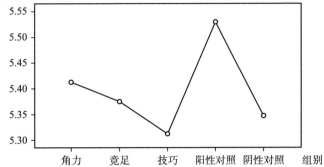

图 4 - 230　实验前七年级男生坐位体前屈均值分布图

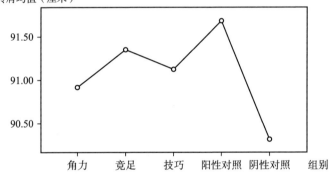

图 4 - 231　实验前七年级男生转肩均值分布图

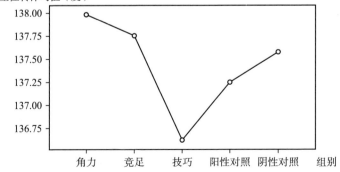

图 4 - 232　实验前七年级男生立位转体均值分布图

闭目单足立均值（秒）

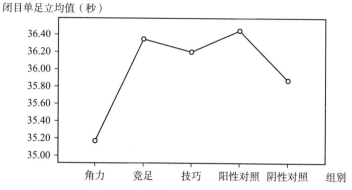

图 4 – 233　实验前七年级男生闭目单足立均值分布图

一分钟抛网球均值（次）

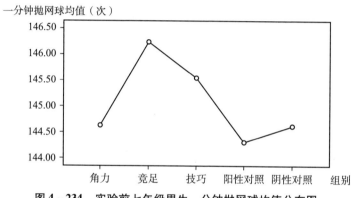

图 4 – 234　实验前七年级男生一分钟抛网球均值分布图

4. 3. 3. 3　实验后七年级男生身体素质测验结果

民俗体育健身实验进行后，七年级男生身体素质各项指标测验、方差齐性检验及方差分析结果如表 4 – 84 所示。

表 4 – 84　　实验后七年级男生身体素质测验、方差齐性检验及
方差分析结果（N = 40）

指标	角力 M ± SD	竞足 M ± SD	技巧 M ± SD	阳性对照 M ± SD	阴性对照 M ± SD	方差齐性检验	显著性概率
左手握力 （公斤）	33. 0 ± 2.6	31. 2 ± 2.9	31. 1 ± 2.9	30. 8 ± 3.4	30. 1 ± 2.7	0. 734	0. 000

指标	角力 M ± SD	竞足 M ± SD	技巧 M ± SD	阳性对照 M ± SD	阴性对照 M ± SD	方差齐性检验	显著性概率
右手握力 （公斤）	33.9 ± 2.4	32.2 ± 2.6	32.1 ± 2.6	31.9 ± 3.0	31.9 ± 2.3	0.641	0.003
背肌力 （公斤）	84.1 ± 4.1	81.1 ± 3.9	81.5 ± 4.1	81.1 ± 4.0	80.6 ± 3.1	0.829	0.001
仰卧起坐 （次/分钟）	37.0 ± 3.5	34.6 ± 4.1	34.2 ± 3.8	34.6 ± 3.5	33.6 ± 3.3	0.816	0.001
立定跳远 （厘米）	205.1 ± 12.7	207.0 ± 11.9	205.0 ± 14.0	203.4 ± 11.0	194.5 ± 14.8	0.424	0.000
俯卧撑 （次）	16.9 ± 3.0	14.0 ± 3.9	14.2 ± 3.5	14.1 ± 3.3	12.7 ± 3.5	0.457	0.000
选择反应时 （秒）	0.47 ± 0.04	0.47 ± 0.04	0.46 ± 0.04	0.48 ± 0.04	0.49 ± 0.04	0.916	0.026
50 米跑 （秒）	8.3 ± 0.5	8.0 ± 0.5	8.4 ± 0.5	8.4 ± 0.5	8.6 ± 0.5	0.947	0.000
十字变向跑 （秒）	15.5 ± 0.6	15.0 ± 0.7	15.1 ± 0.7	15.6 ± 0.7	15.7 ± 0.7	0.867	0.000
4×10 米往返跑 （秒）	13.1 ± 0.8	12.5 ± 0.7	12.6 ± 0.7	13.1 ± 0.7	13.3 ± 0.6	0.413	0.000
反复横跨 （次）	38.3 ± 4.0	41.1 ± 3.9	40.9 ± 3.5	38.0 ± 3.2	36.2 ± 3.2	0.580	0.000
纵叉 （厘米）	18.5 ± 7.3	18.7 ± 7.7	19.2 ± 5.8	19.3 ± 5.4	19.8 ± 6.6	0.670	0.909
横叉 （厘米）	24.4 ± 7.4	24.1 ± 7.5	24.4 ± 5.6	24.8 ± 5.3	24.7 ± 6.5	0.613	0.993
坐位体前屈 （厘米）	5.9 ± 7.1	5.7 ± 6.6	6.0 ± 5.7	6.6 ± 5.3	5.4 ± 4.8	0.253	0.995
转肩 （厘米）	90.7 ± 8.1	91.1 ± 8.3	90.7 ± 9.3	91.4 ± 8.8	90.4 ± 8.3	0.797	0.987
立位转体 （度）	136 ± 8	136 ± 8	136 ± 8	134 ± 7	133 ± 8	0.971	0.403

续表

指标	角力 M ± SD	竞足 M ± SD	技巧 M ± SD	阳性对照 M ± SD	阴性对照 M ± SD	方差齐 性检验	显著性 概率
闭目单足立 （秒）	42.4 ±7.3	43.6 ±7.2	48.3 ±6.8	42.4 ±7.5	37.7 ±8.6	0.750	0.000
一分钟抛网 球（次）	152 ±15	153 ±15	163 ±16	150 ±17	147 ±15	0.854	0.000

由表 4 – 84 可以发现：

（1）实验后七年级男生身体素质各项指标方差齐性检验显著性概率均大于 0.05，应接受方差齐性的原假设，表明各样本所属总体的方差无显著性差异。

（2）实验后七年级男生各个组别左手握力的测验平均值分别为 33.0 公斤、31.2 公斤、31.1 公斤、30.8 公斤、30.1 公斤，方差分析显著性概率 P = 0.000 < 0.01，表明在民俗体育健身实验进行后，七年级男生左手握力各个组别均值之间存在显著性差异，需要采用多重比较法对每对均值之间的差异进行比较，以进一步分析哪一对均值之间有显著性差异，哪一对均值之间无显著性差异。均值多重比较检验结果如表 4 – 85 所示。

表 4 – 85   实验后七年级男生左手握力各组均值多重比较
检验结果（Tukey HSD）

组别	竞足		技巧		阳性对照		阴性对照	
	均差	显著性	均差	显著性	均差	显著性	均差	显著性
角力	1.83 *	0.046	1.91 *	0.033	2.18 *	0.010	2.95 **	0.000
竞足			0.07	1.000	0.34	0.985	1.11	0.442
技巧					0.26	0.994	1.03	0.516
阳性对照							0.77	0.770

比较检验结果显示：角力组和竞足组、角力组和技巧组、角力组和阳性对照组均值间均具有显著性差异（P < 0.05），角力组和阴性对照组均值间具有极显著性差异（P < 0.01）。

（3）实验后七年级男生各个组别右手握力的测验平均值分别为33.9公斤、32.2公斤、32.1公斤、31.9公斤、31.9公斤，方差分析显著性概率 P = 0.003 < 0.01，表明在民俗体育健身实验进行后，七年级男生右手握力各个组别均值之间差异具显著性，需要采用多重比较法对每对均值之间的差异进行比较，其比较检验结果如表 4 – 86 所示。

表 4 – 86　　　实验后七年级男生右手握力各组均值多重比较
检验结果（Tukey HSD）

组别	竞足		技巧		阳性对照		阴性对照	
	均差	显著性	均差	显著性	均差	显著性	均差	显著性
角力	1.68 *	0.041	1.84 *	0.019	1.97 *	0.010	2.04 **	0.007
竞足			0.15	0.999	0.28	0.989	0.35	0.976
技巧					0.13	0.999	0.20	0.997
阳性对照							0.06	1.000

比较检验结果显示：角力组和竞足组、角力组和技巧组、角力组和阳性对照组均值间均具有显著性差异（P < 0.05），角力组和阴性对照组均值间具有极显著性差异（P < 0.01）。

（4）实验后七年级男生各个组别背肌力的测验平均值分别为84.1公斤、81.1公斤、81.5公斤、81.1公斤、80.6公斤，方差分析显著性概率 P = 0.001 < 0.01，表明在民俗体育健身实验进行后，七年级男生背肌力各个组别均值之间差异具显著性。需要采用多重比较法对每对均值之间的差异进行比较，其比较检验结果如表 4 – 87 所示。

表 4 – 87　　　实验后七年级男生背肌力各组均值多重比较
检验结果（Tukey HSD）

组别	竞足		技巧		阳性对照		阴性对照	
	均差	显著性	均差	显著性	均差	显著性	均差	显著性
角力	3.00 **	0.007	2.66 *	0.023	3.05 **	0.005	3.49 **	0.001
竞足			– 0.34	0.995	0.05	1.000	0.49	0.981

续表

组别	竞足		技巧		阳性对照		阴性对照	
	均差	显著性	均差	显著性	均差	显著性	均差	显著性
技巧					0.39	0.991	0.83	0.877
阳性对照							0.43	0.988

比较检验结果显示：角力组和技巧组均值间具有显著性差异（P＜0.05），角力组和竞足组、角力组和阳性对照组、角力组和阴性对照组均值间均具有极显著性差异（P＜0.01）。

（5）实验后七年级男生各个组别 1 分钟快速仰卧起坐的测验平均值分别为 37.0 次/分钟、34.6 次/分钟、34.2 次/分钟、34.6 次/分钟、33.6 次/分钟，方差分析显著性概率 P＝0.001＜0.01，表明在民俗体育健身实验进行后，七年级男生 1 分钟仰卧起坐各个组别均值之间存在显著性差异，需要采用多重比较法对每对均值之间的差异进行比较，其比较检验结果如表 4－88 所示。

表 4－88　　实验后七年级男生仰卧起坐各组均值多重比较
检验结果（Tukey HSD）

组别	竞足		技巧		阳性对照		阴性对照	
	均差	显著性	均差	显著性	均差	显著性	均差	显著性
角力	2.35*	0.039	2.77**	0.008	2.42*	0.031	3.42**	0.000
竞足			0.42	0.986	0.07	1.000	1.07	0.692
技巧					−0.35	0.993	0.65	0.934
阳性对照							1.00	0.746

比较检验结果显示：角力组和竞足组、角力组和阳性对照组均值间均具有显著性差异（P＜0.05），角力组和技巧组、角力组和阴性对照组均值间均具有极显著性差异（P＜0.01）。

（6）实验后七年级男生各个组别立定跳远的测验平均值分别为 205.1 厘米、207.0 厘米、205.0 厘米、203.4 厘米、194.5 厘米，方差分析显著性概率 P＝0.000＜0.01，表明在民俗体育健身实验后，七年级男生立定跳远各个组别均值之间存在显著性差异，需要采用多重比较法对每对均值之间的差异进行比较，其比较检验结果如表 4 – 89 所示。

表 4 – 89   实验后七年级男生立定跳远各组均值多重比较
检验结果（Tukey HSD）

组别	竞足		技巧		阳性对照		阴性对照	
	均差	显著性	均差	显著性	均差	显著性	均差	显著性
角力	– 1.92	0.964	0.10	1.000	1.70	0.977	10.6 **	0.003
竞足			2.02	0.957	3.62	0.725	12.5 **	0.000
技巧					1.60	0.982	10.5 **	0.003
阳性对照							8.92 *	0.021

比较检验结果显示：角力组和阴性对照组、竞足组和阴性对照组、技巧组和阴性对照组均值间均具有极显著性差异（P < 0.01），阳性对照组和阴性对照组均值间具有显著性差异（P < 0.05）。

（7）实验后七年级男生各个组别俯卧撑的测验平均值分别为 16.9 次、14.0 次、14.2 次、14.1 次、12.7 次，方差分析显著性概率 P = 0.000 < 0.01，表明在民俗体育健身实验后，七年级男生俯卧撑各个组别均值之间存在显著性差异，需要采用多重比较法对每对均值之间的差异进行比较，其比较检验结果如表 4 – 90 所示。

表 4 – 90   实验后七年级男生俯卧撑各组均值多重比较
检验结果（Tukey HSD）

组别	竞足		技巧		阳性对照		阴性对照	
	均差	显著性	均差	显著性	均差	显著性	均差	显著性
角力	2.9 **	0.002	2.7 **	0.004	2.8 **	0.004	4.2 **	0.000
竞足			– 0.2	0.999	– 0.2	1.000	1.3	0.442
技巧					0.1	1.000	1.5	0.294
阳性对照							1.5	0.328

比较检验结果显示：角力组和竞足组、角力组和技巧组、角力组和

阳性对照组、角力组和阴性对照组均值间均具有极显著性差异（P <
0.01）。

（8）实验后七年级男生各个组别选择反应时的测验平均值分别为
0.47 秒、0.47 秒、0.46 秒、0.48 秒、0.49 秒，方差分析显著性概率 P =
0.026 < 0.01，表明在民俗体育健身实验进行后，七年级男生选择反应
时各个组别均值之间存在显著性差异，需要采用多重比较法对每对均值
之间的差异进行比较，其比较检验结果如表 4 - 91 所示。

表 4 - 91　　　实验后七年级男生选择反应时各组均值多重比较
检验结果（Tukey HSD）

组别	竞足		技巧		阳性对照		阴性对照	
	均差	显著性	均差	显著性	均差	显著性	均差	显著性
角力	0.006	0.976	0.016	0.533	− 0.003	0.997	− 0.017	0.458
竞足			0.010	0.876	− 0.010	0.876	− 0.023	0.162
技巧					− 0.020	0.319	− 0.033 *	0.013
阳性对照							− 0.013	0.686

比较检验结果表明：技巧组和阴性对照组均值间具有显著性差异
（P < 0.05）。

（9）实验后七年级男生各个组 50 米跑的测验平均值分别为 8.3 秒、
8.0 秒、8.4 秒、8.4 秒、8.6 秒，方差分析显著性概率 P = 0.000 <
0.01，表明在民俗体育健身实验进行后，七年级男生 50 米跑各个组别
均值之间存在显著性差异，需要采用多重比较法对每对均值之间的差异
进行比较，其比较检验结果如表 4 - 92 所示。

表 4 - 92　　　实验后七年级男生 50 米跑各组均值多重比较
检验结果（Tukey HSD）

组别	竞足		技巧		阳性对照		阴性对照	
	均差	显著性	均差	显著性	均差	显著性	均差	显著性
角力	0.32 *	0.031	− 0.08	0.950	− 0.11	0.845	− 0.23	0.110
竞足			− 0.40 **	0.003	− 0.44 **	0.001	− 0.55 **	0.000

组别	竞足		技巧		阳性对照		阴性对照	
	均差	显著性	均差	显著性	均差	显著性	均差	显著性
技巧					-0.03	0.998	-0.15	0.653
阳性对照							-0.12	0.823

比较检验结果表明：竞足组和技巧组、竞足组与阳性对照组、竞足组和阴性对照组均值间具有极显著性差异（P < 0.01），角力组和竞足组均值间具有显著性差异（P < 0.05）。

（10）实验后七年级男生各个组十字变向跑的测验平均值分别为 15.5 秒、15.0 秒、15.1 秒、15.6 秒、15.7 秒，方差分析显著性概率 P = 0.000 < 0.01，表明在民俗体育健身实验进行后，七年级男生十字变向跑各个组别均值之间存在显著性差异，需要采用多重比较法对每对均值之间的差异进行比较，其比较检验结果表 4 - 93 所示。

256　表 4 - 93　　实验后七年级男生十字变向跑各组均值多重比较
检验结果（Tukey HSD）

组别	竞足		技巧		阳性对照		阴性对照	
	均差	显著性	均差	显著性	均差	显著性	均差	显著性
角力	0.48*	0.014	0.43*	0.035	-0.10	0.959	-0.19	0.696
竞足			-0.05	0.998	-0.58**	0.001	-0.67**	0.000
技巧					-0.53**	0.004	-0.62**	0.000
阳性对照							-0.09	0.974

比较检验结果表明：角力组和竞足组、角力与技巧组均值间具有显著性差异（P < 0.05），竞足组和阳性对照组、技巧组和阳性对照组、竞足组和阴性对照组、技巧组和阴性对照组均值间具有极显著性差异（P < 0.01）。

（11）实验后七年级男生各个组 4 × 10 米往返跑的测验平均值分别为 13.1 秒、12.5 秒、12.6 秒、13.1 秒、13.3 秒，方差分析显著性概率 P = 0.000 < 0.01，表明在民俗体育健身实验进行后，七年级男生 4 ×

10 米往返跑各个组别均值之间存在显著性差异，需要采用多重比较法对每对均值之间的差异进行比较，其比较检验结果如表 4 – 94 所示。

表 4 – 94　　　实验后七年级男生 4 × 10 米往返跑各组均值
多重比较检验结果（Tukey HSD）

组别	竞足		技巧		阳性对照		阴性对照	
	均差	显著性	均差	显著性	均差	显著性	均差	显著性
角力	0.55 **	0.007	0.51 *	0.016	– 0.04	0.999	– 0.17	0.827
竞足			– 0.04	0.999	– 0.58 **	0.004	– 0.72 **	0.000
技巧					– 0.54 **	0.008	– 0.68 **	0.000
阳性对照							– 0.14	0.917

比较检验结果表明：角力与技巧组均值间具有显著性差异（P < 0.05），角力组和竞足组、竞足组和阳性对照组、竞足组和阴性对照组、技巧组和阳性对照组、技巧组和阴性对照组均值间具有极显著性差异（P < 0.01）。

（12）实验后七年级男生各个组反复横跨的测验平均值分别为 38.3 次、41.1 次、40.9 次、38.0 次、36.2 次，方差分析显著性概率 P = 0.000 < 0.01，表明在民俗体育健身实验进行后，七年级男生反复横跨各个组别均值之间存在显著性差异，需要采用多重比较法对每对均值之间的差异进行比较，其比较检验结果如表 4 – 95 所示。

表 4 – 95　　　实验后七年级男生反复横跨各组均值多重比较
检验结果（Tukey HSD）

组别	竞足		技巧		阳性对照		阴性对照	
	均差	显著性	均差	显著性	均差	显著性	均差	显著性
角力	– 2.88 **	0.004	– 2.68 **	0.009	0.30	0.996	2.10	0.071
竞足			0.20	0.999	3.18 **	0.001	4.98 **	0.000
技巧					2.98 **	0.003	4.78 **	0.000
阳性对照							1.80	0.168

比较检验结果表明：角力与竞足组、角力组和技巧组、竞足组和阳性组、竞足组和阴性对照组、技巧组和阳性对照组、技巧组和阴性对照

组均值间具有极显著性差异（P < 0.01）。

（13）实验后七年级男生各个组纵叉的测验平均值分别为 18.5 厘米、18.7 厘米、19.2 厘米、19.3 厘米、19.8 厘米，方差分析显著性概率 P = 0.909 > 0.05，表明在民俗体育健身实验进行后，七年级男生纵叉各个组别均值之间无显著性差异。

（14）实验后七年级男生各个组横叉的测验平均值分别为 24.4 厘米、24.1 厘米、24.4 厘米、24.8 厘米、24.7 厘米，方差分析显著性概率 P = 0.993 > 0.05，表明在民俗体育健身实验进行后，七年级男生横叉各个组别均值之间无显著性差异。

（15）实验后七年级男生各个组别坐位体前屈的测验平均值分别为 5.9 厘米、5.7 厘米、6.0 厘米、6.6 厘米、5.4 厘米，方差分析显著性概率 P = 0.995 > 0.05，表明在民俗体育健身实验进行后，七年级男生坐位体前屈各个组别均值之间均没有显著性差异。

（16）实验后七年级男生各个组转肩的测验平均值分别为 90.7 厘米、91.1 厘米、90.7 厘米、91.4 厘米、90.4 厘米，方差分析显著性概率 P = 0.987 > 0.05，表明在民俗体育健身实验进行后，七年级男生转肩各个组别均值之间均没有显著性差异。

（17）实验后七年级男生各个组别立位转体的测验平均值分别为 136 度、136 度、136 度、134 度、133 度，方差分析显著性概率 P = 0.403 > 0.05，表明在民俗体育健身实验进行后，七年级男生立位转体各个组别均值之间均没有显著性差异。

（18）实验后七年级男生各个组别闭目单足立测验平均值分别为 42.4 秒、43.6 秒、48.3 秒、42.4 秒、37.7 秒，方差分析显著性概率 P = 0.000 < 0.01，表明在民俗体育健身实验进行后，七年级男生闭目单足立各个组别均值之间存在显著性差异，需要采用多重比较法对每对均值之间的差异进行比较，其均值多重比较检验结果如表 4 - 96 所示。

表 4 - 96　　　实验后七年级男生闭目单足立各组均值多重比较
检验结果（Tukey HSD）

组别	竞足		技巧		阳性对照		阴性对照	
	均差	显著性	均差	显著性	均差	显著性	均差	显著性
角力	- 1.18	0.956	- 5.95 **	0.005	- 0.50	1.000	4.70 *	0.045

组别	竞足		技巧		阳性对照		阴性对照	
	均差	显著性	均差	显著性	均差	显著性	均差	显著性
竞足			-4.76 *	0.039	1.13	0.963	5.88 **	0.005
技巧					5.95 **	0.005	10.65 **	0.000
阳性对照							4.75 *	0.041

比较检验结果显示：角力组和技巧组、角力组和阴性对照组、竞足组和技巧组、竞足组和阴性对照组、技巧组和阳性对照组、技巧组和阴性对照组、阳性对照组和阴性对照组均值间均有显著性差异（P＜0.05），其中角力组和技巧组、竞足组和阴性对照组、技巧组和阳性对照组、技巧组和阴性对照组具有极显著性差异（P＜0.01）。

（19）实验后七年级男生各个组别一分钟抛网球的测验平均值分别为152次、153次、163次、150次、147次，方差分析显著性概率 P＝0.000＜0.01，表明在民俗体育健身实验进行后，七年级男生一分钟抛网球各个组别均值之间存在显著性差异，需要采用多重比较法对每对均值之间的差异进行比较，其比较检验结果如表4-97所示。

表4-97　　　实验后七年级男生一分钟抛网球各组均值
多重比较检验结果（Tukey HSD）

组别	竞足		技巧		阳性对照		阴性对照	
	均差	显著性	均差	显著性	均差	显著性	均差	显著性
角力	-1.32	0.996	-11.75 **	0.009	1.38	0.995	4.65	0.676
竞足			-10.43 *	0.027	2.70	0.939	5.97	0.434
技巧					13.13 **	0.002	16.40 *	0.000
阳性对照							3.28	0.883

比较检验结果显示：角力组和技巧组、竞足组和技巧组、技巧组和阳性对照组、技巧组和阴性对照组均值间均有显著性差异（P＜0.05），其中角力组和技巧组、技巧组和阳性对照组具有极显著性差异（P＜0.01）。

4.3.3.4　实验后七年级男生身体素质指标均值分布图

图4-235～图4-252为实验后七年级男生身体素质各项指标均数

分布图，图中各点表示各种锻炼方案对应数据的均值大小。

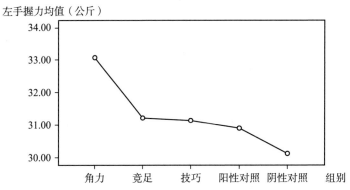

图 4－235　实验后七年级男生左手握力均值分布图

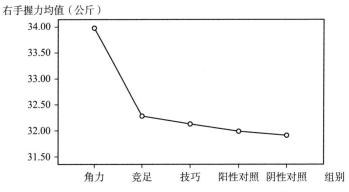

图 4－236　实验后七年级男生右手握力均值分布图

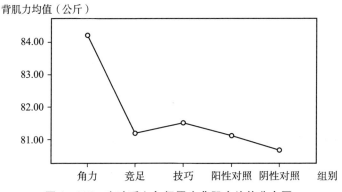

图 4－237　实验后七年级男生背肌力均值分布图

仰卧起坐均值（次/分钟）

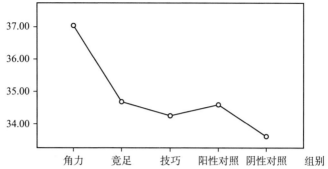

图 4 – 238　实验后七年级男生仰卧起坐均值分布图

立定跳远均值（厘米）

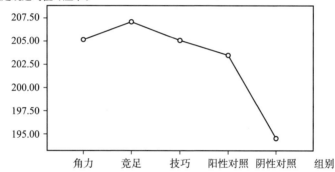

图 4 – 239　实验后七年级男生立定跳远均值分布图

俯卧撑均值（次）

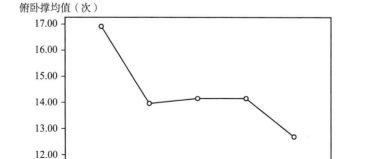

图 4 – 240　实验后七年级男生俯卧撑均值分布图

261

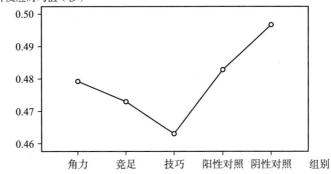

图 4 – 241   实验后七年级男生选择反应时均值分布图

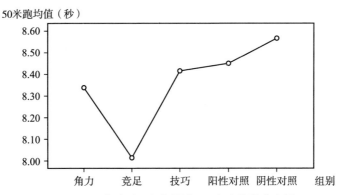

图 4 – 242   实验后七年级男生 50 米跑均值分布图

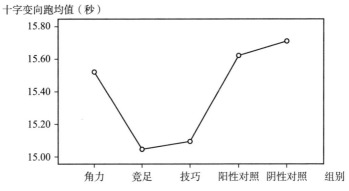

图 4 – 243   实验后七年级男生十字变向跑均值分布图

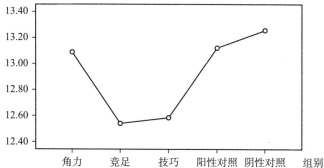

图 4 – 244　实验后七年级男生 4×10 米往返跑均值分布图

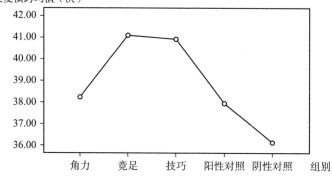

图 4 – 245　实验后七年级男生反复横跨均值分布图

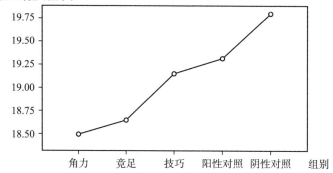

图 4 – 246　实验后七年级男生纵叉均值分布图

263

横叉均值（厘米）

图 4 - 247　实验后七年级男生横叉均值分布图

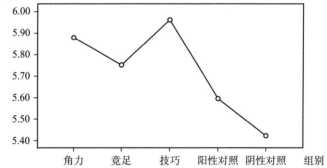

图 4 - 248　实验后七年级男生坐位体前屈均值分布图

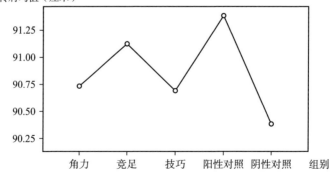

图 4 - 249　实验后七年级男生转肩均值分布图

立位转体均值（度）

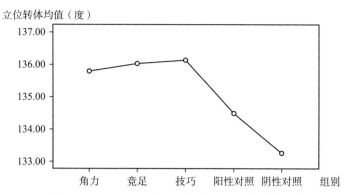

图 4－250 实验后七年级男生立位转体均值分布图

闭目单足立均值（秒）

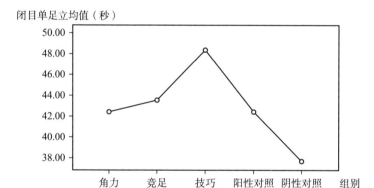

图 4－251 实验后七年级男生闭目单足立均值分布图

一分钟抛网球均值（次）

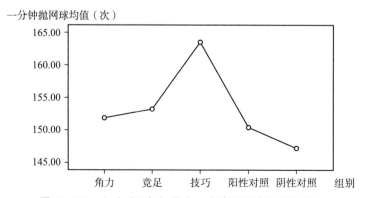

图 4－252 实验后七年级男生一分钟抛网球均值分布图

4.3.4 民俗体育运动对七年级女生身体素质的健身功效

4.3.4.1 实验前七年级女生身体素质测验结果

民俗体育实验进行前，七年级女生身体素质各项指标测验、方差齐性检验及方差分析结果如表4-98所示。

表4-98 实验前七年级女生身体素质测验、方差齐性检验及
方差分析结果（N=40）

指标	角力 M±SD	竞足 M±SD	技巧 M±SD	阳性对照 M±SD	阴性对照 M±SD	方差齐性检验	显著性概率
左手握力 （公斤）	23.6±2.4	23.9±2.5	24.0±2.5	24.1±2.6	23.7±2.6	0.895	0.877
右手握力 （公斤）	24.3±2.3	24.9±2.6	25.0±2.1	25.2±2.1	24.6±2.3	0.461	0.482
背肌力 （公斤）	57.7±3.4	57.9±3.0	58.1±3.3	58.2±3.3	57.9±2.9	0.937	0.964
仰卧起坐 （次/分钟）	29.6±3.7	30.0±3.1	30.1±3.6	29.7±3.4	29.9±3.0	0.807	0.965
立定跳远 （厘米）	164.3±8.8	165.2±9.5	165.1±10.2	165.6±9.3	165.6±10.5	0.844	0.976
俯卧撑 （次）	9.8±2.8	10.1±2.8	9.9±2.8	10.2±3.0	9.7±3.0	0.962	0.935
选择反应时 （秒）	0.53±0.04	0.53±0.05	0.53±0.04	0.52±0.04	0.53±0.03	0.953	0.982
50米跑 （秒）	9.2±0.5	9.2±0.4	9.2±0.4	9.2±0.4	9.2±0.4	0.706	0.985
十字变向跑 （秒）	16.8±0.6	16.9±0.6	16.8±0.6	16.9±0.7	16.8±0.6	0.977	0.962
4×10米往返跑（秒）	15.6±0.7	15.7±0.8	15.5±0.6	15.4±0.5	15.6±0.6	0.413	0.618
反复横跨 （次）	33.2±3.9	32.8±4.7	32.6±4.3	32.7±3.9	33.3±4.1	0.809	0.924

指标	角力 M±SD	竞足 M±SD	技巧 M±SD	阳性对照 M±SD	阴性对照 M±SD	方差齐性检验	显著性概率
纵叉 (厘米)	17.3±5.7	17.2±5.9	17.4±5.5	17.4±6.2	17.4±5.5	0.980	1.000
横叉 (厘米)	22.3±6.1	22.3±6.1	22.4±5.4	22.4±6.3	22.8±6.1	0.996	0.997
坐位体前屈 (厘米)	8.1±3.7	8.2±4.0	8.1±4.3	8.0±4.1	7.9±3.8	0.803	0.999
转肩 (厘米)	68.7±8.8	68.1±8.7	69.2±8.2	69.1±8.5	68.5±7.8	0.885	0.977
立位转体 (度)	141±8	142±8	140±8	141±8	141±7	0.773	0.942
闭目单足立 (秒)	38.5±8.5	38.2±7.5	38.7±7.0	39.3±6.8	39.5±7.8	0.972	0.921
一分钟抛网球（次）	151±13	149±15	149±14	150±12	150±14	0.776	0.968

由表 4 - 98 可以发现：

（1）实验前七年级女生身体素质各项指标方差齐性检验显著性概率均大于 0.05，应接受方差齐性的原假设，表明各样本所属总体的方差无显著性差异。

（2）实验前七年级女生各个组别左手握力的测验平均值分别为23.6 公斤、23.9 公斤、23.0 公斤、24.1 公斤、23.7 公斤，方差分析显著性概率 P＝0.877＞0.05，表明在民俗体育实验进行前，七年级女生左手握力各个组别均值之间均没有显著性差异。

（3）实验前七年级女生各个组别右手握力的测验平均值分别为24.3 公斤、24.9 公斤、25.0 公斤、24.1 公斤、23.7 公斤，方差分析显著性概率 P＝0.482＞0.05，表明在民俗体育实验进行前，七年级女生右手握力各个组别均值之间均没有显著性差异。

（4）实验前七年级女生各个组别背肌力的测验平均值分别为57.7公斤、57.9 公斤、58.1 公斤、58.2 公斤、57.9 公斤，方差分析显著性概率 P＝0.964＞0.05，表明在民俗体育实验进行前，七年级女生背肌力各个组别均值之间均没有显著性差异。

（5）实验前七年级女生各个组别仰卧起坐的测验平均值分别为 29.6 次/分钟、30.0 次/分钟、30.1 次/分钟、29.7 次/分钟、29.9 次/分钟，方差分析显著性概率 $P = 0.965 > 0.05$，表明在民俗体育实验进行前，七年级女生仰卧起坐各个组别均值之间均没有显著性差异。

（6）实验前七年级女生各个组别立定跳远的测验平均值分别为 164.3 厘米、165.2 厘米、165.1 厘米、165.6 厘米、165.6 厘米，方差分析显著性概率 $P = 0.976 > 0.05$，表明在民俗体育实验进行前，七年级女生立定跳远各个组别均值之间均没有显著性差异。

（7）实验前七年级女生各个组别俯卧撑的测验平均值分别为 9.8 次、10.1 次、9.9 次、10.2 次、9.7 次，方差分析显著性概率 $P = 0.935 > 0.05$，表明在民俗体育实验进行前，七年级女生俯卧撑各个组别均值之间均没有显著性差异。

（8）实验前七年级女生各个组别选择反应时的测验平均值分别为 0.53 秒、0.53 秒、0.53 秒、0.52 秒、0.53 秒，方差分析显著性概率 $P = 0.982 > 0.05$，表明在民俗体育实验进行前，七年级女生选择反应各个组别均值之间均没有显著性差异。

（9）实验前七年级女生各个组别 50 米的测验平均值分别为 9.2 秒、9.2 秒、9.2 秒、9.2 秒、9.2 秒，方差分析显著性概率 $P = 0.985 > 0.05$，表明在民俗体育实验进行前，七年级女生 50 米各个组别均值之间均没有显著性差异。

（10）实验前七年级女生各个组别十字变向跑的测验平均值分别为 16.8 秒、16.9 秒、16.8 秒、16.9 秒、16.8 秒，方差分析显著性概率 $P = 0.962 > 0.05$，表明在民俗体育实验进行前，七年级女生十字变向跑各个组别均值之间均没有显著性差异。

（11）实验前七年级女生各个组别 4×10 米往返跑的测验平均值分别为 15.6 秒、15.7 秒、15.5 秒、15.4 秒、15.6 秒，方差分析显著性概率 $P = 0.618 > 0.05$，表明在民俗体育实验进行前，七年级女生 4×10 米往返跑各个组别均值之间均没有显著性差异。

（12）实验前七年级女生各个组别反复横跨的测验平均值分别为 33.2 次、32.8 次、32.6 次、32.7 次、33.3 次，方差分析显著性概率 $P = 0.924 > 0.05$，表明在民俗体育实验进行前，七年级女生反复横跨各个组别均值之间均没有显著性差异。

（13）实验前七年级女生各个组别纵叉的测验平均值分别为17.3厘米、17.2厘米、17.4厘米、17.4厘米、17.4厘米，方差分析显著性概率 $P = 1.000 > 0.05$，表明在民俗体育实验进行前，七年级女生纵叉各个组别均值之间均没有显著性差异。

（14）实验前七年级女生各个组别横叉的测验平均值分别为22.3厘米、22.3厘米、22.4厘米、22.4厘米、22.8厘米，方差分析显著性概率 $P = 0.997 > 0.05$，表明在民俗体育实验进行前，七年级女生横叉各个组别均值之间均没有显著性差异。

（15）实验前七年级女生各个组别坐位体前屈的测验平均值分别为8.1厘米、8.2厘米、8.1厘米、8.0厘米、7.9厘米，方差分析显著性概率 $P = 0.999 > 0.05$，表明在民俗体育实验进行前，七年级女生坐位体前屈各个组别均值之间均没有显著性差异。

（16）实验前七年级女生各个组别转肩的测验平均值分别为68.7厘米、68.1厘米、69.2厘米、69.1厘米、68.5厘米，方差分析显著性概率 $P = 0.977 > 0.05$，表明在民俗体育实验进行前，七年级女生转肩测试各个组别均值之间均没有显著性差异。

（17）实验前七年级女生各个组别立位转体的测验平均值分别为141度、142度、140度、141度、141度，方差分析显著性概率 $P = 0.942 > 0.05$，表明在民俗体育实验进行前，七年级女生立位转体各个组别均值之间均没有显著性差异。

（18）实验前七年级女生各个组别闭目单足立的测验平均值分别为38.5秒、38.2秒、38.7秒、39.3秒、39.5秒，方差分析显著性概率 $P = 0.921 > 0.05$，表明在民俗体育实验进行前，七年级女生闭目单足立各个组别均值之间均没有显著性差异。

（19）实验前七年级女生各个组别一分钟抛网球的测验平均值分别为151次、149次、149次、150次、150次，方差分析显著性概率 $P = 0.968 > 0.05$，表明在民俗体育实验进行前，七年级女生一分钟抛网球各个组别均值之间均没有显著性差异。

4.3.4.2　实验前七年级女生身体素质指标均值分布图

图4-253~图4-270为实验前七年级女生身体素质各项指标均数分布图，图中各点表示各种锻炼方案对应数据的均值大小。

左手握力均值（公斤）

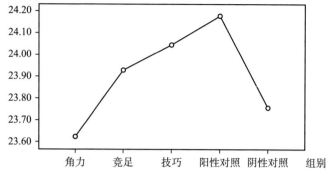

图 4 – 253　实验前七年级女生左手握力均值分布图

右手握力均值（公斤）

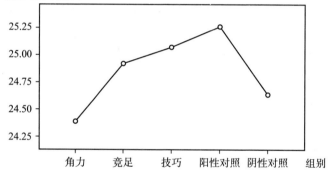

图 4 – 254　实验前七年级女生右手握力均值分布图

背肌力均值（公斤）

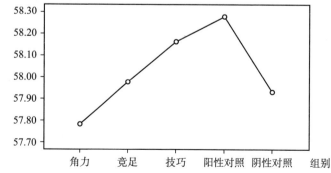

图 4 – 255　实验前七年级女生背肌力均值分布图

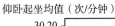
仰卧起坐均值（次/分钟）

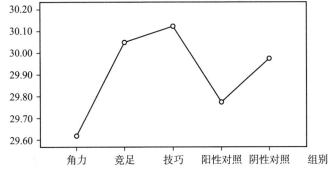

图 4 - 256　实验前七年级女生仰卧起坐均值分布图

立定跳远均值（厘米）

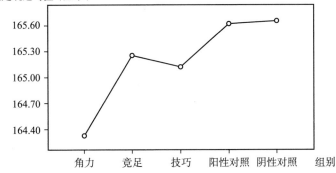

图 4 - 257　实验前七年级女生立定跳远均值分布图

俯卧撑均值（次）

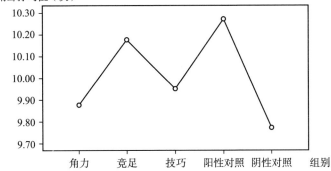

图 4 - 258　实验前七年级女生俯卧撑均值分布图

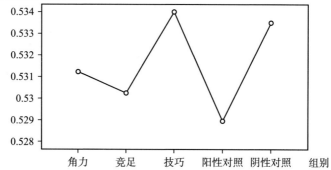

图 4 - 259　实验前七年级女生选择反应时均值分布图

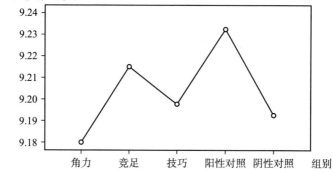

图 4 - 260　实验前七年级女生 50 米跑均值分布图

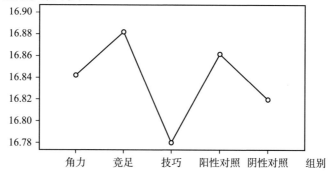

图 4 - 261　实验前七年级女生十字变向跑均值分布图

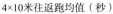
4×10米往返跑均值（秒）

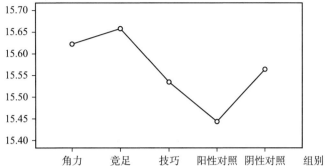

图 4 - 262　实验前七年级女生 4 × 10 米往返跑均值分布图

反复横跨均值（次）

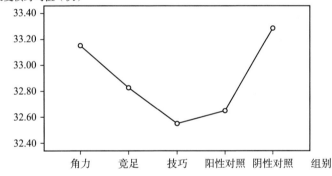

图 4 - 263　实验前七年级女生反复横跨均值分布图

273

纵叉均值（厘米）

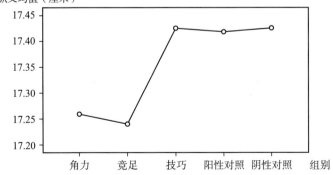

图 4 - 264　实验前七年级女生纵叉均值分布图

横叉均值（厘米）

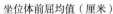

图 4 – 265　实验前七年级女生横叉均值分布图

坐位体前屈均值（厘米）

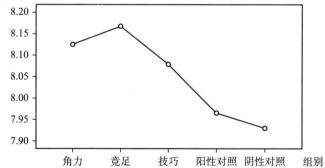

图 4 – 266　实验前七年级女生坐位体前屈均值分布图

转肩均值（厘米）

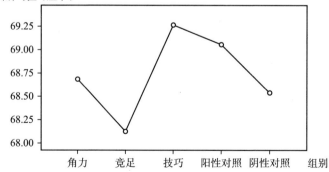

图 4 – 267　实验前七年级女生转肩均值分布图

立位转体均值（度）

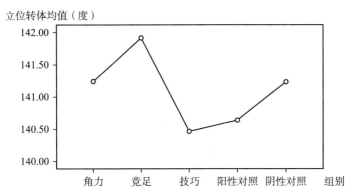

图 4 - 268　实验前七年级女生立位转体均值分布图

闭目单足立均值（秒）

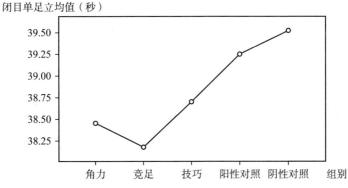

图 4 - 269　实验前七年级女生闭目单足立均值分布图

一分钟抛网球均值（次）

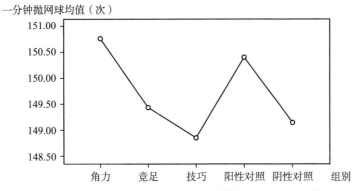

图 4 - 270　实验前七年级女生一分钟抛网球均值分布图

4.3.4.3 实验后七年级女生身体素质测验结果

民俗体育健身实验进行后，七年级女生身体素质各项指标测验、方差齐性检验及方差分析结果如表 4 - 99 所示。

表 4 - 99　　实验后七年级女生身体素质测验、方差齐性检验及
方差分析结果（N = 40）

指标	角力 M ± SD	竞足 M ± SD	技巧 M ± SD	阳性对照 M ± SD	阴性对照 M ± SD	方差齐性检验	显著性概率
左手握力 （公斤）	26.6 ± 2.4	24.8 ± 2.5	24.9 ± 2.5	24.8 ± 2.6	24.1 ± 2.6	0.890	0.000
右手握力 （公斤）	27.4 ± 2.3	25.8 ± 2.6	25.9 ± 2.1	25.9 ± 2.2	25.0 ± 2.4	0.557	0.000
背肌力 （公斤）	63.4 ± 3.5	61.2 ± 2.9	61.0 ± 3.3	60.8 ± 3.3	59.6 ± 3.0	0.898	0.000
仰卧起坐 （次/分钟）	33.6 ± 3.8	31.2 ± 3.1	31.3 ± 3.5	30.9 ± 3.5	28.8 ± 3.1	0.864	0.000
立定跳远 （厘米）	176.8 ± 8.8	176.5 ± 9.5	176.3 ± 10.4	175.6 ± 9.2	168.6 ± 10.5	0.769	0.001
俯卧撑 （次）	13.2 ± 2.7	11.3 ± 2.8	11.1 ± 2.8	11.2 ± 3.0	9.6 ± 3.0	0.949	0.000
选择反应时 （秒）	0.50 ± 0.03	0.49 ± 0.04	0.49 ± 0.04	0.51 ± 0.03	0.52 ± 0.03	0.900	0.026
50 米跑 （秒）	8.9 ± 0.5	8.6 ± 0.4	8.9 ± 0.4	8.9 ± 0.4	9.1 ± 0.4	0.640	0.000
十字变向跑 （秒）	16.5 ± 0.6	16.0 ± 0.6	16.0 ± 0.6	16.6 ± 0.7	16.7 ± 0.6	0.991	0.000
4 × 10 米往 返跑（秒）	15.2 ± 0.7	14.8 ± 0.7	14.8 ± 0.6	15.3 ± 0.5	15.5 ± 0.6	0.156	0.000
反复横跨 （次）	34.7 ± 3.9	37.4 ± 4.4	37.3 ± 4.0	34.5 ± 3.9	31.9 ± 3.9	0.923	0.000
纵叉 （厘米）	16.0 ± 5.5	15.6 ± 5.7	15.5 ± 5.3	16.2 ± 6.0	18.9 ± 5.7	0.989	0.042

续表

指标	角力 M ± SD	竞足 M ± SD	技巧 M ± SD	阳性对照 M ± SD	阴性对照 M ± SD	方差齐性检验	显著性概率
横叉 （厘米）	20.9 ±6.0	20.6 ±5.9	20.4 ±5.3	21.1 ±6.3	24.2 ±6.2	0.998	0.029
坐位体前屈 （厘米）	8.6 ±3.7	8.8 ±3.9	8.9 ±4.3	8.4 ±4.1	7.1 ±3.8	0.820	0.255
转肩 （厘米）	72.0 ±8.7	70.9 ±8.7	70.8 ±8.1	72.7 ±8.5	74.2 ±7.8	0.896	0.330
立位转体 （度）	138 ±8	140 ±9	138 ±8	137 ±8	136 ±7	0.805	0.494
闭目单足立 （秒）	45.7 ±7.7	45.2 ±7.4	52.0 ±6.9	46.0 ±6.5	40.7 ±7.2	0.908	0.000
一分钟抛网球（次）	158 ±13	156 ±15	166 ±14	156 ±14	152 ±13	0.702	0.000

由表 4 - 99 可以发现：

（1）实验后七年级女生身体素质各项指标方差齐性检验显著性概率均大于 0.05，应接受方差齐性的原假设，表明各样本所属总体的方差无显著性差异。

（2）实验后七年级女生各个组别左手握力的测验平均值分别为 26.6 公斤、24.8 公斤、24.9 公斤、24.8 公斤、24.1 公斤，方差分析显著性概率 P = 0.000 < 0.01，表明在民俗体育健身实验进行后，七年级女生左手握力各个组别均值之间存在显著性差异，需要采用多重比较法对每对均值之间的差异进行比较，以进一步分析哪一对均值之间有显著性差异，哪一对均值之间无显著性差异。均值多重比较检验结果如表 4 - 100 所示。

表 4 - 100　　实验后七年级女生左手握力各组均值多重比较
检验结果（Tukey HSD）

组别	竞足		技巧		阳性对照		阴性对照	
	均差	显著性	均差	显著性	均差	显著性	均差	显著性
角力	1.85 **	0.009	1.76 *	0.015	1.82 *	0.011	2.52 **	0.000

续表

组别	竞足		技巧		阳性对照		阴性对照	
	均差	显著性	均差	显著性	均差	显著性	均差	显著性
竞足			-0.09	1.000	-0.03	1.000	0.66	0.754
技巧					0.05	1.000	0.76	0.653
阳性对照							0.70	0.717

比较检验结果显示：角力组和技巧组、角力组和阳性对照组均值间均有显著性差异（P＜0.05），角力组和竞足组、角力组和阴性对照组均值间均具有极显著性差异（P＜0.01）。

（3）实验后七年级女生各个组别右手握力的测验平均值分别为27.4公斤、25.8公斤、25.9公斤、25.9公斤、25.0公斤，方差分析显著性概率P＝0.000＜0.01，表明在民俗体育健身实验进行后，七年级女生右手握力各个组别均值之间差异具显著性，需要采用多重比较法对每对均值之间的差异进行比较，其比较检验结果如表4－101所示。

表4－101　　　实验后七年级女生右手握力各组均值多重比较
检验结果（Tukey HSD）

组别	竞足		技巧		阳性对照		阴性对照	
	均差	显著性	均差	显著性	均差	显著性	均差	显著性
角力	1.60*	0.020	1.48*	0.039	1.51*	0.033	2.34**	0.000
竞足			-0.12	0.999	-0.09	1.000	0.74	0.613
技巧					0.04	1.000	0.86	0.462
阳性对照							0.83	0.505

比较检验结果显示：角力组和竞足组、角力组和技巧组、角力组和阳性对照组均值间均有显著性差异（P＜0.05），角力组和阴性对照组均值间具有极显著性差异（P＜0.01）。

（4）实验后七年级女生各个组别背肌力的测验平均值分别为63.4公斤、61.2公斤、61.0公斤、60.8公斤、59.6公斤，方差分析显著性概率P＝0.000＜0.01，表明在民俗体育健身实验进行后，七年级女生背肌力各个组别均值之间差异具显著性。需要采用多重比较法对每对均值之间的差异进行比较，其比较检验结果如表 4－102 所示。

表 4－102　　　实验后七年级女生背肌力各组均值多重比较
检验结果（Tukey HSD）

组别	竞足		技巧		阳性对照		阴性对照	
	均差	显著性	均差	显著性	均差	显著性	均差	显著性
角力	2.20*	0.023	2.40*	0.010	2.60**	0.004	3.73**	0.000
竞足			0.19	0.999	0.39	0.982	1.53	0.220
技巧					0.20	0.999	1.33	0.354
阳性对照							1.13	0.522

比较检验结果显示：角力组和竞足组、角力组和技巧组均值间均有显著性差异（P<0.05），角力组和阳性对照组、角力组和阴性对照组均值间均具有极显著性差异（P<0.01）。

（5）实验后七年级女生各个组别一分钟快速仰卧起坐的测验平均值分别为 33.6 次/分钟、31.2 次/分钟、31.3 次/分钟、30.9 次/分钟、28.8 次/分钟，方差分析显著性概率 P=0.000<0.01，表明在民俗体育健身实验进行后，七年级女生一分钟仰卧起坐各个组别均值之间存在显著性差异，需要采用多重比较法对每对均值之间的差异进行比较，其比较检验结果如表 4－103 所示。

表 4－103　　　实验后七年级女生仰卧起坐各组均值多重比较
检验结果（Tukey HSD）

组别	竞足		技巧		阳性对照		阴性对照	
	均差	显著性	均差	显著性	均差	显著性	均差	显著性
角力	2.42*	0.017	2.30*	0.028	2.65**	0.007	4.80**	0.000
竞足			-0.12	1.000	0.22	0.998	2.37	0.021
技巧					0.35	0.991	2.50	0.013
阳性对照							2.15	0.048

比较检验结果显示：角力组和竞足组、角力组和技巧组均值间均有显著性差异（P < 0.05），角力组和阳性对照组、角力组和阴性对照组均值间均具有极显著性差异（P < 0.01）。

（6）实验后七年级女生各个组别立定跳远的测验平均值分别为176.8 厘米、176.5 厘米、176.3 厘米、175.6 厘米、168.6 厘米，方差分析显著性概率 P = 0.000 < 0.01，表明在民俗体育健身实验后，七年级女生立定跳远各个组别均值之间存在显著性差异，需要采用多重比较法对每对均值之间的差异进行比较，其比较检验结果如表 4 – 104 所示。

表 4 – 104　　实验后七年级女生立定跳远各组均值多重比较检验结果（Tukey HSD）

组别	竞足		技巧		阳性对照		阴性对照	
	均差	显著性	均差	显著性	均差	显著性	均差	显著性
角力	0.30	1.000	0.57	0.999	1.22	0.980	8.25**	0.002
竞足			0.27	1.000	0.92	0.993	7.95**	0.003
技巧					0.65	0.998	7.67**	0.005
阳性对照							7.02*	0.013

比较检验结果显示：角力组和阴性对照组、竞足组和阴性对照组、技巧组和阴性对照组均值间均有极显著性差异（P < 0.01），阳性对照组和阴性对照组均值间具有显著性差异（P < 0.05）。

（7）实验后七年级女生各个组别俯卧撑的测验平均值分别为13.2 次、11.3 次、11.1 次、11.2 次、9.6 次，方差分析显著性概率 P = 0.000 < 0.01，表明在民俗体育健身实验后，七年级女生俯卧撑各个组别均值之间存在显著性差异，需要采用多重比较法对每对均值之间的差异进行比较，其比较检验结果如表 4 – 105 所示。

表 4 – 105　　实验后七年级女生俯卧撑各组均值多重比较检验结果（Tukey HSD）

组别	竞足		技巧		阳性对照		阴性对照	
	均差	显著性	均差	显著性	均差	显著性	均差	显著性
角力	1.85*	0.036	2.05*	0.014	1.98*	0.020	3.58**	0.000

续表

组别	竞足		技巧		阳性对照		阴性对照	
	均差	显著性	均差	显著性	均差	显著性	均差	显著性
竞足			0.20	0.998	0.13	1.000	1.73	0.060
技巧					-0.08	1.000	1.53	0.128
阳性对照							1.60	0.098

比较检验结果显示：角力组和竞足组、角力组和技巧组、角力组和阳性对照组均值间均具有显著性差异（P<0.05），角力组和阴性对照组均值间具有极显著性差异（P<0.01）。

（8）实验后七年级女生各个组别选择反应时的测验平均值分别为 0.50 秒、0.49 秒、0.49 秒、0.51 秒、0.52 秒，方差分析显著性概率 P = 0.026 < 0.01，表明在民俗体育健身实验进行后，七年级女生选择反应时各个组别均值之间存在显著性差异，需要采用多重比较法对每对均值之间的差异进行比较，其比较检验结果如表 4 - 106 所示。

表 4 - 106　　实验后七年级女生选择反应时各组均值多重比较检验结果（Tukey HSD）

组别	竞足		技巧		阳性对照		阴性对照	
	均差	显著性	均差	显著性	均差	显著性	均差	显著性
角力	0.004	0.989	0.007	0.929	-0.008	0.893	-0.020	0.207
竞足			0.003	0.998	-0.013	0.633	-0.024	0.070
技巧					-0.016	0.428	-0.027*	0.029
阳性对照							-0.011	0.733

比较检验结果表明：技巧组和阴性对照组均值间具有显著性差异（P<0.05）。

（9）实验后七年级女生各个组 50 米跑的测验平均值分别为 8.9 秒、8.6 秒、8.9 秒、8.9 秒、9.1 秒，方差分析显著性概率 P = 0.000 < 0.01，表明在民俗体育健身实验进行后，七年级女生 50 米跑各个组别

均值之间存在显著性差异，需要采用多重比较法对每对均值之间的差异
进行比较，其比较检验结果如表4-107所示。

表4-107　　　实验后七年级女生50米跑各组均值多重比较
检验结果（Tukey HSD）

组别	竞足		技巧		阳性对照		阴性对照	
	均差	显著性	均差	显著性	均差	显著性	均差	显著性
角力	0.26	0.050	-0.02	1.000	-0.06	0.972	-0.28*	0.030
竞足			-0.27*	0.032	-0.32**	0.008	-0.53**	0.000
技巧					-0.04	0.991	-0.26*	0.046
阳性对照							-0.22	0.140

比较检验结果表明：竞足组和阳性对照组、竞足和阴性对照组均值
间具有极显著性差异（P<0.01），角力组和阴性对照组、竞足组和技
巧组、技巧组和阴性对照组均值间具有显著性差异（P<0.05）。

（10）实验后七年级女生各个组十字变向跑的测验平均值分别为
16.5秒、16.0秒、16.0秒、16.6秒、16.7秒，方差分析显著性概率P=
0.000<0.01，表明在民俗体育健身实验进行后，七年级女生十字变向
跑各个组别均值之间存在显著性差异，需要采用多重比较法对每对均值
之间的差异进行比较，其比较检验结果如表4-108所示。

表4-108　　　实验后七年级女生十字变向跑各组均值多重比较
检验结果（Tukey HSD）

组别	竞足		技巧		阳性对照		阴性对照	
	均差	显著性	均差	显著性	均差	显著性	均差	显著性
角力	0.47*	0.011	0.51*	0.004	-0.07	0.987	-0.24	0.472
竞足			0.04	0.999	-0.54**	0.002	-0.70**	0.000
技巧					-0.58**	0.001	-0.74**	0.000
阳性对照							-0.16	0.787

　　比较检验结果表明：角力组和竞足组、角力组与技巧组、具有显著性差异（P＜0.05），竞足组和阳性对照组、技巧组和阳性对照组、竞足组和阴性对照组、技巧组和阴性对照组具有极显著性差异（P＜0.01）。

　　（11）实验后七年级女生各个组 4×10 米往返跑的测验平均值分别为 15.2 秒、14.8 秒、14.8 秒、15.3 秒、15.5 秒，方差分析显著性概率 P＝0.000＜0.01，表明在民俗体育健身实验进行后，七年级女生 4×10 米往返跑各个组别均值之间存在显著性差异，需要采用多重比较法对每对均值之间的差异进行比较，其比较检验结果如表 4-109 所示。

表 4-109　　　实验后七年级女生 4×10 米往返跑各组均值

多重比较检验结果（Tukey HSD）

组别	竞足		技巧		阳性对照		阴性对照	
	均差	显著性	均差	显著性	均差	显著性	均差	显著性
角力	0.42*	0.031	0.48**	0.008	-0.02	1.000	-0.22	0.524
竞足			0.06	0.993	-0.43*	0.023	-0.64**	0.000
技巧					-0.49**	0.006	-0.70**	0.000
阳性对照							-0.21	0.592

　　比较检验结果表明：角力组与竞足组、竞足组和阳性对照组均值间具有显著性差异（P＜0.05），角力组的技巧组、竞足组和阴性对照组、技巧组和阳性对照组、技巧组和阴性对照组具有极显著性差异（P＜0.01）。

　　（12）实验后七年级女生各个组反复横跨的测验平均值分别为 34.7 次、37.4 次、37.3 次 34.5 次、31.9 次，方差分析显著性概率 P＝0.000＜0.01，表明在民俗体育健身实验进行后，七年级女生反复横跨各个组别均值之间存在显著性差异，需要采用多重比较法对每对均值之间的差异进行比较，其比较检验结果如表 4-110 所示。

表 4 - 110　　　实验后七年级女生反复横跨各组均值多重比较

检验结果（Tukey HSD）

组别	竞足		技巧		阳性对照		阴性对照	
	均差	显著性	均差	显著性	均差	显著性	均差	显著性
角力	- 2.78 *	0.020	- 2.63 *	0.032	0.20	0.999	2.80 *	0.018
竞足			0.15	1.000	2.98 *	0.010	5.58 **	0.000
技巧					2.83 *	0.017	5.43 **	0.000
阳性对照							2.60 *	0.034

比较检验结果表明：角力与竞足组、角力组和技巧组竞足组和阳性对照组、技巧组和阳性对照组、角力组和阴性对照组、阳性对照组和阴性对照组均值间具有显著性差异（P < 0.05），竞足组和阴性对照组、技巧组和阴性对照组均值间具有极显著性差异（P < 0.01）。

（13）实验后七年级女生各个组纵叉的测验平均值分别为 16.0 厘米、15.6 厘米、15.5 厘米、16.2 厘米、18.9 厘米，方差分析显著性概率 P = 0.042 > 0.05，表明在民俗体育健身实验进行后，七年级女生纵叉各个组别均值之间无显著性差异。

（14）实验后七年级女生各个组横叉的测验平均值分别为 20.9 厘米、20.6 厘米、20.4 厘米、21.1 厘米、24.2 厘米，方差分析显著性概率 P = 0.029 < 0.05，表明在民俗体育健身实验进行后，七年级女生横叉各个组别均值之间存在显著性差异，需要采用多重比较法对每对均值之间的差异进行比较，其比较检验结果如表 4 - 111 所示。

表 4 - 111　　　实验后七年级女生横叉各组均值多重比较

检验结果（Tukey HSD）

组别	竞足		技巧		阳性对照		阴性对照	
	均差	显著性	均差	显著性	均差	显著性	均差	显著性
角力	0.32	0.999	0.51	0.996	- 0.20	1.000	- 3.28	0.103
竞足			0.18	1.000	- 0.52	0.995	- 3.61	0.057
技巧					- 0.70	0.985	- 3.79 *	0.039
阳性对照							- 3.09	0.144

比较检验结果表明：技巧组和阴性对照组具有极显著性差异（P ＜ 0.05）。

（15）实验后七年级女生各个组别坐位体前屈的测验平均值分别为 8.6 厘米、8.8 厘米、8.9 厘米、8.4 厘米、7.1 厘米，方差分析显著性概率 P ＝ 0.255 ＞ 0.05，表明在民俗体育健身实验进行后，七年级女生坐位体前屈各个组别均值之间均没有显著性差异。

（16）实验后七年级女生各个组转肩的测验平均值分别为 72.0 厘米、70.9 厘米、70.8 厘米、72.7 厘米、74.2 厘米，方差分析显著性概率 P ＝ 0.330 ＞ 0.05，表明在民俗体育健身实验进行后，七年级女生转肩各个组别均值之间均没有显著性差异。

（17）实验后七年级女生各个组别立位转体的测验平均值分别为 138 度、140 度、138 度、137 度、136 度，方差分析显著性概率 P ＝ 0.494 ＞ 0.05，表明在民俗体育健身实验进行后，七年级女生立位转体各个组别均值之间均没有显著性差异。

（18）实验后七年级女生各个组别闭目单足立测验平均值分别为 45.7 秒、45.2 秒、52.0 秒、46.0 秒、40.7 秒，方差分析显著性概率 P ＝ 0.000 ＜ 0.01，表明在民俗体育健身实验进行后，七年级女生闭目单足立各个组别均值之间存在显著性差异，需要采用多重比较法对每对均值之间的差异进行比较，其均值多重比较检验结果如表 4 － 112 所示。

表 4 － 112　　　　实验后七年级女生闭目单足立各组均值
多重比较检验结果（Tukey HSD）

组别	竞足		技巧		阳性对照		阴性对照	
	均差	显著性	均差	显著性	均差	显著性	均差	显著性
角力	0.50	0.998	－ 6.25 **	0.001	－ 0.30	1.000	5.00 *	0.017
竞足			－ 6.75 **	0.000	－ 0.80	0.987	4.50 *	0.042
技巧					5.95 **	0.002	11.25 **	0.000
阳性对照							5.30 **	0.009

比较检验结果显示：角力组和技巧组、角力组和阴性对照组、竞足

285

组和技巧组、竞足组和阴性对照组、技巧组和阳性对照组、技巧组和阴性对照组、阳性对照组和阴性对照组均值间均有显著性差异（P＜0.05），其中角力组和技巧组、竞足组和技巧组、技巧组和阳对照组、巧组和阴性对照组、阳性对照组和阴性对照组具有极显著性差异（P＜0.01）。

（19）实验后七年级女生各个组别一分钟抛网球的测验平均值分别为 158 次、156 次、166 次、156 次、152 次，方差分析显著性概率 P = 0.000＜0.01，表明在民俗体育健身实验进行后，七年级女生一分钟抛网球各个组别均值之间存在显著性差异，需要采用多重比较法对每对均值之间的差异进行比较，其比较检验结果如表 4 – 113 所示。

表 4 – 113　　　　实验后七年级女生一分钟抛网球各组均值
多重比较检验结果（Tukey HSD）

组别	竞足		技巧		阳性对照		阴性对照	
	均差	显著性	均差	显著性	均差	显著性	均差	显著性
角力	1.10	0.996	-9.18 *	0.024	1.38	0.991	5.70	0.334
竞足			-10.28 **	0.008	0.28	1.000	4.60	0.554
技巧					10.55 **	0.006	14.87 **	0.000
阳性对照							4.33	0.613

比较检验结果显示：角力组和技巧组、竞足组和技巧组、技巧组和阳性对照组、技巧组和阴性对照组均值间均有显著性差异（P＜0.05），其中竞足组和技巧组、技巧组和阳性对照组、技巧组和阴性对照组具有极显著性差异（P＜0.01）。

4.3.4.4　实验后七年级女生身体素质指标均值分布图

图 4 – 271 ～图 4 – 288 为实验后七年级女生身体素质各项指标均数分布图，图中各点表示各种锻炼方案对应数据的均值大小。

左手握力均值（公斤）

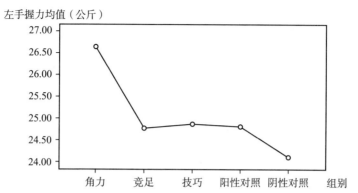

图 4 - 271　实验后七年级女生左手握力均值分布图

右手握力均值（公斤）

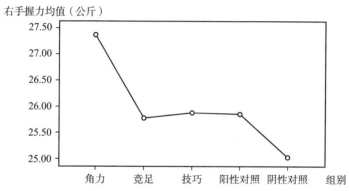

图 4 - 272　实验后七年级女生右手握力均值分布图

背肌力均值（公斤）

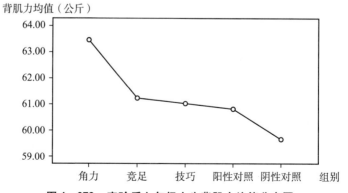

图 4 - 273　实验后七年级女生背肌力均值分布图

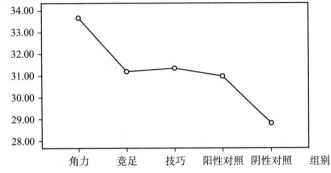

仰卧起坐均值（次/分钟）

图 4 - 274   实验后七年级女生仰卧起坐均值分布图

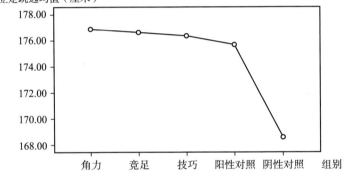

立定跳远均值（厘米）

图 4 - 275   实验后七年级女生立定跳远均值分布图

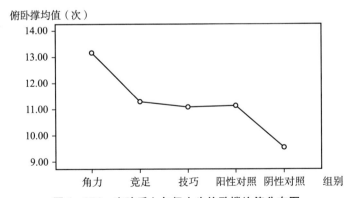

俯卧撑均值（次）

图 4 - 276   实验后七年级女生俯卧撑均值分布图

选择反应时均值（秒）

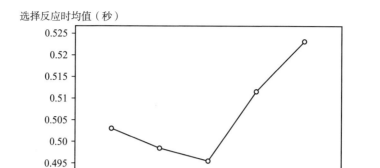

图 4 - 277　实验后七年级女生选择反应时均值分布图

50 米跑均值（秒）

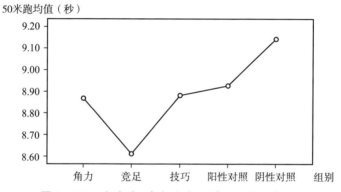

图 4 - 278　实验后七年级女生 50 米跑均值分布图

十字变向跑均值（秒）

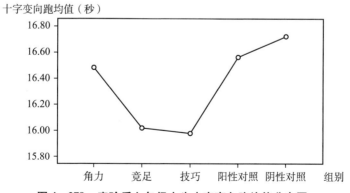

图 4 - 279　实验后七年级女生十字变向跑均值分布图

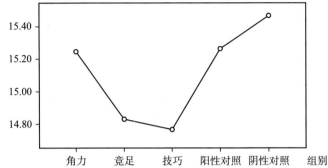

图 4 - 280　实验后七年级女生 4 × 10 米往返跑均值分布图

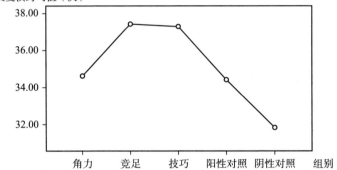

图 4 - 281　实验后七年级女生反复横跨均值分布图

290

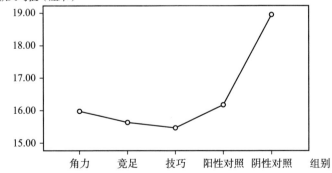

图 4 - 282　实验后七年级女生纵叉均值分布图

横叉均值（厘米）

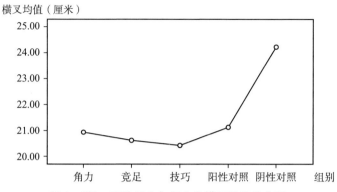

图 4 – 283　实验后七年级女生横叉均值分布图

坐位体前屈均值（厘米）

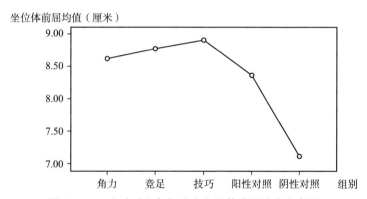

图 4 – 284　实验后七年级女生坐位体前屈均值分布图

转肩均值（厘米）

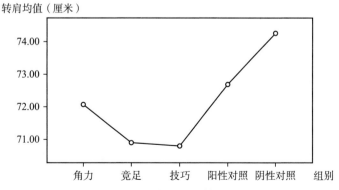

图 4 – 285　实验后七年级女生转肩均值分布图

立位转体均值（度）

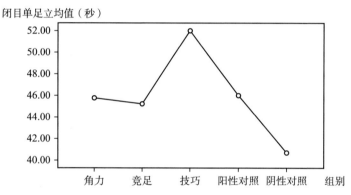

图 4－286　实验后七年级女生立位转体均值分布图

闭目单足立均值（秒）

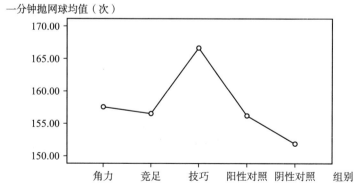

图 4－287　实验后七年级女生闭目单足立均值分布图

一分钟抛网球均值（次）

170.00

165.00

160.00

155.00

150.00

角力　　　竞足　　　技巧　　阳性对照　阴性对照　　组别

图 4－288　实验后七年级女生一分钟抛网球均值分布图

4.3.5　分析和讨论

4.3.5.1　民俗体育运动对中小学生握力的影响分析

握力是反映手部力量大小的指标。

本研究表明，经过 3 个月的民俗体育锻炼，五年级男生的握力有了明显提升。其中，角力组左、右手握力分别提高了 4.3 和 4.2，竞足组左、右手握力分别提高了 1.7 和 1.8，技巧组左、右手握力分别提高了 1.9 和 1.8，阳性对照组左、右手握力分别提高了 1.4 和 1.3，阴性对照组都提高 0.7。五年级女生的握力有了明显的提高。其中，角力组左、右手握力分别提高了 3.3 和 3.4，竞足组左、右手握力都提高了 1.5，技巧组左、右手握力都提高了 1.6，阳性对照组左、右手握力都提高了 1.3，阴性对照组左、右手握力都提高了 0.5，可见，不论男生女生，角力组提高得最为明显。

七年级男生的握力有了明显提升。其中，角力组左、右手握力分别提高了 3.5 和 3.6，竞足组左、右手握力分别提高了 1.7 和 1.6，技巧组左、右手握力分别提高了 1.6 和 1.4，阳性对照组左、右手握力分别提高了 1.2 和 1.5，阴性对照组左、右手握力都提高了 0.9。七年级女生的握力有了明显的提高。其中，角力组左、右手握力都提高了 3.0，竞足组左、右手握力都提高了 0.8，技巧组左、右握力都提高了 1.8，阳性对照组左、右手握力都提高了 1.7，阴性对照组左、右手握力分别提高了 0.4 和 1.7。可见，不论男生女生，角力组提高得最为明显。

现代角力类项目则是包含了掰手腕、骑马打仗、斗拐、推手、拉钩、推车等不同形式的徒手竞技，也涵盖了借助器械进行的拔河、倒拉牛、拉棍、顶杠、翻石磙等力量对抗型体育项目。

例如，在拔河比赛中，双方参赛选手同时握绳，前腿伸直，后腿膝关节微屈，身体稍向后倾。闻令后，各队参与选手在本队指挥带领下，齐心协力往后拉绳，对手的力量要求较高，起到了非常大的锻炼效果。在斗拐项目中，一侧手抓住踝关节或脚，另一侧手抱住大腿的膝盖部分，对左、右手的力量起到了锻炼的效果。

在骑马打仗中，"骑士"只能用手与对方搏斗，采用拽、拉、推等方法，对上肢力量起到了很强的锻炼效果；而组合骑比赛时，"战马"需要用自己的手握住另一只手的手腕，然后再用未握腕的手握住对方的手腕，四只手相互搭握成"井字马鞍状"，对提高绝对力量、力量耐力起到了很明显的效果。所以，对左、右手的力量影响较大，所以，握力提高得最明显。

竞足类项目主要有滚铁环、跳房、踢毽子，技巧类主要有挑棍儿、老鼠十八洞、摔泥瓦。这些项目能锻炼灵活性、平衡性和协调性，可以锻炼耐力和关节的灵活性，增强手指、手腕力量，对握力有一定的影响。

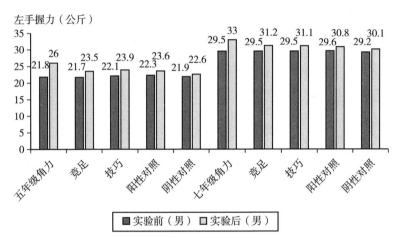

图 4 – 289　民俗体育运动对五、七年级男生左手握力的影响变化

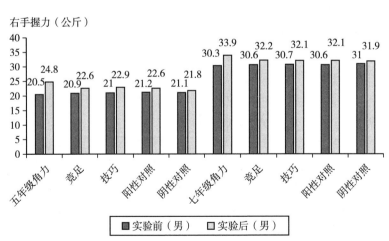

图 4 – 290　民俗体育运动对五、七年级男生右手握力的影响变化

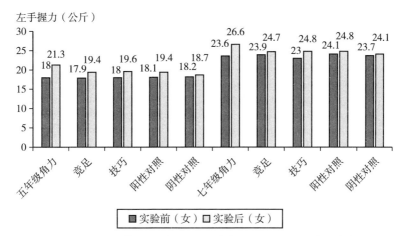

图 4 – 291 民俗体育运动对五、七年级女生左手握力的影响变化

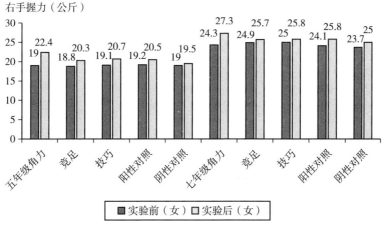

图 4 – 292 民俗体育运动对五、七年级女生右手握力的影响变化

4.3.5.2 民俗体育运动对中小学生背肌力的影响分析

背肌力反映背部肌肉群的力量。

本研究表明：经过 3 个月的锻炼之后，五年级男、女生的背肌力有了明显的提高。其中，角力组男生背肌力提高了 5.9 公斤、竞足组背肌力提高了 3.2 公斤、技巧组背肌力提高了 3.1、阳性对照组提高了 2.9 公斤、阴性对照组提高了 2.2 公斤。角力组女生背肌力提高了 5.7 公斤、竞足组背肌力提高了 4.2 公斤、技巧组背肌力提高了 2.7、阳性对照组提高了 2.4、阴性对照组提高了 1.8 公斤。其中，不论男生女生，

提升最明显的是角力组。

　　七年级男、女生的背肌力有了明显的提高。其中，角力组男生背肌力提高了6.8公斤、竞足组背肌力提高了3.7公斤、技巧组背肌力提高了3.5公斤、阳性对照组提高了3.6公斤、阴性对照组提高了2.8公斤。角力组女生背肌力提高了5.7公斤、竞足组背肌力提高了3.3公斤、技巧组背肌力提高了2.9公斤、阳性对照组提高了2.6公斤、阴性对照组提高了1.7公斤。其中，不论男生女生，提升最明显的是角力组。

　　角力类民俗体育项目中，斗拐进攻时采用撞击技术，防御时主要采用闪击技术，锻炼了整个身体的协调性和平衡能力，对背肌力有一定的影响。而在骑马打仗项目中，对身体的上肢力量起到了很强的锻炼效果。作为"骑士"的参与者要将对方"骑士"拉下"战马"，必须通过各种角力形式，迫使对方"骑士"和"战马"解体脱节来获胜，对上肢力量起到了很强的锻炼。而"战马"的参与者要负担"骑士"的重量，又要运用迂回、伏击、夹击、合围等战术，能很有效地锻炼绝对力量和力量耐力等。"倒拉牛"项目中，双方用力顺序由下至上，双腿用力蹬地，上体前倾，腰部用力向前拉绳子，同时注意感觉对方的对抗情况，及时调整自己的用力大小和方向，以维持自己身体在对抗过程中的平衡，这对背部的要求较高，对背肌力是一个很强有力的锻炼。

　　竞足类民俗体育项目中，滚铁环和跳房，都需要有良好的平衡能力，都能增强整个机体的力量，尤其是女生，经常参与竞足类民俗项目，对背肌力的提高效果更佳。这也是一个深受女生喜欢的运动项目。

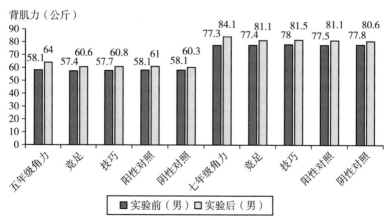

图4-293　民俗体育运动对五、七年级男生背肌力的影响变化

　　而在技巧类民俗项目中的摔泥瓦项目中，练习者将"泥瓦"用力摔向地面，发出"瓦"的一片响声。这个过程也锻炼了臂力和上背部的力量，对背肌力的提高有一定的效果。

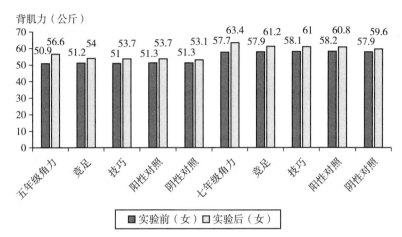

图 4-294　民俗体育运动对五、七年级女生背肌力的影响变化

4.3.5.3　民俗体育运动对中小学生仰卧起坐的影响分析

　　一分钟仰卧起坐的主要工作肌群是腰部、腹部肌肉，反映腹部、腰部肌肉力量耐力。

　　本研究表明：经过3个月的民俗体育锻炼后，五年级男生的一分钟仰卧起坐有提高。其中，角力组仰卧起坐提高了4个，竞足组提高了0.9个，技巧组男生提高了1.2个，阳性对照组提高了1个，阴性对照组下降了0.9个。五年级女生的一分钟仰卧起坐有提高，其中，角力组仰卧起坐提高了4.2个，竞足组提高了1个，技巧组提高了0.9个，阳性对照组提高了0.9个，阴性对照组下降了0.9个。

　　七年级男生的一分钟仰卧起坐有提高。其中，角力组仰卧起坐提高了3.7个，竞足组提高了1.4个，技巧组提高了1.6个，阳性对照组提高了1.1个，阴性对照组下降了0.6个。七年级女生的一分钟仰卧起坐有提高，其中，角力组仰卧起坐提高了4.0个，竞足组提高了1.2个，技巧组提高了1.2个，阳性对照组提高了1.2个，阴性对照组下降了1.1个。

在角力组民俗体育项目中，对参加者的整体力量素质都是一个提高，斗拐中，一条腿上下来回跳跃，袭击躲闪偷袭，都需要用到腰腹部的力量，对腰腹部有较高的要求，起到了很好的锻炼效果。而骑马打仗中，"骑士"之间进行对抗较量时，不仅用到手和臂的力量，也要用到腰腹的力量，才能立于不败之地。而"战马"要背负另一个人的力量，还要奔跑，更是需要腰腹核心力量的支持。所以，这两个项目都对腰腹部要求极高，起到了很强的锻炼效果。在"倒拉牛"项目中，双方要上体前倾，腰部用力向前拉绳子，所以，对腰部肌肉力量是一个很强的锻炼。

在竞足类民俗项目中，踢毽子、滚铁环、跳房等，都需要有良好的平衡能力，都能增强整个机体的力量，尤其是跳房，跳来跳去，需要腹部核心力量的配合，对腰腹力量起到了锻炼的效果。

而在技巧类民俗项目中，摔泥瓦需要参与者首先将"泥瓦"举起，然后再将"泥瓦"摔在地上，这个过程中，先拉长腰部，然后腰腹再配合用力将"泥瓦"摔下去。对腰腹也起到了锻炼的效果。

而阳性对照组的体育锻炼也对腰腹起到了一定的锻炼效果，可见，对于大部分运动来说，都对腰腹有不同程度的锻炼效果。

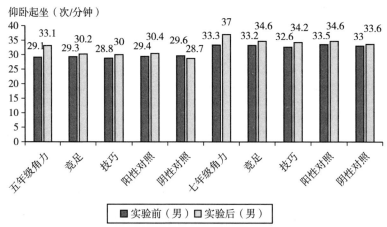

图 4－295　民俗体育运动对五、七年级男生仰卧起坐的影响变化

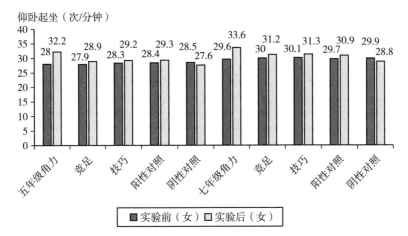

图 4 - 296　民俗体育运动对五、七年级女生仰卧起坐的影响变化

4.3.5.4　民俗体育运动对中小学生立定跳远的影响分析

立定跳远主要是测试下肢爆发力和全身协调能力。

本研究表明：经过 3 个月的民俗体育锻炼后，五年级男生的立定跳远水平有提高。其中，角力组男生立定跳远提高了 14 厘米，竞足组男生提高了 12.7 厘米，技巧组男生提高了 11.1 厘米，阳性对照组提高了 8.7 厘米，阴性对照组下降了 0.2 厘米。五年级女生的立定跳远有提高，其中，角力组女生立定跳远提高了 13.8 厘米，竞足组女生提高了 12.7 厘米，技巧组女生提高了 9.1 厘米，阳性对照组提高了 9.1 厘米，阴性对照组提高了 3.5 厘米。

七年级男生的立定跳远有提高。其中，角力组男生立定跳远提高了 14.4 厘米，竞足组男生提高了 15.6 厘米，技巧组男生提高了 13.2 厘米，阳性对照组提高了 12.2 厘米，阴性对照组提高了 2.7 厘米。七年级女生的立定跳远有提高，其中，角力组女生立定跳远提高了 12.5 厘米，竞足组女生提高了 11.3 厘米，技巧组女生提高了 11.2 厘米，阳性对照组提高了 11 厘米，阴性对照组提高了 3 厘米。

角力类民俗项目中，斗拐要求一条腿走路，还要进行各种竞争，这对下肢力量和爆发力有较高的要求，并对全身协调能力也有较高的要求。而在骑马比赛项目中，"战马"负担另一个人的重量，对腿部耐力和力量要求较高，也对腿部力量起到了很好的锻炼效果。所以，对立定跳远有明显的提升效果。

竞足类民俗项目中,滚铁环、跳房、踢毽子、老鹰捉小鸡,主要以锻炼下肢力量和耐力为主,尤其是滚铁环,项目比较欢快,可以锻炼耐力、协调能力以及关节的灵活性等,同时也对发展速度、力量有明显的促进作用。所以,这一类民俗项目对立定跳远也有着明显的促进效果。

而在技巧类民俗项目中,挑棍儿也需要蹲起,这对腿部力量也起到了一定的锻炼效果。和摔泥瓦,也是长时间站立,并来回运动,摔"泥瓦"和捡"泥瓦"的过程中,也需要不停蹲起,对身体整体协调能力和腿部力量有促进作用。在"开火车"项目中,每组成员排成一列纵队,站在起始线的后面。从第二个人起,都将自己的右脚抬起,前面的人抬着后一人的踝关节,后面的人左手搭在前一人的肩膀上。每队第一个队员抬起自己的右脚,举起右手。排头不伸脚,排尾不兜脚,组成一列"火车"。比赛时,各组一齐按照一个节拍向前跳动,排头可以走步,加强腿部力量、身体平衡性的练习。所以,这一类民俗项目对立定跳远也有着明显的促进效果。

而阳性对照组的立定跳远项目,也有明显的提高。可见,通过体育锻炼,的确可以加强腿部力量和身体协调能力。而阴性对照组男生立定跳远水平下降,女生上升微弱,可见不参加体育锻炼,腿部力量得不到很好的锻炼。

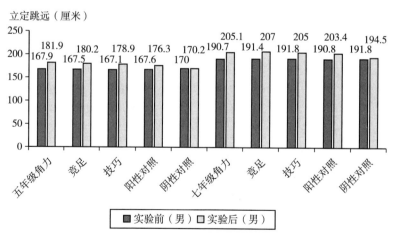

图 4 - 297　民俗体育运动对五、七年级男生立定跳远的影响变化

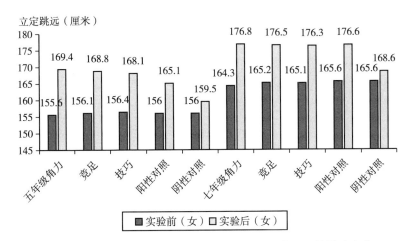

图 4 - 298　民俗体育运动对五、七年级女生立定跳远的影响变化

4.3.5.5　民俗体育运动对中小学生俯卧撑的影响分析

俯卧撑是测定臂部肌肉力量的一项指标。

本研究表明：经过 3 个月的民俗体育锻炼后，五年级男生的俯卧撑有提高。其中，角力组男生俯卧撑提高了 4.3 个，竞足组男生提高了 1.9 个，技巧组男生提高了 1.9 个，阳性对照组提高了 1.0 个，阴性对照组下降了 0.7 个。五年级女生的俯卧撑有提高，其中，角力组女生提高了 4.2 个，竞足组女生提高了 1.8 个，技巧组女生提高了 2.0 个，阳性对照组提高了 1.8 个，阴性对照组下降了 0.6 个。由此可见，无论男生女生，角力组提升的最高。

七年级男生的俯卧撑有提高。其中，角力组男生俯卧撑提高了 5.7 个，竞足组男生提高了 2.9 个，技巧组男生提高了 2.7 个，阳性对照组提高了 2.1 个，阴性对照组下降了 1.1 个。五年级女生的俯卧撑有提高，其中，角力组女生立定跳远提高了 3.3 个，竞足组女生提高了 1.2 个，技巧组女生提高了 1.2 个，阳性对照组提高了 0.9 个，阴性对照组下降了 0.2 个。由此可见，无论男生女生，角力组提升的最高。

完成一个俯卧撑，需要用到手臂、胸、腹、臀和腿等部位的肌肉群相互紧密配合。角力类项目中，斗拐对全身协调性力量要求都比较高，单腿进行，锻炼了腿部的力量，身体的撞击抗衡锻炼了腿部和胸部的力量。而"骑马打仗"中，对手臂、腿、胸的要求都比较高，要想取胜，

301

不论是"骑士"还是"战马",都必须具备比对手更强的腿部、胸部、腹部和手臂的力量。在拔河比赛中,双方参赛选手同时握绳,向后拉,这对臂力起到了很强的锻炼效果。

竞足类项目中,滚铁环、跳房和老鹰捉小鸡等项目,都是以锻炼腿部和腹部力量为主的项目,对俯卧撑的提高也起了一定的锻炼效果。

技巧类项目中,挑棍儿和摔"泥瓦"项目中,都是以锻炼臂力为主的项目,对俯卧撑的提高也有一定的锻炼效果。

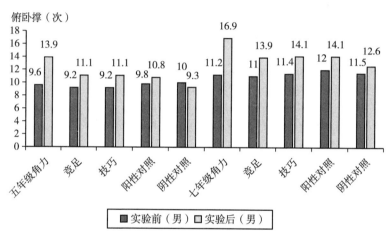

图4-299　民俗体育运动对五、七年级男生俯卧撑的影响变化

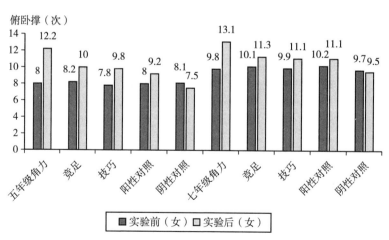

图4-300　民俗体育运动对五、七年级女生俯卧撑的影响变化

阳性对照组也有一定的提升，但是不明显。可见，在对俯卧撑的提升上，民俗体育项目更占优势。

而阴性对照组出现下降的趋势，可见，如果不经常参加体育锻炼，力量会下降。

4.3.5.6 民俗体育运动对中小学生选择反应时的影响分析

选择反应时是反映受试者神经与肌肉系统协调性和快速反应能力的指标。反应时（reaction time，RT）是指从刺激出现后经过判断到开始反应所需要的时间，又称反应潜伏期。视—手反应时实际反映眼—神经冲动传入—中枢做出反应—神经冲动传出—手部肌肉做出反应，这一全部过程的反应速度。由于这一过程的复杂性，影响视—手反应时的环节较多。选择反应时在一定程度上反映了人体辨别与反应速度素质。3 个月的实验练习后，五年级男生实验组选择反应时发生了明显良好变化，实验前后角力组缩短 0.010 秒、竞足组缩短 0.020 秒、技巧组缩短 0.030 秒，实验对五年级女生选择反应时的影响与五年级男生结果相当；民俗体育运动对七年级男生选择反应时的影响实验前后也均有提升，分别为 0.040 秒、0.030 秒、0.042 秒，对七年级女生选择反应时的影响使在实验后也分别提高 0.030 秒、0.040 秒、0.041 秒；五年级和七年级学生的阳性对照组、阴性对照组基本没变化，说明民俗体育运动对提高五年级和七年级学生快速选择反应能力有良好作用。另外，实验前后五年级女生的该项指标实验结果与男生相似，不存在性别之间的差异；七年级男女生之间该指标的提高幅度也相当；这可能与现阶段五年级和七年级男女生均处在发育期有关。然而整体上看，七年级学生该指标实验结果提升幅度要略高于五年级，可能是随着年龄的增长，与身体素质发展的敏感期有关。从实验前后各组间数据对比来看，两个年级学生的技巧类实验组缩短幅度最大，如图 4 - 301 所示，这与项目的技术特点有较大关系，因为此类项目多为神经主导下的肌肉快速收缩过程，每次授课期间都会安排以肢体灵敏性的活动为主的内容，如抓石子项目的关键技术环节就是准确选择、接快速抛接的连贯动作，与选择反应时的测试形式最为接近，练习类似项目，对眼睛的判断、神经的快速传导、手部肌肉的快速反应均能产生良好的刺激，长期参与锻炼自然会产生累积效应，因而两个年级学生技巧组的选择反应时测试比其他组更具有明显的统计学意义。

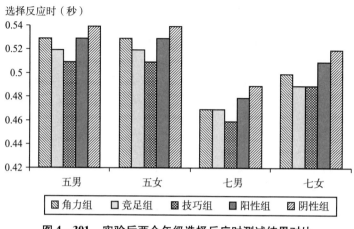

选择反应时（秒）

图 4 – 301   实验后两个年级选择反应时测试结果对比

4.3.5.7   民俗体育运动对中小学生 50 米跑的影响分析

50 米跑是人体在内脏器官缺氧的条件下，以最快的速度跑完全程的快速运动，是主要反映受试者快速奔跑能力的指标。50 米跑属体能主导类速度性的项目，具有运动强度大、运动持续时间短的特征。该项目测试成绩取决于反应速度、加速度和保持速度的能力及技术质量等因素。3 个月的民俗体育运动实验锻炼后，两个年级竞足组的 50 米跑分别与角力组、技巧组、阳性对照组、阴性对照组均值间具有极显著性差异（P < 0.01），详见表 4 – 62、表 4 – 77、表 4 – 92、表 4 – 107。从实验前后的数据对比来看，五年级男生各组中，竞足组 50 米跑提升幅度最大，用时成绩提高了 0.50 秒；五年级女生各组中，竞足组提升幅度最大，用时成绩实验后提高了 0.49 秒；七年级男生各组中，竞足组提升幅度最大，用时成绩提高了 0.65 秒；七年级女生各组中，竞足组提升幅度最大，用时成绩提高了 0.50 秒，两个年级的竞足组 50 米跑成绩提高非常显著，最具有统计学意义，如图 4 – 302 所示。

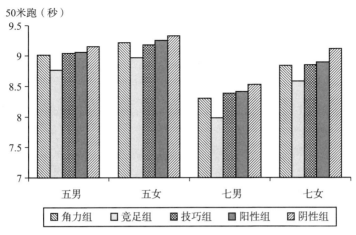

图 4 –302 实验后两个年级 50 米跑测试结果对比

  根据 2007 年教育部办公厅发行的《国民体质测定标准手册（学生部分）》，小学五、六年级、初中一～三年级 50 米跑测试项目评分标准，两个年级学生中竞足组 50 米跑的测试成绩均由实验前的良好下限提升到实验后的优秀下限等级。其他组别基本没变化，说明竞足类民俗体育运动对提高两个年级学生 50 米跑能力有良好促进作用。竞足类实验组测试用时缩短幅度最大，很可能与上课练习项目的运动方式关系密切，因为此类项目多为体能主导下的绝对速度运动形式，伴有下肢大肌肉群交替快速收缩过程，并辅以上肢的协调摆动技术的积极配合，此实验组每次授课期间都会安排以跳跃、快速奔跑、以上下肢体协调性强为主的活动内容。例如，短距离推铁环接力是一种在稳定控制推铁环的前提下，以位移速度—奔跑竞技为主的短距离竞速型接力竞赛，比赛时上体微微前倾，一手持铁钩在体前推铁环，另一手臂协调双腿的跑动作积极的前后摆动，由于身体前倾动作的控制，双腿则进行快速的半高抬腿跑动动作，这一运动形式与短跑起跑加速动作要领很是相似，因此练习此种形式的推铁环内容，一定意义上可作为提高短跑起跑效率的练习手段。又例如，大家比较熟悉的"网鱼"运动，操作过程中两人或多人组成的"渔网"是在快速的跑动中，去捕捉指定区域中来回游动的"鱼"，实施"渔网捕鱼"和"鱼儿逃跑"的主要手段就是双腿快速跑动，这就形成了较为激烈的追逐跑，由于运动强度较大，往往在 10 秒钟左右就停顿一下（捉到了鱼或暂时调整休息），"网鱼"的这种运动

305

性质与运动训练学上界定的重复间歇训练法非常相似，此种训练法对短跑保持速度的能力是非常有效的训练手段。以上两例中的运动形式及运动性质与影响 50 米跑成绩的因素相当，故而，长期练习竞足类的这部分项目可能是提高 50 米跑的成绩的积极缘由。

4.3.5.8　民俗体育运动对中小学生十字变向跑的影响分析

十字变向跑主要反映受试者在快速跑动中快速变换身体方向的能力。从该指标测试场地看，跑进距离约 36 米，属无氧供能条件下的短距离疾跑测试指标，从跑进路线看，属灵敏主导性指标，受试者每跑完 4.5 米后需快速变向绕过标志杆，依次变向绕杆 8 次后跑完全程。该项指标测试成绩取决于奔跑加速能力和灵活变换身体方向的能力及身体的协调性等因素。3 个月的民俗体育运动实验锻炼后，两个年级竞足组与技巧组的十字变向跑分别与角力组、阳性对照组、阴性对照组均值间具有极显著性差异（P＜0.01），详见表 4－63、表 4－78、表 4－93、表 4－108。从实验前后的数据对比来看，五年级男生各组中，竞足组与技巧组的十字变向跑提升幅度较大，用时成绩分别提高了 0.95 秒、0.92 秒；五年级女生各组中，竞足组与技巧组的十字变向跑提升幅度也较大，用时成绩分别提高了 1.05 秒、1.04 秒；七年级男生各组中，竞足组与技巧组的十字变向跑提升幅度也较大，用时成绩分别提高了 0.90 秒、0.69 秒；七年级女生各组中，竞足组与技巧组的十字变向跑提升幅度也较大，用时成绩分别提高了 0.87 秒、0.75 秒。两个年级的竞足组和技巧组的十字变向跑成绩提高非常显著，极具统计学意义；其他组别的成绩变化较小，不具有统计学意义，详见图 4－303。这说明竞足类和技巧类民俗体育运动对提高两个年级学生十字变向跑能力有良好的促进作用。

竞足类与技巧类实验组测试用时缩短幅度较大，一定程度上可能与上课练习项目的运动内容关系密切，因为此类项目多为体能与灵敏双重主导的绝对速度与身体变向运动形式，在神经快速调控下肢大肌肉群交替快速收缩过程中，辅以状态反射下的（固定化的神经支配肌肉紧张程度的非条件反射）身体快速变换运动方向，竞足和技巧实验组授课期间会多安排以快速奔跑、灵活变换运动方向为主的活动内容。例如，"蛇形跑"是参与者在快速跑动中依次左右变向绕过固定标志物的民俗体育

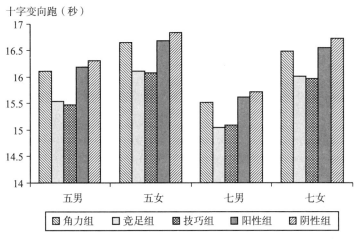

图 4 – 303 实验后两个年级十字变向跑测试结果对比

运动，跑进的路线很像蛇爬行的轨迹，因此而得名为"蛇形跑"。这一运动形式与十字变向跑中的蹬地转体变向动作比较相似，因此常常练习此内容，一定意义上可作为提高十字变向跑蹬地转体效果的辅助练习手段。又如，"龙咬尾"是"老鹰捉小鸡"的改编形式，多人站立成一路纵队，后面的队员依次搂住前面队员的腰，在队伍不断开的条件下，排头带领全队在跑动中快速灵活地左右转体去拍击身后的排尾，以排头拍到排尾为止。这一运动形式与十字变向跑中的蹬地转体变向动作非常吻合，因此经常练习此项目，很大意义上可作为提高十字变向跑快速蹬地转体效果的有效练习手段。以上两例中的运动形式与影响十字变向跑成绩的因素是一致的，所以长期练习竞足类与技巧类的这部分项目很可能是影响十字变向跑成绩提高的积极因素。

4.3.5.9 民俗体育运动对中小学生往返跑的影响分析

往返跑（4×10 米）指标是反映受试者的速度及在快速跑动中的急停、急起、和快速变换动作方向的能力。从该指标测试场地看，跑动距离为 40 米，属无氧供能条件下的短距离疾跑测试指标，从跑进路线看，属灵敏主导性指标，受试者每跑完 10 米后需快速变向转身收放木块，依次变向转身收放木块 3 次后跑完全程。该项指标测试成绩取决于奔跑加速能力和灵活变换身体方向的能力及身体重心控制能力等因素。3 个月的民俗体育运动实验锻炼后，两个年级竞足组与技巧组的往返跑分别

与角力组、阳性对照组、阴性对照组均值间具有极显著性差异（P <
0.01），详见表 4 – 64、表 4 – 79、表 4 – 94、表 4 – 109。从实验前后的
数据对比来看，五年级男生各组中，竞足组与技巧组的往返跑提升幅度
较大，用时成绩分别提高了 0.67 秒、0.66 秒；五年级女生各组中，竞
足组与技巧组的往返跑提升幅度也较大，用时成绩分别提高了 0.84 秒、
0.92 秒；七年级男生各组中，竞足组与技巧组的往返跑提升幅度也较
大，用时成绩分别提高了 0.89 秒、0.83 秒；七年级女生各组中，竞足
组与技巧组的往返跑提升幅度也较大，用时成绩分别提高了 0.83 秒、
0.77 秒。两个年级的竞足组和技巧组的往返跑成绩提高非常显著，极
具有统计学意义；其他组别的成绩变化较小，不具有统计学意义，如图
4 – 304 所示。说明竞足类和技巧类民俗体育运动对提高两个年级学生
往返跑能力有良好促进作用。

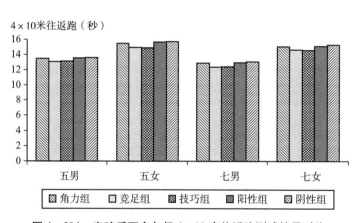

图 4 – 304　实验后两个年级 4 × 10 米往返跑测试结果对比

　　竞足类与技巧类实验组测试用时缩短幅度较大，一定意义上很可能
与上课练习项目的运动内容关系密切，因为此类项目多为体能与灵敏双
重主导的身体快速启动、快速停止、快速折返变向运动形式，在神经快
速调控下肢大肌肉群交替快速收缩过程中，辅以状态反射下的（姿势反
射的一种形式）身体快速变换运动方向，竞足和技巧实验组授课期间会
多安排以快速奔跑、灵活变换运动方向为主的活动内容。例如，"卡巴
迪"起源于南亚，是一种状似中国民间的"老鹰抓小鸡"的运动项目，
比赛时需要在一个呼吸过程里面连续高喊"卡巴迪 – 卡巴迪"，通过攻

入对方场地界线，尽可能多地接触对方防守队员而不被逮住并且平安返回己方半场才能得分。这项运动需要敏捷性、很好的肺活量、肌肉协调性和快速反应能力。从移动步伐上看此项运动与击剑运动相似，需要做到胆大心细、攻防进退时的脚步灵活自如。从运动整体来看，又与我国的老鹰捉小鸡的跑动、攻防、追击、躲闪等动作形式相似。又例如，"反贴饼子"，又称"反贴膏药"，该运动是"追人者"与"逃跑者"与人墙任何一人之间进行角色快速切换的速度反应类与高灵敏性快启、快停的项目，实施过程中，追人者与逃跑者在人墙范围内自由穿梭追逐，一旦逃跑者停靠在人墙任一人体侧，并高喊"贴"，这时逃跑者停下成站立人墙，追人者掉头成为逃跑者，而被贴的人墙则快速启动去追击。整个运动过程包括但不限于快速判断与反应、急停、急起和快速变换运动方向等运动形式。以上两例中的运动形式与影响往返跑成绩的因素是很相似的，故而长期练习竞足类与技巧类的这部分项目可有效提高往返跑的成绩。

4.3.5.10　民俗体育运动对中小学生反复横跨的影响分析

反复横跨主要是反映受试者快速向两侧变换运动方向能力与动作协调性的指标。从该指标测试时间看，双脚连续左右横跨跳动 20 秒，运动强度适中，从跳跃形式与运动轨迹看，属技能主导类灵敏性指标，受试者每跳动一次后需快速移动身体重心反复左右骑跨跳过 3 条间距 1 米的平行线。该项指标测试成绩取决于灵活变换身体重心的能力及身体上下肢的协调能力等因素。3 个月的民俗体育运动实验锻炼后，两个年级竞足组与技巧组的反复横跨分别与角力组、阳性对照组、阴性对照组均值间均具有极显著性差异（$P < 0.01$），详见表 4 – 65、表 4 – 80、表 4 – 95、表 4 – 110。从实验前后的数据对比来看，五年级男生各组中，竞足组与技巧组的反复横跨提升幅度较大，两组成绩分别提高了 4.20 次、4.85 次；五年级女生各组中，两组成绩分别提高了 4.34 次、4.43 次；七年级男生各组中，两组成绩分别提高了 5.00 次、5.20 次；七年级女生各组中，两组成绩分别提高了 4.60 次、4.72 次，如图 4 – 305 所示。两个年级的竞足组和技巧组的反复横跨成绩提高非常显著，极具有统计学意义；阴性对照组则出现成绩下滑现象，其他组别的成绩变化较小，不具有统计学意义。说明竞足类和技巧类民俗体育运动对提高两个

年级学生反复横跨能力有比较突出的影响。

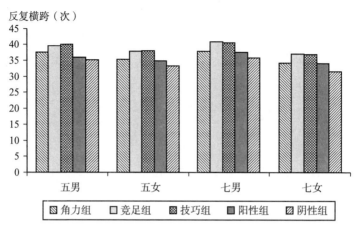

图 4 – 305　实验后两个年级反复横跨测试结果对比

　　实验后竞足类与技巧类实验组测试结果出现良好变化，这很可能与上课练习的运动内容有密切关系，因为此类项目多为技能主导类灵敏性的准确快速变换身体重心及肢体协调强的运动形式，经常练习会对脊髓小脑产生持续性良好刺激，可有效纠正肢体动作的偏差，确保运动能按照大脑皮质预定的目标和轨迹准确进行。竞足和技巧实验组授课期间安排快速跑跳、灵活变换运动方向为主的活动内容较多。例如，"跳皮筋"，属于技能主导类表现难美性民俗体育运动项目，是人体以原地纵跳、横跨跳等为主要活动方式，其间穿插着点、迈、勾、挑、跨、碰、压等多种基本运动技术，在一定高度的皮筋上连续做欢快而有节奏的跳跃动作，兼以手臂和躯干的协调配合。又例如，"砸沙包"体能与技能双重主导型灵敏性民俗体育运动项目，其"单攻"形式最为常见：在两条平行投掷线后站立一名或多名投手，运用传接、掩护、假动作等战术配合，伺机将沙包投击场内奔跑、躲闪的多名防守者，被击中者被判罚退场，抓住沙包者可增加、激活本方任一人上场机会。整个运动过程包括但不限于快速的判断与反应、准确而又协调的移动和跳跃等变换运动形式。以上两例中的运动形式与影响反复横跨成绩的因素非常接近，因此长期练习竞足类与技巧类的这部分项目很可能是提高反复横跨成绩的关键因素。

4.3.5.11　民俗体育运动对中小学生纵叉与横叉的影响分析

纵叉和横叉主要是反映受试者下肢绝对柔韧性的指标。从纵叉指标测试内容看，受试者原地做前后劈腿动作，直膝状态下，使双腿分别成最大程度前屈与背伸姿势后，测试骨盆底部至地面垂直距离；从横叉指标测试内容看，受试者原地做左右劈腿动作，直膝状态下，使双腿分别成最大程度左右外展姿势后，测试骨盆底部至地面垂直距离。该项指标测试成绩取决于关节结构特征、关节周围软组织的伸展性、关节周围组织体积、中枢神经的协调功能好肌肉力量等因素。3 个月的民俗体育运动实验锻炼后，两个年级各实验组及对照组的纵叉和横叉均值间都不具有显著性差异（P > 0.05），详见表 4 - 54、表 4 - 69、表 4 - 84、表 4 - 99。从实验前后的数据对比来看（见图 4 - 306），各年级各组测试数据基本无明显变化，不具有统计学意义，说明竞足类和技巧类民俗体育运动对提高两个年级学生下肢的柔韧素质没有积极的影响。然而两个年级竞足组和技巧组的纵叉与横叉测试结果略有提高趋势，这有可能是这两类民俗体育项目运动干预的结果。

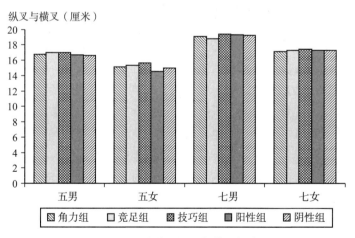

图 4 - 306　实验前后纵叉与横叉提高幅度

实验后竞足类与技巧类实验组的测试结果出现轻微变化，这可能与上课练习的近似柔韧性运动内容有关系，因为此类项目包含有技能主导类表现难美性的技术——行进间接分腿腾空动作、行进间前跨步动作，这两种姿势均在运动状态下完成，应属于冲击性牵张练习形式，这一性质的柔韧性锻炼方式在练习过程中会引起肌肉反射性牵张收缩，这很可能会抵消主动牵拉肌肉的力量，从而降低了柔韧锻炼的效果。竞足和技巧实验组授课安排的活动内容含有柔韧性成分的项目不太多。具有代表性的有"猜拳跨步"，此项目常见的实施方式是先指定跨步的起点与终点，然后两人猜拳，每胜一次，胜方则向前尽最大幅度迈出一步，先到终点者获胜。该运动项目对柔韧性素质产生影响的可能原因是，参与者向终点迈进的每次跨步动作都是在无助跑条件下进行的，然而前腿快速、大幅度地迈进，后腿则配合前腿做协调、积极蹬伸动作，这一蹬迈步动作属冲击性牵张练习形式，应视为影响双腿纵叉测试结果的可能诱因。另外还有"跳山羊"，此项目通常的操作方法是一人站立上体前屈，双手扶膝成"山羊"姿势，另一人先助跑，接着双手撑在"山羊"背部并迅速外展双腿快速跨越"山羊"。该运动项目对柔韧性素质产生影响的可能原因是，跳"山羊"者在跨越山羊后背过程中双腿快速成外展姿势，这一快速外展双腿动作属冲击性牵张练习形式，当视为影响双腿横叉测试结果的可能性因素。

4.3.5.12　民俗体育运动对中小学生身体柔韧性的影响分析

本书中的测试项目"坐位体前屈""转肩""立位转体"反映了人体的柔韧性。坐位体前屈是大中小学体质健康测试项目，它的测试目的是测量在静止状态下的躯干、腰、髋等关节可能达到的活动幅度，并反映这些部位的关节、韧带和肌肉的伸展性和弹性及身体柔韧素质的发展水平。转肩测试可以反映人体肩关节韧带肌肉的柔韧性和伸展性。立位转体测试是评价学生身体素质发展状况测验的项目之一，主要反映脊柱韧带、肌腱、肌肉的伸展性的柔韧素质。对青少年坐位体前屈、转肩以及立位转体进行测试，主要是为了反映通过参与民俗体育运动是否能够发展青少年柔韧性。

对实验结果分析表明：

（1）实验前后各实验组实验数据方差分析显著性概率无显著差异，这可能与中小学生的身体生理特点有关。在儿童少年期，人体骨骼软骨成分较多，水分和有机质（如胶原蛋白）含量高，而无机盐（碳酸钙、磷酸钙等）含量低，表现为其骨骼富于弹性；儿童少年关节面软骨较成人厚，韧带、关节囊的伸展性大，关节的活动范围大。中小学生的这种生理特点使得实验前后测试数据的差异不显著（见表 4 – 114、表 4 – 115、表 4 – 116、表 4 – 117）。

表 4 – 114　　　实验后五年级男生相关测验、方差齐性检验及
方差分析结果（N = 40）

指标	角力 M ± SD	竞足 M ± SD	技巧 M ± SD	阳性对照 M ± SD	阴性对照 M ± SD	方差齐性检验	显著性概率
坐位体前屈 （厘米）	6.3 ± 5.4	6.2 ± 4.8	6.3 ± 5.4	6.0 ± 4.4	5.4 ± 4.8	0.934	0.927
转肩 （厘米）	65.9 ± 7.0	65.3 ± 7.4	65.4 ± 7.8	65.5 ± 7.3	65.5 ± 7.9	0.809	0.665
立位转体 （度）	138 ± 11	138 ± 9	139 ± 9	138 ± 12	137 ± 11	0.135	0.916

表 4 – 115　　　实验后五年级女生相关测验、方差齐性检验及
方差分析结果（N = 33）

指标	角力 M ± SD	竞足 M ± SD	技巧 M ± SD	阳性对照 M ± SD	阴性对照 M ± SD	方差齐性检验	显著性概率
坐位体前屈 （厘米）	9.7 ± 6.8	9.8 ± 5.8	10.3 ± 5.9	10.0 ± 6.1	8.9 ± 6.9	0.846	0.899
转肩 （厘米）	63.3 ± 9.9	62.5 ± 8.5	62.7 ± 9.2	62.5 ± 10.5	64.6 ± 10.5	0.932	0.897
立位转体 （度）	142 ± 11	142 ± 13	144 ± 10	141 ± 12	140 ± 12	0.509	0.716

表 4 – 116　　　实验后七年级男生相关测验、方差齐性检验及
方差分析结果（N = 40）

指标	角力 M ± SD	竞足 M ± SD	技巧 M ± SD	阳性对照 M ± SD	阴性对照 M ± SD	方差齐性检验	显著性概率
坐位体前屈 （厘米）	5.9 ± 7.1	5.7 ± 6.6	6.0 ± 5.7	6.6 ± 5.3	5.4 ± 4.8	0.253	0.995

指标	角力 M±SD	竞足 M±SD	技巧 M±SD	阳性对照 M±SD	阴性对照 M±SD	方差齐 性检验	显著性 概率
转肩 （厘米）	90.7±8.1	91.1±8.3	90.7±9.3	91.4±8.8	90.4±8.3	0.797	0.987
立位转体 （度）	136±8	136±8	136±8	134±7	133±8	0.971	0.403

表4－117　　实验后七年级女生相关测验、方差齐性检验及
方差分析结果（N＝40）

指标	角力 M±SD	竞足 M±SD	技巧 M±SD	阳性对照 M±SD	阴性对照 M±SD	方差齐 性检验	显著性 概率
坐位体前屈 （厘米）	8.6±3.7	8.8±3.9	8.9±4.3	8.4±4.1	7.1±3.8	0.820	0.255
转肩 （厘米）	72.0±8.7	70.9±8.7	70.8±8.1	72.7±8.5	74.2±7.8	0.896	0.330
立位转体 （度）	138±8	140±9	138±8	137±8	136±7	0.805	0.494

（2）由于受试者在参与民俗体育活动时，躯干肢体在不断地伸展，持器械的手臂通过推、拉、旋转等动作，达到了伸展肢体的作用（如斗拐、抖空竹等项目），进而提高了上肢的灵活和柔韧性。同时下肢在不断地奔跑运动，对于提高腿部柔韧性和膝关节的灵活性、伸展性起到了很好的锻炼作用（如竞足项目组），因此试验后受试者机体柔韧性会产生良性发展。

（3）不同运动项目对身体柔韧性的影响是不尽相同的。竞足类"老鹰捉小鸡""膝弯编花篮法"等项目中，上下肢协调用力，转体、高抬腿、左闪右躲，这些动作都有助于提高机体的柔韧性。同样，角力类项目和技巧类项目，各技术动作对于柔韧素质的发展也有积极作用。

（4）如前面所述，儿童少年期肌肉、骨骼、关节的特殊生理特点

导致实验结果差异不显著。但通过数据我们可以看出技巧项目可以提高其机体的柔韧素质（见图 4 - 307、图 4 - 308、图 4 - 309）。这是由于技巧项目组内包含的练习内容可以充分发展肩、四肢、腰腹的伸展性。如"跳房子"项目、"打沙包"项目中的"单攻"和"逮攻"以及"跳皮筋"项目，学生在练习的过程中下肢和全身配合进行跳、踢、绕、勾、挂、闪、转等动作，有节奏地、重复地使机体软组织被拉长、延展，从而提高机体的柔韧素质。

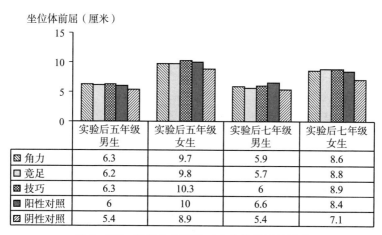

坐位体前屈（厘米）

	实验后五年级男生	实验后五年级女生	实验后七年级男生	实验后七年级女生
角力	6.3	9.7	5.9	8.6
竞足	6.2	9.8	5.7	8.8
技巧	6.3	10.3	6	8.9
阳性对照	6	10	6.6	8.4
阴性对照	5.4	8.9	5.4	7.1

图 4 - 307　民俗体育运动对坐位体前屈的影响

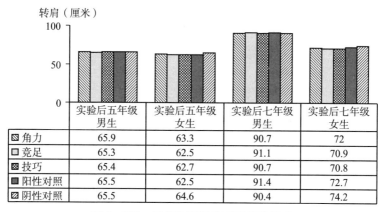

转肩（厘米）

	实验后五年级男生	实验后五年级女生	实验后七年级男生	实验后七年级女生
角力	65.9	63.3	90.7	72
竞足	65.3	62.5	91.1	70.9
技巧	65.4	62.7	90.7	70.8
阳性对照	65.5	62.5	91.4	72.7
阴性对照	65.5	64.6	90.4	74.2

图 4 - 308　民俗体育运动对转肩的影响

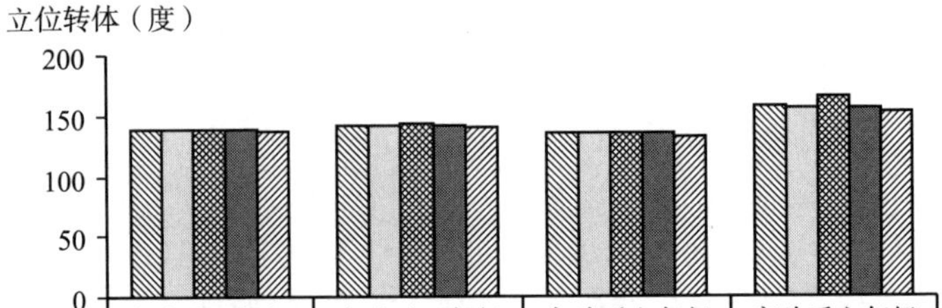

立位转体（度）

	实验后五年级 男生	实验后五年级 女生	实验后七年级 男生	实验后七年级 女生
▨ 角力	138	142	136	158
▢ 竞足	138	142	136	156
▩ 技巧	139	144	136	166
■ 阳性对照	138	141	136	156
▨ 阴性对照	137	140	133	152

图 4-309　民俗体育运动对立位转体的影响

4.3.5.13　民俗体育运动对中小学生闭目单足立的影响分析

在体育运动以及日常生活中，人体为了完成各种不同的技术、动作必须维持或变换特定的身体姿势，闭目单足立的测量与评定能够反映人体的平衡能力，以及控制身体的能力，进而体现人体的位觉器官和本体感受器的机能状态。在民俗体育运动中，如"斗拐"项目，上跳、下压、击打和挤靠等技术动作，能够极大地增强身体平衡力。

对实验结果分析表明：

（1）通过民俗体育运动，实验前后方差分析呈现极显著性差异 $P < 0.01$，且受试者的"闭目单足立"的时间明显提高（如图 4-310 所示）。民俗体育运动过程中，一系列的技术动作对于机体的平衡有显著的增强作用。以"斗拐"为例，"斗拐"并非单靠力气取胜，还须具备很高的技巧。进退或闪跳要靠临场发挥，因此机智、灵敏、稳定也是决定胜负的重要因素。如斗拐中的绝技挑滑车（故意把自己的膝盖放低，诱使对方进攻，然后猛抬膝尖，把对方挑起，掀翻在地）、凌波微步（每一步腾挪，都以匪夷所思的角度，在对手间滑过，伺机进行反击）。在运动中不仅增强了机体的力量、速度，同时也提高了机体的平衡能力。

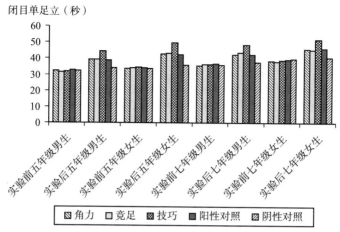

闭目单足立（秒）

图 4 – 310　民俗体育运动对闭目单足立的影响

（2）通过多重比较检验结果我们可以发现技巧项目组对于受试者的平衡能力有更大的提高（见图 4 – 311），这是由于受试者在运动过程中（如跳皮筋，学生通过点、迈、顶、绕、勾、转、踩、踢等技术动作形成各种花样）增强了机体前庭器官功能、本体感受器功能、大脑平衡调节功能、小脑共济协调以及各肌群肌张力的平衡能力。

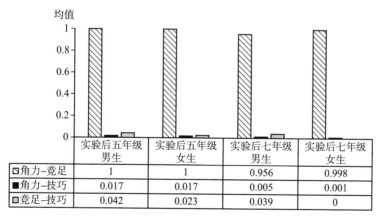

均值

	实验后五年级男生	实验后五年级女生	实验后七年级男生	实验后七年级女生
角力-竞足	1	1	0.956	0.998
角力-技巧	0.017	0.017	0.005	0.001
竞足-技巧	0.042	0.023	0.039	0

图 4 – 311　实验后闭目单足立各组均值多重比较

检验结果示意图（Tukey HSD）

4.3.5.14 民俗体育运动对中小学生"一分钟抛网球"的影响分析

"一分钟抛网球"主要反映了机体的灵敏素质,所谓灵敏是指人体迅速改变、转换动作以及应变的能力,有很强的遗传性,通过后天的训练可以把已获得的遗传因素巩固下来。在民俗体育运动中,如抓石子(抛起的石子未落地时,抓起散落的石子)、打沙包(掷沙包去攻击在驿站外的防守者,而防守者在躲避沙包的同时必须从一个"驿站"跑到另一个"驿站")都可以提高注意力的集中能力以及对信号反应的熟练程度。

对实验结果分析表明:

(1)通过民俗体育运动,实验前后方差分析呈现极显著性差异 $P < 0.01$,且受试者的"一分钟抛网球"的数量明显提高(如图 4-312 所示)。这是由于一段时间的民俗体育运动提高了人体在运动过程中时间和空间的定时定向能力,使得动作准确,变换迅速。

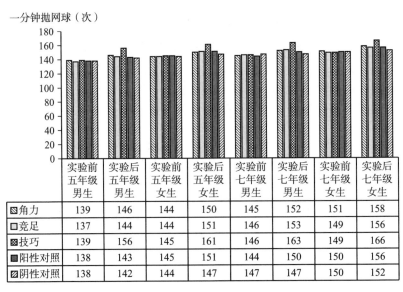

一分钟抛网球(次)

	实验前五年级男生	实验后五年级男生	实验前五年级女生	实验后五年级女生	实验前七年级男生	实验后七年级男生	实验前七年级女生	实验后七年级女生
角力	139	146	144	150	145	152	151	158
竞足	137	144	144	151	146	153	149	156
技巧	139	156	145	161	146	163	149	166
阳性对照	138	143	145	151	144	150	150	156
阴性对照	138	142	144	147	147	147	150	152

图 4-312 民俗体育运动对一分钟抛网球的影响

(2)通过多重比较检验结果我们可以发现技巧项目组对于受试者的平衡能力有更大的提高(见图 4-313),这是由于技巧项目组在练习的过程中可以有效地提高大脑皮质兴奋和抑制的转换速度，从而当机立断的下达指令，调控相应器官、肌肉群完成相应的动作。

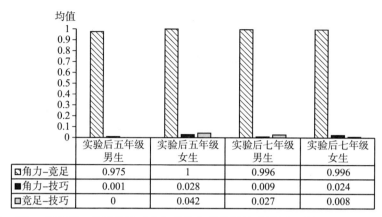

	实验后五年级男生	实验后五年级女生	实验后七年级男生	实验后七年级女生
角力–竞足	0.975	1	0.996	0.996
角力–技巧	0.001	0.028	0.009	0.024
竞足–技巧	0	0.042	0.027	0.008

图4-313　实验后一分钟抛网球各组均值多重比较检验结果示意图（Tukey HSD）

4.4　小　　结

（1）民俗体育实验前、后中小学生身体形态、身体机能、身体素质各项指标方差齐性检验显著性概率均大于0.05，表明各样本所属总体的方差无显著性差异。

（2）民俗体育实验前中小学生身体形态、身体机能、身体素质各项指标各个组别均值之间均没有显著性差异。

（3）民俗体育实验后中小学生在身体形态方面，各个组别身高、坐高、胸围、臀围、肩宽、骨盆宽均值之间均没有显著性差异；上臂围差、呼吸差、腰围、体重、体脂率均值之间存在显著性差异。

（4）民俗体育实验后中小学生在身体机能方面，各个组别脉压差均值之间均没有显著性差异；基础心率、心功指数、肺活量、最大摄氧量均值之间存在显著性差异。

（5）民俗体育实验后中小学生在身体素质方面，各个组别纵横叉、坐位体前屈、转肩、立位转体均值之间均没有显著性差异；左右手握力、背肌力、一分钟快速仰卧起坐、立定跳远、俯卧撑、选择反应时、50米跑、十字变向跑、往返跑、反复横跨、闭目单足立、一分钟抛网球均值之间存在显著性差异。

第5章 民俗体育运动对老年人的健身功效

5.1 民俗体育运动对老年人身体形态的健身功效

5.1.1 民俗体育运动对老年男性身体形态的健身功效

5.1.1.1 实验前老年男性身体形态测验结果

民俗体育实验进行前，老年男性身体形态各项指标测验、方差齐性检验及方差分析结果如表5-1所示。

表5-1   实验前老年男性身体形态测验、方差齐性检验及
方差分析结果 （N=30）

指标	抖空竹 M±SD	踢毽子 M±SD	扭秧歌 M±SD	阳性对照 M±SD	阴性对照 M±SD	方差齐性检验	显著性概率
身高 （厘米）	171.6±4.0	172.1±3.7	172.3±3.8	172.4±3.2	172.6±3.0	0.719	0.846
坐高 （厘米）	90.6±2.0	90.2±1.9	90.3±1.8	91.1±1.6	90.9±1.6	0.769	0.256
上臂围差 （厘米）	2.2±0.3	2.1±0.3	2.1±0.3	2.2±0.3	2.2±0.3	0.897	0.678
胸围 （厘米）	94.8±2.4	95.1±2.6	95.0±2.3	95.2±1.8	95.5±1.9	0.472	0.769

续表

指标	抖空竹 M±SD	踢毽子 M±SD	扭秧歌 M±SD	阳性对照 M±SD	阴性对照 M±SD	方差齐性检验	显著性概率
呼吸差（厘米）	5.2±0.3	5.1±0.4	5.2±0.4	5.1±0.3	5.2±0.4	0.781	0.752
腰围（厘米）	84.8±2.0	85.0±1.4	85.4±1.5	85.2±1.4	85.7±1.5	0.675	0.279
肩宽（厘米）	38.5±1.0	38.4±1.0	38.9±1.1	38.7±0.9	38.6±1.0	0.990	0.288
体重（公斤）	72.0±4.2	71.7±3.8	71.9±4.5	70.3±3.4	70.4±3.8	0.366	0.982
体脂率	0.228±0.02	0.226±0.02	0.225±0.03	0.220±0.03	0.219±0.02	0.996	0.608

由表 5-1 可以发现：

（1）实验前老年男性身体形态各项指标方差齐性检验显著性概率均大于 0.05，应接受方差齐性的原假设，表明各样本所属总体的方差无显著性差异。

（2）实验前老年男性各个组别身高测验平均值分别为 171.6 厘米、172.1 厘米、172.3 厘米、172.4 厘米、172.6 厘米，方差分析显著性概率 P=0.846>0.05，表明在民俗体育实验进行前，老年男性各个组别身高均值之间均没有显著性差异。

（3）实验前老年男性各个组别坐高的测验平均值分别为 90.6 厘米、90.2 厘米、90.3 厘米、91.1 厘米、90.9 厘米，方差分析显著性概率 P=0.256>0.05，表明在民俗体育实验进行前，老年男性各个组别坐高均值之间均没有显著性差异。

（4）实验前老年男性各个组别上臂围差的测验平均值分别为 2.2 厘米、2.1 厘米、2.1 厘米、2.2 厘米、2.2 厘米，方差分析显著性概率 P=0.678>0.05，表明在民俗体育实验进行前，老年男性各个组别上臂围差均值之间均没有显著性差异。

（5）实验前老年男性各个组别胸围的测验平均值分别为 94.8 厘米、95.1 厘米、95.0 厘米、95.2 厘米、95.5 厘米，方差分析显著性概率 P=0.769>0.05，表明在民俗体育实验进行前，老年男性各个组别胸围均值之间均没有显著性差异。

（6）实验前老年男性各个组别呼吸差的测验平均值分别为 5.2 厘米、5.1 厘米、5.2 厘米、5.1 厘米、5.2 厘米，方差分析显著性概率

P = 0.752 > 0.05，表明在民俗体育实验进行前，老年男性各个组别呼吸差均值之间均没有显著性差异。

（7）实验前老年男性各个组别腰围测验的平均值分别为 84.8 厘米、85.0 厘米、85.4 厘米、85.2 厘米、85.7 厘米，方差分析显著性概率 P = 0.279 > 0.05，表明在民俗体育实验进行前，老年男性腰围各个组别均值之间均没有显著性差异。

（8）实验前老年男性各个组别肩宽测验的平均值分别为 38.5 厘米、38.4 厘米、38.9 厘米、38.7 厘米、38.6 厘米，方差分析显著性概率 P = 0.288 > 0.05，表明在民俗体育实验进行前，老年男性肩宽各个组别均值之间均没有显著性差异。

（9）实验前老年男性各个组别体重测验的平均值分别为 72.0 公斤、71.7 公斤、71.9 公斤、70.3 公斤、70.4 公斤，方差分析显著性概率 P = 0.982 > 0.05，表明在民俗体育实验进行前，老年男性体重各个组别均值之间均没有显著性差异。

（10）实验前老年男性各个组别体脂率测验的平均值分别为 0.228、0.226、0.225、0.220、0.219，方差分析显著性概率 P = 0.608 > 0.05，表明在民俗体育实验进行前，老年男性体脂率各个组别均值之间均没有显著性差异。

5.1.1.2　实验前老年男性身体形态指标均值分布图

图 5-1～图 5-9 为实验前老年男性身体形态各项指标均数分布图，图中各点表示各种锻炼方案对应数据的均值大小。

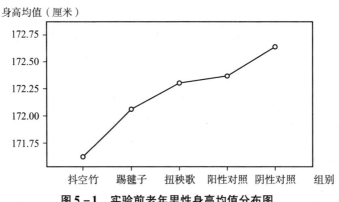

图 5-1　实验前老年男性身高均值分布图

坐高均值（厘米）

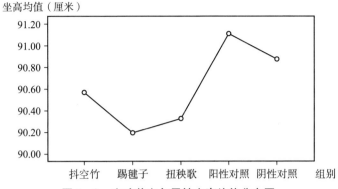

图 5 – 2　实验前老年男性坐高均值分布图

上臂围差均值（厘米）

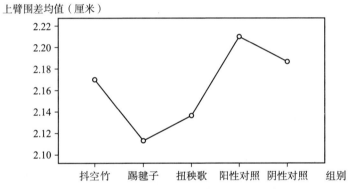

图 5 – 3　实验前老年男性上臂围差均值分布图

胸围均值（厘米）

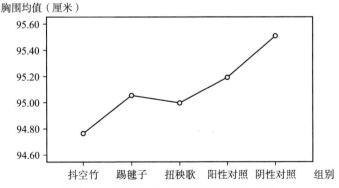

图 5 – 4　实验前老年男性胸围均值分布图

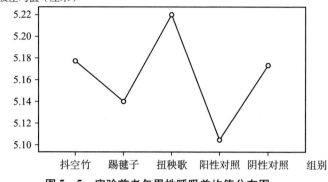

图 5－5　实验前老年男性呼吸差均值分布图

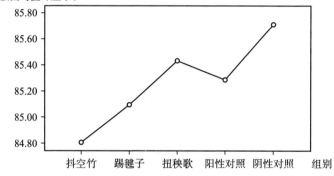

图 5－6　实验前老年男性腰围均值分布图

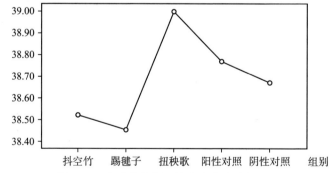

图 5－7　实验前老年男性肩宽均值分布图

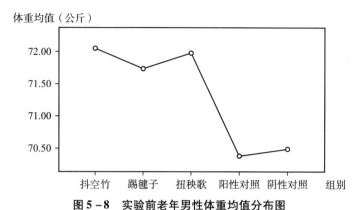

图 5 – 8　实验前老年男性体重均值分布图

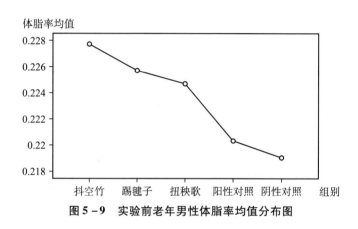

图 5 – 9　实验前老年男性体脂率均值分布图

5.1.1.3　实验后老年男性身体形态测验结果

民俗体育实验进行后，老年男性身体形态各项指标测验、方差齐性检验及方差分析结果如表 5 – 2 所示。

表 5 – 2　　　　实验后老年男性身体形态测验、方差齐性检验及
方差分析结果（N = 30）

指标	抖空竹 M ± SD	踢毽子 M ± SD	扭秧歌 M ± SD	阳性对照 M ± SD	阴性对照 M ± SD	方差齐 性检验	显著性 概率
身高 （厘米）	171.4 ± 4.0	171.8 ± 3.7	172.1 ± 3.8	172.1 ± 3.1	172.2 ± 3.0	0.706	0.903

指标	抖空竹 M±SD	踢毽子 M±SD	扭秧歌 M±SD	阳性对照 M±SD	阴性对照 M±SD	方差齐 性检验	显著性 概率
坐高 （厘米）	90.4±2.0	90.0±1.9	90.2±1.8	90.9±1.6	90.6±1.6	0.757	0.344
上臂围差 （厘米）	2.4±0.3	2.1±0.3	2.3±0.3	2.1±0.3	2.0±0.3	0.946	0.000
胸围 （厘米）	94.6±2.4	94.8±2.6	94.7±2.3	95.4±1.8	95.9±1.9	0.451	0.155
呼吸差 （厘米）	5.4±0.3	5.3±0.4	5.4±0.4	5.2±0.3	4.9±0.4	0.756	0.000
腰围 （厘米）	84.3±1.9	84.7±1.4	85.0±1.5	85.0±1.4	86.4±1.5	0.663	0.000
肩宽 （厘米）	38.2±1.0	38.2±1.0	38.7±1.1	38.6±0.9	38.8±1.0	0.984	0.052
体重 （公斤）	70.3±4.2	70.1±3.8	70.2±4.5	69.4±3.5	73.2±3.8	0.914	0.004
体脂率	0.215±0.02	0.218±0.02	0.212±0.03	0.214±0.03	0.237±0.03	0.944	0.001

由表 5-2 可以发现：

（1）实验后老年男性身体形态各项指标方差齐性检验显著性概率均大于 0.05，应接受方差齐性的原假设，表明各样本所属总体的方差无显著性差异。

（2）实验后老年男性各个组别身高测验平均值分别为 171.4 厘米、171.8 厘米、172.1 厘米、172.1 厘米、172.2 厘米，方差分析显著性概率 P=0.903>0.05，表明在民俗体育实验进行后，老年男性各个组别身高均值之间均没有显著性差异。

（3）实验后老年男性各个组别坐高的测验平均值分别为 90.4 厘米、90.0 厘米、90.2 厘米、90.9 厘米、90.6 厘米，方差分析显著性概率 P=0.344>0.05，表明在民俗体育实验进行后，老年男性各个组别坐高均值之间均没有显著性差异。

（4）实验后老年男性各个组别上臂围差的测验平均值分别为 2.4 厘米、2.1 厘米、2.3 厘米、2.1 厘米、2.0 厘米，方差分析显著性概率 P=0.000<0.01，表明在民俗体育健身实验进行后，老年男性各个组别

上臂围差均值之间存在显著性差异，需要采用多重比较法对每对均值之间的差异进行比较，其比较检验结果如表 5 - 3 所示。

表 5 - 3　　　　实验后老年男性各组上臂围差均值多重比较
检验结果（Tukey HSD）

组别	踢毽子		扭秧歌		阳性对照		阴性对照	
	均差	显著性	均差	显著性	均差	显著性	均差	显著性
抖空竹	0. 26 **	0. 003	0. 03	0. 990	0. 28 **	0. 001	0. 40 **	0. 000
踢毽子			− 0. 23 *	0. 013	0. 17	0. 999	0. 14	0. 309
扭秧歌					0. 25 **	0. 006	0. 37 **	0. 000
阳性对照							0. 12	0. 444

比较检验结果显示：踢毽子组和扭秧歌组均值间具有显著性差异（P < 0.05），抖空竹组和踢毽子组、抖空竹组和阳性对照组、抖空竹组和阴性对照组、扭秧歌组和阳性对照组、扭秧歌组和阴性对照组均值间均具有极显著性差异（P < 0.01）。

（5）实验后老年男性各个组别胸围的测验平均值分别为 94.6 厘米、94.8 厘米、94.7 厘米、95.4 厘米、95.9 厘米，方差分析显著性概率 P = 0.155 > 0.05，表明在民俗体育实验进行后，老年男性各个组别胸围均值之间均没有显著性差异。

（6）实验后老年男性各个组别呼吸差的测验平均值分别为 5.4 厘米、5.3 厘米、5.4 厘米、5.2 厘米、4.9 厘米，方差分析显著性概率 P = 0.000 < 0.01，表明在民俗体育健身实验进行后，老年男性各个组别呼吸差均值之间存在显著性差异，需要采用多重比较法对每对均值之间的差异进行比较，其比较检验结果如表 5 - 4 所示。

表 5 - 4　　　　实验后老年男性各组呼吸差均值多重比较
检验结果（Tukey HSD）

组别	踢毽子		扭秧歌		阳性对照		阴性对照	
	均差	显著性	均差	显著性	均差	显著性	均差	显著性
抖空竹	0. 03	0. 997	− 0. 05	0. 985	0. 17	0. 296	0. 45 **	0. 000

续表

组别	踢毽子		扭秧歌		阳性对照		阴性对照	
	均差	显著性	均差	显著性	均差	显著性	均差	显著性
踢毽子			−0.08	0.910	0.14	0.492	0.42**	0.000
扭秧歌					0.22	0.102	0.49**	0.000
阳性对照							0.27*	0.021

比较检验结果显示：阳性对照组和阴性对照组均值间具有显著性差异（P<0.05），抖空竹组和阴性对照组、踢毽子组和阴性对照组、扭秧歌组和阴性对照组均值间均具有极显著性差异（P<0.01）。

（7）实验后老年男性各个组别腰围测验的平均值分别为84.3厘米、84.7厘米、85.0厘米、85.0厘米、86.4厘米，方差分析显著性概率P=0.000<0.01，表明在民俗体育健身实验进行后，老年男性腰围各个组别均值之间存在极显著性差异，需要采用多重比较法对每对均值之间的差异进行比较，多重比较检验结果如表5-5所示。

表5-5　　　实验后老年男性腰围各组均值多重比较
检验结果（Tukey HSD）

组别	踢毽子		扭秧歌		阳性对照		阴性对照	
	均差	显著性	均差	显著性	均差	显著性	均差	显著性
抖空竹	−0.35	0.914	−0.63	0.541	−0.68	0.475	−2.06**	0.000
踢毽子			−0.28	0.960	−0.32	0.934	−1.70**	0.001
扭秧歌					−0.04	1.000	−1.42**	0.007
阳性对照							−1.38*	0.010

比较检验结果显示：抖空竹组与阴性对照组、踢毽子组与阴性对照组、扭秧歌组与阴性对照组、阳性对照组与阴性对照组均值间均有显著性差异，其中抖空竹组、踢毽子组和扭秧歌组与阴性对照组具有极显著性差异（P<0.01）。

（8）实验后老年男性各个组别肩宽的测验平均值分别为38.2厘米、38.2厘米、38.7厘米、38.6厘米、38.8厘米，方差分析显著性概率P=0.052>0.05，表明在民俗体育健身实验进行后，老年男性肩宽各个组别均值之间均没有显著性差异。

（9）实验后老年男性各个组别体重测验的平均值分别为 70.3 公斤、70.1 公斤、70.2 公斤、69.4 公斤、73.2 公斤，方差分析显著性概率 P = 0.004 < 0.01，表明在民俗体育健身实验进行后，老年男性体重各个组别均值之间存在显著性差异，需要采用多重比较法对每对均值之间的差异进行比较，其比较检验结果如表 5 - 6 所示。

表 5 - 6　　　　　实验后老年男性体重各组均值多重比较
检验结果（Tukey HSD）

组别	踢毽子		扭秧歌		阳性对照		阴性对照	
	均差	显著性	均差	显著性	均差	显著性	均差	显著性
抖空竹	0.28	0.999	0.09	1.000	0.91	0.904	- 2.88 *	0.046
踢毽子			- 0.19	1.000	0.63	0.973	- 3.16 *	0.022
扭秧歌					0.82	0.932	- 2.97 *	0.037
阳性对照							- 3.79 **	0.003

比较检验结果显示：抖空竹组与阴性对照组、踢毽子组与阴性对照组、扭秧歌组与阴性对照组、阳性对照组与阴性对照组均值间均有显著性差异，其中阳性对照组与阴性对照组具有极显著性差异（P < 0.01）。

（10）实验后老年男性各个组别体脂率的测验平均值分别为 0.215、0.218、0.212、0.214、0.237，方差分析显著性概率 P = 0.001 < 0.01，表明在民俗体育健身实验进行后，老年男性体脂率各个组别均值之间存在极显著性差异，需要采用多重比较法对每对均值之间的差异进行比较，其比较检验结果如表 5 - 7 所示。

表 5 - 7　　　　　实验后老年男性体脂率各组均值多重比较
检验结果（Tukey HSD）

组别	踢毽子		扭秧歌		阳性对照		阴性对照	
	均差	显著性	均差	显著性	均差	显著性	均差	显著性
抖空竹	- 0.0023	0.997	0.0030	0.991	0.0013	1.000	- 0.0217 *	0.011
踢毽子			0.0053	0.928	0.0037	0.981	- 0.0193 *	0.032
扭秧歌					- 0.0017	0.999	- 0.0247 *	0.002
阳性对照							- 0.0230 *	0.006

比较检验结果显示：抖空竹组与阴性对照组、踢毽子组与阴性对照组、扭秧歌组与阴性对照组、阳性对照组与阴性对照组均值间均有显著性差异（P＜0.05）。

5.1.1.4 实验后老年男性身体形态指标均值分布图

图5-10~图5-18为实验后老年男性身体形态各项指标均数分布图，图中各点表示各种锻炼方案对应数据的均值大小。

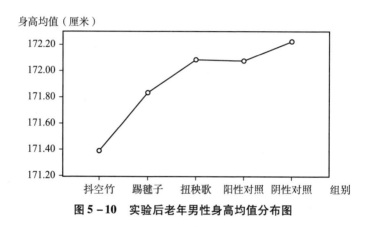

图5-10 实验后老年男性身高均值分布图

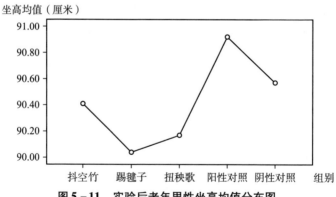

图5-11 实验后老年男性坐高均值分布图

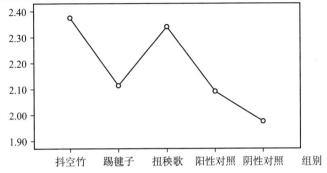

图 5 - 12 　实验后老年男性上臂围差均值分布图

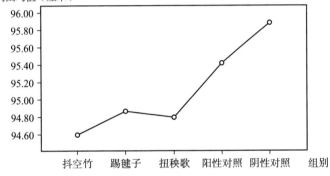

图 5 - 13 　实验后老年男性胸围均值分布图

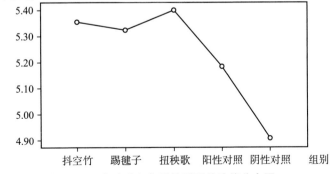

图 5 - 14 　实验后老年男性呼吸差均值分布图

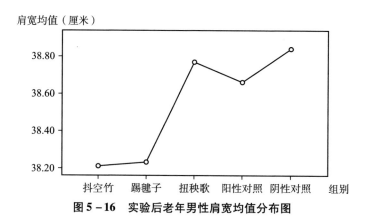

腰围均值（厘米）

图 5 - 15　实验后老年男性腰围均值分布图

肩宽均值（厘米）

图 5 - 16　实验后老年男性肩宽均值分布图

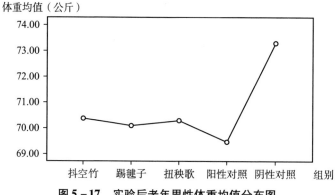

体重均值（公斤）

图 5 - 17　实验后老年男性体重均值分布图

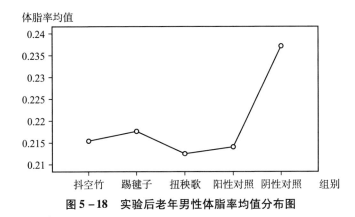

图 5 - 18　实验后老年男性体脂率均值分布图

5.1.2　民俗体育运动对老年女性身体形态的健身功效

5.1.2.1　实验前老年女性身体形态测验结果

民俗体育实验进行前，老年女性身体形态各项指标测验、方差齐性检验及方差分析结果如表 5 - 8 所示。

表 5 - 8　　实验前老年女性身体形态测验、方差齐性检验及
方差分析结果（N = 30）

指标	抖空竹 M ± SD	踢毽子 M ± SD	扭秧歌 M ± SD	阳性对照 M ± SD	阴性对照 M ± SD	方差齐性检验	显著性概率
身高 （厘米）	158.8 ± 3.3	158.9 ± 3.1	159.2 ± 3.2	158.9 ± 3.5	159.6 ± 3.2	0.975	0.905
坐高 （厘米）	84.1 ± 1.7	84.0 ± 1.6	84.5 ± 1.8	84.2 ± 1.9	84.4 ± 1.7	0.877	0.828
上臂围差 （厘米）	1.8 ± 0.3	1.9 ± 0.3	1.8 ± 0.2	1.8 ± 0.2	1.8 ± 0.3	0.558	0.746
胸围 （厘米）	88.3 ± 2.5	88.5 ± 2.7	87.8 ± 2.6	87.6 ± 2.5	88.1 ± 2.5	0.992	0.655
呼吸差 （厘米）	4.5 ± 0.4	4.4 ± 0.4	4.4 ± 0.5	4.4 ± 0.4	4.5 ± 0.4	0.969	0.862

指标	抖空竹 M ± SD	踢毽子 M ± SD	扭秧歌 M ± SD	阳性对照 M ± SD	阴性对照 M ± SD	方差齐 性检验	显著性 概率
腰围 （厘米）	82.8 ± 2.5	83.1 ± 2.4	83.0 ± 2.5	83.5 ± 2.5	84.2 ± 2.4	0.999	0.224
肩宽 （厘米）	36.1 ± 1.3	36.0 ± 1.2	35.9 ± 1.3	36.1 ± 1.3	36.2 ± 1.4	0.940	0.930
体重 （公斤）	57.4 ± 1.9	57.5 ± 2.4	58.0 ± 2.3	57.8 ± 2.2	57.7 ± 2.5	0.926	0.897
体脂率	0.269 ± 0.02	0.274 ± 0.02	0.267 ± 0.02	0.271 ± 0.02	0.277 ± 0.03	0.763	0.754

由表 5 - 8 可以发现：

（1）实验前老年女性身体形态各项指标方差齐性检验显著性概率均大于 0.05，应接受方差齐性的原假设，表明各样本所属总体的方差无显著性差异。

（2）实验前老年女性各个组别身高测验平均值分别为 158.8 厘米、158.9 厘米、159.2 厘米、158.9 厘米、159.6 厘米，方差分析显著性概率 P = 0.905 > 0.05，表明在民俗体育实验进行前，老年女性各个组别身高均值之间均没有显著性差异。

（3）实验前老年女性各个组别坐高的测验平均值分别为 84.1 厘米、84.0 厘米、84.5 厘米、84.2 厘米、84.4 厘米，方差分析显著性概率 P = 0.828 > 0.05，表明在民俗体育实验进行前，老年女性各个组别坐高均值之间均没有显著性差异。

（4）实验前老年女性各个组别上臂围差的测验平均值分别为 1.8 厘米、1.9 厘米、1.8 厘米、1.8 厘米、1.8 厘米，方差分析显著性概率 P = 0.746 > 0.05，表明在民俗体育实验进行前，老年女性各个组别上臂围差均值之间均没有显著性差异。

（5）实验前老年女性各个组别胸围的测验平均值分别为 88.3 厘米、88.5 厘米、87.8 厘米、87.6 厘米、88.1 厘米，方差分析显著性概率 P = 0.655 > 0.05，表明在民俗体育实验进行前，老年女性各个组别胸围均值之间均没有显著性差异。

（6）实验前老年女性各个组别呼吸差的测验平均值分别为 4.5 厘米、4.4 厘米、4.4 厘米、4.4 厘米、4.5 厘米，方差分析显著性概率 P =

0.862 > 0.05，表明在民俗体育实验进行前，老年女性各个组别呼吸差均值之间均没有显著性差异。

（7）实验前老年女性各个组别腰围测验的平均值分别为82.8厘米、83.1厘米、83.0厘米、83.5厘米、84.2厘米，方差分析显著性概率 P = 0.224 > 0.05，表明在民俗体育实验进行前，老年女性腰围各个组别均值之间均没有显著性差异。

（8）实验前老年女性各个组别肩宽测验的平均值分别为36.1厘米、36.0厘米、35.9厘米、36.1厘米、36.2厘米，方差分析显著性概率 P = 0.930 > 0.05，表明在民俗体育实验进行前，老年女性肩宽各个组别均值之间均没有显著性差异。

（9）实验前老年女性各个组别体重测验的平均值分别为57.4公斤、57.5公斤、58.0公斤、57.8公斤、57.7公斤，方差分析显著性概率 P = 0.897 > 0.05，表明在民俗体育实验进行前，老年女性体重各个组别均值之间均没有显著性差异。

（10）实验前老年女性各个组别体脂率测验的平均值分别为0.269、0.274、0.267、0.271、0.277，方差分析显著性概率 P = 0.754 > 0.05，表明在民俗体育实验进行前，老年女性体脂率各个组别均值之间均没有显著性差异。

5.1.2.2　实验前老年女性身体形态指标均值分布图

图 5 - 19 ～ 图 5 - 27 为实验前老年女性身体形态各项指标均数分布图，图中各点表示各种锻炼方案对应数据的均值大小。

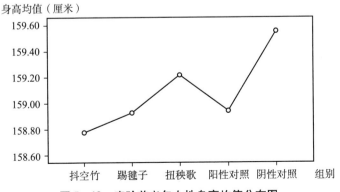

图 5 - 19　实验前老年女性身高均值分布图

坐高均值（厘米）

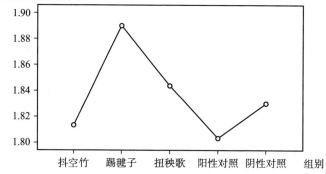

图 5 - 20　实验前老年女性坐高均值分布图

上臂围差均值（厘米）

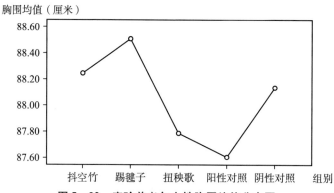

图 5 - 21　实验前老年女性上臂围差均值分布图

胸围均值（厘米）

88.60

88.40

88.20

88.00

87.80

87.60

抖空竹　　踢毽子　　扭秧歌　阳性对照　阴性对照　　组别

图 5 - 22　实验前老年女性胸围均值分布图

呼吸差均值（厘米）

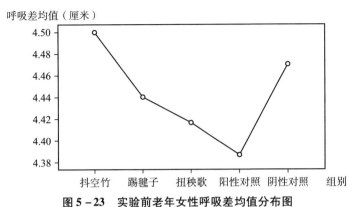

图 5 - 23　实验前老年女性呼吸差均值分布图

腰围均值（厘米）

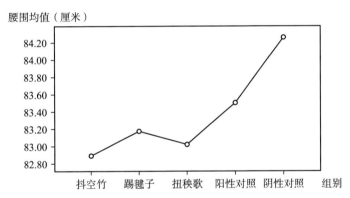

图 5 - 24　实验前老年女性腰围均值分布图

肩宽均值（厘米）

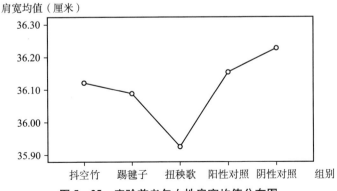

图 5 - 25　实验前老年女性肩宽均值分布图

体重均值（公斤）

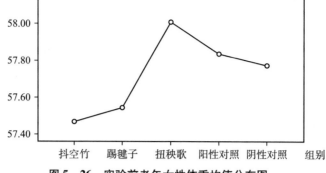

图 5 - 26　实验前老年女性体重均值分布图

体脂率均值

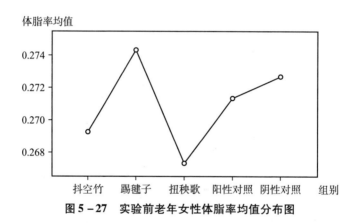

图 5 - 27　实验前老年女性体脂率均值分布图

5.1.2.3　实验后老年女性身体形态测验结果

民俗体育实验进行后，老年女性身体形态各项指标测验、方差齐性检验及方差分析结果如表 5 - 9 所示。

表 5 - 9　　　实验后老年女性身体形态测验、方差齐性检验及
方差分析结果（N = 30）

指标	抖空竹 M ± SD	踢毽子 M ± SD	扭秧歌 M ± SD	阳性对照 M ± SD	阴性对照 M ± SD	方差齐性检验	显著性概率
身高 （厘米）	158.6 ± 3.3	158.7 ± 3.1	159.0 ± 3.2	158.6 ± 3.5	159.1 ± 3.2	0.973	0.961

338

指标	抖空竹 M±SD	踢毽子 M±SD	扭秧歌 M±SD	阳性对照 M±SD	阴性对照 M±SD	方差齐性检验	显著性概率
坐高（厘米）	84.0±1.7	83.8±1.6	84.3±1.8	84.0±1.9	84.1±1.7	0.929	0.867
上臂围差（厘米）	2.0±0.3	1.8±0.3	2.0±0.2	1.7±0.2	1.6±0.3	0.546	0.000
胸围（厘米）	88.0±2.5	88.3±2.7	87.8±2.7	87.7±2.5	88.5±2.5	0.993	0.627
呼吸差（厘米）	4.7±0.4	4.6±0.4	4.6±0.4	4.5±0.4	4.2±0.4	0.958	0.001
腰围（厘米）	82.5±2.5	82.8±2.4	82.7±2.5	83.2±2.5	85.1±2.4	1.000	0.000
肩宽（厘米）	35.9±1.3	35.9±1.2	35.7±1.3	36.0±1.3	36.3±1.3	0.961	0.483
体重（公斤）	56.8±1.9	56.7±2.4	57.2±2.3	57.4±2.3	59.4±2.4	0.964	0.000
体脂率	0.257±0.02	0.260±0.02	0.254±0.02	0.263±0.02	0.285±0.02	0.719	0.000

由表 5 - 9 可以发现：

（1）实验后老年女性身体形态各项指标方差齐性检验显著性概率均大于 0.05，应接受方差齐性的原假设，表明各样本所属总体的方差无显著性差异。

（2）实验后老年女性各个组别身高测验平均值分别为 158.6 厘米、158.7 厘米、159.0 厘米、158.6 厘米、159.1 厘米，方差分析显著性概率 P = 0.961 > 0.05，表明在民俗体育实验进行后，老年女性各个组别身高均值之间均没有显著性差异。

（3）实验后老年女性各个组别坐高的测验平均值分别为 84.0 厘米、83.8 厘米、84.3 厘米、84.0 厘米、84.1 厘米，方差分析显著性概率 P = 0.867 > 0.05，表明在民俗体育实验进行后，老年女性各个组别坐高均值之间均没有显著性差异。

（4）实验后老年女性各个组别上臂围差的测验平均值分别为 2.0 厘米、1.8 厘米、2.0 厘米、1.7 厘米、1.6 厘米，方差分析显著性概率

P = 0.000 < 0.01，表明在民俗体育健身实验进行后，老年女性各个组别上臂围差均值之间存在显著性差异，需要采用多重比较法对每对均值之间的差异进行比较，其比较检验结果如表 5 - 10 所示。

表 5 - 10　　　　实验后老年女性各组均值上臂围差多重比较
检验结果（Tukey HSD）

组别	踢毽子		扭秧歌		阳性对照		阴性对照	
	均差	显著性	均差	显著性	均差	显著性	均差	显著性
抖空竹	0.23 **	0.005	- 0.02	0.998	0.31 **	0.000	0.41 **	0.000
踢毽子			- 0.25 **	0.002	0.77	0.771	0.18	0.054
扭秧歌					0.33 **	0.000	0.43 **	0.000
阳性对照							0.10	0.519

比较检验结果显示：抖空竹组和踢毽子组、抖空竹组和阳性对照组、踢毽子组和扭秧歌组、扭秧歌组和阳性对照组、扭秧歌组和阴性对照组均值间均具有极显著性差异（P < 0.01）。

（5）实验后老年女性各个组别胸围的测验平均值分别为 88.0 厘米、88.3 厘米、87.8 厘米、87.7 厘米、88.5 厘米，方差分析显著性概率 P = 0.627 > 0.05，表明在民俗体育实验进行后，老年女性各个组别胸围均值之间均没有显著性差异。

（6）实验后老年女性各个组别呼吸差的测验平均值分别为 4.7 厘米、4.6 厘米、4.6 厘米、4.5 厘米、4.2 厘米，方差分析显著性概率 P = 0.001 < 0.01，表明在民俗体育健身实验进行后，老年女性各个组别呼吸差均值之间存在显著性差异，需要采用多重比较法对每对均值之间的差异进行比较，其比较检验结果如表 5 - 11 所示。

表 5 - 11　　　　实验后老年女性各组呼吸差均值多重比较
检验结果（Tukey HSD）

组别	踢毽子		扭秧歌		阳性对照		阴性对照	
	均差	显著性	均差	显著性	均差	显著性	均差	显著性
抖空竹	0.04	0.997	0.07	0.967	0.12	0.783	0.44 **	0.001

组别	踢毽子		扭秧歌		阳性对照		阴性对照	
	均差	显著性	均差	显著性	均差	显著性	均差	显著性
踢毽子			0.33	0.998	0.87	0.929	0.40**	0.003
扭秧歌					0.05	0.988	0.37**	0.008
阳性对照							0.31*	0.034

比较检验结果显示：阳性对照组和阴性对照组均值间具有显著性差异（P<0.05），抖空竹组和阴性对照组、踢毽子组和阴性对照组、扭秧歌组和阴性对照组均值间均具有极显著性差异（P<0.01）。

（7）实验后老年女性各个组别腰围测验的平均值分别为82.5厘米、82.8厘米、82.7厘米、83.2厘米、85.1厘米，方差分析显著性概率P=0.000<0.01，表明在民俗体育健身实验进行后，老年女性腰围各个组别均值之间存在极显著性差异，需要采用多重比较法对每对均值之间的差异进行比较，多重比较检验结果如表5-12所示。

表5-12　　　　　　实验后老年女性腰围各组均值多重比较

检验结果（Tukey HSD）

组别	踢毽子		扭秧歌		阳性对照		阴性对照	
	均差	显著性	均差	显著性	均差	显著性	均差	显著性
抖空竹	-0.26	0.994	-0.14	1.000	-0.66	0.845	-2.59*	0.001
踢毽子			0.12	1.000	-0.40	0.972	-2.33*	0.004
扭秧歌					-0.52	0.928	-2.45*	0.002
阳性对照							-1.93*	0.028

比较检验结果显示：抖空竹组与阴性对照组、踢毽子组与阴性对照组、扭秧歌组与阴性对照组、阳性对照组与阴性对照组均值间均有显著性差异（P<0.05）。

（8）实验后老年女性各个组别肩宽的测验平均值分别为35.9厘米、35.9厘米、35.7厘米、36.0厘米、36.3厘米，方差分析显著性概率P=0.483>0.05，表明在民俗体育健身实验进行后，老年女性肩宽各个组别均值之间均没有显著性差异。

（9）实验后老年女性各个组别体重测验的平均值分别为 56.8 公斤、56.7 公斤、57.2 公斤、57.4 公斤、59.4 公斤，方差分析显著性概率 P＝0.000＜0.01，表明在民俗体育健身实验进行后，老年女性体重各个组别均值之间存在显著性差异，需要采用多重比较法对每对均值之间的差异进行比较，其比较检验结果如表 5－13 所示。

表 5－13　　　　实验后老年女性体重各组均值多重比较
检验结果（Tukey HSD）

组别	踢毽子		扭秧歌		阳性对照		阴性对照	
	均差	显著性	均差	显著性	均差	显著性	均差	显著性
抖空竹	0.08	1.000	－0.46	0.940	－0.61	0.847	－2.59**	0.000
踢毽子			－0.54	0.896	－0.69	0.779	－2.67**	0.000
扭秧歌					－0.15	0.999	－2.13**	0.005
阳性对照							－1.98*	0.010

比较检验结果显示：抖空竹组与阴性对照组、踢毽子组与阴性对照组、扭秧歌组与阴性对照组、阳性对照组与阴性对照组均值间均有显著性差异，其中抖空竹组、踢毽子组和扭秧歌组与阴性对照组具有极显著性差异（P＜0.01）。

（10）实验后老年女性各个组别体脂率的测验平均值分别为 0.257、0.260、0.254、0.263、0.285，方差分析显著性概率 P＝0.000＜0.01，表明在民俗体育健身实验进行后，老年女性体脂率各个组别均值之间存在极显著性差异，需要采用多重比较法对每对均值之间的差异进行比较，其比较检验结果如表 5－14 所示。

表 5－14　　　　实验后老年女性体脂率各组均值多重比较
检验结果（Tukey HSD）

组别	踢毽子		扭秧歌		阳性对照		阴性对照	
	均差	显著性	均差	显著性	均差	显著性	均差	显著性
抖空竹	－0.0027	0.991	0.0027	0.991	－0.0060	0.843	－0.0277**	0.000
踢毽子			0.0053	0.892	－0.0033	0.979	－0.0250**	0.000

组别	踢毽子		扭秧歌		阳性对照		阴性对照	
	均差	显著性	均差	显著性	均差	显著性	均差	显著性
扭秧歌					− 0.0087	0.576	− 0.0303 **	0.000
阳性对照							− 0.0217 **	0.003

　　比较检验结果显示：抖空竹组与阴性对照组、踢毽子组与阴性对照组、扭秧歌组与阴性对照组、阳性对照组与阴性对照组均值间均有极显著性差异（P < 0.01）。

5.1.2.4　实验后老年女性身体形态指标均值分布图

　　图 5 – 28 ～图 5 – 36 为实验后老年女性身体形态各项指标均数分布图，图中各点表示各种锻炼方案对应数据的均值大小。

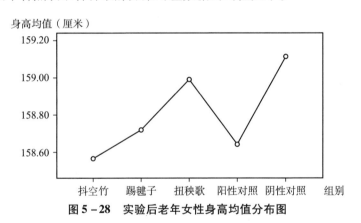

身高均值（厘米）

图 5 – 28　实验后老年女性身高均值分布图

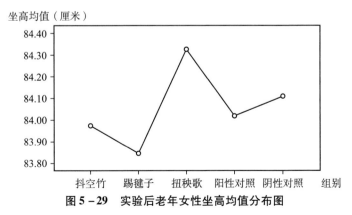

坐高均值（厘米）

图 5 – 29　实验后老年女性坐高均值分布图

上臂围差均值（厘米）

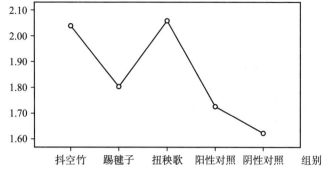

图 5 – 30　实验后老年女性上臂围差均值分布图

胸围均值（厘米）

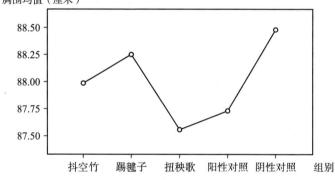

图 5 – 31　实验后老年女性胸围均值分布图

呼吸差均值（厘米）

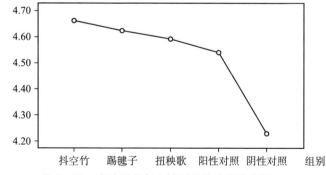

图 5 – 32　实验后老年女性呼吸差均值分布图

腰围均值（厘米）

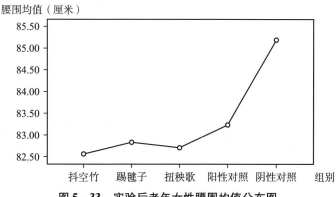

图 5 - 33　实验后老年女性腰围均值分布图

肩宽均值（厘米）

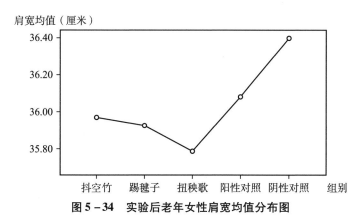

图 5 - 34　实验后老年女性肩宽均值分布图

体重均值（公斤）

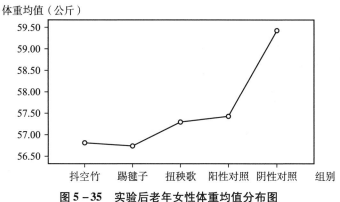

图 5 - 35　实验后老年女性体重均值分布图

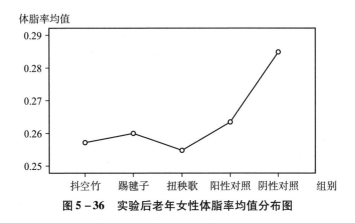

体脂率均值

图 5－36 实验后老年女性体脂率均值分布图

5.1.3 分析和讨论

5.1.3.1 民俗体育运动对老年人身高的影响分析

众所周知，随着人类年龄的增大，身体和内脏器官出现退行性变化，这是无法抗拒的自然规律。人的形体萎缩是衰老最明显的外观特征，其主要的表现是老年人的身高逐渐变矮。身高变矮的主要原因是，脊柱椎间盘萎缩变薄，脊柱渐渐变短并且有弯曲，使老年人的身高渐渐降低。其他还有椎骨变平、脊柱弯曲增加出现驼背、下肢膝关节的磨损而出现的肢体的弯曲以及全身肌肉的萎缩，这些生理因素都会使老年男女的身高变矮。从表 5－15 中可以看出老年男女的身高是逐渐缩小的。但我们也发现参与民俗体育运动项目的老年男女的实验前后差值与阳性对照组的老年男女实验前后差值相似，但是阴性对照组的老年男女实验前后差值高于其他组别。以上说明民俗体育运动项目和其他的运动项目都有利于延缓老年男女身高的衰退。在适度体育运动的刺激下，骨骼承受一定的外力刺激，这种刺激能促进骨骼的生成，增加骨质的密度，能够有效地防止骨质疏松症的发生。而且通过一定的体育运动还可增强骨骼肌的收缩能力，延缓肌肉萎缩，这些对保持骨骼健康均有积极的作用。因此，在老年阶段应坚持适当的体育运动。

346

表 5 - 15　　　　　实验前后老年男女身高差值　　　　　单位：厘米

身高	抖空竹	踢毽子	扭秧歌	阳性对照	阴性对照
老年男性实验前	171.6	172.1	172.3	172.4	172.6
老年男性实验后	171.4	171.8	172.1	172.1	172.2
实验前后差值	0.2	0.3	0.2	0.3	0.4
老年女性实验前	158.8	158.9	159.2	158.9	159.6
老年女性实验后	158.6	158.7	159	158.6	159.1
实验前后差值	0.2	0.2	0.2	0.3	0.5

5.1.3.2　民俗体育运动对老年人坐高的影响分析

老年人坐高的变化和身高一样主要是受到脊柱退行性变化的影响，人体脊柱包含有 23 个椎间盘。椎间盘合起来的厚度占脊柱总长的 1/4 ～ 1/5。假如老年性退化使每个椎间盘的厚度减少 1 毫米，那么整个人体就会比原来矮 2 厘米多。从表 5 - 16 中可以看出民俗体育项目和其他体育项目一样虽然不能阻止坐高降低的趋势，但是与阴性对照组相比有一定的延缓，证明了民俗体育运动项目和其他体育运动项目一样具有积极作用。

表 5 - 16　　　　　实验前后老年男女坐高差值　　　　　单位：厘米

坐高	抖空竹	踢毽子	扭秧歌	阳性对照	阴性对照
老年男性实验前	90.6	90.2	90.3	91.1	90.9
老年男性实验后	90.4	90	90.2	90.9	90.6
实验前后差值	0.2	0.2	0.1	0.2	0.3
老年女性实验前	84.1	84	84.5	84.2	84.4
老年女性实验后	84	83.8	84.3	84	84.1
实验前后差值	0.1	0.2	0.2	0.2	0.3

5.1.3.3　民俗体育运动对老年人上臂围差的影响分析

老年人上臂围差是反映上肢力量大小的主要指标。在本书的研究中，抖空竹项目和扭秧歌项目对于老年人的上臂围的增加具有显著的效果，实验后老年男女的上臂围差都有所增加，主要原因在于，在活动过程中主要用上肢来完成动作，有利于肌肉力量的保持和发展。阴性对照组老年男女的上臂围差下降幅度较大，在一定程度上反映出老年人随着年龄的增加，缺乏适当的体育锻炼的老年人上肢的肌肉力量呈现出下降的趋势（见表5－17）。但是如果老年人坚持一定强度的活动，不仅可以延缓下降的趋势，还有可能提高上肢的力量。

表5－17　　　　　　　实验前后老年男女上臂围差差值　　　　单位：厘米

上臂围差	抖空竹	踢毽子	扭秧歌	阳性对照	阴性对照
老年男性实验前	2.2	2.1	2.1	2.2	2.2
老年男性实验后	2.4	2.1	2.3	2.1	2
实验前后差值	−0.2	0	−0.2	0.1	0.2
老年女性实验前	1.8	1.9	1.8	1.8	1.8
老年女性实验后	2	1.8	2	1.7	1.6
实验前后差值	−0.2	0.1	−0.2	0.1	0.2

5.1.3.4　民俗体育运动对老年人胸围的影响分析

根据人体生长发育的规律，老年人的胸围随着年龄的增长是逐渐缩小的，抖空竹组、踢毽子组和扭秧歌组都符合这个规律。但是在本书研究中阳性对照组和阴性对照组的老年男女的胸围有所增加，原因应该是体育锻炼活动参与程度不够，能量摄入远远大于能量消耗，造成皮下脂肪增厚，所以胸围有所增加（见表5－18）。

表5－18　　　　　　民俗体育运动对老年人胸围的影响　　　　单位：厘米

胸围	抖空竹	踢毽子	扭秧歌	阳性对照	阴性对照
老年男性实验前	94.8	95.1	95	95.2	95.5

胸围	抖空竹	踢毽子	扭秧歌	阳性对照	阴性对照
老年男性实验后	94.6	94.8	94.7	95.4	95.9
实验前后差值	0.2	0.3	0.3	-0.2	-0.4
老年女性实验前	88.3	88.5	87.8	87.6	88.1
老年女性实验后	88	88.3	87.8	87.7	88.5
实验前后差值	0.3	0.2	0	-0.1	-0.4

5.1.3.5　民俗体育运动对老年人呼吸差的影响分析

呼吸差是衡量呼吸功能和胸腔容量的指标之一，是人体深吸气胸围与深呼气胸围的差值。对老年人来说，呼吸差的大小对于健康有着积极的意义。在老年人健身过程中，慢而深的吸气可以尽可能多地吸入氧气，有效地进行肺换气，提高肺换气的效率，满足机体对氧气的需要。而深呼气可以更多地排出二氧化碳，排出有害气体，保证机体健康。从表5-19可以看出，在本次试验前后，民俗传统体育项目抖空竹组、踢毽子组、扭秧歌组和阳性对照组的呼吸差都有一定的增大，而阴性实验组的呼吸差有所减小，证明了民俗体育运动对于提高老年人的呼吸机能有着一定的积极作用。

表 5-19　　　　　　　　民俗体育运动对老年人呼吸差的影响　　　　　单位：厘米

呼吸差	抖空竹	踢毽子	扭秧歌	阳性对照	阴性对照
老年男性实验前	5.2	5.1	5.2	5.1	5.2
老年男性实验后	5.4	5.3	5.4	5.2	4.9
实验前后差值	-0.2	-0.2	-0.2	-0.1	0.3
老年女性实验前	4.5	4.4	4.4	4.4	4.5
老年女性实验后	4.7	4.6	4.6	4.5	4.2
实验前后差值	-0.2	-0.2	-0.2	-0.1	0.3

5.1.3.6　民俗体育对老年人腰围的影响分析

腰围，在前面已经提到，它作为人的身体形态的重要指标，是人健康与否的晴雨表。随着生活水平的提高，人们吃的好了，但是很多老年人的运动较以前减少了很多，这就导致大量的脂肪堆积，老年人的脂肪堆积尤其是以腰腹部为主，所以就出现了腰围的增长，从而出现了中心性肥胖。所谓"有钱难买老来瘦"，虽然谚语不一定科学，但也能看出，老年人的肥胖是困扰他们的健康问题之一。本实验经过一段时间的民俗体育运动参与，实验后腰围有了显著性差异。如图 5 - 37 所示，实验后抖空竹组、踢毽子组、扭秧歌组和阳性对照组腰围都有一定的减小，而阴性对照组老年男性和老年女性则分别增长了 0.7 和 0.9，表明一定的运动可以减少腰腹部的脂肪堆积，可以减少腰围，这也正是民俗体育健身功效所在。

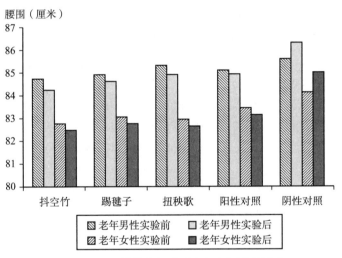

图 5 - 37　民俗体育运动对老年人腰围的影响

5.1.3.7　民俗体育对老年人肩宽的影响分析

图 5 - 38 所示，在实验后老年人的肩宽也有一定程度的减小，但是没有显著性差异。随着年龄的增长，老年人尤其是老年女性身体形态会有一定的变化，身体的长度和宽度都会有一定的缩小，这是正常的生理规律。运动所能带来的是减缓老年人的衰老，不可能停止老年人的衰老，这是不争的事实。

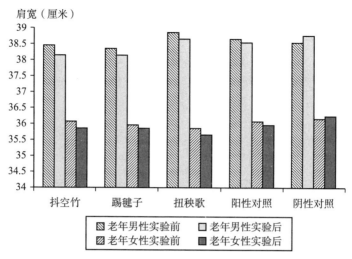

肩宽（厘米）

图 5 - 38　民俗体育运动对老年人肩宽的影响

5.1.3.8　民俗体育对老年人体重的影响分析

美国老年学家思德列斯教授研究发现，美国加利福尼亚州 70 岁的老人中，超过标准体重 10%～20% 者死亡率最低。当体重过低或高于 30% 时，才容易导致疾病发生，影响寿命。较胖的人之所以比较长寿是因为胖人的皮下脂肪层较厚，抗寒、抗病能力比常人强，更经得起疾病的"折磨"。而瘦人抵抗力相对较弱，对环境的适应性差，特别是对流感、上呼吸道感染、肺炎等急性传染病的抵抗力差，所以多病短命。

如图 5 - 39 所示，实验组老年人体重都有不同程度的减少，而阴性对照组增长了，而且幅度挺大。前面多次提到，从生理学的角度，老年人身体代谢能力有所下降，体内脂肪转化成能量进行消耗的速度也是非常缓慢的，身体形态及身体成分随着年龄的增长会发生很大的变化。随着老年人运动量的减少，他们的下肢肌肉群会有一定的萎缩，但是脂肪的堆积没有停止，它们会堆积在老年人的腰腹部，形成中心性肥胖，上粗下细，所以就会导致老年人走路不稳，容易摔倒。本实验中，老年人经过参与一段时间的民俗体育运动后，体重会有所降低，他们在运动时消耗了身体内的脂肪，所以腰围减小，体重降低。人们的体重减轻也是有所不同的，对本实验中的老年人来说，是通过运动减少了体内的脂肪含量，从而达到体重降低的目的。所谓有钱难买老来瘦，这里的"瘦"字指的不是消瘦，而是指不肥胖或者说不"发福"，从这句谚语我们足以看出对中老年体重的控制有多重要。相信经过长时间的民俗体育运动，老年人的体重能够保持在一个良好的范围之内的。

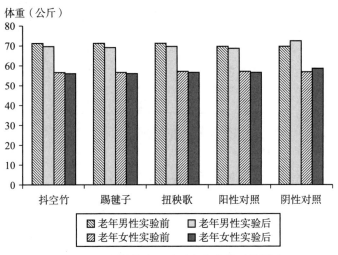

体重（公斤）

图 5 - 39　民俗体育运动对老年人体重的影响

5.1.3.9　民俗体育对老年人体脂率的影响分析

在实验后，实验组老年男性和老年女性的体脂率都有所下降，与阴性对照组有显著性差异。这说明抖空竹、踢毽子、扭秧歌这三项运动对老年人的体脂率的降低有较好的作用。正如上面所提到的老年人的体重的降低，是因为在民俗体育运动中，消耗了一定的热量，从而减少了体内脂肪的堆积，达到体内体脂率的降低。老年人在参加扭秧歌时全身都在运动，尤其是腰部活动量较大，所以从实验结果来看实验后比实验前老年男性和老年女性体脂率都下降了 1.3%。通过腰部的活动，对堆积在腰腹部的脂肪的消耗较多，腰围小了，体重降低了，体脂率下降了（见图 5 - 40）。

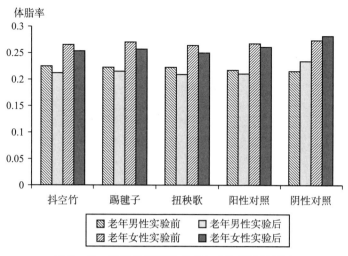

图 5 - 40　民俗体育运动对老年人体脂率的影响

5.2　民俗体育运动对老年人身体机能的健身功效

从老年医学角度讲，衰老是指人体随着年龄的增长，形态结构和生理功能出现的一系列退行性变化。加拿大的谢泼榴（1985）指出，衰老使机体保持内环境稳定的调节能力降低，使得生存的概率下降。简单地说，老年人的生理调控机制变差，反应时变慢，抵抗疾病的能力变弱，工作能力下降，工作后恢复时间延长，身体结构的弹性变差。健身运动可减慢衰老过程中人体退行性的机能变化，提高神经系统、运动系统、心血管系统、呼吸系统等机能，增强抗氧化能力，对身体成分和脂代谢产生良好的影响。

考虑到受试者的年龄、身体状况，结合课题组现有的条件，经过专家组评分、讨论、协商，课题组从众多的初选身体机能指标中最终筛选出基础心率、肺活量、总胆固醇（TC）、低密度脂蛋白（LDL）、高密度脂蛋白（HDL）和 LDL／HDL 共六项指标作为反映民俗体育运动对老年人身体机能健身功效的代表性指标。

5.2.1 民俗体育运动对老年男性身体机能的健身功效

5.2.1.1 实验前老年男性身体机能测验结果

民俗体育实验进行前，老年男性身体机能各项指标测验、方差齐性检验及方差分析结果如表5-20所示。

表5-20 实验前老年男性身体机能测验、方差齐性检验及
方差分析结果（N=30）

指标	抖空竹 M±SD	踢毽子 M±SD	扭秧歌 M±SD	阳性对照 M±SD	阴性对照 M±SD	方差齐性检验	显著性概率
基础心率 （次/分钟）	66.0±2.5	66.0±2.6	65.8±2.9	65.8±2.4	65.6±2.4	0.835	0.976
肺活量 （毫升）	2403±290	2434±312	2413±354	2502±346	2484±292	0.871	0.694
TC	4.86±0.68	4.92±0.68	4.99±0.69	4.96±0.62	5.01±0.65	0.977	0.918
LDL	3.15±0.43	3.17±0.42	3.19±0.45	3.21±0.38	3.21±0.41	0.829	0.977
HDL	1.28±0.28	1.26±0.28	1.29±0.27	1.31±0.25	1.32±0.27	0.932	0.925
LDL/HDL	2.50±0.34	2.56±0.29	2.50±0.23	2.49±0.24	2.47±0.23	0.129	0.717

由表5-20可以发现：

（1）实验前老年男性身体机能各项指标方差齐性检验显著性概率均大于0.05，应接受方差齐性的原假设，表明各样本所属总体的方差无显著性差异。

（2）实验前老年男性各个组别基础心率的测验平均值分别为66.0次/分钟、66.0次/分钟、65.8次/分钟、65.8次/分钟、65.6次/分钟，方差分析显著性概率 P=0.976>0.05，表明在民俗体育实验进行前，老年男性基础心率各个组别均值之间均没有显著性差异。

（3）实验前老年男性各个组别肺活量的测验平均值分别为2403毫升、2434毫升、2413毫升、2502毫升、2484毫升，方差分析显著性概率 P=0.694>0.05，表明在民俗体育实验进行前，老年男性肺活量各

个组别均值之间均没有显著性差异。

（4）实验前老年男性各个组别 TC 的测验平均值分别为 4.86、4.92、4.99、4.96、5.01，方差分析显著性概率 P = 0.918 > 0.05，表明在民俗体育实验进行前，老年男性 TC 各个组别均值之间均没有显著性差异。

（5）实验前老年男性各个组别 LDL 的测验平均值分别为 3.15、3.17、3.19、3.21、3.21，方差分析显著性概率 P = 0.977 > 0.05，表明在民俗体育实验进行前，老年男性 LDL 各个组别均值之间均没有显著性差异。

（6）实验前老年男性各个组别 HDL 的测验平均值分别为 1.28、1.26、1.29、1.31、1.32，方差分析显著性概率 P = 0.925 > 0.05，表明在民俗体育实验进行前，老年男性 HDL 各个组别均值之间均没有显著性差异。

（7）实验前老年男性各个组别 LDL/HDL 的测验平均值分别为 2.50、2.56、2.50、2.49、2.47，方差分析显著性概率 P = 0.717 > 0.05，表明在民俗体育实验进行前，老年男性 LDL/HDL 各个组别均值之间均没有显著性差异。

355

5.2.1.2 实验前老年男性身体机能指标均值分布图

图 5 - 41 ~ 图 5 - 46 为实验前老年男性身体机能各项指标均数分布图，图中各点表示各种锻炼方案对应数据的均值大小。

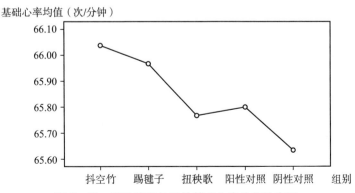

图 5 - 41 实验前老年男性基础心率均值分布图

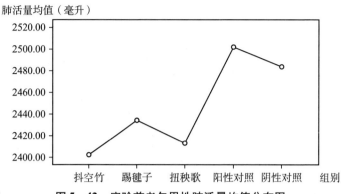

图 5-42　实验前老年男性肺活量均值分布图

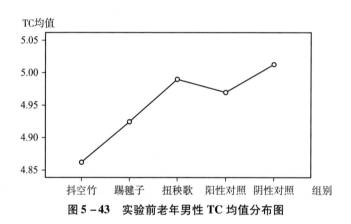

图 5-43　实验前老年男性 TC 均值分布图

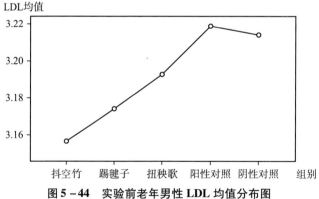

图 5-44　实验前老年男性 LDL 均值分布图

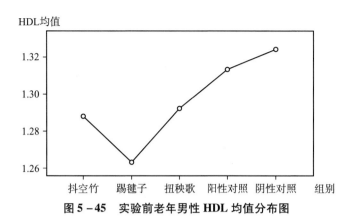

图 5 – 45　实验前老年男性 HDL 均值分布图

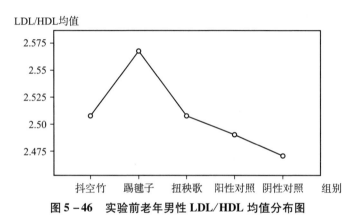

图 5 – 46　实验前老年男性 LDL/HDL 均值分布图

5.2.1.3　实验后老年男性身体机能测验结果

民俗体育实验进行后，老年男性身体机能各项指标测验、方差齐性检验及方差分析结果如表 5 – 21 所示。

表 5 – 21　　实验后老年男性身体机能测验、方差齐性检验及
方差分析结果（N = 30）

指标	抖空竹 M ± SD	踢键子 M ± SD	扭秧歌 M ± SD	阳性对照 M ± SD	阴性对照 M ± SD	方差齐 性检验	显著性 概率
基础心率 （次/分钟）	64.4 ± 2.4	64.1 ± 2.3	64.0 ± 2.8	64.6 ± 2.5	66.7 ± 2.5	0.889	0.000

续表

指标	抖空竹 M±SD	踢毽子 M±SD	扭秧歌 M±SD	阳性对照 M±SD	阴性对照 M±SD	方差齐 性检验	显著性 概率
肺活量 （毫升）	2532±287	2538±314	2512±351	2559±349	2272±305	0.867	0.004
TC	4.67±0.68	4.69±0.59	4.76±0.63	4.81±0.61	5.04±0.57	0.748	0.161
LDL	2.87±0.46	2.90±0.38	2.95±0.43	3.01±0.38	3.33±0.39	0.718	0.000
HDL	1.49±0.28	1.46±0.23	1.46±0.25	1.44±0.26	1.19±0.20	0.558	0.000
LDL/HDL	1.94±0.20	1.99±0.13	2.02±0.14	2.10±0.18	2.82±0.21	0.120	0.000

由表 5-21 可以发现：

（1）实验后老年男性身体机能各项指标方差齐性检验显著性概率均大于 0.05，应接受方差齐性的原假设，表明各样本所属总体的方差无显著性差异。

（2）实验后老年男性各个组别基础心率的测验平均值分别为 64.4 次/分钟、64.1 次/分钟、64.0 次/分钟、64.6 次/分钟、66.7 次/分钟，方差分析显著性概率 P=0.000<0.01，表明在民俗体育健身实验进行后，老年男性基础心率各个组别均值之间存在显著性差异，需要采用多重比较法对每对均值之间的差异进行比较，其比较检验结果如表 5-22 所示。

表 5-22　　　　实验后老年男性基础心率各组均值多重比较
检验结果（Tukey HSD）

组别	踢毽子		扭秧歌		阳性对照		阴性对照	
	均差	显著性	均差	显著性	均差	显著性	均差	显著性
抖空竹	0.27	0.994	0.44	0.963	-0.23	0.996	-2.33**	0.004
踢毽子			0.17	0.999	-0.50	0.939	-2.60**	0.001
扭秧歌					-0.67	0.842	-2.77**	0.000
阳性对照							-2.10*	0.013

比较检验结果显示：阳性对照组和阴性对照组均值间具有显著性差异（P<0.05），抖空竹组和阴性对照组、踢毽子组和阴性对照组、扭

秧歌组和阴性对照组均值间均具有极显著性差异（P<0.01）。

（3）实验后老年男性各个组别肺活量的测验平均值分别为 2532 毫升、2538 毫升、2512 毫升、2559 毫升、2272 毫升，方差分析显著性概率 P＝0.004<0.05，表明在民俗体育健身实验进行后，老年男性肺活量各个组别均值之间存在显著性差异，需要采用多重比较法对每对均值之间的差异进行比较，其比较检验结果如表 5 – 23 所示。

表 5 – 23　　　　　实验后老年男性肺活量各组均值多重比较检验结果（Tukey HSD）

组别	踢毽子		扭秧歌		阳性对照		阴性对照	
	均差	显著性	均差	显著性	均差	显著性	均差	显著性
抖空竹	－7	1.000	19	0.999	－27	0.998	260*	0.018
踢毽子			26	0.998	－20	0.999	267*	0.014
扭秧歌					－46	0.981	241*	0.035
阳性对照							287**	0.007

比较检验结果显示：抖空竹组和阴性对照组、踢毽子组和阴性对照组、扭秧歌组和阴性对照组均值间均具有显著性差异（P<0.05），阳性对照组和阴性对照组均值间具有极显著性差异（P<0.01）。

（4）实验后老年男性各个组别 TC 的测验平均值分别为 4.67、4.69、4.76、4.81、5.04，方差分析显著性概率 P＝0.161>0.01，表明在民俗体育健身实验进行后，老年男性 TC 各个组别均值之间均没有显著性差异。

（5）实验后老年男性各个组别 LDL 的测验平均值分别为 2.87、2.90、2.95、3.01、3.33，方差分析显著性概率 P＝0.000<0.05，表明在民俗体育健身实验进行后，老年男性 LDL 各个组别均值之间存在显著性差异，需要采用多重比较法对每对均值之间的差异进行比较，其比较检验结果如表 5 – 24 所示。

表 5 – 24 实验后老年男性 LDL 各组均值多重比较
检验结果（Tukey HSD）

组别	踢毽子		扭秧歌		阳性对照		阴性对照	
	均差	显著性	均差	显著性	均差	显著性	均差	显著性
抖空竹	- 0.029	0.999	- 0.079	0.946	- 0.138	0.694	- 0.462 **	0.000
踢毽子			- 0.050	0.990	- 0.109	0.843	- 0.433 **	0.001
扭秧歌					- 0.059	0.981	- 0.382 **	0.004
阳性对照							- 0.323 *	0.024

比较检验结果显示：阳性对照组和阴性对照组均值间具有显著性差异（$P < 0.05$），抖空竹组和阴性对照组、踢毽子组和阴性对照组、扭秧歌组和阴性对照组均值间均具有极显著性差异（$P < 0.01$）。

（6）实验后老年男性各个组别 HDL 的测验平均值分别为 1.49、1.46、1.46、1.44、1.19，方差分析显著性概率 $P = 0.000 < 0.05$，表明在民俗体育健身实验进行后，老年男性 HDL 各个组别均值之间存在显著性差异，需要采用多重比较法对每对均值之间的差异进行比较，其比较检验结果如表 5 – 25 所示。

表 5 – 25 实验后老年男性 HDL 各组均值多重比较
检验结果（Tukey HSD）

组别	踢毽子		扭秧歌		阳性对照		阴性对照	
	均差	显著性	均差	显著性	均差	显著性	均差	显著性
抖空竹	0.030	0.989	0.029	0.991	0.051	0.930	0.305 **	0.000
踢毽子			- 0.001	1.000	0.021	0.998	0.274 **	0.000
扭秧歌					0.022	0.997	0.276 **	0.000
阳性对照							0.253 **	0.001

比较检验结果显示：抖空竹组和阴性对照组、踢毽子组和阴性对照组、扭秧歌组和阴性对照组、阳性对照组和阴性对照组均值间均具有极显著性差异（$P < 0.01$）。

（7）实验后老年男性各个组别 LDL/HDL 的测验平均值分别为 1.94、

1.99、2.02、2.10、2.82，方差分析显著性概率 P = 0.000 < 0.05，表明在民俗体育健身实验后，老年男性 LDL/HDL 各个组别均值之间存在显著性差异，需要采用多重比较法对每对均值之间的差异进行比较，其比较检验结果表 5 - 26 所示。

表 5 - 26　　　　实验后老年男性 LDL/HDL 各组均值多重比较

检验结果（Tukey HSD）

组别	踢毽子		扭秧歌		阳性对照		阴性对照	
	均差	显著性	均差	显著性	均差	显著性	均差	显著性
抖空竹	− 0.052	0.801	− 0.085	0.362	− 0.169 **	0.004	− 0.886 **	0.000
踢毽子			− 0.033	0.952	− 0.117	0.096	− 0.834 **	0.000
扭秧歌					− 0.083	0.386	− 0.800 **	0.000
阳性对照							− 0.716 **	0.000

比较检验结果显示：抖空竹组和阳性对照组、抖空竹组和阴性对照组、踢毽子组和阴性对照组、扭秧歌组和阴性对照组、阳性对照组和阴性对照组均值间均具有极显著性差异（P < 0.01）。

5.2.1.4　实验后老年男性身体机能指标均值分布图

图 5 - 47 ~ 图 5 - 52 为实验后老年男性身体机能各项指标均数分布图，图中各点表示各种锻炼方案对应数据的均值大小。

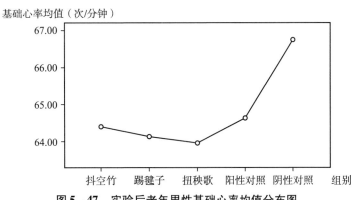

图 5 - 47　实验后老年男性基础心率均值分布图

肺活量均值（毫升）

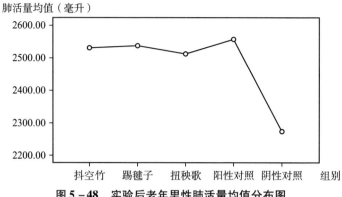

图 5 – 48　实验后老年男性肺活量均值分布图

TC均值

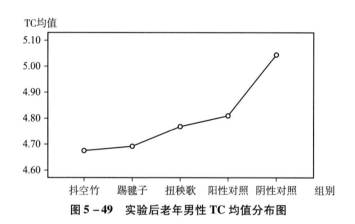

图 5 – 49　实验后老年男性 TC 均值分布图

LDL均值

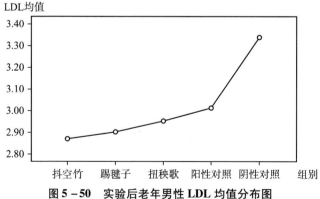

图 5 – 50　实验后老年男性 LDL 均值分布图

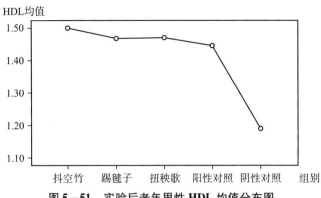

图 5 - 51　实验后老年男性 HDL 均值分布图

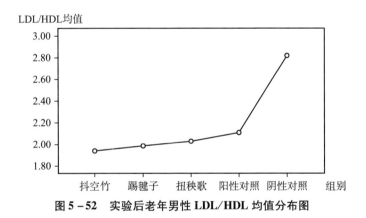

图 5 - 52　实验后老年男性 LDL/HDL 均值分布图

5.2.2　民俗体育运动对老年女性身体机能的健身功效

5.2.2.1　实验前老年女性身体机能测验结果

民俗体育健身实验进行前，老年女性身体机能各项指标测验、方差齐性检验及方差分析结果如表 5 - 27 所示。

由表 5 - 27 可以发现：

（1）实验前老年女性身体机能各项指标方差齐性检验显著性概率均大于 0.05，应接受方差齐性的原假设，表明各样本所属总体的方差无显著性差异。

363

表 5 - 27　　　　实验前老年女性身体机能测验、方差齐性检验及
方差分析结果（N = 30）

指标	抖空竹 M ± SD	踢毽子 M ± SD	扭秧歌 M ± SD	阳性对照 M ± SD	阴性对照 M ± SD	方差齐性检验	显著性概率
基础心率（次/分钟）	66.6 ± 3.4	66.9 ± 3.5	66.2 ± 3.4	66.5 ± 3.0	66.6 ± 3.1	0.862	0.959
肺活量（毫升）	1797 ± 226	1795 ± 230	1855 ± 253	1805 ± 283	1822 ± 266	0.684	0.883
TC	4.69 ± 0.63	4.74 ± 0.68	4.64 ± 0.56	4.79 ± 0.61	4.72 ± 0.65	0.786	0.915
LDL	3.05 ± 0.43	3.09 ± 0.46	3.02 ± 0.40	3.12 ± 0.42	3.08 ± 0.44	0.900	0.921
HDL	1.25 ± 0.24	1.27 ± 0.24	1.24 ± 0.19	1.28 ± 0.22	1.26 ± 0.23	0.765	0.966
LDL/HDL	2.47 ± 0.27	2.46 ± 0.23	2.44 ± 0.22	2.45 ± 0.22	2.46 ± 0.20	0.652	0.989

（2）实验前老年女性各个组别基础心率的测验平均值分别为66.6次/分钟、66.9次/分钟、66.2次/分钟、66.5次/分钟、66.6次/分钟，方差分析显著性概率 P = 0.959 > 0.05，表明在民俗体育健身实验进行前，老年女性基础心率各个组别均值之间均没有显著性差异。

（3）实验前老年女性各个组别肺活量的测验平均值分别为1797毫升、1795毫升、1855毫升、1805毫升、1822毫升，方差分析显著性概率 P = 0.883 > 0.05，表明在民俗体育健身实验进行前，老年女性肺活量各个组别均值之间均没有显著性差异。

（4）实验前老年女性各个组别 TC 的测验平均值分别为4.69、4.74、4.64、4.79、4.72，方差分析显著性概率 P = 0.915 > 0.05，表明在民俗体育实验进行前，老年女性 TC 各个组别均值之间均没有显著性差异。

（5）实验前老年女性各个组别 LDL 的测验平均值分别为3.05、3.09、3.02、3.12、3.08，方差分析显著性概率 P = 0.921 > 0.05，表明在民俗体育实验进行前，老年女性 LDL 各个组别均值之间均没有显著性差异。

（6）实验前老年女性各个组别 HDL 的测验平均值分别为1.25、1.27、1.24、1.28、1.26，方差分析显著性概率 P = 0.966 > 0.05，表明在民俗体育实验进行前，老年女性 HDL 各个组别均值之间均没有显著

性差异。

（7）实验前老年女性各个组别 LDL/HDL 的测验平均值分别为 2.47、2.46、2.44、2.45、2.46，方差分析显著性概率 P = 0.989 > 0.05，表明在民俗体育实验进行前，老年女性 LDL/HDL 各个组别均值之间均没有显著性差异。

5.2.2.2　实验前老年女性身体机能指标均值分布图

图 5 – 53 ～ 图 5 – 58 为实验前老年女性身体机能各项指标均数分布图，图中各点表示各种锻炼方案对应数据的均值大小。

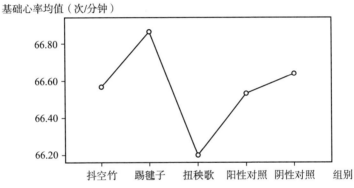

图 5 – 53　实验前老年女性基础心率均值分布图

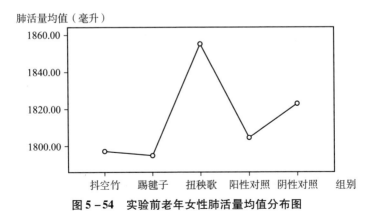

图 5 – 54　实验前老年女性肺活量均值分布图

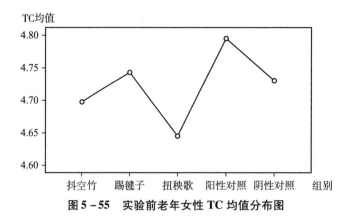

图 5-55　实验前老年女性 TC 均值分布图

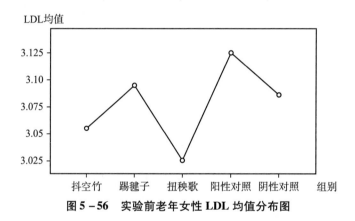

图 5-56　实验前老年女性 LDL 均值分布图

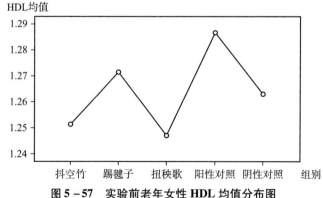

图 5-57　实验前老年女性 HDL 均值分布图

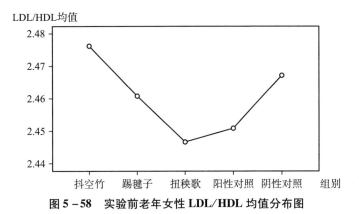

图 5 - 58　实验前老年女性 LDL/HDL 均值分布图

5.2.2.3　实验后老年女性身体机能测验结果

民俗体育健身实验进行后，老年女性身体机能各项指标测验、方差齐性检验及方差分析结果如表 5 - 28 所示。

表 5 - 28　　实验后老年女性身体机能测验、方差齐性检验及方差分析结果（N = 30）

指标	抖空竹 M ± SD	踢毽子 M ± SD	扭秧歌 M ± SD	阳性对照 M ± SD	阴性对照 M ± SD	方差齐性检验	显著性概率
基础心率 （次/分钟）	64.8 ± 3.4	65.2 ± 3.6	64.4 ± 3.3	65.6 ± 2.9	68.0 ± 3.1	0.612	0.000
肺活量 （毫升）	1885 ± 225	1896 ± 224	1945 ± 254	1865 ± 278	1673 ± 261	0.686	0.001
TC	4.62 ± 0.66	4.69 ± 0.68	4.64 ± 0.58	4.77 ± 0.63	4.91 ± 0.64	0.811	0.410
LDL	2.77 ± 0.43	2.84 ± 0.41	2.81 ± 0.40	2.94 ± 0.42	3.26 ± 0.44	0.933	0.000
HDL	1.46 ± 0.25	1.47 ± 0.25	1.45 ± 0.20	1.44 ± 0.20	1.18 ± 0.21	0.671	0.000
LDL/HDL	1.91 ± 0.20	1.94 ± 0.16	1.95 ± 0.18	2.04 ± 0.17	2.78 ± 0.23	0.404	0.000

由表 5 - 28 可以发现：

（1）实验后老年女性身体机能各项指标方差齐性检验显著性概率均大于 0.05，应接受方差齐性的原假设，表明各样本所属总体的方差无显著性差异。

（2）实验后老年女性各个组别基础心率的测验平均值分别为 64.8 次/分钟、65.2 次/分钟、64.4 次/分钟、65.6 次/分钟、68.0 次/分钟，方差分析显著性概率 P = 0.000 < 0.01，表明在民俗体育健身实验进行后，老年女性基础心率各个组别均值之间存在显著性差异，需要采用多重比较法对每对均值之间的差异进行比较，其比较检验结果如表 5 - 29 所示。

表 5 - 29　　　　实验后老年女性基础心率各组均值多重比较
检验结果（Tukey HSD）

组别	踢毽子		扭秧歌		阳性对照		阴性对照	
	均差	显著性	均差	显著性	均差	显著性	均差	显著性
抖空竹	- 0.37	0.992	0.37	0.992	- 0.80	0.876	- 3.23 **	0.002
踢毽子			0.73	0.907	- 0.43	0.986	- 2.87 **	0.007
扭秧歌					- 1.17	0.636	- 3.60 **	0.000
阳性对照							- 2.43 *	0.035

比较检验结果显示：阳性对照组和阴性对照组均值间具有显著性差异（P < 0.05），抖空竹组和阴性对照组、踢毽子组和阴性对照组、扭秧歌组和阴性对照组均值间均具有极显著性差异（P < 0.01）。

（3）实验后老年女性各个组别肺活量的测验平均值分别为 1885 毫升、1896 毫升、1945 毫升、1865 毫升、1673 毫升，方差分析显著性概率 P = 0.001 < 0.05，表明在民俗体育健身实验进行后，老年女性肺活量各个组别均值之间存在显著性差异，需要采用多重比较法对每对均值之间的差异进行比较，其比较检验结果如表 5 - 30 所示。

表 5 - 30　　　　实验后老年女性肺活量各组均值多重比较
检验结果（Tukey HSD）

组别	踢毽子		扭秧歌		阳性对照		阴性对照	
	均差	显著性	均差	显著性	均差	显著性	均差	显著性
抖空竹	- 11	1.000	- 60	0.883	20	0.998	212 *	0.011
踢毽子			- 49	0.940	30	0.990	223 **	0.006

组别	踢毽子		扭秧歌		阳性对照		阴性对照	
	均差	显著性	均差	显著性	均差	显著性	均差	显著性
扭秧歌					80	0.728	272 **	0.000
阳性对照							192 *	0.027

比较检验结果显示：抖空竹组和阴性对照组、阳性对照组和阴性对照组均值间均具有显著性差异（P < 0.05），踢毽子组和阴性对照组、扭秧歌组和阴性对照组均值间均具有极显著性差异（P < 0.01）。

（4）实验后老年女性各个组别 TC 的测验平均值分别为 4.62、4.69、4.64、4.77、4.91，方差分析显著性概率 P = 0.410 > 0.05，表明在民俗体育健身实验进行后，老年女性 TC 各个组别均值之间没有存在显著性差异。

（5）实验后老年女性各个组别 LDL 的测验平均值分别为 2.77、2.84、2.81、2.94、3.26，方差分析显著性概率 P = 0.000 < 0.05，表明在民俗体育健身实验进行后，老年女性 LDL 各个组别均值之间存在显著性差异，需要采用多重比较法对每对均值之间的差异进行比较，其比较检验结果如表 5 - 31 所示。

表 5 - 31　　　　实验后老年女性 LDL 各组均值多重比较
检验结果（Tukey HSD）

组别	踢毽子		扭秧歌		阳性对照		阴性对照	
	均差	显著性	均差	显著性	均差	显著性	均差	显著性
抖空竹	- 0.068	0.972	- 0.042	0.995	- 0.165	0.564	- 0.493 **	0.000
踢毽子			0.026	0.999	- 0.097	0.903	- 0.425 **	0.002
扭秧歌					- 0.123	0.796	- 0.451 **	0.001
阳性对照							- 0.327 *	0.028

比较检验结果显示：阳性对照组和阴性对照组均值间具有显著性差异（P < 0.05），抖空竹组和阴性对照组、踢毽子组和阴性对照组、扭秧歌组和阴性对照组均值间均具有极显著性差异（P < 0.01）。

（6）实验后老年女性各个组别 HDL 的测验平均值分别为 1.46、1.47、1.45、1.44、1.18，方差分析显著性概率 P = 0.000 < 0.05，表明在民俗体育健身实验进行后，老年女性 HDL 各个组别均值之间存在显著性差异，需要采用多重比较法对每对均值之间的差异进行比较，其比较检验结果如表 5 - 32 所示。

表 5 - 32　　　　实验后老年女性 HDL 各组均值多重比较
检验结果（Tukey HSD）

组别	踢毽子		扭秧歌		阳性对照		阴性对照	
	均差	显著性	均差	显著性	均差	显著性	均差	显著性
抖空竹	-0.011	1.000	0.012	1.000	0.021	0.997	0.277**	0.000
踢毽子			0.023	0.995	0.032	0.983	0.288**	0.000
扭秧歌					0.009	1.000	0.265**	0.000
阳性对照							0.256**	0.000

比较检验结果显示：抖空竹组和阴性对照组、踢毽子组和阴性对照组、扭秧歌组和阴性对照组、阳性对照组和阴性对照组均值间均具有极显著性差异（P < 0.01）。

（7）实验后老年女性各个组别 LDL/HDL 的测验平均值分别为 1.91、1.94、1.95、2.04、2.78，方差分析显著性概率 P = 0.000 < 0.05，表明在民俗体育健身实验后，老年女性 LDL/HDL 各个组别均值之间存在显著性差异，需要采用多重比较法对每对均值之间的差异进行比较，其比较检验结果如表 5 - 33 所示。

表 5 - 33　　　　实验后老年女性 LDL/HDL 各组均值多重比较
检验结果（Tukey HSD）

组别	踢毽子		扭秧歌		阳性对照		阴性对照	
	均差	显著性	均差	显著性	均差	显著性	均差	显著性
抖空竹	-0.031	0.973	-0.037	0.945	-0.133	0.069	-0.871**	0.000
踢毽子			-0.006	1.000	-0.102	0.261	-0.840**	0.000
扭秧歌					-0.095	0.328	-0.833**	0.000
阳性对照							-0.738**	0.000

比较检验结果显示：抖空竹组和阴性对照组、踢毽子组和阴性对照组、扭秧歌组和阴性对照组、阳性对照组和阴性对照组均值间均具有极显著性差异（P＜0.01）。

5.2.2.4　实验后老年女性身体机能指标均值分布图

图 5－59～图 5－64 为实验后老年女性身体机能各项指标均数分布图，图中各点表示各种锻炼方案对应数据的均值大小。

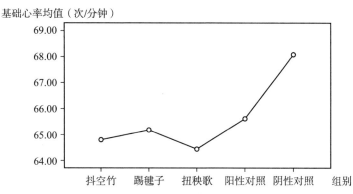

图 5－59　实验后老年女性基础心率均值分布图

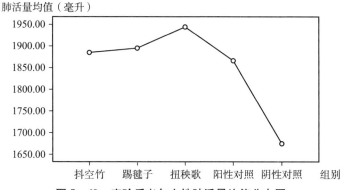

图 5－60　实验后老年女性肺活量均值分布图

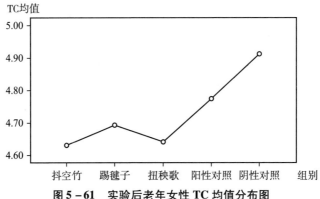

图 5 – 61　实验后老年女性 TC 均值分布图

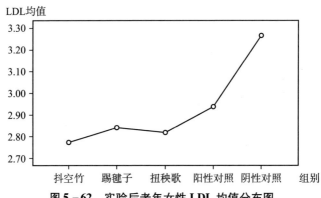

图 5 – 62　实验后老年女性 LDL 均值分布图

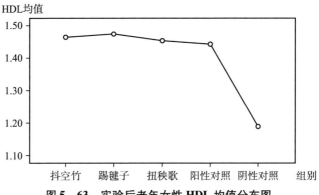

图 5 – 63　实验后老年女性 HDL 均值分布图

372

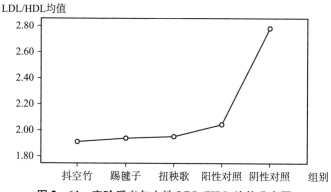

图 5 - 64　实验后老年女性 LDL／HDL 均值分布图

5.2.3　分析和讨论

5.2.3.1　民俗体育运动对老年人基础心率的影响分析

基础心率是清晨起床前静卧时的心率。身体健康、机能状况良好时，基础心率稳定并随训练（或锻炼）水平及健康状况的提高而平稳下降。如身体状况不良或感染疾病等，基础脉搏则会有一定程度的波动。安静心率是空腹不运动状态下的心率。相关研究报道，基础心率与安静心率相关性较高，通常安静心率常受到日常环境的干扰（生理刺激、心理情绪变化），略比基础心率易出现波动。随着锻炼者年龄的增长，安静状态下心率的变化很小，而最大心率则明显下降，一般来讲老年人的心脏容积不会发生明显变化，或者基本保持不变。

随着年龄增长，老年人的形态结构与身体机能尽管会发生一系列退行性变化，但各器官系统仍存在着提高和改善的可能性。适量的运动使身体承受一定的体力负荷，会促进体内物质代谢和身体各器官系统的机能增强。根据中年人的心肌功能特征，课题组为老年男女受试者安排民俗体育项目（抖空竹、踢毽子、扭秧歌）进行练习，实验前后分别对各受试者的基础心率进行测试，结果发现经过 3 个月的民俗体育锻炼，老年男女两个测试群的实验组基础心率低于阳性对照组，明显低于阴性对照组，如图 5 - 65 所示，这一实验结果可能与实验组进行练习的内容、练习时间、练习强度、练习频度等因素关系密切。例如：扭秧歌的运动，从运动学角度看，扭秧歌的动作急缓交织，幅度、强度适中，通过肩、腰、胯、膝、踝等关节的扭、拧、伸、拉，使练习者的全身大小肌肉得以动员，其运动强度属于适中水平。从练习时间看，扭秧歌通常是随着一曲或多首背景音乐节奏进行的全身性肢体运动，曲目的长度与数量确保了练习者的锻炼累积时间通常可达到 40 分钟以上。从运动生理学角度看，人体的运动与音乐配合，促使练习者可以积极动员神经系统的支配，使心肌兴奋性提高，心脏收缩力加强，收缩速度加快，可以增加心脏的血液输出量，以满足人体运动时能量供应的需要。长期进行扭秧歌运动，可以使心肌纤维逐渐变得粗壮，使心脏收缩变得强而有力。

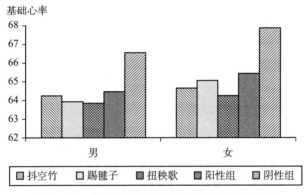

图 5-65　实验后老年人基础心率测试结果对比

从运动医学与相关学者研究成果看，如果老年人的安静心率能保持在正常范围内，对减轻心脏负担具有重要的临床意义。赵雪梅等研究认为长期进行有氧运动能够提高心迷走神经的兴奋性，可促使其节后纤维末梢释放较多的乙酰胆碱，达到减慢心率的效果。各实验组老年人基础心率出现明显下降的原因可能是他们的机体对安排的民俗体育活动产生了长期运动适应的结果。有规律地参加功能训练，可加强心脏工作能力与存储能力，使老年人基础心率保持在正常水平，很多实验证明，安静心率与寿命息息相关，心跳越快，心脏越易发生劳损，若能长期进行规律性体育锻炼可使安静心率减慢，以减轻心脏负担，具有保持旺盛的体力、延年益寿的功效。

5.2.3.2　民俗体育运动对老年人肺活量的影响分析

肺活量反映了肺一次通气的最大能力，也是测定肺通气功能简单易行的指标，应用较普遍，在一定意义上可反映呼吸机能的潜力，常用于评定运动员的训练水平和开展国民体质测定。影响肺活量大小的因素已在少儿受试群体分析中涉及，在此不再赘述。通常经过训练，呼吸肌的力量提高，吸气、呼气能力加强，肺活量将会增大。有研究认为，肺活量与年龄、性别有一定关系，随着人的年龄增长，肺活量每 10 年下降在 9% 以内为正常生理过程，超过此百分数则预示着衰老的加剧。肺活量的降低使人到老年后发生多种影响肺部健康的疾患，如气管炎、哮喘、肺炎以及与肺部功能退化有关的肺栓塞、肺部纤维化、肺部肿瘤等。老年群体若能长期坚持有规律的有氧运动，则会减缓肺活量的急剧降低的趋势，甚至可能扭转这一态势，表现出通气机能上升的情形——肺活量增加或明显增加。运动时呼吸肌被动员，呼吸方式由平静呼吸过度为用力呼吸，呼吸深度与频率均规律性增大，这一转变与运动时的负荷及动作节奏相配合，可以促使胸部形成较大的胸腔负压，确保呼吸深度的增大，进而保障了运动负荷递增中人体对氧气的摄入量。

随着年龄的增加，尤其老年群体的呼吸系统能力退化较快，进一步导致肺部机能下降，呼吸功能下降，进而降低了肺活量。老年人参加适宜的体育运动可达到提高肺活量的效果。实验前后数据对比发现，老年人运动组之间肺活量测试结果无显著性差异（p > 0.05），不具有统计学意义，但从趋势上来看，参与民俗体育锻炼的老年人肺活量的增加量要稍大于阳性对照组的增加量；老年人民俗体育实验组、阳性对照组与阴性对照组之间肺活量测试结果具有显著性（P > 0.05）或极显著性差异（P < 0.01），如图 5 - 66 所示。下面以抖空竹为例分析实验对老年人肺活量干预的可能性原因，抖空竹是一项全身肌群参与的运动，其呼吸和动作的配合遵循先吸后呼，起吸落呼，拉吸收呼的规律。呼吸的特点是缓慢、细匀、深长，以腹式呼吸为主。动作适时变换，使得练习者在锻炼中需要不断地调整呼吸节奏与深度，时而在调整身型中深吸气，时而需要配合动作进行瞬时憋气，尤其在练习盘丝、捞月等技法过程中，身体起伏较大、动作的连贯性强，对胸腔的反复挤压和刺激有助于提升肺部的弹性回缩力和呼吸肌力量，从而使肺的吸气量增加。另外，

双手抖空竹，需要双臂相对灵活，此时把胸部肌紧张状态转移到腹部，使得胸部活动自如而腹部相对固定，这就增加了胸阔的顺应性和灵活度，进而增加呼吸肌收缩与伸展的幅度，减小了呼吸阻力，保持肺组织的弹性，从而增加了每次呼入呼出的气量，因此长期进行此类运动可视为影响老年人肺活量增加的积极因素之一。从运动强度与运动形式综合来看，使得老年人肺活量增加的主要原因可能是呼吸肌伸展性提高所致。

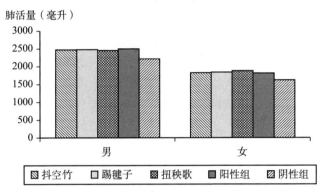

图 5 - 66　实验后老年人肺活量测试结果对比

5.2.3.3　民俗体育运动对老年人血脂的影响分析

1. 运动对血液脂质指标影响的研究综述

血液脂质包括总胆固醇（TC）、甘油三酯（TG）、高密度脂蛋白（HDL）和低密度脂蛋白（LDL），下面分别综述运动对它们的影响。

（1）运动对血浆总胆固醇（TC）水平的影响。

胆固醇是机体组织细胞重要的组成部分，同时也是合成胆汁酸、激素的前体，其在机体中起着极为重要的作用。近年越来越多的研究关注于运动与胆固醇的关系。

急性运动对 TC 含量的变化报道不一。布雷恩（Brain）报道，在力量训练的过程中，大运动量后 TC 含量明显降低，而小运动量后无任何变化，表明力量训练对胆固醇的影响与所完成的运动量有关。戴维斯等（Davis et al.）研究急性运动对运动员血脂的影响得出结论：经常参加体育活动男子来说，低于 90 分钟的急性运动不会引起 TC 含量的变化。

休斯等报道运动降低 TC 水平，但与强度无关。另有研究显示，在肥胖且血糖不正常的男子中，经连续 10 天急性运动之后，尽管体重没有降低，但其 TC 水平显著低于运动前。

相反，长期耐力运动对 TC 影响的报道较多。一般认为长期有规律的耐力训练可使血浆 TC 保持较低的水平。詹姆斯等（James et al.）对终生滑雪运动员的血浆脂质和脂蛋白进行研究，具有明显降低的血浆 TC 水平。格朗让等（Grandjean et al.）研究显示，在女子中经 6 个月的训练，TC 水平明显降低（P < 0.001）。基斯特等（Kist et al.）也得到同样的结果。不同的运动时间对 TC 的降低效果不同，艾伯特等（Abert et al.）研究发现，对大鼠的研究中，发现每天运动 20 分钟组和每天运动 60 分钟组血浆胆固醇分别比对照组降低了 8% 和 24%。蓝道斯等（Randllos et al.）对肥胖非裔美国人，经过 3 个月的饮食控制和运动后，TC 下降了 7%。在艾滋病患者中，有氧运动对血脂也有明显的改善作用；斯尼等（Thoni et al.）研究发现，在血脂代谢紊乱的艾滋病病毒携带者中，经过 4 个月的训练后，TC 降低了 23%，并且同时发现，降低的幅度与基浓度有关。马国栋等在研究有氧运动对饮食性高脂血症小鼠血脂改善效果后，得出结论认为有氧运动可以降低因高脂饮食导致的甘油三酯、胆固醇及低密度脂蛋白的浓度。但是也有许多不同的研究结果。高洪、刘伟长对经常进行健身长跑的中老年人血脂代谢进行了研究，结果发现长跑组血浆 TC 与对照组无显著性差异。托尔弗雷等（Tolfrey et al.）也报道，青春期前期的小孩，经 12 周，每周 5 次，每次 30 分钟的运动之后，血浆 TC 无任何变化。

总之，运动对血浆 TC 影响的研究结果表明：一次性的急性运动对血浆 TC 的浓度影响不大，而长期的体育锻炼或运动往往引起血浆 TC 的降低，且不同运动方式如有氧运动、不同运动时间会影响血浆 TC 的浓度。研究结果证实坚持长期的相对长时间的有氧运动对降低血浆 TC 具有积极意义。大量的研究认为，中等强度有氧运动可以有效改善血脂代谢紊乱。

（2）运动对血浆高密度脂蛋白（HDL）水平的影响。

HDL 在体内合成有三条途径：①直接由肝脏和小肠合成；②由富含甘油三酯的蛋白质即 VLDL 和乳糜微粒发生脂溶衍生而来；③由周围淋巴中存在的磷脂双层结构分解衍生而来。HDL 主要包含 HDL_2 和

HDL$_3$ 两个亚类。HDL$_2$ 比 HDL$_3$ 含更多的胆固醇，密度较低，两者都包含有脂蛋白 A - 1。血脂异常是动脉粥样硬化的一个重要危险因素。大量的流行病学研究和临床资料显示，血浆高密度脂蛋白胆固醇（HDL - C）水平与动脉粥样硬化（AS）的发生呈显著负相关，血浆 HDL - C 水平每升高 0.03 毫摩尔/升，冠心病的危险性即降低 2% ~ 3% 。基础研究发现，虽然 HDL 的抗动脉粥样硬化作用可涉及多种机制，如减轻脂蛋白的氧化等，但其最主要的作用机制在于参与胆固醇的逆向转运（RCT）过程，即将动脉壁中多余的胆固醇直接或间接转运给肝组织，经相应的受体途径进行分解代谢。HDL 在接受外周组织胆固醇并参与RCT 的同时经历了自身颗粒的成熟过程。RCT 促进外周组织和细胞内胆固醇的清除，维持细胞内胆固醇的稳定，降低血浆胆固醇水平，有利于延缓动脉粥样硬化的发生和发展。HDL 在接受外周组织胆固醇并参与RCT 的同时经历了自身颗粒的成熟过程。RCT 促进外周组织和细胞内胆固醇的清除，维持细胞内胆固醇的稳定，降低血浆胆固醇水平，有利于延缓动脉粥样硬化的发生和发展。傅强等研究证实，经氧化修饰的HDL - C 运转细胞内胆固醇的速率比天然的 HDL - C 大大降低，这也说明 HDL 在逆运转中具有重要的作用。

大多数实验显示，运动可以使血浆 HDL - C 水平升高，尤其是耐力运动。耐力项目的运动员其 HDL - C 水平显著高于非运动员，非运动员经耐力训练之后，HDL - C 水平比训练前有显著升高。兰德尔等（Randall et al. ）对肥胖非裔美国人，经过 3 个月的饮食控制和运动后，HDL - C 升高了 5% 。托马里德等（Tokmarkidis et al. ）实验证明，冠心病病人经过力量和有氧运动联合训练 8 个月后，HDL - C，apo - A1 分别增加了 5.2% 和 11.2% ，而停训 3 个月后，HDL - C，apo - A1 又分别降低了 3.6% 和 5.5% ，说明运动对 HDL - C 的影响效果并不能长期保持下去，所以运动要长期坚持。加塞尔等（Gasser et al. ）研究显示，不同的有氧运动强度对 HDL - C 的影响是相同的。HDL - C 对运动的敏感性可能还存在着性别差异。席晓荣等以年轻大学生为受试对象，经过12 周有氧运动后，在男性中，血浆 HDL - C 水平显著升高，而在女大学生中，未见显著性差异。因此，有氧运动是引起 HDL - C 升高的最为重要的因素，也是降低血浆胆固醇的主要因素之一。

总之，虽然运动导致 HDL - C 的升高，从而使 AS 发生率显著降低的确切机制还不是十分清晰，但运动促进胆固醇的逆相转运增加，从而使 AS 的发生率显著降低已经被许多研究和实践所证实。原因：①运动导致了 apoA1 的基因表达的增加，从而使 HDL 浓度的升高，结合胆固醇能力的增加；②运动导致了新生 HDL 中 LCAT 酶活性增加，从而使肝外胆固醇更易与 HDL 的卵磷脂结合为胆固醇酯，形成成熟球形 HDL；③运动使 CEPT 的活性加强，促进了胆固醇酯从 HDL 转运至含有 ApoB 并富含甘油三酯的脂蛋白，经 LDLB/E 受体或 LDL 受体相关蛋白（LRP）被吸收入肝，进入肝脏代谢；④运动引起肝细胞表面存在高密度脂蛋白受体 –（SR – BI）敏感性增加，促进了 HDL 中的胆固醇酯选择性的被摄取进入肝脏；⑤运动使得肝脏中对胆固醇的降解能力增加，通过胆汁酸的形式排出加强。

（3）运动对血浆低密度脂蛋白（LDL）水平的影响。

低密度脂蛋白胆固醇（LDL – C）是血浆中含量最多的一种载脂蛋白，其胆固醇的含量在一半以上，血浆中胆固醇约 65% 是在其内。许多实验都证实，LDL – C 与心血管疾病的发生有密切关系，随其浓度的增加而成递增关系。

运动对 LDL – C 的影响，目前一般有两种看法：①运动后血清 LDL – C 的浓度降低。博伊登等（Boyden et al.）结果显示：46 例绝经前妇女经 5 个月的抗阻训练后，LDL – C 降低了 0.36 毫摩尔/升，与对照组相比有显著性差异；古德伊等（Goodyear et al.）报道，马拉松长跑运动员 LDL – C 明显降低，且持续数日；潘志军的研究也证实成年经过有氧运动训练的大鼠血清 LDL – C 显著低于对照组；兰德尔等（Randall et al.）在肥胖非裔美国人中研究发现，经过 3 个月的饮食控制和运动后，LDL – C 下降了 11%，不同的运动形式和强度对血中 LDL – C 有不同的影响；艾森曼（Eisenmann）横向研究表明，年轻运动员的血浆 LDL – C 水平显著低于对照组。大量的研究结果表明从事耐力项目的运动员，如长跑、马拉松、游泳等，比力量型运动员含有较低浓度的 LDL – C 也说明了此问题。②运动后 LDL – C 无明显改变。伍德等（Wood et al.）指出，运动与膳食疗法相似，可有效改变脂蛋白的浓度，但对 LDL – C 无显著影响。本山等（Motoyama et al.）研究老年人在经过长时间的耐力性运动后，发现 LDL – C 无变化。

虽然运动对 LDL – C 的影响报道不一，但总的趋势是运动可以引起血清 LDL‒C 的下降或具有下降的趋势，从而促进外周组织和血管中胆固醇的代谢，减少胆固醇在血管壁上的沉积，降低 AS 和 CHD 的发生和发展。

运动对血浆脂质水平的影响是一个复杂的过程，由于不同的实验所采用的方法、受试者、个体差异以及仪器等的不同，所以研究结果不尽相同，但多数学者普遍认为运动有益于血脂的改善。运动，尤其是有氧运动对血脂代谢的影响是通过降低血浆中 TC、TG 水平，促进 TG 的转运和降解，并且运动可能通过导致胆固醇逆相转运能力的增加，引起血液中 HDL‒C 的升高和 LDL‒C 的降低，使 HDL‒C/LDL‒C 比值升高，有利于外周胆固醇向肝脏中的转运和降解，从而促进了机体血脂代谢的改善，缓解心脑血管疾病的发生和发展。

2. 运动降血脂的生理机制

有氧运动是调节血脂的一剂"良药"，有氧运动对血脂生理的功效表现为：首先，可使高密度脂蛋白增高、低密度脂蛋白降低，国内外大量的临床和实验研究观察表明运动可使血清胆固醇、三酰甘油以及致动脉粥样硬化的低密度脂蛋白和极低密度脂蛋白含量降低，同时也可使具有抗动脉粥样硬化的高密度脂蛋白含量增高，故运动锻炼不仅有利于降血脂，而且还具有防治动脉粥样硬化的发生和发展的作用。其次，可增加能量的消耗，运动锻炼不仅能直接消耗能量，而且能促进新陈代谢、改善神经和内分泌系统的调节作用而促进脂肪代谢，运动锻炼可以降低血浆胰岛素含量，使脂肪分解作用得到加强，从而减少脂质的沉积和脂肪组织的堆积。再次，改善机体的糖代谢，运动还能改善机体的糖代谢，改善机体的血凝状态，改善血小板功能，降低血液黏度；运动还可改善心肌功能，增强心肌代谢、促进侧支循环的建立，这些都对冠心病防治具有积极的影响。最后，可加强肾上腺素和去甲肾上腺素等脂解激素的活性，运动锻炼还可以加强肾上腺素和去甲肾上腺素等脂解激素的活性，可加强对甘油三酯等血脂的水解过程，从而可以减少血浆内甘油三酯的浓度和降低胆固醇含量。

血脂，顾名思义是指人体血液中的脂类，也就是说血脂是血液中的脂肪（甘油三酯）和类脂（磷脂、固醇等）的总称。其中，甘油三酯和胆固醇是血脂的主要成分。总胆固醇是血液中所有脂蛋白所含胆固醇之总和。人体内胆固醇来源有两种途径：来源于食物的称为外源性胆固醇，人体自身合成的称为内源性胆固醇。低密度脂蛋白（LDL）富含胆固醇，血液中总胆固醇的 70% 存在于低密度脂蛋白中。它的主要功能是运输内源性的胆固醇。肝脏合成的胆固醇（称为内源性的胆固醇）由低密度脂蛋白运送到全身的组织细胞。主要负责肝脏中合成的胆固醇向周围组织及血管运输。高密度脂蛋白（HDL）的密度最大，颗粒最小，它的主要功能是将外周组织的胆固醇运送到肝脏，这一过程又被称为胆固醇的"逆向"转运。主要负责将身体不需要的、多余的胆固醇及堆积于血管壁的胆固醇运输回肝脏。LDL－C/HDL－C 比值是颈动脉粥样硬化的独立危险因素，相对于 LDL－C、HDL－C 而言，LDL－C/HDL－C 比值更具敏感性和独立性，是一项更有价值的临床预测指标。

（1）运动升高 HDL 的生理机制。

科学研究发现，人体血液中的脂肪是可以通过动脉血管壁中的许多微小孔而被排出血管外的，但这种排出的前提是血管中的脂肪必须与高密度脂蛋白结合后才能穿透这些小孔，高密度脂蛋白含量越高，脂肪就越能够有效地被排出。专家发现，运动能增加血液中高密度脂蛋白的含量，而降低血脂。人若进食富含脂肪饮食 1～2 小时后，做些适当的运动，体内的高密度脂蛋白含量就会明显增加，使血液中的脂肪在未沉积于血管之前就能被排出；同时运动还能加快心脏搏动，增强血液循环，促进脂肪能量代谢。有氧运动的特点是中等强度、时间稍长、持续性强、节奏明显。在整个"有氧运动"过程中，人体吸入的氧气和人体所需要的氧气量基本相当，几乎不会因缺氧而产生乳酸。医学研究指出，有氧运动之所以能够降低血脂，是因为它可以提高高密度脂蛋白受体的基因表达水平，使低密度脂蛋白水平下降，高密度脂蛋白水平上升，促进了脂肪的代谢。

耐力性运动引起高密度脂蛋白合成增加是导致高密度脂蛋白升高的重要原因。首先，与脂蛋白脂肪酶活性的增加有关。脂蛋白脂肪酶活性升高在促进甘油三酯及富含甘油三酯的脂蛋白分解的同时，也为高密度脂蛋白的合成提供了原料，促使高密度脂蛋白合成增多，这是耐力性运动引起高密度脂蛋白胆固醇水平升高的一个主要因素。其次，还与卵磷脂胆固醇脂酰基转移酶的活性增加、肝脏脂肪酶的活性降低有关。卵磷脂胆固醇脂酰基转移酶和肝脏脂肪酶是脂肪代谢过程中的另外两种关键酶。研究表明，卵磷脂胆固醇脂酰基转移酶活性越高，肝脏脂肪酶活性越低，血液中高密度脂蛋白胆固醇水平就越高。此外，高密度脂蛋白分解代谢减少也是导致高密度脂蛋白胆固醇升高的部分原因。

（2）运动降 LDL 的生理机制。

耐力性运动引起低密度脂蛋白受体活性升高是血液低密度脂蛋白浓度下降的重要原因。在正常情况下，大约有 2/3 的低密度脂蛋白通过低密度脂蛋白受体这一途径进行分解代谢。低密度脂蛋白与低密度脂蛋白受体结合后进入细胞内进行分解代谢。研究发现，耐力性运动可以使肝脏低密度脂蛋白受体活性明显升高，增强了低密度脂蛋白的分解代谢，从而使血液低密度脂蛋白水平降低。

此外，耐力性运动还可以引起低密度脂蛋白的亚型分布改变。这与脂蛋白脂肪酶活性的升高和肝脏脂肪酶活性的降低有关。极低密度脂蛋白经分解代谢后转变为低密度脂蛋白，脂蛋白脂肪酶活性升高可以促进极低密度脂蛋白的分解代谢，使它转变为大而轻的低密度脂蛋白。同时，肝脏脂肪面活性降低又可以减少小而密低密度脂蛋白的产生。

3. 民俗体育运动对老年人血脂的影响分析

老年人经过 3 个月民俗体育锻炼，老年男女抖空竹组、踢毽子组、扭秧歌组与阳性组受试者总胆固醇（TC）下降不太明显，虽不具有统计学意义，但毕竟呈现出了下降趋势，而老年男女阴性组则表现为略微上升的态势（如图 5 - 67 所示）；老年男女抖空竹组、踢毽子组、扭秧歌组与阳性对照组受试者的低密度脂蛋白（LDL）显著降低，高密度脂蛋白（HDL）显著增加，LDL/HDL 比值有明显下降趋势，分别与阴性对照组存在显著性差异（如图 5 - 68、图 5 - 69、图 5 - 70 所示），具有统计学意义。有氧运动对血脂代谢的影响是通过降低血浆中 TC、TG 水平，促进 TG 的转运和降解，并且可能通过导致胆固醇逆向转运能力的增加，引起血液中 HDL - C 的升高和 LDL - C 的降低，使 HDL - C/LDL - C 比值升高，有利于外周胆固醇向肝脏中的转运和降解，从而促进了机体血脂代谢的改善，缓解心脑血管疾病的发生和发展。

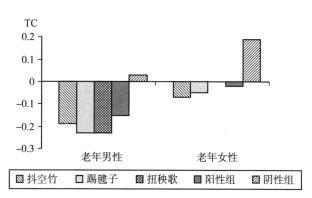

图 5 - 67　实验前后老年人 TC 差值

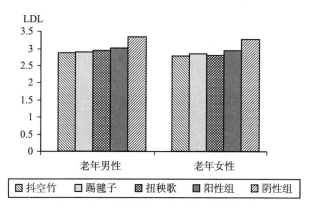

图 5 - 68　实验后老年人 LDL 测试结果

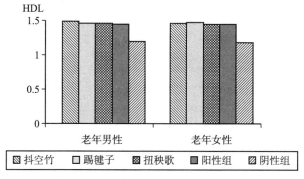

图 5 - 69　实验后老年人 HDL 测试结果

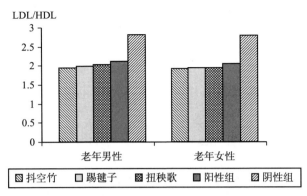

图 5 - 70　实验后老年人 LDL/HDL 测试结果

前面负荷分析章节已经证实了，踢毽子与扭秧歌等民俗体育运动属强度适中的有氧运动项目，加之每次练习时间均超过 30 分钟，这一练习过程与改善血脂的运动性质 – 运动时间与强度要求基本吻合，因此经过 3 个月的民俗体育练习，对老年人的脂代谢产生了良好的作用。阴性对照组老年人随着年龄的增长表现出代谢调节能力的自然衰退。从实验后数据还看出，民俗体育对老年的干预不存在性别差异，经常进行民俗体育练习对改善老年男女血脂代谢均具有积极影响。

另外，对老年人血脂的影响可能与民俗体育锻炼时对呼吸的控制有关。抖空竹时的节律性提拉绳动作，节奏性的耸肩，与动作相适应的腹式为主的呼吸方式，可将此类练习看作对呼吸的有意控制，通过控制呼吸可以调节植物神经平衡，进而调节物质代谢水平，改善脂质代谢紊乱的状况。谢荣华等研究了养生调息运动对人体生理的影响，证明了养生调息可使脑细胞电磁活动高度有序化，能量消耗降低，效能提高。能有效提高运动神经传导的速度，使各部神经电传导协调同步，使身体各部位之间神经的传递速度明显加快，电传导加快又使电子流动加速与氧结合加快，电子与氧结合加强，则 ATP 产生增多，能量贮备增多。所以调息运动在意识的支配下可发放巨大能量，产生特殊的电磁辐射波。调息运动促进肌肉肌电波幅，并且经过长期练习，时间越长，其肌电波幅变化越大，身体的体质就越强，使机体预防能力得到增强。本书研究结果显示，受试中老年人物质代谢能力改善。

384

5.3　民俗体育运动对老年人运动素质的健身功效

考虑到受试者的年龄、身体状况，结合课题组现有的条件，经过专家组评分、讨论、协商，课题组从众多的初选身体素质指标中最终筛选出：握力、背肌力、原地纵跳、选择反应时、十字变向跑、反复横跨、坐位体前屈、转肩、立位转体、闭目单足立、一分钟抛网球共 11 项指标作为反映民俗体育对老年人健身功效的代表性指标。

5.3.1　民俗体育运动对老年男性身体素质的健身功效

5.3.1.1　实验前老年男性身体素质测验结果

民俗体育实验进行前，老年男性身体素质各项指标测验、方差齐性检验及方差分析结果如表 5 – 34 所示。

表 5 – 34　　实验前老年男性身体素质测验、方差齐性检验及方差分析结果（N = 30）

指标	抖空竹 M ± SD	踢毽子 M ± SD	扭秧歌 M ± SD	阳性对照 M ± SD	阴性对照 M ± SD	方差齐性检验	显著性概率
左手握力 （公斤）	35.8 ± 4.8	36.4 ± 4.6	35.8 ± 4.6	36.3 ± 4.3	36.5 ± 4.2	0.978	0.952
右手握力 （公斤）	36.7 ± 4.7	37.0 ± 4.5	36.6 ± 4.7	37.3 ± 4.4	37.2 ± 4.6	0.997	0.970
背肌力 （公斤）	96.8 ± 13.0	97.2 ± 12.3	97.3 ± 13.5	98.8 ± 12.6	98.3 ± 12.8	0.985	0.972
原地纵跳 （厘米）	17.8 ± 2.7	18.0 ± 2.8	17.8 ± 2.7	17.9 ± 2.4	18.2 ± 2.6	0.997	0.974
选择反应时 （秒）	0.72 ± 0.07	0.73 ± 0.08	0.72 ± 0.09	0.73 ± 0.08	0.74 ± 0.09	0.509	0.936

指标	抖空竹 M±SD	踢毽子 M±SD	扭秧歌 M±SD	阳性对照 M±SD	阴性对照 M±SD	方差齐性检验	显著性概率
十字变向跑 （秒）	17.2±0.9	17.4±0.9	17.2±0.9	17.5±0.9	17.3±1.0	0.942	0.803
反复横跨 （次）	26.1±4.6	26.4±4.6	26.6±4.2	26.9±4.3	27.3±4.3	0.981	0.856
坐位体前屈 （厘米）	3.6±3.9	3.2±4.8	3.3±5.4	3.7±5.1	3.5±5.6	0.624	0.994
转肩 （厘米）	126±7	126±7	127±7	127±6	127±7	0.967	0.952
立位转体 （度）	93±5	94±5	94±6	93±6	93±6	0.631	0.867
闭目单足立 （秒）	13.8±5.3	12.4±5.1	12.5±5.5	12.6±6.0	12.0±5.9	0.976	0.982
一分钟抛网球（次）	134±12	133±11	134±12	132±13	133±13	0.918	0.977

由表 5-34 可以发现：

（1）实验前老年男性身体素质各项指标方差齐性检验显著性概率均大于 0.05，应接受方差齐性的原假设，表明各样本所属总体的方差无显著性差异。

（2）实验前老年男性各个组别左手握力的测验平均值分别为 35.8 公斤、36.4 公斤、35.8 公斤、36.3 公斤、36.5 公斤，方差分析显著性概率 P=0.952>0.05，表明在民俗体育实验进行前，老年男性左手握力各个组别均值之间均没有显著性差异。

（3）实验前老年男性各个组别右手握力的测验平均值分别为 36.7 公斤、37.0 公斤、36.6 公斤、37.3 公斤、37.2 公斤，方差分析显著性概率 P=0.970>0.05，表明在民俗体育实验进行前，老年男性右手握力各个组别均值之间均没有显著性差异。

（4）实验前老年男性各个组别背肌力的测验平均值分别为 96.8 公斤、97.2 公斤、97.4 公斤、98.8 公斤、98.3 公斤，方差分析显著性概率 P=0.972>0.05，表明在民俗体育实验进行前，老年男性背肌力各个组别均值之间均没有显著性差异。

（5）实验前老年男性各个组别原地纵跳的测验平均值分别为 17.8 厘米、18.0 厘米、17.8 厘米、17.9 厘米、18.2 厘米，方差分析显著性概率 P = 0.974 > 0.05，表明在民俗体育实验进行前，老年男性背肌力各个组别均值之间均没有显著性差异。

（6）实验前老年男性各个组别选择反应时的测验平均值都为分别为 0.72 秒、0.73 秒、0.72 秒、0.73 秒、0.74 秒，方差分析显著性概率 P = 0.936 > 0.05，表明在民俗体育实验进行前，老年男性选择反应时各个组别均值之间均没有显著性差异。

（7）实验前老年男性各个组别十字变向跑的测验平均值分别为 17.2 秒、17.4 秒、17.2 秒、17.5 秒、17.3 秒，方差分析显著性概率 P = 0.803 > 0.05，表明在民俗体育实验进行前，老年男性十字变向跑各个组别均值之间均没有显著性差异。

（8）实验前老年男性各个组别反复横跨的测验平均值分别为 26.1 次、26.4 次、26.6 次、26.9 次、27.3 次，方差分析显著性概率 P = 0.856 > 0.05，表明在民俗体育实验进行前，老年男性反复横跨各个组别均值之间均没有显著性差异。

（9）实验前老年男性各个组别坐位体前屈的测验平均值分别为 3.6 厘米、3.2 厘米、3.3 厘米、3.7 厘米、3.5 厘米，方差分析显著性概率 P = 0.994 > 0.05，表明在民俗体育实验进行前，老年男性坐位体前屈各个组别均值之间均没有显著性差异。

（10）实验前老年男性各个组别转肩的测验平均值分别为 126 厘米、126 厘米、127 厘米、127 厘米、127 厘米，分析显著性概率 P = 0.952 > 0.05，表明在民俗体育实验进行前，老年男性转肩测试各个组别均值之间均没有显著性差异。

（11）实验前老年男性各个组别立位转体的测验平均值分别为 93 度、94 度、94 度、93 度、93 度，分析显著性概率 P = 0.867 > 0.05，表明在民俗体育实验进行前，老年男性立位转体各个组别均值之间均没有显著性差异。

（12）实验前老年男性各个组别闭目单足立的测验平均值分别为 13.8 秒、12.4 秒、12.5 秒、12.6 秒、12.0 秒，方差分析显著性概率 P = 0.982 > 0.05，表明在民俗体育实验进行前，老年男性闭目单足立各个组别均值之间均没有显著性差异。

（13）实验前老年男性各个组别一分钟抛网球的测验平均值分别为134 次、133 次、134 次、132 次、133 次，方差分析显著性概率 P = 0.977 > 0.05，表明在民俗体育实验进行前，老年男性一分钟抛网球各个组别均值之间均没有显著性差异。

5.3.1.2　实验前老年男性身体素质指标均值分布图

图 5 - 71 ~ 图 5 - 82 为实验前老年男性身体素质各项指标均数分布图，图中各点表示各种锻炼方案对应数据的均值大小。

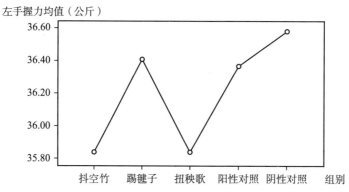

图 5 - 71　实验前老年男性左手握力均值分布图

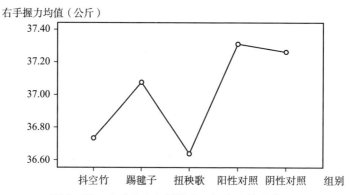

图 5 - 72　实验前老年男性右手握力均值分布图

背肌力均值（公斤）

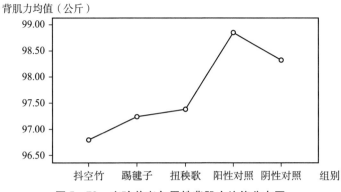

图 5 - 73　实验前老年男性背肌力均值分布图

原地纵跳均值（厘米）

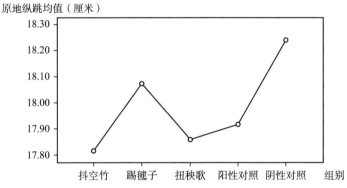

图 5 - 74　实验前老年男性原地纵跳均值分布图

389

选择反应时均值（秒）

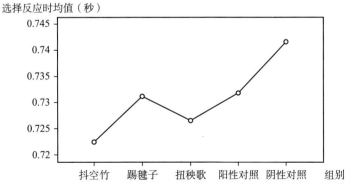

图 5 - 75　实验前老年男性选择反应时均值分布图

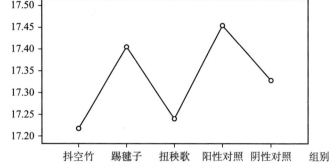

图 5-76 实验前老年男性十字变向跑均值分布图

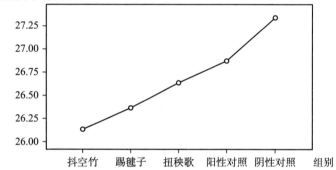

图 5-77 实验前老年男性反复横跨均值分布图

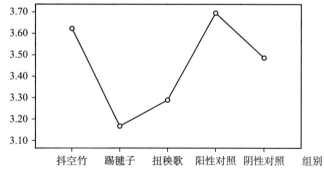

图 5-78 实验前老年男性坐位体前屈均值分布图

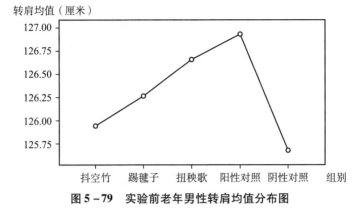

图 5 – 79　实验前老年男性转肩均值分布图

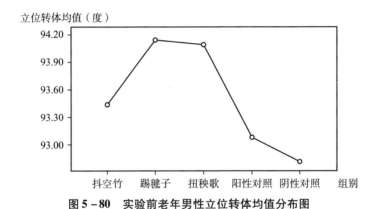

图 5 – 80　实验前老年男性立位转体均值分布图

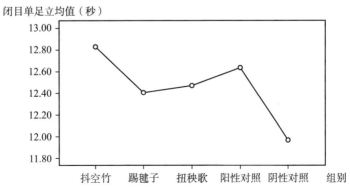

图 5 – 81　实验前老年男性闭目单足立均值分布图

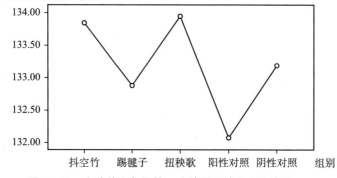

一分钟抛网球均值（次）

图 5-82 实验前老年男性一分钟抛网球均值分布图

5.3.1.3 实验后老年男性身体素质测验结果

民俗体育健身实验进行后，老年男性身体素质各项指标测验、方差齐性检验及方差分析结果如表 5-35 所示。

392

表 5-35 实验后老年男性身体素质测验、方差齐性检验及
方差分析结果（N = 30）

指标	抖空竹 M±SD	踢毽子 M±SD	扭秧歌 M±SD	阳性对照 M±SD	阴性对照 M±SD	方差齐性检验	显著性概率
左手握力（公斤）	37.6±4.8	35.1±4.6	37.4±4.6	34.6±4.3	33.7±4.2	0.968	0.002
右手握力（公斤）	38.5±4.7	35.6±4.5	38.3±4.7	35.5±4.4	34.5±4.6	0.996	0.001
背肌力（公斤）	100.9±12.5	95.9±12.3	101.2±12.9	96.8±12.2	91.3±12.2	0.993	0.015
原地纵跳（厘米）	20.1±2.6	20.5±2.8	18.2±2.7	18.1±2.4	16.0±2.6	0.998	0.000
选择反应时（秒）	0.68±0.08	0.69±0.09	0.71±0.09	0.75±0.08	0.77±0.10	0.652	0.006
十字变向跑（秒）	16.6±0.9	16.6±0.9	17.3±1.0	17.4±0.9	18.1±0.9	0.901	0.000
反复横跨（次）	30.0±4.7	30.3±4.5	26.6±4.0	26.8±4.3	23.2±4.5	0.957	0.000

指标	抖空竹 M ± SD	踢毽子 M ± SD	扭秧歌 M ± SD	阳性对照 M ± SD	阴性对照 M ± SD	方差齐性检验	显著性概率
坐位体前屈（厘米）	5.1 ± 3.9	4.9 ± 4.9	3.0 ± 5.3	2.8 ± 5.1	1.3 ± 5.5	0.626	0.021
转肩（厘米）	124 ± 7	129 ± 7	129 ± 7	130 ± 6	129 ± 7	0.964	0.003
立位转体（度）	96 ± 5	91 ± 5	92 ± 6	91 ± 6	89 ± 6	0.747	0.000
闭目单足立（秒）	18.6 ± 5.1	18.9 ± 5.4	14.5 ± 5.4	14.1 ± 6.2	10.1 ± 5.8	0.964	0.000
一分钟抛网球（次）	142 ± 12	139 ± 11	141 ± 12	137 ± 14	129 ± 12	0.932	0.000

由表 5 – 35 可以发现：

（1）实验后老年男性身体素质各项指标方差齐性检验显著性概率均大于 0.05，应接受方差齐性的原假设，表明各样本所属总体的方差无显著性差异。

（2）实验后老年男性各个组别左手握力的测验平均值分别为 37.6 公斤、35.1 公斤、37.4 公斤、34.6 公斤、33.7 公斤，方差分析显著性概率 $P = 0.002 < 0.05$，表明在民俗体育健身实验进行后，老年男性左手握力各个组别均值之间存在显著性差异，需要采用多重比较法对每对均值之间的差异进行比较，其均值多重比较检验结果如表 5 – 36 所示。

表 5 – 36　　　　实验后老年男性左手握力各组均值多重比较
检验结果（Tukey HSD）

组别	踢毽子 均差	踢毽子 显著性	扭秧歌 均差	扭秧歌 显著性	阳性对照 均差	阳性对照 显著性	阴性对照 均差	阴性对照 显著性
抖空竹	2.55	0.192	0.26	0.999	3.00	0.082	3.91 **	0.009
踢毽子			– 2.29	0.291	0.45	0.995	1.36	0.773
扭秧歌					2.74	0.137	3.65 *	0.018
阳性对照							0.91	0.937

比较检验结果显示：抖空竹组和阴性对照组均值间具有极显著性差异（P < 0.01），扭秧歌和阴性对照组均值间具有显著性差异（P < 0.05）。

（3）实验后老年男性各个组别右手握力的测验平均值分别为 38.5 公斤、35.6 公斤、38.3 公斤、35.5 公斤、34.5 公斤，方差分析显著性概率 P = 0.015 < 0.05，表明在民俗体育健身实验进行后，老年男性右手握力各个组别均值之间差异具显著性，需要采用多重比较法对每对均值之间的差异进行比较，其比较检验结果如表 5 - 37 所示。

表 5 - 37　　实验后老年男性右手握力各组均值多重比较
检验结果（Tukey HSD）

组别	踢毽子		扭秧歌		阳性对照		阴性对照	
	均差	显著性	均差	显著性	均差	显著性	均差	显著性
抖空竹	2.87	0.117	0.22	1.000	3.04	0.084	4.05 **	0.008
踢毽子			-2.65	0.175	0.17	1.000	1.18	0.859
扭秧歌					2.82	0.129	3.83 *	0.014
阳性对照							1.01	0.915

比较检验结果显示：抖空竹组和阴性对照组均值间具有极显著性差异（P < 0.01），扭秧歌和阴性对照组均值间具有显著性差异（P < 0.05）。

（4）实验后老年男性各个组别背肌力的测验平均值分别为 100.9 公斤、95.9 公斤、101.2 公斤、96.8 公斤、91.3 公斤，方差分析显著性概率 P = 0.002 < 0.05，表明在民俗体育健身实验进行后，老年男性背肌力各个组别均值之间差异具显著性。需要采用多重比较法对每对均值之间的差异进行比较，其比较检验结果如表 5 - 38 所示。

表 5 - 38　　实验后老年男性背肌力各组均值多重比较
检验结果（Tukey HSD）

组别	踢毽子		扭秧歌		阳性对照		阴性对照	
	均差	显著性	均差	显著性	均差	显著性	均差	显著性
抖空竹	5.06	0.520	-0.28	1.000	4.11	0.707	9.59 *	0.028

组别	踢毽子		扭秧歌		阳性对照		阴性对照	
	均差	显著性	均差	显著性	均差	显著性	均差	显著性
踢毽子			-5.34	0.464	-0.95	0.998	4.53	0.626
扭秧歌					4.39	0.653	9.88*	0.022
阳性对照							5.48	0.438

比较检验结果显示：抖空竹组和阴性对照组、扭秧歌组和阴性对照组均值间均具有显著性差异（$P < 0.05$）。

（5）实验后老年男性各个组别原地纵跳的测验平均值分别为 20.1 厘米、20.5 厘米、18.2 厘米、18.1 厘米、16.0 厘米，方差分析显著性概率 $P = 0.000 < 0.01$，表明在民俗体育健身实验进行后，老年男性原地纵跳各个组别均值之间差异具显著性。需要采用多重比较法对每对均值之间的差异进行比较，其比较检验结果如表 5-39 所示。

表 5-39　　　　实验后老年男性原地纵跳各组均值多重比较
检验结果（Tukey HSD）

组别	踢毽子		扭秧歌		阳性对照		阴性对照	
	均差	显著性	均差	显著性	均差	显著性	均差	显著性
抖空竹	-0.33	0.989	1.95	0.432	2.05*	0.029	4.17**	0.000
踢毽子			2.27*	0.011	2.38**	0.007	4.5**	0.000
扭秧歌					0.10	1.000	2.22*	0.013
阳性对照							2.12*	0.021

比较结果显示：抖空竹组和阳性对照组、踢毽子组和扭秧歌组、扭秧歌组和阴性对照组、阳性对照组和阴性对照组均值间均有显著性差异（$P < 0.05$），抖空竹组和阴性对照组、踢毽子组和阳性对照组、踢毽子组和阴性对照组均值间均具有极显著性差异（$P < 0.01$）。

（6）实验后老年男性各个组别选择反应时的测验平均值分别为 0.68 秒、0.69 秒、0.72 秒、0.72 秒、0.77 秒，方差分析显著性概率 $P = 0.006 < 0.01$，表明在民俗体育健身实验进行后，老年男性选择反应时

各个组别均值之间存在显著性差异，需要采用多重比较法对每对均值之间的差异进行比较，其比较检验结果如表5-40所示。

表5-40　　　　实验后老年男性选择反应时各组均值多重比较
检验结果（Tukey HSD）

组别	踢毽子		扭秧歌		阳性对照		阴性对照	
	均差	显著性	均差	显著性	均差	显著性	均差	显著性
抖空竹	-0.009	0.995	-0.032	0.615	-0.035	0.510	-0.080**	0.005
踢毽子			-0.023	0.845	-0.026	0.760	-0.071*	0.017
扭秧歌					-0.003	1.000	-0.048	0.212
阳性对照							-0.044*	0.022

比较检验结果表明：抖空竹组和阴性对照组均值间具有极显著性差异（$P < 0.01$），踢毽子组和阴性对照组、阳性对照组和阴性对照组均值间具有显著性差异（$P < 0.05$）。

（7）实验后老年男性各个组十字变相跑的测验平均值分别为16.6秒、16.6秒、17.3秒、17.4秒、18.1秒，方差分析显著性概率$P = 0.000 < 0.01$，表明在民俗体育健身实验进行后，老年男性十字变向跑各个组别均值之间存在显著性差异，需要采用多重比较法对每对均值之间的差异进行比较，其比较检验结果如表5-41所示。

表5-41　　　　实验后老年男性十字变向跑各组均值多重比较
检验结果（Tukey HSD）

组别	踢毽子		扭秧歌		阳性对照		阴性对照	
	均差	显著性	均差	显著性	均差	显著性	均差	显著性
抖空竹	-0.05	0.999	-0.72*	0.022	-0.84**	0.004	-1.52**	0.000
踢毽子			-0.67*	0.042	-0.79**	0.009	-1.46**	0.000
扭秧歌					-0.12	0.986	-0.80**	0.008
阳性对照							-0.68*	0.038

比较检验结果表明：抖空竹组和阳性对照组、抖空竹组和阴性对照组、踢毽子组和阳性对照组、踢毽子组和阴性对照组、扭秧歌组和阴性对照组均值间具有极显著性差异（P＜0.01），抖空竹组和扭秧歌组、踢毽子组和扭秧歌组、阳性对照组和阴性对照组均值间具有显著性差异（P＜0.05）。

（8）实验后老年男性各个组反复横跨的测验平均值分别为30.0秒、30.3秒、26.6秒、26.8秒、23.2秒，方差分析显著性概率 P＝0.000＜0.01，表明在民俗体育健身实验进行后，老年男性反复横跨各个组别均值之间存在显著性差异，需要采用多重比较法对每对均值之间的差异进行比较，其比较检验结果如表5-42所示。

表5-42　　　　实验后老年男性反复横跨各组均值多重比较检验结果（Tukey HSD）

组别	踢毽子		扭秧歌		阳性对照		阴性对照	
	均差	显著性	均差	显著性	均差	显著性	均差	显著性
抖空竹	-0.30	0.999	3.40*	0.027	3.20*	0.044	6.73**	0.000
踢毽子			3.70*	0.012	3.50*	0.021	7.03**	0.000
扭秧歌					-0.20	1.000	3.33*	0.032
阳性对照							3.53*	0.019

比较检验结果表明：抖空竹组和扭秧歌组、抖空竹组和阳性对照组、踢毽子组和扭秧歌组和阳性对照组、扭秧歌组和阴性对照组、阳性对照组和阴性对照组均值间具有显著性差异（P＜0.05），抖空竹组和阴性对照组、踢毽子组和阴性对照组均值间具有极显著性差异（P＜0.01）。

（9）实验后老年男性各个组别坐位体前屈的测验平均值分别为5.1厘米、4.9厘米、3.0厘米、2.8厘米、1.3厘米，方差分析显著性概率 P＝0.021＜0.05，表明在民俗体育健身实验进行后，老年男性坐位体前屈各个组别均值之间存在显著性差异，需要采用多重比较法对每对均值之间的差异进行比较，其均值多重比较检验结果如表5-43所示。

表 5 - 43 实验后老年男性坐位体前屈各组均值多重比较
检验结果（Tukey HSD）

组别	踢毽子		扭秧歌		阳性对照		阴性对照	
	均差	显著性	均差	显著性	均差	显著性	均差	显著性
抖空竹	0.17	1.000	2.11	0.472	2.22	0.420	3.76 *	0.032
踢毽子			1.94	0.559	2.05	0.504	3.58 *	0.046
扭秧歌					0.11	1.000	1.65	0.702
阳性对照							1.54	0.753

比较检验结果显示：抖空竹组和阴性对照组、踢毽子组和阴性对照组均值间均有显著性差异（P < 0.05）。

（10）实验后老年男性各个组转肩的测验平均值分别为 124 厘米、129 厘米、129 厘米、130 厘米、129 厘米，方差分析显著性概率 P = 0.003 < 0.01，表明在民俗体育健身实验进行后，老年男性转肩各个组别均值之间存在显著差异，需要采用多重比较法对每对均值之间的差异进行比较，其均值多重比较检验结果如表 5 - 44 所示。

表 5 - 44 实验后老年男性转肩各组均值多重比较
检验结果（Tukey HSD）

组别	踢毽子		扭秧歌		阳性对照		阴性对照	
	均差	显著性	均差	显著性	均差	显著性	均差	显著性
抖空竹	- 5.74 *	0.011	- 5.34 *	0.022	- 6.01 **	0.007	- 5.54 *	0.015
踢毽子			0.39	0.999	0.27	1.000	0.20	1.000
扭秧歌					- 0.66	0.996	- 0.19	1.000
阳性对照							0.47	0.999

比较检验结果显示：抖空竹组和踢毽子组、抖空竹组和扭秧歌组、抖空竹组和阳性对照组、抖空竹组和阴性对照组均值间均有显著性差异（P < 0.05），其中抖空竹组和阳性对照组具有极显著性差异（P < 0.01）。

（11）实验后老年男性各个组别立位转体的测验平均值分别为 96

度、91 度、92 度、91 度、89 度，方差分析显著性概率 P = 0.021 <
0.05，表明在民俗体育健身实验进行后，老年男性立位转体各个组别均
值之间存在显著差异，需要采用多重比较法对每对均值之间的差异进行
比较，其均值多重比较检验结果如表 5 - 45 所示。

表 5 - 45　　　实验后老年男性立位转体各组均值多重比较
检验结果（Tukey HSD）

组别	踢毽子		扭秧歌		阳性对照		阴性对照	
	均差	显著性	均差	显著性	均差	显著性	均差	显著性
抖空竹	5.21**	0.004	4.20*	0.035	5.23**	0.004	7.10**	0.000
踢毽子			-1.01	0.956	0.02	1.000	1.88	0.693
扭秧歌					1.03	0.953	2.90	0.271
阳性对照							1.87	0.700

　　比较检验结果显示：抖空竹组和踢毽子组、抖空竹组和扭秧歌组、
抖空竹组和阳性对照组、抖空竹组和阴性对照组均值间均有显著性差异
（P < 0.05），其中抖空竹组和踢毽子组、抖空竹组和阳性对照组、抖空
竹组和阴性对照组具有极显著性差异（P < 0.01）。

　　（12）实验后老年男性各个组别闭目单足立测验平均值分别为 18.6
秒、18.9 秒、14.5 秒、14.1 秒、10.1 秒，方差分析显著性概率 P =
0.000 < 0.01，表明在民俗体育健身实验进行后，老年男性闭目单足立
各个组别均值之间存在显著性差异，需要采用多重比较法对每对均值之
间的差异进行比较，其均值多重比较检验结果如表 5 - 46 所示。

表 5 - 46　　　实验后老年男性闭目单足立各组均值多重比较
检验结果（Tukey HSD）

组别	踢毽子		扭秧歌		阳性对照		阴性对照	
	均差	显著性	均差	显著性	均差	显著性	均差	显著性
抖空竹	-0.30	1.000	-4.13*	0.038	4.50*	0.019	8.57**	0.000
踢毽子			4.43*	0.021	4.80*	0.010	8.87**	0.000
扭秧歌					0.37	0.999	4.43*	0.021
阳性对照							4.07*	0.043

比较检验结果显示：抖空竹组和扭秧歌组、抖空竹组和阳性对照组、抖空竹组和阴性对照组、踢毽子组和扭秧歌组、踢毽子组和阳性对照组、踢毽子组和阴性对照组、扭秧歌组和阴性对照组、阳性对照组和阴性对照组均值间均有显著性差异（P<0.05），其中抖空竹组和阴性对照组、踢毽子组和阴性对照组具有极显著性差异（P<0.01）。

（13）实验后老年男性各个组别一分钟抛网球的测验平均值分别为142 秒、139 秒、141 秒、137 秒、129 秒，方差分析显著性概率 P = 0.002 <0.01，表明在民俗体育健身实验进行后，老年男性一分钟抛网球各个组别均值之间存在显著性差异，需要采用多重比较法对每对均值之间的差异进行比较，其比较检验结果如表5 - 47 所示。

表5 - 47　　　实验后老年男性一分钟抛网球各组均值多重比较
检验结果（Tukey HSD）

组别	踢毽子		扭秧歌		阳性对照		阴性对照	
	均差	显著性	均差	显著性	均差	显著性	均差	显著性
抖空竹	4.23	0.675	2.03	0.969	5.73	0.380	14.57 **	0.000
踢毽子			-2.20	0.959	1.50	0.990	10.33 *	0.130
扭秧歌					3.70	0.774	12.53 **	0.001
阳性对照							8.83 *	0.049

比较检验结果显示：抖空竹组和阴性对照组、踢毽子组和阴性对照组、扭秧歌组和阴性对照组、阳性对照组和阴性对照组均值间均有显著性差异（P<0.05），其中抖空竹组和阴性对照组、扭秧歌组和阴性对照组具有极显著性差异（P<0.01）。

5.3.1.4　实验后老年男性身体素质指标均值分布图

图5 - 83 ~图5 - 94 为实验后老年男性身体素质各项指标均数分布图，图中各点表示各种锻炼方案对应数据的均值大小。

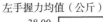

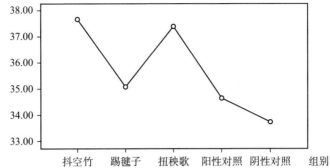

图 5 – 83 实验后老年男性左手握力均值分布图

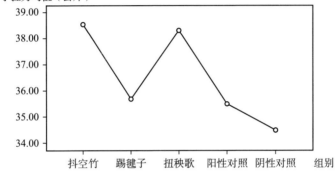

图 5 – 84 实验后老年男性右手握力均值分布图

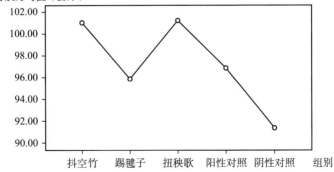

图 5 – 85 实验后老年男性背肌力均值分布图

原地纵跳均值（厘米）

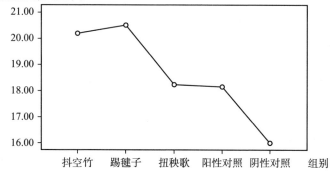

图 5 - 86　实验后老年男性原地纵跳均值分布图

选择反应时均值（秒）

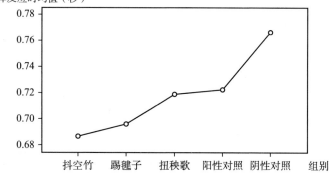

图 5 - 87　实验后老年男性选择反应时均值分布图

十字变向跑均值（秒）

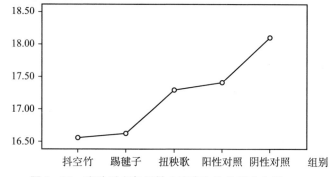

图 5 - 88　实验后老年男性十字变向跑均值分布图

反复横跨均值（次）

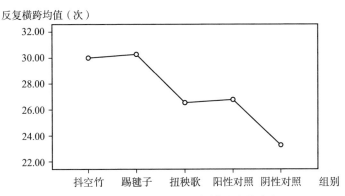

图 5 – 89 实验后老年男性反复横跨均值分布图

坐位体前屈均值（厘米）

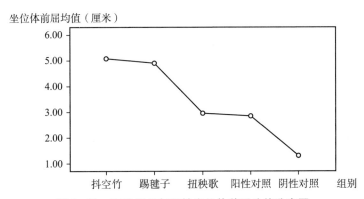

图 5 – 90 实验后老年男性坐位体前屈均值分布图

转肩均值（厘米）

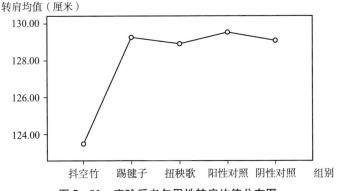

图 5 – 91 实验后老年男性转肩均值分布图

立位转体均值（度）

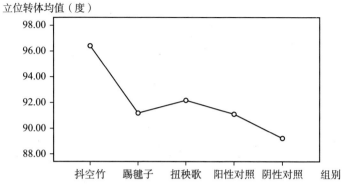

图 5 - 92　实验后老年男性立位转体均值分布图

闭目单足立均值（秒）

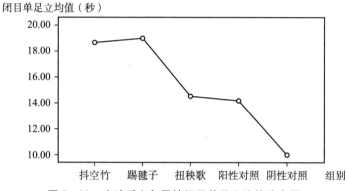

图 5 - 93　实验后老年男性闭目单足立均值分布图

一分钟抛网球均值（次）

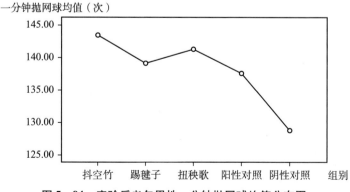

图 5 - 94　实验后老年男性一分钟抛网球均值分布图

5.3.2　民俗体育运动对老年女性身体素质的健身功效

5.3.2.1　实验前老年女性身体素质测验结果

民俗体育实验进行前，老年女性身体素质各项指标测验、方差齐性检验及方差分析结果如表 5 – 48 所示。

表 5 – 48　　实验前老年女性身体素质测验、方差齐性检验及
方差分析结果（N = 30）

指标	抖空竹 M ± SD	踢毽子 M ± SD	扭秧歌 M ± SD	阳性对照 M ± SD	阴性对照 M ± SD	方差齐性检验	显著性概率
左手握力（公斤）	23.2 ±2.9	23.1 ±3.0	23.0 ±3.0	23.5 ±3.1	23.3 ±3.4	0.964	0.983
右手握力（公斤）	23.3 ±2.8	23.3 ±3.0	23.3 ±2.8	23.7 ±3.0	23.6 ±3.3	0.897	0.969
背肌力（公斤）	58.5 ±6.8	58.6 ±7.5	57.9 ±7.5	59.0 ±7.0	58.5 ±7.9	0.944	0.987
原地纵跳（厘米）	11.8 ±0.3	11.5 ±0.4	11.3 ±0.4	11.4 ±0.4	11.7 ±0.4	0.510	0.908
选择反应时（秒）	0.75 ±0.08	0.75 ±0.10	0.75 ±0.08	0.75 ±0.09	0.74 ±0.09	0.796	0.993
十字变向跑（秒）	18.5 ±1.8	18.7 ±1.7	18.5 ±1.6	18.8 ±1.7	18.6 ±1.5	0.971	0.962
反复横跨（次）	24.6 ±3.8	24.1 ±3.7	24.2 ±4.2	24.2 ±3.9	25.0 ±4.2	0.943	0.896
坐位体前屈（厘米）	7.6 ±3.7	6.8 ±3.8	7.7 ±3.9	7.0 ±4.3	7.2 ±5.1	0.529	0.889
转肩（厘米）	123 ±7	124 ±6	124 ±7	125 ±7	124 ±7	0.806	0.935
立位转体（度）	95 ±4	95 ±4	94 ±4	95 ±4	95 ±5	0.787	0.959

405

指标	抖空竹 M ± SD	踢毽子 M ± SD	扭秧歌 M ± SD	阳性对照 M ± SD	阴性对照 M ± SD	方差齐 性检验	显著性 概率
闭目单足立 （秒）	11.5 ± 3.9	11.8 ± 3.4	11.3 ± 3.4	11.7 ± 3.4	11.5 ± 3.7	0.967	0.984
一分钟抛网 球（次）	136 ± 14	137 ± 16	138 ± 13	137 ± 14	137 ± 14	0.868	0.991

由表 5 - 48 可以发现：

（1）实验前老年女性身体素质各项指标方差齐性检验显著性概率均大于 0.05，应接受方差齐性的原假设，表明各样本所属总体的方差无显著性差异。

（2）实验前老年女性各个组别左手握力的测验平均值分别为 23.2 公斤、23.1 公斤、23.0 公斤、23.5 公斤、23.3 公斤，方差分析显著性概率 P = 0.983 > 0.05，表明在民俗体育实验进行前，老年女性左手握力各个组别均值之间均没有显著性差异。

（3）实验前老年女性各个组别右手握力的测验平均值分别为 23.3 公斤、23.3 公斤、23.3 公斤、23.7 公斤、23.6 公斤，方差分析显著性概率 P = 0.969 > 0.05，表明在民俗体育实验进行前，老年女性右手握力各个组别均值之间均没有显著性差异。

（4）实验前老年女性各个组别背肌力的测验平均值分别为 58.5 公斤、58.6 公斤、57.9 公斤、59.0 公斤、58.5 公斤，方差分析显著性概率 P = 0.987 > 0.05，表明在民俗体育实验进行前，老年女性背肌力各个组别均值之间均没有显著性差异。

（5）实验前老年女性各个组别原地纵跳的测验平均值分别为 11.8 厘米、11.5 厘米、11.3 厘米、11.4 厘米、11.7 厘米，方差分析显著性概率 P = 0.908 > 0.05，表明在民俗体育实验进行前，老年女性原地纵跳各个组别均值之间均没有显著性差异。

（6）实验前老年女性各个组别选择反应时的测验平均值分别为 0.75 秒、0.75 秒、0.75 秒、0.75 秒、0.74 秒，方差分析显著性概率 P = 0.993 > 0.05，表明在民俗体育实验进行前，老年女性选择反应时各个组别均值之间均没有显著性差异。

（7）实验前老年女性各个组别十字变向跑的测验平均值分别为18.5 秒、18.7 秒、18.5 秒、18.8 秒、18.6 秒，方差分析显著性概率 P = 0.962 > 0.05，表明在民俗体育实验进行前，老年女性十字变向跑各个组别均值之间均没有显著性差异。

（8）实验前老年女性各个组别反复横跨的测验平均值分别为24.6 次、24.1 次、24.2 次、24.2 次、25.0 次，方差分析显著性概率 P = 0.896 > 0.05，表明在民俗体育实验进行前，老年女性反复横跨各个组别均值之间均没有显著性差异。

（9）实验前老年女性各个组别坐位体前屈的测验平均值分别为7.6 厘米、6.7 厘米、7.7 厘米、7.0 厘米、7.2 厘米，方差分析显著性概率 P = 0.889 > 0.05，表明在民俗体育实验进行前，老年女性坐位体前屈各个组别均值之间均没有显著性差异。

（10）实验前老年女性各个组别转肩的测验平均值分别为123 厘米、124 厘米、123 厘米、125 厘米、125 厘米，方差分析显著性概率 P = 0.935 > 0.05，表明在民俗体育实验进行前，老年女性转肩测试各个组别均值之间均没有显著性差异。

（11）实验前老年女性各个组别立位转体的测验平均值分别为95.1 度、95.0 度、94.6 度、95.4 度、95.3 度，方差分析显著性概率 P = 0.959 > 0.05，表明在民俗体育实验进行前，老年女性立位转体各个组别均值之间均没有显著性差异。

（12）实验前老年女性各个组别闭目单足立的测验平均值分别为11.5 秒、11.8 秒、11.3 秒、11.7 秒、11.3 秒，方差分析显著性概率 P = 0.984 > 0.05，表明在民俗体育实验进行前，老年女性闭目单足立肺活量各个组别均值之间均没有显著性差异。

（13）实验前老年女性各个组别一分钟抛网球的测验平均值分别为137 次、137 次、138 次、137 次、138 次，方差分析显著性概率 P = 0.991 > 0.05，表明在民俗体育实验进行前，老年女性一分钟抛网球各个组别均值之间均没有显著性差异。

5.3.2.2　实验前老年女性身体素质指标均值分布图

图 5 −95 ~ 图 5 −106 为实验前老年女性身体素质各项指标均数分布图，图中各点表示各种锻炼方案对应数据的均值大小。

左手握力均值（公斤）

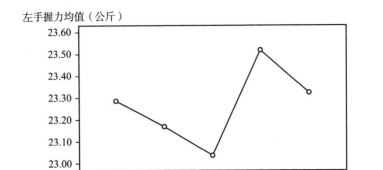

图 5 – 95　实验前老年女性左手握力均值分布图

右手握力均值（公斤）

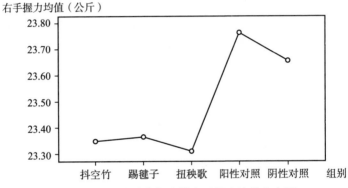

图 5 – 96　实验前老年女性右手握力均值分布图

背肌力均值（公斤）

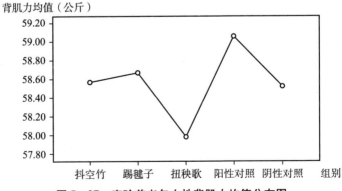

图 5 – 97　实验前老年女性背肌力均值分布图

原地纵跳均值（厘米）

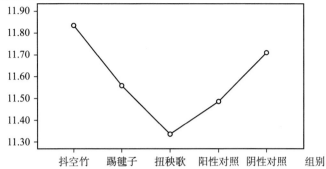

图 5 - 98　实验前老年女性原地纵跳均值分布图

选择反应时均值（秒）

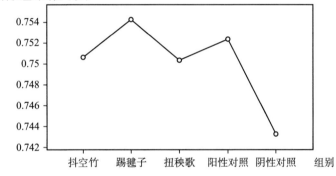

图 5 - 99　实验前老年女性选择反应时均值分布图

十字变向跑均值（秒）

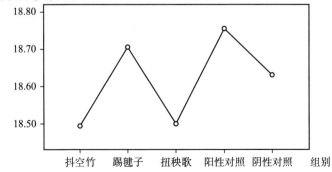

图 5 - 100　实验前老年女性十字变向跑均值分布图

反复横跨均值（次）

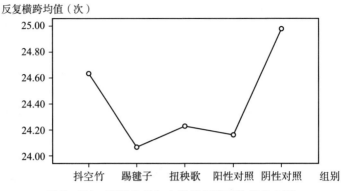

图 5-101　实验前老年女性反复横跨均值分布图

坐位体前屈均值（厘米）

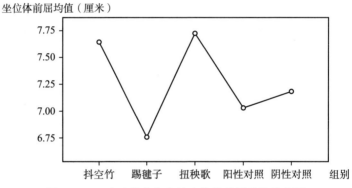

图 5-102　实验前老年女性坐位体前屈均值分布图

转肩均值（厘米）

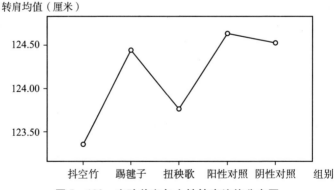

图 5-103　实验前老年女性转肩均值分布图

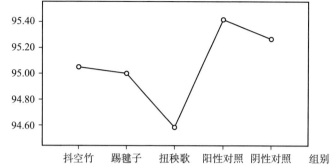

图 5-104　实验前老年女性立位转体均值分布图

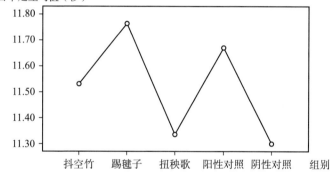

图 5-105　实验前老年女性闭目单足立均值分布图

411

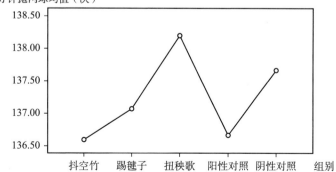

图 5-106　实验前老年女性一分钟抛网球均值分布图

5.3.2.3 实验后老年女性身体素质测验结果

民俗体育健身实验进行后，老年女性身体素质各项指标测验、方差齐性检验及方差分析结果如表5-49所示。

表5-49   实验后老年女性身体素质测验、方差齐性检验及
方差分析结果（N=30）

指标	抖空竹 M±SD	踢毽子 M±SD	扭秧歌 M±SD	阳性对照 M±SD	阴性对照 M±SD	方差齐性检验	显著性概率
左手握力（公斤）	24.4±2.9	22.5±2.9	24.1±3.0	22.5±2.9	21.2±3.2	0.961	0.000
右手握力（公斤）	24.6±2.8	22.6±3.0	24.3±2.8	22.6±3.0	21.4±3.0	0.993	0.000
背肌力（公斤）	60.9±6.8	58.0±7.5	60.1±7.4	57.7±6.9	54.5±7.5	0.966	0.009
原地纵跳（厘米）	13.2±0.3	13.3±0.3	11.2±0.4	11.3±0.3	9.7±0.4	0.538	0.000
选择反应时（秒）	0.71±0.08	0.71±0.10	0.74±0.08	0.74±0.09	0.78±0.09	0.845	0.029
十字变向跑（秒）	17.4±1.8	17.5±1.8	18.7±1.6	18.8±1.6	20.1±1.5	0.932	0.000
反复横跨（次）	28.1±3.6	27.6±3.8	24.5±4.1	24.1±3.7	21.2±4.1	0.945	0.000
坐位体前屈（厘米）	8.9±3.6	8.5±3.8	7.2±3.8	6.3±4.2	5.0±5.0	0.561	0.002
转肩（厘米）	121±6	127±6	126±7	127±7	128±6	0.861	0.000
立位转体（度）	97±4	93±4	93±4	93±4	92±4	0.840	0.000
闭目单足立（秒）	16.3±4.2	17.3±3.6	13.4±3.6	12.8±3.7	9.7±4.1	0.962	0.000
一分钟抛网球（次）	145±14	143±15	145±13	142±14	141±14	0.853	0.002

由表 5 - 49 可以发现：

（1）实验后老年女性身体素质各项指标方差齐性检验显著性概率均大于 0.05，应接受方差齐性的原假设，表明各样本所属总体的方差无显著性差异。

（2）实验后老年女性各个组别左手握力的测验平均值分别为 24.4 公斤、22.5 公斤、24.1 公斤、22.5 公斤、21.2 公斤，方差分析显著性概率 P = 0.000 < 0.01，表明在民俗体育健身实验进行后，老年女性左手握力各个组别均值之间存在显著性差异，需要采用多重比较法对每对均值之间的差异进行比较，其均值多重比较检验结果如表 5 - 50 所示。

表 5 - 50　　　　实验后老年女性左手握力各组均值多重比较
检验结果（Tukey HSD）

组别	踢毽子		扭秧歌		阳性对照		阴性对照	
	均差	显著性	均差	显著性	均差	显著性	均差	显著性
抖空竹	1.88	0.123	0.30	0.995	1.89	0.119	3.17 **	0.001
踢毽子			- 1.57	0.269	0.01	1.000	1.29	0.472
扭秧歌					1.58	0.263	2.87 **	0.003
阳性对照							1.28	0.480

比较检验结果显示：抖空竹组和阴性对照组、扭秧歌组和阴性对照组均值间均具有极显著性差异（P < 0.01）。

（3）实验后老年女性各个组别右手握力的测验平均值分别为 24.6 公斤、22.6 公斤、24.3 公斤、22.6 公斤、21.4 公斤，方差分析显著性概率 P = 0.000 < 0.01，表明在民俗体育健身实验进行后，老年女性右手握力各个组别均值之间差异具显著性，需要采用多重比较法对每对均值之间的差异进行比较，其比较检验结果如表 5 - 51 所示。

表 5 - 51　　　　实验后老年女性右手握力各组均值多重比较
检验结果（Tukey HSD）

组别	踢毽子		扭秧歌		阳性对照		阴性对照	
	均差	显著性	均差	显著性	均差	显著性	均差	显著性
抖空竹	2.05	0.062	0.27	0.997	2.01	0.069	3.21 **	0.000

续表

组别	踢毽子		扭秧歌		阳性对照		阴性对照	
	均差	显著性	均差	显著性	均差	显著性	均差	显著性
踢毽子			-1.78	0.142	-0.03	1.000	1.16	0.550
扭秧歌					1.74	0.156	2.94**	0.002
阳性对照							1.19	0.522

比较检验结果显示：抖空竹组和阴性对照组、扭秧歌组和阴性对照组均值间均具有极显著性差异（P<0.01）。

（4）实验后老年女性各个组别背肌力的测验平均值分别为60.9公斤、58.0公斤、60.1公斤、57.7公斤、54.5公斤，方差分析显著性概率P=0.009<0.01，表明在民俗体育健身实验进行后，老年女性背肌力各个组别均值之间差异具显著性。需要采用多重比较法对每对均值之间的差异进行比较，其比较检验结果如表5－52所示。

414　表5－52　　　　实验后老年女性背肌力各组均值多重比较

检验结果（Tukey HSD）

组别	踢毽子		扭秧歌		阳性对照		阴性对照	
	均差	显著性	均差	显著性	均差	显著性	均差	显著性
抖空竹	2.96	0.514	0.85	0.991	3.25	0.419	6.44**	0.007
踢毽子			-2.11	0.793	0.28	1.000	3.48	0.349
扭秧歌					2.40	0.705	5.59*	0.028
阳性对照							3.19	0.439

比较检验结果显示：抖空竹组和阴性对照组均值间具有极显著性差异（P<0.01），扭秧歌组和阴性对照组均值间具有显著性差异（P<0.05）。

（5）实验后老年女性各个组别原地纵跳的测验平均值分别为13.2厘米、13.3厘米、11.2厘米、11.3厘米、9.7厘米，方差分析显著性概率P=0.000<0.01，表明在民俗体育健身实验进行后，老年女性原地纵跳各个组别均值之间差异具显著性。需要采用多重比较法对每对均

值之间的差异进行比较，其比较检验结果如表 5 – 53 所示。

表 5 – 53　　　　实验后老年女性背肌力各组均值多重比较
检验结果（Tukey HSD）

组别	踢毽子		扭秧歌		阳性对照		阴性对照	
	均差	显著性	均差	显著性	均差	显著性	均差	显著性
抖空竹	– 0.633	1.000	2.013**	0.003	1.910**	0.006	3.576**	0.000
踢毽子			2.076**	0.002	1.973**	0.004	3.640**	0.000
扭秧歌					– 0.103	1.000	1.563*	0.041
阳性对照							1.666*	0.024

比较检验结果显示：抖空竹组和扭秧歌组、抖空竹组和阳性对照组、抖空竹组和阴性对照组、踢毽子组和扭秧歌组、踢毽子组和阳性对照组、踢毽子组和阴性对照组均值间均具有极显著性差异（P < 0.01），扭秧歌组和阴性对照组、阳性对照组和阴性对照组均值间均有显著性差异（P < 0.05）。

（6）实验后老年女性各个组别选择反应时的测验平均值分别为 0.71 秒、0.71 秒、0.74 秒、0.74 秒、0.78 秒，方差分析显著性概率 P = 0.029 < 0.01，表明在民俗体育健身实验进行后，老年女性选择反应时各个组别均值之间存在显著性差异，需要采用多重比较法对每对均值之间的差异进行比较，其比较检验结果如表 5 – 54 所示。

表 5 – 54　　　　实验后老年女性选择反应时各组均值多重比较
检验结果（Tukey HSD）

组别	踢毽子		扭秧歌		阳性对照		阴性对照	
	均差	显著性	均差	显著性	均差	显著性	均差	显著性
抖空竹	0.003	1.000	– 0.023	0.859	– 0.028	0.766	– 0.066*	0.045
踢毽子			– 0.027	0.789	– 0.031	0.681	– 0.069*	0.030
扭秧歌					– 0.004	1.000	– 0.043	0.370
阳性对照							– 0.038	0.482

比较检验结果表明：抖空竹组和阴性对照组、踢毽子组和阴性对照组均值间具有极显著性差异（P＜0.01）。

（7）实验后老年女性各个组十字变向跑的测验平均值分别为 17.4 秒、17.5 秒、18.7 秒、18.8 秒、20.1 秒，方差分析显著性概率 P＝0.000＜0.01，表明在民俗体育健身实验进行后，老年女性十字变向跑各个组别均值之间存在显著性差异，需要采用多重比较法对每对均值之间的差异进行比较，其比较检验结果如表 5－55 所示。

表 5－55　　　　实验后老年女性十字变向跑各组均值多重比较检验结果（Tukey HSD）

组别	踢毽子		扭秧歌		阳性对照		阴性对照	
	均差	显著性	均差	显著性	均差	显著性	均差	显著性
抖空竹	－0.06	1.000	－1.28 *	0.029	－1.37 *	0.016	－2.63 **	0.000
踢毽子			－1.22 *	0.042	－1.32 *	0.023	－2.57 **	0.000
扭秧歌					－0.09	1.000	－1.35 *	0.019
阳性对照							－1.25 *	0.035

比较检验结果表明：抖空竹组和扭秧歌组、踢毽子组和扭秧歌组、抖空竹组和阳性对照组、踢毽子组和阳性对照组、扭秧歌组和阴性对照组、阳性对照组和阴性对照组均值间具有极显著性差异（P＜0.01），抖空竹组和阴性对照组、踢毽子组和阴性对照组均值间具有显著性差异（P＜0.05）。

（8）实验后老年女性各个组反复横跨的测验平均值分别为 28.07 秒、27.57 秒、24.47 秒、24.13 秒、21.20 秒，方差分析显著性概率 P＝0.000＜0.01，表明在民俗体育健身实验进行后，老年女性反复横跨组别均值之间存在显著性差异，需要采用多重比较法对每对均值之间的差异进行比较，其比较检验结果如表 5－56 所示。

表 5－56　　　　实验后老年女性反复横跨各组均值多重比较检验结果（Tukey HSD）

组别	踢毽子		扭秧歌		阳性对照		阴性对照	
	均差	显著性	均差	显著性	均差	显著性	均差	显著性
抖空竹	0.50	0.987	3.60 **	0.004	3.93 **	0.001	6.87 **	0.000

组别	踢毽子		扭秧歌		阳性对照		阴性对照	
	均差	显著性	均差	显著性	均差	显著性	均差	显著性
踢毽子			3.10 *	0.019	3.43 **	0.007	6.37 **	0.000
扭秧歌					0.33	0.997	3.27 *	0.012
阳性对照							2.93 *	0.031

比较检验结果表明：踢毽子组和扭秧歌组、扭秧歌组和阴性对照组、阳性对照组和阴性对照组具有显著性差异（P < 0.05），抖空竹组和扭秧歌组、抖空竹组和阳性对照组、抖空竹组和阴性对照组、踢毽子组和阳性对照组、踢毽子组和阴性对照组具有极显著性差异（P < 0.01）。

（9）实验后老年女性各个组别坐位体前屈的测验平均值分别为 8.9 厘米、8.5 厘米、7.2 厘米、6.3 厘米、5.0 厘米，方差分析显著性概率 P = 0.002 < 0.05，表明在民俗体育健身实验进行后，老年女性坐位体前屈各个组别均值之间存在显著差异，需要采用多重比较法对每对均值之间的差异进行比较，其均值多重比较检验结果如表 5-57 所示。

表 5-57　　　实验后老年女性坐位体前屈各组均值多重比较
检验结果（Tukey HSD）

组别	踢毽子		扭秧歌		阳性对照		阴性对照	
	均差	显著性	均差	显著性	均差	显著性	均差	显著性
抖空竹	0.47	0.992	1.66	0.520	2.60	0.106	3.96 *	0.002
踢毽子			1.20	0.791	2.14	0.263	3.50 *	0.011
扭秧歌					0.94	0.900	2.30	0.197
阳性对照							1.36	0.704

比较检验结果显示：抖空竹组和阴性对照组、踢毽子组和阴性对照组均值间均有显著性差异（P < 0.05）。

（10）实验后老年女性各个组转肩的测验平均值分别为 121 厘米、127 厘米、126 厘米、127 厘米、127 厘米，方差分析显著性概率 P =

0.000＜0.05，表明在民俗体育健身实验进行后，老年女性转肩各个组别均值之间存在显著差异，需要采用多重比较法对每对均值之间的差异进行比较，其均值多重比较检验结果如表5－58所示。

表5－58　　　　实验后老年女性转肩各组均值多重比较
检验结果（Tukey HSD）

组别	踢毽子		扭秧歌		阳性对照		阴性对照	
	均差	显著性	均差	显著性	均差	显著性	均差	显著性
抖空竹	－ 6.10 **	0.004	－ 5.14 *	0.023	－ 6.19 **	0.003	－ 6.86 **	0.001
踢毽子			0.96	0.980	－ 0.10	1.000	－ 0.76	0.991
扭秧歌					－ 1.05	0.971	－ 1.72	0.848
阳性对照							－ 0.67	0.995

比较检验结果显示：抖空竹组和踢毽子组、抖空竹组和扭秧歌组、抖空竹组和阳性对照组、抖空竹组和阴性对照组均值间均有显著性差异（P＜0.05），其中抖空竹组和踢毽子组、抖空竹组和阳性对照组、抖空竹组和阴性对照组具有极显著性差异（P＜0.01）。

（11）实验后老年女性各个组别立位转体的测验平均值分别为97度、93度、93度、93度、92度，方差分析显著性概率 P＝0.000＜0.05，表明在民俗体育健身实验进行后，老年女性立位转体各个组别均值之间存在显著差异，需要采用多重比较法对每对均值之间的差异进行比较，其均值多重比较检验结果如表5－59所示。

表5－59　　　　实验后老年女性立位转体各组均值多重比较
检验结果（Tukey HSD）

组别	踢毽子		扭秧歌		阳性对照		阴性对照	
	均差	显著性	均差	显著性	均差	显著性	均差	显著性
抖空竹	4.02 **	0.004	3.48 *	0.018	3.68 *	0.010	5.00 **	0.000
踢毽子			－ 0.53	0.989	0.33	0.998	0.98	0.902
扭秧歌					0.20	1.000	1.51	0.652
阳性对照							1.31	0.761

比较检验结果显示：抖空竹组和踢毽子组、抖空竹组和扭秧歌组、抖空竹组和阳性对照组、抖空竹组和阴性对照组均值间均有显著性差异（P＜0.05），其中抖空竹组和踢毽子组、抖空竹组和阴性对照组具有极显著性差异（P＜0.01）。

（12）实验后老年女性各个组别闭目单足立测验平均值分别为16.3 秒、17.3 秒、13.4 秒、12.7 秒、9.7 秒，方差分析显著性概率 P＝0.000＜0.01，表明在民俗体育健身实验进行后，老年女性闭目单足立各个组别均值之间存在显著性差异，需要采用多重比较法对每对均值之间的差异进行比较，其均值多重比较检验结果如表 5－60所示。

表 5－60　　　　实验后老年女性闭目单足立各组均值多重比较
检验结果（Tukey HSD）

组别	踢毽子		扭秧歌		阳性对照		阴性对照	
	均差	显著性	均差	显著性	均差	显著性	均差	显著性
抖空竹	1.03	0.833	2.90 *	0.031	3.57 **	0.004	6.67 **	0.000
踢毽子			3.93 **	0.001	4.60 **	0.000	7.70 **	0.000
扭秧歌					−0.67	0.962	3.77 **	0.002
阳性对照							−3.10 *	0.017

比较检验结果显示：抖空竹组和扭秧歌组、抖空竹组和阳性对照度、抖空竹组和阴性对照组、踢毽子组和扭秧歌组、踢毽子组和阳性对照组、踢毽子组和阴性对照组、扭秧歌组和阴性对照组、阳性对照组和阴性对照组均值间均有显著性差异（P＜0.05），其中抖空竹组和阳性对照度、抖空竹组和阴性对照组、踢毽子组和扭秧歌组、踢毽子组和阳性对照组、踢毽子组和阴性对照组、扭秧歌组和阴性对照组具有极显著性差异（P＜0.01）。

（13）实验后老年女性各个组别一分钟抛网球的测验平均值分别为145 次、143 次、145 次、142 次、132 次，方差分析显著性概率 P＝0.002＜0.01，表明在民俗体育健身实验进行后，老年女性一分钟抛网球各个组别均值之间存在显著性差异，需要采用多重比较法对每对均值之间的差异进行比较，其比较检验结果如表 5 - 61 所示。

表 5 - 61　　　实验后老年女性一分钟抛网球各组均值多重比较
检验结果 （Tukey HSD）

组别	踢毽子		扭秧歌		阳性对照		阴性对照	
	均差	显著性	均差	显著性	均差	显著性	均差	显著性
抖空竹	2.33	0.968	0.70	1.000	3.37	0.888	13.47 **	0.003
踢毽子			- 1.63	0.992	1.03	0.999	11.13 *	0.022
扭秧歌					2.67	0.949	12.77 **	0.006
阳性对照							10.10 *	0.020

比较检验结果显示：抖空竹组和阴性对照组、踢毽子组和阴性对照组、扭秧歌组和阴性对照组、阳性对照组和阴性对照组均值间均有显著性差异（P < 0.05），其中抖空竹组和阴性对照组、扭秧歌组和阴性对照组具有极显著性差异（P < 0.01）。

5.3.2.4　实验后老年女性身体素质指标均值分布图

图 5 - 107 ~ 图 5 - 118 为实验后老年女性身体素质各项指标均数分布图，图中各点表示各种锻炼方案对应数据的均值大小。

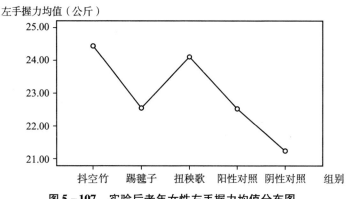

图 5 - 107　实验后老年女性左手握力均值分布图

右手握力均值（公斤）

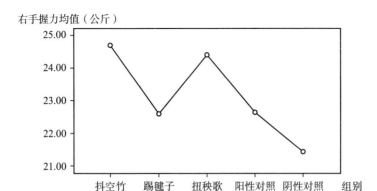

图 5 - 108　实验后老年女性右手握力均值分布图

背肌力均值（公斤）

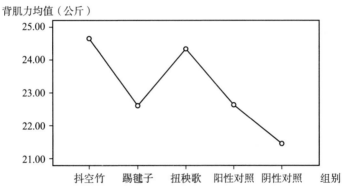

图 5 - 109　实验后老年女性背肌力均值分布图

421

原地纵跳均值（厘米）

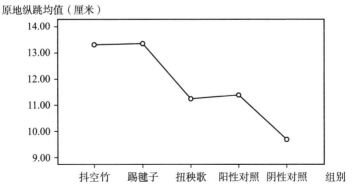

图 5 - 110　实验后老年女性原地纵跳均值分布图

选择反应时均值（秒）

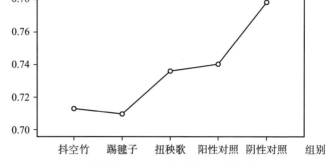

图 5 – 111　实验后老年女性选择反应时均值分布图

十字变向跑均值（秒）

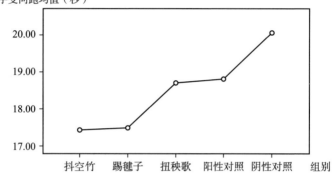

图 5 – 112　实验后老年女性十字变向跑均值分布图

反复横跨均值（次）

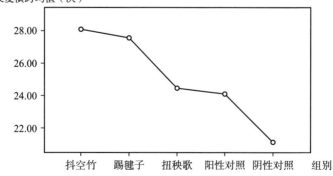

图 5 – 113　实验后老年女性反复横跨均值分布图

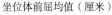

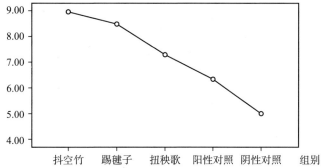

图 5 – 114　实验后老年女性坐位体前屈均值分布图

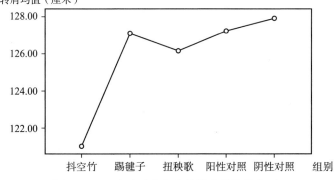

图 5 – 115　实验后老年女性转肩均值分布图

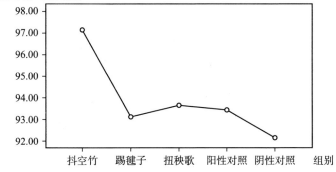

图 5 – 116　实验后老年女性立位转体均值分布图

闭目单足立均值（秒）

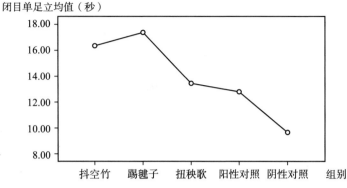

图 5 – 117　实验后老年女性闭目单足立均值分布图

一分钟抛网球均值（次）

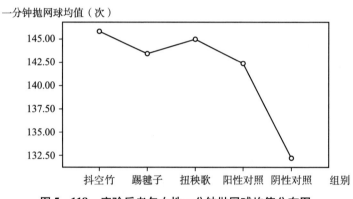

图 5 – 118　实验后老年女性一分钟抛网球均值分布图

5.3.3　分析和讨论

5.3.3.1　民俗体育运动对老年人握力的影响分析

本书表明，经过 3 个月的民俗体育锻炼，老年男性各个项目组变化不一致。其中抖空竹组左、右手握力都提高了 1.8，踢毽子组左、右手握力分别下降了 1.3 和 1.4，扭秧歌组左、右手握力分别提高了 1.6 和 1.7，阳性对照组左、右手握力分别下降了 1.7 和 1.8，阴性对照组分别下降了 2.8 和 2.7。老年女性各个项目组变化也不一致。其中，抖空竹组女性左、右手握力分别提高了 1.2 和 1.3，踢毽子左、右手握力都下降了 1.0 和 0.9，扭秧歌左、右握力都提高了 1.1 和 1.0，阳性对照组左右手握力分别下降了 1.0 和 1.1，阴性对照组左、右手握力分别下降了 2.8 和 2.7。可以看出，抖空竹对提高老年男女的左、右手握力有一定的提高，其次为扭秧歌（见图 5 - 119、图 5 - 120、图 5 - 121、图 5 - 122）。

　　抖空竹，玩的人双手各拿两根两尺长的小竹棍，顶端都系一根长约五尺的棉线绳，绕线轴一圈或两圈抖空竹，一手提一手送，不断抖动，加速旋转时，铃便发出鸣声。对左右手的握力起到了很好的锻炼效果。

　　踢毽子，主要是腿部力量的提高，对双手力量没有太多要求，所以，起到的效果不明显。

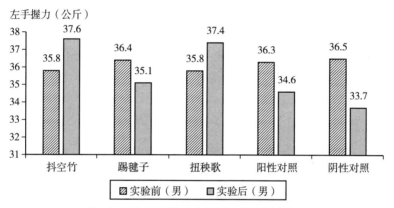

图 5 - 119　民俗体育运动对老年男性左手握力的影响变化

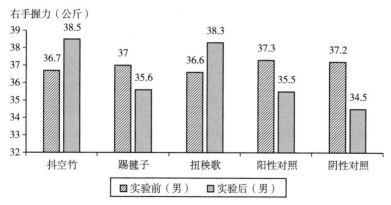

图 5 - 120　民俗体育运动对老年男性右手握力的影响变化

425

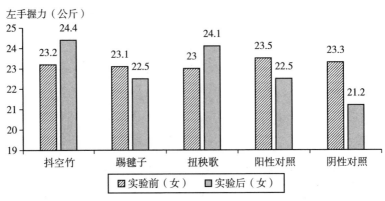

图 5-121　民俗体育运动对老年女性左手握力的影响变化

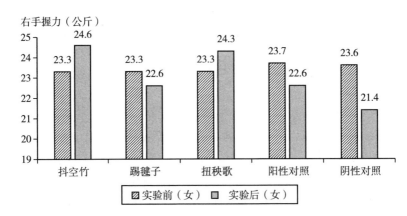

图 5-122　民俗体育运动对老年女性右手握力的影响变化

扭秧歌，一般是舞者扮成各种人物，手持扇子、手帕或彩绸等起舞，对左右手的力量起到了很好的锻炼效果。

阳性对照组和阴性对照组左右手的握力都呈下降的趋势。可见，对老年人而言，民俗体育项目更适合他们锻炼，比西方体育项目更见效果。

5.3.3.2　民俗体育运动对老年人背肌力的影响分析

本书表明：经过 3 个月的锻炼之后，老年男性各个项目组背肌力变化不一致。其中，抖空竹组男性背肌力提高了 4.1，踢毽子背肌力下降了 1.3，扭秧歌背肌力提高了 3.8，阳性对照组下降了 2.0，阴性对照组下降了 7.0。抖空竹女性背肌力提高了 2.4，踢毽子背肌力下降了 0.6，扭秧歌背肌力提高了 2.1，阳性对照组提高了 1.3，阴性对照组下降了 4.0。可以看出，抖空竹对老年男女背肌力提高的比较明显，其次为扭秧歌（见图 5 - 123、图 5 - 124）。

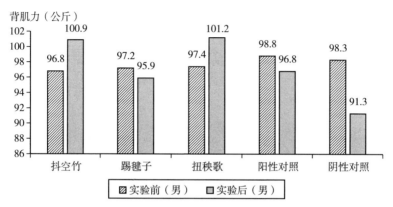

图 5 - 123 民俗体育运动对老年男性背肌力的影响变化

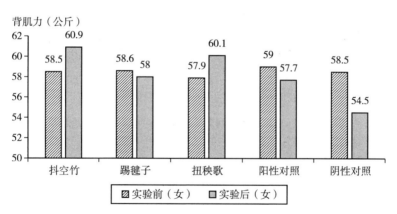

图 5 - 124 民俗体育运动对老年女性背肌力的影响变化

抖空竹时，抖动时姿势多变，绳索翻花，表演出串绕、抢高、对扔、过桥等动作。这对背部力量要求较高，起到了很好的锻炼效果。

扭秧歌时，舞队人数少则十数人，多时达上百人，既有集体舞，也有双人舞、三人舞等多种表演形式，根据角色的需要手持相应的手绢、伞、棒、鼓、钱鞭等道具，在锣鼓、唢呐等吹打乐器的伴奏下尽情舞蹈。对背部力量和协调性起了很强的锻炼效果。所以，扭秧歌对背力有较高的影响力。

5.3.3.3 民俗体育运动对老年人原地纵跳的影响分析

原地纵跳，是反映下肢爆发力的指标。

本书表明：经过 3 个月的锻炼之后，老年男性各个项目组原地纵跳变化不一致。其中，抖空竹组男性原地纵跳提高了 2.3，踢毽子原地纵跳提高了 2.5，阴性对照组下降了 2.2。抖空竹女性原地纵跳提高了 1.4，踢毽子原地纵跳下降了 1.8，阴性对照组下降了 2.0。可以看出，抖空竹对老年男女原地纵跳提高的比较明显，踢毽子，扭秧歌和阳性对照变化不明显（见图 5 - 125、图 5 - 126）。

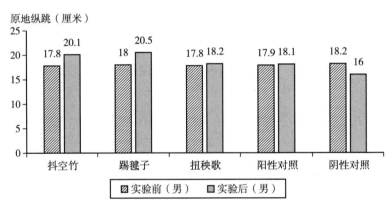

图 5 - 125　民俗体育运动对老年男性原地纵跳的影响变化

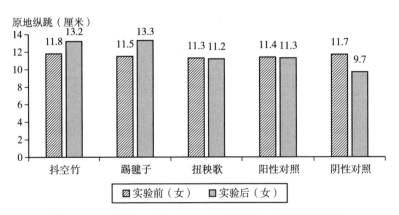

图 5 - 126　民俗体育运动对老年女性原地纵跳的影响变化

抖空竹时，身体来回移动，还要保持身体的平衡，这对下肢力量有一定的要求。在玩法"鱼跃龙门"，当右手在左方抖动空竹后不向上挑，而是身体左转，右手牵拉绳向后，使绳子在身体右后部前后伸开，绳和空竹顺势稍向左方荡移，两腿跳起，移动绳落地，再将两手竿向上弹绳，使空竹在左后方弹起向左前方飞跃。这对下肢力量是一个很强的锻炼。

踢毽子，主要是锻炼下肢力量和耐力为主，所以，对纵跳也会有一定的提高。

而阴性对照组都呈下降，说明，如果老年人不锻炼身体，下肢力量会下降。

5.3.3.4　民俗体育运动对老年人选择反应时的影响分析

选择反应时是反映受试者神经与肌肉系统协调性和快速反应能力的指标。该指标的运动生理学基础在前面对中小学生的分析中介绍过，这里不再赘述。该指标适用对象为：6 岁至老年人。3 个月的实验练习后，老年男性与女性分别对应三个实验组与对照组之间的选择反应时测试结果存在显著差异，老年男性组间有极显著性差异（P < 0.01），老年女性各组间存在显著性差异（P < 0.05）（详见表 5 - 40、表 5 - 54），实验后各组均值柱状图对比，如图 5 - 127 所示。按照国家体质健康标准（老年人部分）认定，实验前的老年男性与女性各组选择反应时测试结果均达到中等下限水平，而实验后的老年男性与女性抖空竹组、踢毽子组、扭秧歌组、阳性对照组选择反应时测试结果均达到中等上限水平，如果继续坚持锻炼成绩可能会更好。

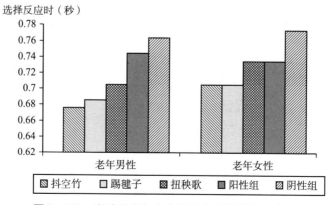

图 5 - 127　实验后老年人选择反应时测试结果对比

随年龄增大，老年人整个机体出现自然性衰老状况，身体的神经系统机能和机体代谢功能都会出现不同程度的退化，导致身体协调能力降低，对完成预期动作能力衰减，反应也变得比较迟缓。本书结果表明民俗体育运动有助于身体灵敏素质的提高，减缓机体神经系统衰老，增强神经对运动系统支配的协调性与准确性。这很可能是长期练习——抖空竹、踢毽子、扭秧歌项目对身体灵敏素质干预的结果。缘由在于：首先，抖空竹是一项具有深奥技理的民俗体育活动。抖空竹关键环节在于其抖的手法，各种招式与动作全部是用手来完成的，通常抖单头空竹时，是用手腕发力；抖双轮空竹时则是靠肩带肘协调向上用力。抖空竹的基本手法约有抖、拉、甩、挑、抛、捞、套、勾、盘、摇10种。因此经常练习该项目很可能就是影响选择反应时测试结果的关键因素。其次，踢毽子是一种全身性运动的民俗体育项目，运动量与运动强度可根据健身需求调整，踢毽子的基本动作技术丰富，常见的有前踢、后踢、内踢、外踢、凌空踢，无论哪种技法踢毽，都需要躯干及上肢的协调配合，方可确保快、准、稳的踢毽子，长期练习踢毽子的这种运动形式很可能就是增强神经对运动系统（全身的骨、关节与肌肉）协调性与准确性支配的诱因。最后，扭秧歌是我国具有代表性的一种群众自娱性与舞蹈表演性的民俗体育活动。其基本技术为手持扇子或彩带，人体在扭动中以腰部的扭动带动双肩的摆动，肩膀协调带动肘部及腕部依次挥动，同时上体与脚下各脚法结合，膝部进行节奏性屈伸，节奏有缓有急，情绪热烈时全身自由扭动，膝颤带耸肩，活泼又开放。因此经常练习该项目可能就是影响选择反应时测试结果的因素之一。

5.3.3.5 民俗体育运动对老年人十字变向跑的影响分析

十字变向跑主要反映受试者在快速跑动中灵活准确变换跑进方向的能力。该指标的运动生理学基础在前面对中小学生的分析中介绍过，这里不再赘述。以往该指标较普遍的运用在青少年的体质测试中，近几年实验报道在成年人及老年人群体测试中已开始采用，以丰富老年群体身体素质测试的指标体系，增加了客观评价的方法和依据。3个月的实验练习后，老年男性与女性分别对应三个实验组与阴性对照组之间的十字变向跑测试结果存在显著差异，（$P < 0.01$），（详见表5-41、表5-55），实验后各组均值柱状图对比，如图5-128所示。

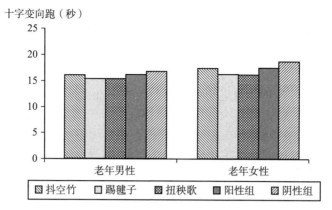

图 5 - 128　实验后老年人十字变向跑测试结果对比

老年男性与女性分别对应的三个实验组测试结果优于阴性对照组，与阳性组对比来看几乎相当。实验后的这种结果可能与老年人经常练习项目的运动内容（抖空竹、踢毽子、扭秧歌）有关系，因为此类项目是人体在运动中随器械或对手的变化，身体快速变换运动路线与运动轨迹，这是在神经系统快速调控肢体大肌肉群交替收缩，并辅以状态反射机制调配下肌紧张调节所实现的身体快速变换运动形式。例如，抖空竹的运动表现形式不单单是手臂的提拉运动，还包括下肢积极的移动。抖空竹的一句口诀"先看一步走，后看一伸手"说明步法的重要性。常见步法有上步、撤步、跳步、转步等。步法移动时讲究以实腿为轴，虚腿随意起落进退，灵活切换步法，动作连贯流畅。又例如，踢毽子除了个体练习形式外，还具有竞技比赛的形式，踢毽子比赛时具有与排球相似的战术意识与战术配合，两队隔网竞争，要求参与者具有较强的空间和时间概念，掌握全面的攻防技术，随时做出各种移动、跑动、跳跃等动作，这一系列的步伐移动与体位转换就是对体能与技能很大的考验与锻炼。再例如，扭秧歌，此项目不同于一般的周期性运动，秧歌的动作变化较多，音乐的旋律也有变化，它要求扭秧歌的人按照不同的旋律、不同的节奏完成不同的动作。扭秧歌时，并不是固定一种的组合内容，它要求人们在掌握一种动作组合后再去发展、创造，这些对支配人体运动的神经系统不断进行新异刺激，神经系统对这些刺激做出各种相应的反应。正是这些刺激，使神经系统的功能得以改善、加强，所以长期进行扭秧歌活动可以提高神经系统的功能，推迟、延缓人体的衰老过程，这正是"用进废退"的机理所在。因此经常练习这三个项目可能就是影响老年人十字变向跑测试结果的重要因素。

5.3.3.6　民俗体育运动对老年人反复横跨的影响分析

反复横跨主要是反映受试者快速向两侧变换运动方向能力与动作协调性的指标。该指标的运动生理学基础在前面对中小学生的分析中介绍过，这里不再赘述。3 个月的实验练习后，老年男性与女性分别对应三个实验组与阴性对照组之间的十字变向跑测试结果存在显著差异（P＜0.01）（详见表 5 – 42、表 5 – 56），实验后各组均值柱状图对比，如图 5 – 129 所示。

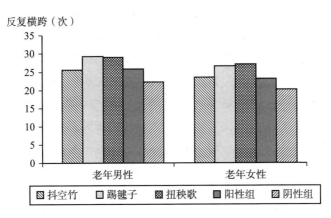

图 5 – 129　实验后老年人反复横跨测试结果对比

老年男性与女性分别对应的三个实验组测试结果明显优于阴性对照组，与阳性组对比来看略突出一些。实验后的这种结果可能与老年人经常练习的运动内容（抖空竹、踢毽子、扭秧歌）有关系，因为从运动技术能力的主导因素此类项目既属于体能与技能双重主导的运动性质，又是多元动作结构变异组合项目（抖空竹与踢毽子）和多元动作结构固定组合项目（扭秧歌），这些运动项目要求身体随器械不断的快速变换步法与体位，时而前迈时而后退，时而跳跃时而蹲起，运动形式花样繁多。例如，抖空竹技术很突出腰部重要性，谚语道："练功不练腰，终生艺不高"。抖空竹着重体现上下肢的协调与同步，而腰部则起到了上下贯通协调的枢纽作用。随着空竹的自转和各项技法动作不同的角度，步型也随之变换。抖空竹步型种类繁多，不同时机，可灵活运用。常见的步型有正步、平衡步、闪步、跨步、跃步、退步等。这就是抖空竹身法讲究的"身随步转，步随身换，身随空竹移"的基本原理。又例如，多人对踢或踢毽子比赛时，需要参与者做好准备姿势的同时，还需要做好步法移动的准备。移动的目的就是调整好人与球的最佳位置有利于更好地发挥传、接、攻、防等各种技术环节。因此，移动必须快速、准确、到位，一般情况下，步伐移动有前上步、后撤步、左右滑步、交叉步、跨步等，这一系列动作对参与者者提高灵敏、速度、弹跳力等身体素质有着良好的作用。再例如，扭秧歌，该项目是以走作为基本运动形式的运动，但比起一般的走幅度大，步速也要快，它不仅局限于下肢活动，而是一种全身性活动，如在扭的过程中腰、髋、肩、膝、踝的扭、拧、伸、拉，手中道具的舞动。扭秧歌过程中动作变化多样，随着音乐的起伏，既有慢板动作的悠扬，又有快板动作的激荡。此外，扭秧歌比一般的走变化多，花样多，有趣味，运动久等优点。据研究资料表明，人在走路时下肢80%的肌肉都参加运动。因此长期锻炼此类活动，理应是影响老年人反复横跨测试结果的重要因素之一。

5.3.3.7　民俗体育运动对老年人身体柔韧性的影响分析

如前文所述本实验中的测试项目"坐位体前屈""转肩""立位转体"反映了人体的柔韧性。对老年人坐位体前屈、转肩以及立位转体进行测试，主要是为了反映通过参与民俗体育运动是否能够发展其柔韧性。

对实验结果分析表明：

（1）从测试数据来看，实验前后各实验组与柔韧性相关的测试项目的数据均呈现显著性差异，其中老年男性实验组"立位转体"以及老年女性组"转肩""立位转体"显示出极显著差异（$P < 0.01$），如表 5 – 62、表 5 – 63 所示。

表 5 - 62 　　　　实验后老年男性相关测验、方差齐性检验及
方差分析结果 （N = 30）

指标	抖空竹 M ± SD	踢毽子 M ± SD	扭秧歌 M ± SD	阳性对照 M ± SD	阴性对照 M ± SD	方差齐 性检验	显著性 概率
坐位体前屈 （厘米）	5.1 ±3.9	4.9 ±4.9	3.0 ±5.3	2.8 ±5.1	1.3 ±5.5	0.626	0.021
转肩 （厘米）	124 ±7	129 ±7	129 ±7	130 ±6	129 ±7	0.964	0.003
立位转体 （度）	96 ±5	91 ±5	92 ±6	91 ±6	89 ±6	0.747	0.000

表 5 - 63 　　　　实验后老年女性相关测验、方差齐性检验及
方差分析结果 （N = 30）

指标	抖空竹 M ± SD	踢毽子 M ± SD	扭秧歌 M ± SD	阳性对照 M ± SD	阴性对照 M ± SD	方差齐 性检验	显著性 概率
坐位体前屈 （厘米）	8.9 ±3.6	8.5 ±3.8	7.2 ±3.8	6.3 ±4.2	5.0 ±5.0	0.561	0.002
转肩 （厘米）	121 ±6	127 ±6	126 ±7	127 ±7	128 ±6	0.861	0.000
立位转体 （度）	97 ±4	93 ±4	93 ±4	93 ±4	92 ±4	0.840	0.000

　　人体在衰老的过程中常伴有胶原纤维降解，骨骼肌会发生显著的退行性变化，肌纤维的数量、体积以及弹性日趋降低；同时老年人的关节的稳定性和活动性逐渐变差，表现为关节软骨厚度降低、钙化以及弹性降低，滑膜面纤维化、关节面退化，这是自然现象。通过一段时间的民俗体育运动，机体得到了一定频度和强度的刺激，减缓了柔韧素质的消退，使得已获得的身体素质能够保持在一个较好的机能状态，并且在一定程度上还能使其提高。如在踢毽子的过程中，通过盘、绷、拐、磕、抹、背、勾、端等技术可以使老年人四肢、腰腹得到有效的锻炼，从而提高机体的伸展性和柔韧性。

　　（2）由实验数据多重比较检验可以看出（见图 5 - 130）：

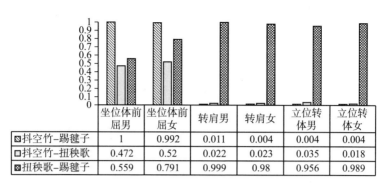

	坐位体前屈男	坐位体前屈女	转肩男	转肩女	立位转体男	立位转体女
▨抖空竹-踢毽子	1	0.992	0.011	0.004	0.004	0.004
▢抖空竹-扭秧歌	0.472	0.52	0.022	0.023	0.035	0.018
▩扭秧歌-踢毽子	0.559	0.791	0.999	0.98	0.956	0.989

图 5 – 130　实验后老年人各组均值多重比较检验结果（Tukey HSD）

①抖空竹、扭秧歌、踢毽子对老年人坐位体前屈的影响没有显著差异，这是由于这几项运动的技术动作对于腰腹柔韧性有较为明显的锻炼作用，如在胶东大秧歌中讲究"三弯"（即颈、腰、臀部位要跟随着鼓点摇摆，扭起来要有三个弯曲体态）、"九动"（全身上下九个大关节，即踝、膝、胯、腰、臂、肘、腕、指、颈要随着节奏运动），这些技巧、动作对于提高腰腹以及下肢的柔韧性有显著的作用。

②抖空竹对老年人"转肩""立位转体"有更显著的提高，抖空竹有繁多的花样技巧，上肢做提、拉、抖、盘、抛、接，下肢做走、跳、绕、骗、落、蹬，眼做瞄、追，腰做扭、随，头做俯仰、转等动作。玩起来空竹忽左忽右、忽高忽低，时而身前，时而身后；舒缓时如行云流水，连绵不断，胜似闲庭信步。急重时似流星闪电，瞬息万变，酷若舞枪使棒。抖空竹的这些技术特点对于运动者的四肢、腰腹等柔韧性、伸展的提高均具有积极的作用。

5.3.3.8　民俗体育运动对老年人闭目单足立的影响分析

如前面所述，闭目单足立反映的是人体的平衡能力，对实验结果分析表明：

（1）通过民俗体育运动，实验前后方差分析呈现极显著性差异 P < 0.01，受试者的"闭目单足立"的时间明显提高（如图 5 – 131 所示）。民俗体育运动过程中，一系列的技术动作对于机体的平衡有显著的增强作用。如踢毽子可以充分下肢肌肉的协调运动，同时提高机体神经支配肌肉的能力。磕、拐、盘，转身稳步，起跳骗腿儿，前仰后合，这些踢毽子的基本动作使得髋、膝、踝等关节随着盘、拐、绕等动作，将供血

435

最困难、动作难度最大的下肢肌肉带动起来。

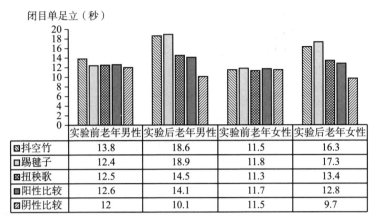

闭目单足立（秒）

	实验前老年男性	实验后老年男性	实验前老年女性	实验后老年女性
抖空竹	13.8	18.6	11.5	16.3
踢毽子	12.4	18.9	11.8	17.3
扭秧歌	12.5	14.5	11.3	13.4
阳性比较	12.6	14.1	11.7	12.8
阴性比较	12	10.1	11.5	9.7

图 5 – 131　民俗体育运动对老年人闭目单足立的影响

（2）通过多重比较检验结果我们可以发现扭秧歌对于受试者的平衡能力有更大的提高（如图 5 – 132），这是由于受试者在运动过程中（如扭秧歌，体态收腹、挺胸、上身前倾，动作脆、快、有力、稳及俊俏，在扭法上，上身"上下动律、前后动律、划圆动律"，下身"软、硬、颤"，保持膝部的松弛）增强了机体前庭器官功能、本体感受器功能、大脑平衡调节功能、小脑共济协调以及各肌群肌张力的平衡能力，从而提高了受试者的平衡能力。

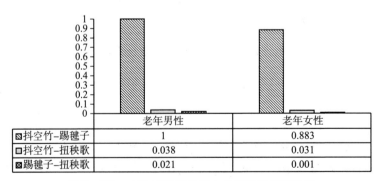

	老年男性	老年女性
抖空竹–踢毽子	1	0.883
抖空竹–扭秧歌	0.038	0.031
踢毽子–扭秧歌	0.021	0.001

图 5 – 132　实验后闭目单足立各组均值多重比较

检验结果示意图（Tukey HSD）

5.3.3.9　民俗体育运动对老年人一分钟抛网球的影响分析

如前文所述，闭目单足立反映的是人体的平衡能力，随着年龄的增长，机体的神经系统功能和机体的代谢能力均出现下降的趋势，表现为感受器退化，中枢信息处理能力下降、神经系统工作能力降低，导致身体协调能力下降，动作缓慢，对刺激反应迟缓。研究发现运动有助于身体灵敏性素质的提高，延缓机体神经系统的衰老，增强协调性。

对实验结果分析表明：

（1）通过民俗体育运动，实验前后方差分析呈现极显著性差异 P ＜ 0.01，受试者的"一分钟抛网球"的数量明显提高（如图 5 – 133 所示）。实验过程中，各个项目，如秧歌练习中花样繁多的"手中花"，对于提高神经支配上肢以及手指的小肌肉群有显著作用，同时各个运动项目中复杂的动作过程，使得大脑皮层的兴奋和抑制在世界和空间上更加集中和精确，提高了不同肌群的协调性和灵活性，更有效地完成专门的动作。

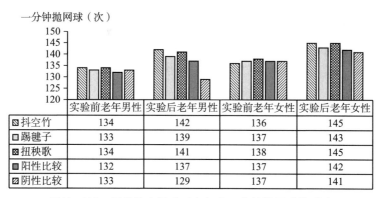

一分钟抛网球（次）

	实验前老年男性	实验后老年男性	实验前老年女性	实验后老年女性
抖空竹	134	142	136	145
踢毽子	133	139	137	143
扭秧歌	134	141	138	145
阳性比较	132	137	137	142
阴性比较	133	129	137	141

图 5 – 133　民俗体育运动对老年人一分钟抛网球的影响

（2）通过多重比较检验结果我们可以发现各个项目对于发展受试者的机体灵活无显著差异（见图 5 – 134）。在抖空竹的练习中，通过抖、拉、甩、挑、抛、捞、套、勾、盘、摇等手法的综合运用，充分提高了上肢肌肉特别是小肌肉群的协调能力，同时各项练习均不同程度地发展了大脑皮层神经过程的灵活性。

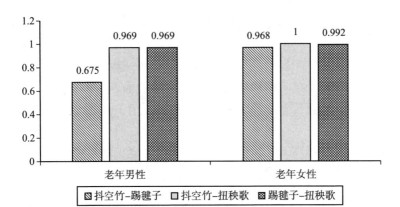

图5-134　实验后一分钟抛网球各组均值多重比较
检验结果示意图（Tukey HSD）

5.4　小　　结

（1）民俗体育实验前、后老年人身体形态、身体机能、身体素质各项指标方差齐性检验显著性概率均大于0.05，表明各样本所属总体的方差无显著性差异。

（2）民俗体育实验前老年人身体形态、身体机能、身体素质各项指标各个组别均值之间均没有显著性差异。

（3）民俗体育实验后老年人在身体形态方面，各个组别身高、坐高、胸围、肩宽均值之间均没有显著性差异；上臂围差、呼吸差、腰围、体重、体脂率均值之间存在显著性差异。

（4）民俗体育实验后老年人在身体机能方面，各个组别TC均值之间均没有显著性差异，但运动组呈现出轻微的下降趋势；基础心率、肺活量、LDL、HDL、LDL/HDL均值之间存在显著性差异。

（5）老年男女抖空竹组、踢毽子组、扭秧歌组与阳性对照组受试者的血脂指标测试结果不存在显著性差异，说明民俗体育运动与现代时尚健身运动对老年人血脂生理干预功效相当。

（6）民俗体育运动对老年人血脂的干预不存在性别差异，经常进行民俗体育练习对改善老年男女血脂代谢均具有积极影响。

（7）民俗体育实验后老年人在身体素质方面，各个组别左右手握力、背肌力、原地纵跳、选择反应时、十字变向跑、反复横跨、坐位体前屈、转肩、立位转体、闭目单足立、一分钟抛网球均值之间均存在显著性差异。

第6章 结 论

（1）民俗体育的概念为"民俗活动形态下的一种以身体运动为基本手段，以促进身心健康发展为根本目的的文化活动"。

（2）民俗体育项目基本囊括了走、跑、跳、投、悬垂、支撑、爬越、平衡等身体运动形式，具有动员身体各个部位参与运动的特征。按照项群理论中运动项目的归属依据，民俗体育应属综合性运动项目，具备全身运动的特征。

（3）本着项目分类原则，依照运动性质与形式特点，民俗体育项目可以划分为：角力类、竞足类、技巧类、投射类、表演类、棋牌类。

（4）中小学生各个组别体育课的平均心率均服从正态分布；中小学生各个组别体育课的平均心率大多落在 120~140 次/分钟的适宜范围内，说明民俗体育项目适合中小学生进行练习。

（5）中小学生各个组别在体育课基本部分的每个采集点的平均心率基本在 120~140 次/分钟，说明这些项目适合中小学生进行练习；与技巧组和阳性对照组相比，角力组与竞足组基本部分的运动负荷波动较大，技巧组与阳性对照组的波动较小。

（6）中小学生体育课男生基本部分平均心率各个组别均值之间均没有显著性差异，说明中小学生男生各个组别体育课的运动负荷相差较小；中小学生体育课女生基本部分平均心率民俗体育组合项目组与阳性对照组相比其均值间均有显著性差异（P < 0.05），部分具有极显著性差异（P < 0.01），说明中小学生女生民俗体育组合项目组体育课的运动负荷大于阳性对照组体育课的运动负荷。

（7）老年男性各个组别健身时每个采集点的平均心率除了第一次外，其余平均心率均在有效的健身心率范围内，健身时抖空竹组的最大平均心率为 120.2 次/分钟，踢毽子组的最大平均心率为 121.3 次/分钟，扭秧歌组的最大平均心率为118.9次/分钟，阳性对照组的最大平均心率为116.3次/分钟，说明以上这些项目比较适合老年男性进行练习。

（8）老年女性各个组别健身时每个采集点的平均心率除了第一次外，其余平均心率均在有效的健身心率范围内，健身时抖空竹组的最大平均心率为121.2次/分钟，踢毽子组的最大平均心率为119.2次/分钟，扭秧歌组的最大平均心率为120.5次/分钟，阳性对照组的最大平均心率为115.2次/分钟，说明以上这些项目比较适合老年女性进行练习。

（9）老年男性基本部分平均心率各个组别均值之间均没有显著性差异，说明老年男性各个组别健身时的运动负荷相差较小；老年女性基本部分平均心率抖空竹组和阳性对照组均值间具有显著性差异（P＜0.05），踢毽子组、扭秧歌组和阳性对照组均值间没有显著性差异，综合来看，老年女性民俗体育健身组的运动负荷稍大于阳性对照组健身时的运动负荷。

（10）民俗体育实验后中小学生在身体形态方面，各个组别身高、坐高、胸围、臀围、肩宽、骨盆宽均值之间均没有显著性差异，但民俗体育运动组均呈现出良好的发展趋势，说明中小学生练习民俗体育项目对这些指标会产生积极的影响；上臂围差、呼吸差、腰围、体重、体脂率均值之间均存在显著性差异，说明中小学生练习民俗体育项目对这些指标会产生明显的改善。

（11）民俗体育实验后中小学生在身体机能方面，各个组别脉压差均值之间均没有显著性差异；基础心率、心功指数、肺活量、最大摄氧量均值之间均存在显著性差异，说明中小学生练习民俗体育项目对这些指标会产生明显的改善。

（12）民俗体育实验后中小学生在身体素质方面，各个组别纵横叉、坐位体前屈、转肩、立位转体均值之间均没有显著性差异，但民俗体育练习对这些指标均产生积极的影响；左右手握力、背肌力、一分钟快速仰卧起坐、立定跳远、俯卧撑、选择反应时、50米跑、十字变向跑、往返跑、反复横跨、闭目单足立、一分钟抛网球均值之间均存在显著性差异，说明中小学生练习民俗体育项目对这些指标会产生明显的改善。

（13）民俗体育实验后老年人在身体形态方面，各个组别身高、坐高、胸围、肩宽均值之间均没有显著性差异，但民俗体育练习对这些指标均产生积极的影响；上臂围差、呼吸差、腰围、体重、体脂率均值之间均存在显著性差异，说明老年人练习民俗体育项目对这些指标会产生明显的改善。

（14）民俗体育实验后老年人在身体机能方面，各个组别 TC 均值之间均没有显著性差异，但运动组呈现出轻微的下降趋势；基础心率、肺活量、LDL、HDL、LDL/HDL 均值之间存在显著性差异，说明老年人练习民俗体育项目对这些指标会产生明显的改善。

（15）老年男女抖空竹组、踢毽子组、扭秧歌组与阳性对照组受试者的血脂指标测试结果不存在显著性差异，说明民俗体育运动对老年人血脂生理干预功效与其他健身运动形式相当。

（16）民俗体育运动对老年人血脂的干预不存在性别差异，经常进行民俗体育练习对改善老年男女血脂代谢均具有积极影响。

（17）民俗体育实验后老年人在身体素质方面，各个组别左右手握力、背肌力、原地纵跳、选择反应时、十字变向跑、反复横跨、坐位体前屈、转肩、立位转体、闭目单足立、一分钟抛网球均值之间均存在显著性差异，说明老年人练习民俗体育项目对这些指标会产生明显的改善。

参 考 文 献

［1］林顺治：《体育强国建设中民俗体育文化发展研究》，载于《军事体育进修学院学报》2010年第1期。

［2］张国栋、刘坚等：《我国民俗体育发展现状及对策研究》，载于《西安体育学院学报》2008年第1期。

［3］中国体育科学学会：《香港体育学院体育科学词典》，高等教育出版社2000年版。

［4］刘旻航、李储涛：《民俗体育文化价值演进规律研究》，载于《体育科学》2012年第6期。

［5］孙全洪、常德胜：《陕西省中、小学学生体质健康现状的分析》，载于《体育科学》2004年第5期。

［6］全国体育院校教材委员会：《运动生理学》，人民体育出版社2002年版。

［7］董志周：《网球运动对上海市徐汇区中老年人体质健康影响的实验研究》，上海师范大学学位论文，2011年。

［8］张淼：《江苏省民俗体育发展现状、问题和态势研究》，苏州大学学位论文，2013年。

［9］贾瑞学：《沂蒙山区民俗体育的调查研究》，江西师范大学学位论文，2011年。

［10］刘敏：《健身腰鼓对45～55岁女性身体形态、机能和身体素质的影响研究——以湖南省火田镇为例》，山东体育学院学位论文，2012年。

［11］杨守利：《功能训练对中老年女性人群健身效果影响的实验研究》，河南大学学位论文，2013年。

［12］王智慧等：《有氧运动对女大学生身体形态、成分及心肺功能影响的研究》，载于《北京体育大学学报》2007年第1期。

［13］单绿叶：《有氧运动对女大学生身体形态和体脂的影响》，载于《浙江体育科技》2010 年第 5 期。

［14］刘小平等：《浙江省农村初中学校民俗体育开展现状与对策研究》，载于《四川体育科学》2009 年第 12 期。

［15］孙庆祝：《体育测量与评价》，高等教育出版社 2010 年版。

［16］王瑞元：《运动生理学》，人民体育出版社 2002 年版。

［17］那兰、王小虹：《13～14 岁少年适宜健身运动负荷强度的实验报告》，载于《体育学刊》1998 年第 3 期。

［18］陆宜南、朱幼良：《对中学体育课运动负荷的探讨》，载于《山西师大体育学院学报》2000 年第 2 期。

［19］付以岭：《试析体育课的运动负荷和心率曲线》，载于《牡丹江教育学院学报》2001 年第 4 期。

［20］武海潭：《体育课不同运动负荷组合方式对少年儿童健康体适能及情绪状态影响的实验研究》，华东师范大学学位论文，2014 年。

［21］刘洪珍、朱来朝：《心率是确定健身运动负荷强度的理想参数》，载于《体育学刊》1996 年第 3 期。

［22］鄂晓磊：《新课标背景下南京市高三学生体育课运动负荷现状研究》，南京师范大学学位论文，2011 年。

［23］凌启平：《用平均心率评定体育课运动负荷为宜》，载于《武汉体育学院学报》1994 年第 2 期。

［24］熊焰：《运动负荷本质论——运动负荷概念、定义与分类的思考》，载于《山东体育学院学报》2004 年第 4 期。

［25］关明杰等：《10～18 儿童青少年最大吸氧量的正常值》，载于《体育科学》1995 年第 5 期。

［26］王茹：《12 周灵敏训练对初中生体质影响的实验研究》，西安体育学院学位论文，2012 年。

［27］徐轶群：《北京地区不同营养状况初中毕业生血压状况》，载于《中国学校卫生》2005 年第 12 期。

［28］王俊丽、李步云：《北京市西城区 2002～2005 年中学新生营养与血压状况分析》，载于《中国学校卫生》2007 年第 2 期。

［29］符荣根：《不同锻炼方法对中老年人体质机能的影响》，载于《上海体育学院学报》1988 年第 2 期。

[30] 单威：《不同健身、生活方式对高教社区老年人生活质量和体质健康的影响》，北京体育大学学位论文，2012 年。

[31] 燕小妮：《不同生活方式对武陵山区 60～69 岁老年人体质综合评价的影响分析》，载于《南京体育学院学报》2013 年第 2 期。

[32] 杜秀芳：《大同市老年人体质健康状况的调查与研究》，太原理工大学学位论文，2008 年。

[33] 刘洋：《冬泳运动对老年人体质状况影响的研究》，温州大学学位论文，2012 年。

[34] 李常青：《功率自行车实验评定初中生心肺功能方法的研究》，北京体育大学学位论文，2012 年。

[35] 冯绮虹：《广州市体育西路小学生体质研究》，载于《体育学刊》2001 年第 1 期。

[36] 肖勇、陈琳：《河南省 60～69 岁老年人体质健康状况的调查研究》，载于《安徽体育科技》2011 年第 1 期。

[37] 高力翔：《江苏省老年人体质测试评价体系研究》，载于《南京体育学院学报》1999 年第 1 期。

[38] 姜文凯，《江苏省区域经济发展对国民体质的影响》，载于《体育与科学》2004 年第 2 期。

[39] 刘德鹤：《江西省 60～69 岁老年人体质现状以及对比分析》，江西师范大学学位论文，2013 年。

[40] 刘骁蒨：《体育锻炼对河南省中老年人体质及骨健康的影响》，武汉体育学院学位论文，2008 年。

[41] 路知遥：《武术操练习的能量消耗测定及 12 周练习对初中生体质的影响》，上海体育学院学位论文，2011 年。

[42] 蔡睿：《心功能指数评定标准的研究》，载于《体育科学》1993 年第 6 期。

[43] 高蕾：《长期进行太极拳锻炼对上海市普陀区老年人体质健康的影响研究》，华东师范大学学位论文，2008 年。

[44] 杨慧馨：《中老年人太极拳健身运动处方研究》，上海体育学院学位论文，2011 年。

[45] 梅雪雄：《SPSS 在体育统计中的应用》，人民体育出版社 2008 年版。

[46] 国家体育总局：《国民体质测定标准手册》人民体育出版社 2003 年版。

[47] 邢文华：《体育测量与评价》，北京体育学院出版社 1985 年版。

[48] 覃朝玲：《体育统计学 – Excel 与 Spss 数据处理案例》，西南师范大学出版社 2010 年版。

[49] 马国东：《体育统计与 SPSS 应用》，吉林大学出版社 2010 年版。

[50] 王瑞元：《运动生理学》，人民体育出版社 2010 年版。

[51] 王金灿：《运动选材原理与方法》，人民体育出版社 2005 年版。

[52] 田麦久：《运动训练学》，人民体育出版社 2000 年版。

[53] 刘善言：《学校体育学》，山东大学出版社 2002 年版。

[54] 宋克喜：《技巧运动入门》，四川科学技术出版社 1985 年版。

[55] 张艳霞：《构建跳绳大众锻炼等级评价标准的研究》，载于《北京体育大学学报》2012 年第 2 期。

[56] 宋祥梅：《空竹运动对女大学生体质影响的实效研究》，湖南师范大学学位论文，2011 年。

[57] 高晓雯：《空竹运动对中老年女性体质的影响》，载于《辽宁体育科技》2009 年第 6 期。

[58] 张新宝等：《空竹运动健身机理的实验研究》，载于《大众体育》2010 年第 8 期。

[59] 王润生：《女大学生核心力量训练的实验研究》，辽宁师范大学学位论文，2008 年。

[60] 胡丽云：《软体练习对初一学生灵敏素质影响的实验研究》，河北师范大学学位论文，2011 年。

[61] 赵亚风：《体育专业与非体育专业大学生灵敏素质的差异性及其影响机制研究》，沈阳师范大学学位论文，2011 年。

[62] 郭晋昆：《膝关节屈伸肌力变化对折返跑能力的影响》，苏州大学学位论文，2011 年。

[63] 栾靖：《小学生田径类基础动作技能发展水平与评价研究》，南京师范大学学位论文，2012 年。

[64] 倪震：《针对处于青春期的高血压人群的运动处方研究》，北京体育大学学位论文，2013 年。

[65] 湛超军：《中美大学生运动员灵敏性及其相关素质的研究》，

北京师范大学学位论文，2013年。

[66] 崔冬冬：《中国女足国家队运动员体能评价研究》，上海体育学院学位论文，2010年。

[67] 王姗姗：《自编老年女性弹力带操对呼吸及心血管等机能影响的实验研究》，山东体育学院学位论文，2012年。

[68] 张杰：《健身路径对大学女生体质健康影响研究》，载于《北京体育大学学报》2011年第7期。

[69] 赵慧娟：《青少年血压、肺活量机制——不同频率的运动对单纯性肥胖少年心肺功能的影响》，北京体育大学学位论文，2005年。

[70] 王喜东，《速度干预练习对北京市中小学男生速度素质发展影响的实验研究》，首都体育学院学位论文，2014年。

[71] 程立娟：《体育运动对我国中学生体质影响的meta分析》，上海师范大学学位论文，2013年。

[72] 陈亭：《18～22岁现役军人最大有氧工作能力评价方法研究》，北京体育大学学位论文，2013年。

[73] 淮睿：《健康体适能教学的实验研究》，华东师范大学学位论文，2011年。

[74] 贾华瑞：《健身锅庄舞干预对中老年心肺适能及Scl-90量表的评价分析》，成都体育学院学位论文，2013年。

[75] 许叶：《两种定量负荷评价13～15岁初中生心肺功能能力方法的比较研究》，北京体育大学学位论文，2013年。

[76] 王巨文：《体育专业大学生中等强度长时间运动中机体能量代谢特征研究》，浙江师范大学学位论文，2010年。

[77] 伍鸿鹰：《中学男生体质监测若干指标与最大摄氧量的相关性研究》，华南师范大学学位论文，2008年。

[78] 刘宏强：《最大摄氧量测定方法的研究与应用》，山西大学学位论文，2005年。

[79] 张毅：《12周空竹锻炼对60～69周岁老年人群心肺机能影响的实验研究》，山东体育学院学位论文，2011年。

[80] 韩仁英：《12周扭秧歌对中老年女性身体形态、机能和身体素质变化的影响》，北京体育大学学位论文，2006年。

[81] 张国忠：《16～18周岁高中男生原地深蹲起试验与台阶试验

心功评价相关实用性的探讨》，西安体育学院学位论文，2012 年。

[82] 王昊东：《八极拳对中学生体质影响的实验研究》，北京师范大学学位论文，2012 年。

[83] 巫国贵：《不同教学内容对大学生体质影响的实验研究》，北京体育大学学位论文，2006 年。

[84] 方叙伦：《12 周循环力量练习对上海社区 50～75 岁女性体质的影响》，上海体育学院学位论文，2013 年。

[85] 苑朝霞：《健身气功·五禽戏对 60～69 岁老年人心血管和呼吸机能的影响》，山东体育学院学位论文，2011 年。

[86] 陈俊强：《警察体育对警校学生健康体适能的影响》，东北师范大学学位论文，2012 年。

[87] 王业玲：《运动对上海市成年超重/肥胖者身体形态和心血管机能的影响》，上海体育学院学位论文，2010 年。

[88] 杨兴东：《轮滑运动对 50～60 岁中老年人身体机能的影响》，河北师范大学学位论文，2010 年。

[89] 聂衍刚：《青少年社会适应行为及影响因素的研究》，华南师范大学学位论文，2005 年。

[90] 徐忠鸣：《上海市男子跨栏运动员初选阶段的形态、生理机能与素质特征研究》，上海师范大学学位论文，2007 年。

[91] 张铁明：《秧歌舞锻炼对老年女性健身作用的实验研究》，载于《武汉体育学院学报》2006 年第 5 期。

[92] 张慧敏：《瑜伽练习对幼儿身体素质影响的实验研究》，山西师范大学学位论文，2014 年。

[93] 李佳佳：《运动干预对中学生体质影响的实验研究》，东北师范大学学位论文，2012 年。

[94] 付明：《运动干预手段对重庆市中小学生体质健康影响的对比研究》，西南大学学位论文，2013 年。

[95] 张吉芳：《运动减肥对肥胖青少年身体形态、素质及机能变化影响的研究》，浙江师范大学学位论文，2011 年。

[96] 高宇：《某中学少年体格发育与心肺耐力发展的研究》，北京体育大学学位论文，2013 年。

[97] 陈惠玉：《蹲起试验评价大学生心血管系统功能的有效性研

究》，载于《山东体育学院学报》2008 年第 7 期。

[98] 郑辉：《关于少年田径运动员心功指数评价标准的研究》，载于《体育科学》1992 年第 2 期。

[99] 姜晓刚：《32 式太极剑锻炼对中老年人的血脂和血粘度的影响》，北京体育大学学位论文，2007 年。

[100] 周小青：《健身气功·八段锦对中老年人身体形态、生理机能及血脂的影响》，北京体育大学学位论文，2003 年。

[101] 马志君：《老年人血脂异常运动干预实践研究》，牡丹江师范大学学位论文，2012 年。

[102] 张培珍：《血脂异常的中老年人调脂运动处方的研究》，北京师范大学学位论文，2004 年。

[103] 刘龙波：《中等强度有氧运动对 2 型糖尿病患者血糖血脂体重的影响》，西安体育学院学位论文，2013 年。

[104] 全国体育院校成人教育协作组：《体育测量与评价》，人民体育出版社 1999 年版。

[105] 王志杰：《轻松降血脂》，上海科学技术出版社 2010 年版。

[106] 刘炎：《有氧运动与运动保健》，中国医药科技出版社 2005 年版。

[107] 史祝梅等：《健身运动对青春期女孩身体成分发育的影响》，载于《中国体育科技》2001 年第 9 期。

[108] 崔冬雪：《太极拳运动对老年人心血管功能的影响及机制探讨》，载于《中国临床康复》2004 年第 8 期。

[109] 田麦久：《运动训练学》，高等教育出版社 2006 年版。

[110] 付玉坤：《民俗体育研究》，山东教育出版社 2011 年版。

[111] 付玉坤：《山东民俗体育》，山东教育出版社 2011 年版。

[112] 卢先宝等：《儿童游戏大全》，湖北少年儿童出版社 1990 年版。

[113] 胡小明：《民族体育集锦》，四川民族出版社 1989 年版。

[114] 白晋湘：《民族民间体育》，高等教育出版社 2010 年版。

[115] 王蕾：《民族传统体育集锦》，北京体育大学出版社 2009 年版。

[116] 王娟：《民俗学概论》，北京大学出版社 2011 年版。

[117] 李世昌：《运动解剖学》，高等教育出版社 2010 年版。

[118] 胡声宇:《运动解剖学》,人民体育出版社 2000 年版。

[119] 王步标:《运动生理学》,高等教育出版社 2011 年版。

[120] 陆耀飞:《运动生理学》,北京体育大学出版社 2007 年版。

[121] 张蕴琨:《运动生物化学》,高等教育出版社 2007 年版。

[122] 陆爱云:《运动生物力学》,人民体育出版社 2010 年版。

[123] 王安利:《运动医学》,人民体育出版社 2008 年版。

[124] 杨文轩:《体育概论》,高等教育出版社 2013 年版。

[125] 杨文轩:《体育原理》,高等教育出版社 2004 年版。

[126] 周西宽:《运动学》,四川教育出版社 1990 年版。

[127] 浅见俊雄（日本）:《身体运动学概论》,成都科技大学出版社 1986 年版。

[128] 张弘、苗苗:《民俗体育与学校体育的联动发展研究》,载于《北京体育大学学报》2012 年第 10 期。

[129] 尹国昌等:《台湾地区民俗体育研究现状初探》,载于《西安体育学院学报》2007 年第 5 期。

[130] 盛昌繁等:《我国民俗体育的特称及其开发研究》,载于《西南师范大学学报》2009 年第 3 期。

[131] 刘国栋等:《我国民俗体育发展现状及其对策研究》,载于《西安体育学院学报》2008 年第 1 期。

[132] 占玉珍、王俊奇:《民俗体育与民间体育辨析》,载于《体育文化导刊》2009 年第 4 期。

[133] 王铁新、常乃军:《我国民俗体育研究综述》载于《体育文化导刊》2009 年第 10 期。

[134] 刘旻航、付玉坤:《民俗体育认知研究》,载于《体育学刊》2010 年第 1 期。

[135] 王俊奇、刘国华:《论江西民俗体育文化的特点及其现代发展》,载于《山东体育学院学报》2004 年第 2 期。

[136] 钱应华、谢翔:《民俗体育与构建和谐村落》,载于《体育文化导刊》2008 年第 6 期。

[137] 李红梅、郑国荣、方千华:《论民俗体育的现代化发展》,载于《沈阳体育学院学报》2008 年第 6 期。

[138] 王若光、孙庆祝、刘旻航:《中国岁时民俗体育逻辑起点的

符号学考察》，载于《上海体育学院学报》2013 年第 6 期。

[139] 啜静、王若光、刘旻航：《我国民俗体育的历史变迁与现实状况》，载于《体育科学研究》2013 年第 1 期。

[140] 李树梅、刘旻航：《民俗体育传承研究之关键词探微》，载于《武汉体育学院学报》2013 年第 3 期。

[141] 李树梅、刘旻航：《民俗体育生存空间架构中语境向量之归结》，载于《体育科研》2013 年第 3 期。

[142] 刘旻航：《民俗体育与民族传统体育在国学教育中功能互补性研究》，载于《北京体育大学学报》2013 年第 6 期。

[143] 王若光、孙庆祝、刘旻航：《民俗体育研究的方法论探索》，载于《天津体育学院学报》2013 年第 3 期。

[144] 王若光、刘旻航：《"飞龙在天"端午龙舟竞渡习俗考源》，载于《民俗研究》2013 年第 6 期。

[145] 刘旻航：《民俗体育功能分类及特点研究》，载于《山东体育学院学报》2012 年第 5 期。

[146] 王俊奇：《江西客家民俗体育历史源流及其文化特征》，载于《西安体育学院学报》2010 年第 1 期。

[147] 涂传飞：《民间体育、传统体育、民俗体育、民族体育概念再探讨》，载于《武汉体育学院学报》2009 年第 11 期。

[148] 陈红新、刘小平：《也谈民间体育、民族体育、传统体育、民俗体育概念及其关系——兼与涂传飞等同志商榷》，载于《体育学刊》2008 年第 4 期。

[149] 郎勇春：《城镇化变迁中的孝桥镇民俗体育》，载于《上海体育学院学报》2007 年第 2 期。

[150] 郑国华：《社会转型与我国民族传统体育文化传承》，北京体育大学，2007 年。

[151] Checkland P B. Systems thinking systems practice. John Wiley, Chichiester, 1981.

[152] J. Bashler, The Metaphysics of Natural Complex, Columbia University Press, 1966.

[153] Tyler, R. W. , The Five Most Significant Curriculum Events in the Twentieth Century, Educational Leadership, December, 1986.